普通话口语测试教程

◎赵则玲 编著

南京大学出版社

图书在版编目(CIP)数据

普通话口语测试教程 / 赵则玲编著. —南京:南京大学出版社,2017.5
 ISBN 978-7-305-18304-1

Ⅰ.①普… Ⅱ.①赵… Ⅲ.①普通话-口语-测试-教材 Ⅳ.①H193.2

中国版本图书馆 CIP 数据核字(2017)第 034068 号

出版发行　南京大学出版社
社　　址　南京市汉口路 22 号　　邮　编 210093
出 版 人　金鑫荣

书　　名　**普通话口语测试教程**
编　　著　赵则玲
责任编辑　彭　涛　刁晓静
照　　排　南京紫藤制版印务中心
印　　刷　南京凤凰通达印刷有限公司
开　　本　787×1092　1/16　印张 15.5　字数 360 千
版　　次　2017 年 5 月第 1 版　2017 年 5 月第 1 次印刷
ISBN　978-7-305-18304-1
定　　价　35.00 元

网址:http://www.njupco.com
官方微博:http://weibo.com/njupco
微信服务号:njuyuexue
销售咨询热线:(025)83594756

＊ 版权所有,侵权必究
＊ 凡购买南大版图书,如有印装质量问题,请与所购
　图书销售部门联系调换

前　言

　　南方方言区是普通话水平测试达标的重点和难点地区。普通话产生于方言又高于方言,普通话和方言都属于同一种语言系统,因而方言区人学习普通话总是自觉不自觉地比照着自身的方言母语类推地学,这就势必让学习者受到幼时习得的方言母语的干扰,使他们逐渐说出一种带有明显方言特征的地方普通话。据调查,目前这种过渡性的口语语音已成为人们的主流语音。因而要纠正方音,提高方言区人们的普通话水平,探究用科学手段进行普通话教学就是关键。但是纵观普通话教学的现状,当前普通话语音系统训练,往往侧重于从寻找普通话与方言的两极比较入手,以模仿和跟读为主要的训练方式,这种方式训练强度大,针对性不强。其结果是"课堂略见成效,课后旋即回生"。要在普通话有限课时中帮助普通话学习者克服方音,尤其令教师们感到困惑。究其原因,主要是缺乏行之有效的科学训练方法。因此,要提高普通话水平测试达标率,研究和探讨如何提高普通话教学水平至关重要。

　　本教材在重点考察"地方普通话"的基础上,针对方言区人学习普通话的现状,结合笔者自身学习普通话的体会以及长期从事普通话教学研究的经验,在研究普通话"教"和"学"的规律方面作了比较深入的研究,它旨在帮助广大需参加普通话水平测试的学员能够在短时间内快速提高普通话水平,同时也为从事普通话教学和测试工作的专业人士提供教学和研究的便利。

　　与同类教材相比,本教程主要有以下两个特点:

　　1. 编撰过程中,融入了笔者多年的普通话研究以及语感论、方言学理论研究成果,并结合笔者长期从事普通话教学的经验和亲身参加普通话水平测试的体会,精心设计和挑选练读材料。

　　2. 本教材以"学"为本,重视学员的"训练",充分调动学习者主动学习的兴趣和积极性。正音指导和自我训练紧密结合,紧扣普通话水平测试项目,以"测"促教,以"练"保"测"。

目 录

上篇 普通话教学

第一单元 普通话概论 ·· 3
 第一节 普通话与汉语方言 ·· 3
 第二节 普通话导学 ·· 6
 附录1 《普通话异读词审音表》 ··································· 16
 附录2 《普通话水平测试等级标准》 ································ 24

第二单元 普通话声母正音教学 ······································ 25
 第一节 声母的发音 ·· 25
 第二节 声母的正音 ·· 29
 第三节 单元综合训练 ·· 44

第三单元 普通话韵母正音教学 ······································ 47
 第一节 汉语拼音韵母表 ·· 47
 第二节 带鼻音韵母教学 ·· 48
 第三节 复元音韵母正音训练 ······································ 57
 第四节 单元音韵母教学 ·· 60
 第五节 单元综合训练 ·· 62

第四单元 普通话声调正音教学 ······································ 69
 第一节 声调的发音 ·· 69
 第二节 声调的正音 ·· 71
 第三节 声调读音的三个层次 ······································ 73
 第四节 轻声与儿化训练 ·· 77
 第五节 单元综合训练 ·· 81

下篇 普通话应试指导与训练

第一单元 单音节字词应试指导 ······································ 91
 第一节 普通话水平测试概述 ······································ 91
 第二节 读单音节字词测试概述 ···································· 93
 第三节 单音节字词应试训练材料 ·································· 94
 第四节 普通话水平测试第一项样卷 ································ 108

第二单元　多音节词语应试指导 ……………………………………………… 111
第一节　读多音节词语测试项概述 ………………………………………… 111
第二节　多音节词语应试训练材料 ………………………………………… 112
第三节　普通话水平测试第二项样卷 ……………………………………… 148

第三单元　普通话朗读应试指导 …………………………………………… 151
第一节　测试项简介 ………………………………………………………… 151
第二节　朗读应试指导 ……………………………………………………… 152
第三节　普通话水平测试用朗读篇目 ……………………………………… 154

第四单元　普通话命题说话应试指导 ……………………………………… 219
第一节　测试项简介 ………………………………………………………… 219
第二节　命题说话应试指导 ………………………………………………… 220
第三节　命题说话的应试技巧 ……………………………………………… 221
第四节　话题分析和编写提纲 ……………………………………………… 223
第五节　"说话"示范点评及示例 …………………………………………… 231

附录1　浙江省普通话水平测试试卷样卷 ………………………………… 237
附录2　计算机辅助普通话水平测试操作规程(试行) …………………… 238

主要参考文献 ………………………………………………………………… 241
后记 …………………………………………………………………………… 242

上篇
普通话教学

第一单元　普通话概论

> **教学要求：**
> 1. 正确理解普通话内涵,初步建立普通话理论体系。
> 2. 掌握普通话和方言两个概念的内涵及其关系。
> 3. 理解普通话语音的规范化问题。
> 4. 了解普通话与方言的区别。

第一节　普通话与汉语方言

一、普通话定义及其别称

普通话的"普通",不是普普通通,而是普遍通用的意思,它是现代汉民族共同语,是中国人互相交流沟通的标准语。大约在14世纪,中国北方已形成一种共通的口语。这种口语后来被称为官话。从金朝(1115—1234)开始,经历元、明、清及民国初年,北京一直是首都,因此北京话在官话的发展中最有影响力。1955年10月,全国文字改革工作会议和现代汉语规范问题学术会议把现代汉民族共同语称为"普通话",并明确了它的含义。普通话是以北京语音为标准音,以北方话为基础方言,以典范的现代白话文著作为语法规范的汉民族共同语。

国际上普通话是代表中华人民共和国的"中国话"。

"官话"是普通话的旧称。官话原是官场上使用的语言。汉语方言分歧,官民上下语言不通,明清时代政府要求各级官员在执行公务的场合必须使用官话,后来老百姓也学用官话,官话便在民间流行起来,成为明清时代的汉族共同语。早期的普通话与官话没有严格的区别。

"国语和华语"是普通话的另外两个别称。中国内地称普通话,台湾称国语,它是民国时期称说的沿用,新加坡和境外华人社区称华语或中文,它是华人社区相对本土其他语言的称说。

"国家通用语"是国务院2000年10月颁行的《国家语言文字管理条例》中对普通话的称说。

二、普通话内涵阐释

"普通话以北京语音为标准音",着重从两方面理解。一方面,汉语方言的诸多分歧中,语音差异最大,不仅上海、广州的语音系统与北京的不同,就是北京近邻的天津、保定的语音系统与北京的也不大相同。国家要统一语音,如果不以一个地方话的语音系统作为标准，就会令人无所适从。北京是我国政治、经济、文化的中心，也是历史上好几个朝代的首都，选取北京语音为标准音是汉语历史发展的必然结果。另一方面，作为规范标准的"北京语音"指的是北京的语音系统，即北京音的声韵调系统和北京的字音，这是一个整体的标准，并不包括土音部分。

"普通话以北方话为基础方言"，是指普通话的词汇标准。应着重理解两点：一是为什么不提以北京话为基础方言。这是因为一种语言的词汇具有量大多变的特点。对民族共同语普通话来说，尤其需要分布范围广、影响力大的方言作为它的词汇仓库。北京话是地点方言，北方话则是地区方言，显然后者范围大。这正适应了普通话词汇的需要。二是普通话以北方话为基础方言，并不排除从其他方言、外来语等词汇中吸取营养。例如已经被普通话吸收的"尴尬""瘪三""煞有介事"等词汇就来自吴方言，"夫人""诞辰""巾帼""须眉"等词来自古代汉语，"沙发""咖啡"等来自外语。

"普通话以典范的现代白话文著作为语法规范"，这是对普通话语法标准的规定。一是指有广泛代表性的优秀著作，如国家的法律条文、报刊社论和现代著名作家的作品，这是从范围上理解。二是指语言规范的文章和作品。鲁迅称得上是个大文豪，但他许多作品的语言用例带有半文不白以及绍兴方言色彩；还有郭沫若一篇文章《一只手》中有句话"他的脚步没有停止着过"等等，就不能作为语法规范。

三、方言和"地方普通话"

（一）方言

方言就是人们常说的"地方话"，即所谓"殊方异语"，是汉语的地域变体，它是通行于某一地点或某一地区的交际工具。现代汉语方言一般可分为七大方言：北方话、吴语、粤语、赣方言、客家话、闽语、湘方言。

1. 北方方言

现代汉民族共同语的基础方言，以北京话为代表，内部一致性较强。在汉语各方言中，它的分布地域最广，主要分布于长江以北地区、西南、湖北、湖南及江西部分地区，使用人口约占汉族总人口的73%。

2. 吴方言

以苏州话为代表。使用人口约占汉族总人口的百分之7.2%，分布地域包括上海，江苏省长江以南、镇江以东地区以及南通的小部分，浙江大部分。吴方言内部也有一些分歧现象，如杭州曾作过南宋的都城，杭州地区的吴语就带有浓厚的"官话"色彩。

3. 湘方言

以长沙话为代表，使用人口占汉族总人口的3.2%，分布在湖南省大部分地区（西北角除外）。湘方言内部有新湘语和老湘语的差别。新湘语通行在长沙等较大城市，受北方方言的影响较大。

4. 赣方言

以南昌话为代表，使用人口占汉族总人口约3.3%，分布在江西省大部分地区，湖北省东南一带也属于这一方言区。

5. 客家话

以广东梅县话为代表,使用人口占汉族总人口的3.6%,客家人分布在广东、福建、台湾、江西、广西、湖南、四川等省(区),其中以广东东部和北部,福建西部、江西南部和广西东南部为主。客家人从中原迁徙到南方,虽然居住分散,但客家方言仍自成系统,内部差别不太大。四川客家人与广东客家人相隔千山万水,彼此仍可交谈。

6. 闽方言

现代闽方言主要分布区域跨越六省,包括福建和海南的大部分地区,广东东部潮汕地区,雷州半岛部分地区,浙江南部温州地区的一部分,广西的少数地区,台湾省的大多数汉人居住区。使用人口约占汉族总人口的5.7%,闽方言内部分歧较大,现在一般将其分为五个次方言:闽东、闽南、闽北、闽中、莆仙方言。闽南方言以厦门话为代表,闽北方言以建瓯话为代表,闽中方言以永安话为代表,莆仙方言以莆田话为代表。

7. 粤方言

又称粤语,俗称广东话、广府话,当地人称白话,是汉语七大方言中语言现象较为复杂、保留古音特点和古词语较多、内部分歧较小的一个方言。主要通行于广东、广西境内,以广州话为代表。使用人口约占汉族总人口的4%,它也是香港、澳门同胞的主要交际工具。

(二) 地方普通话

现代社会中,绝大多数人都是先习得自己的方言母语,即家乡话,然后再根据需要学习普通话的。在学习普通话的过程中,由于语言环境、习得母语方言的干扰等因素,所学习的普通话往往或多或少地带有方言色彩。我们称这种夹有方言味儿的普通话为"某某地方普通话",过去也被人们称为"蓝青官话"[①]。目前这种话普遍流行于社会,已经成为人们的主流语。这种地方普通话,不是单纯的一种口音,而是两种以上口音的杂糅,因人因地不同,有的难懂,有的易懂,"可懂性"差异较大。

方言和"地方普通话",都在一定程度上影响了人们的语言交际。有这样一则方言笑话:抗日战争时期,国民政府行政院长孔祥熙到广东一个小县视察经济情况。他问县长:"你们县里一年可以收购多少黄连?"县长却回答说:"请问院长,吃不吃狗屎?"孔祥熙和随从们都十分气愤,后经县长书写才知是"出不出告示"几个字。孔祥熙又问:"要是出告示收购,一年可收到多少?"县长说了一声:"王八蛋"。大家以为县长吃了豹子胆,正要拿他是问,经解释才知说的是"万把担"。"地方普通话"弄不好也同样会闹笑话。有一位湖南籍的干部在广播里播出这样一条通知:"请稀饭学校的全体叫鸡公到寡妇乡开费。"这个通知让人听了莫名其妙,后经解说才知道是"请师范学校的教职工到广复乡开会"。

著名语言学家周有光先生曾说过这么一件事。改革开放初期,在全国政协的小组会上,竺可桢先生用他的浙江普通话发言,土音严重,大家听不懂,叫我当翻译。竺先生感叹说:"我说英语能走遍世界,我说中国话却走不出家乡,我年轻时没有受到国语训练,下一代青年必须像学习英语那样学好普通话!"可见"地方普通话"也同样会影响人们的交际。

---

① "蓝青",意为不纯粹;"官话",指这种话开始只在官场上使用。

四、方言和普通话的关系

　　普通话和方言都是社会的交际工具。普通话是在全国范围内普遍通行的语言,方言则是通行于一定区域的一方之言。普通话是在北方方言的基础上发展起来的。因此普通话和方言都源于祖语——古代汉语。从古代汉语发展到现代汉语,各地方言的发展是很不平衡的。由于受语言内部以及政治、文化、地理等因素的影响,北方地区汉语的演变速度大大快于南方地区,古汉语的痕迹在北方方言中遗留甚少,而在南方方言中,处处可看见古汉语特别是古音的痕迹,越往南边古音保留越完整。

　　普通话和方言具有相对独立的符号系统,在语音、词汇、语法上存在着异质因素,其中语音的差异最大,因为有着共同的来源,它们之间又有许多共性。从语言材料上看,普通话和方言、方言和方言之间的关系可用"同中有异,异中有同"来概括。我们应认真处理好它们之间的关系,一方面要避免和减少方言对普通话的干扰,另一方面又要注意到普通话也吸收方言中的合理成分。

　　关于普通话和方言的界限问题:只有大致的界限,没有严格的区分。一是普通话标准本身的模糊性,二是普通话和方言都处在动态的变化之中。普通话虽然在某些方面处于强势,但在影响方言的同时也在一定程度上受到方言的影响。

第二节　普通话导学

　　语音、词汇、语法是语言的三大要素,而语音是学好普通话的关键。普通话是以北京语音为标准音,但是北京话中的异读或土音成分,都不能作为普通话的标准音。北京语音有轻重音的分别和儿化韵,这就增加了语音的色彩。要学好北京语音既要了解北京音系的特点,也要了解自己所在地区方言音系的特点,找到两者之间的对应规律。

　　北京语音有如下特点:

　　一是音系比较简单。北京音系在各方言中是比较简单的:音素(构成声母和韵母的最小语音单位)只有32个,约400个音节,4个声调。

　　二是清辅音多。21个声母中,只有4个浊辅音,其余都是清辅音,而且是弱的清音。与浙江方言中强气流的清音不同。

　　三是声调趋于简化。语音学上把古代的四声分为"舒声"(平、上、去声)和"促声"(入声),四声又根据声母的清浊平分阴阳,称为"四声八调"。北京语音的入声已消失,只保留了平声两个调、上声和去声各一个调,称为"阴、阳、上、去"四个调。四个声调,高、扬、转、降分明,其调值高音成分多,低音成分少。

　　四是有鲜明的轻重音和"儿化"韵等的变化。

　　因此普通话语音听感上比方言清亮、高扬,读起来声音舒缓、柔美动听。我们在了解北京音系特点的基础上,要重点掌握普通话的语音标准。

一、普通话与北京话

　　普通话以北京语音为标准音,是汉语历史发展的必然结果。普通话的语音不可能是凭空创造出来的,必须以一种现实存在的地方方言为基础。古今中外,民族共同语都是以政治、经济、文化中心的语音为标准的。800年来,北京一直居住着大量的各民族和各地区来的人,他们对传播北京话起了重要作用,北京话也就逐步成为官话区的核心,北京语音也成为大多数人公认的标准语音。半个多世纪以来,北京语音已经被全国各地人民所接受,所以自然地取得了普通话语音标准的资格。但北京话并不等于普通话,北京话也是一种汉语方言,普通话以北京语音为标准音,并不是不加分析、不加选择地采用,而是排除了北京话中的土音、土语成分。

总而言之,普通话不等于北京话。普通话是以北京语音为标准音的,北京话是北方话的代表。普通话是一个完整的概念,其语音、词汇、语法三方面是一个统一的整体。我们要学好普通话就必须从以上三个方面,理解其真正含义并掌握它的标准,这对于培养普通话的语感,是十分重要的。为了进一步说明这一问题,试举数例北京土音与普通话不同的字词:

	北京土音	普通话
逮	dēi	dǎi
论	lìn	lùn
弄	nèng	nòng
塞	sēi	sāi
只要	zíyào	zhǐyào
我们	wǎnmen	wǒmen
人	rénr	rén
事	shìr	shì
清早	qīngzǎor	qīngzǎo
公园	gōngyuánr	gōngyuán
试卷	shìjuànr	shìjuàn
符号	fúhàor	fúhào
老虎	lǎohǔr	lǎohǔ
苹果	píngguǒr	píngguǒ
曹操	cáocao	cáocāo
清明	qīngming	qīngmíng

二、普通话与方言词语的异同

词汇按其作用来分,一般可分为基本词和一般词;按其地位来分,一般可分为文化词(书面词)和日常生活词(口语词)。文化词汇,特别是反映新事物的词,方言与普通话基本一致,方言和普通话词汇的差异主要表现在日常生活词汇和一般词汇方面。下面从词义和词形上例举方言与普通话的差异,方言词例以吴方言词为主。

(一) 词义相同,语素不同

方言	普通话	方言	普通话
跳下来	下车	嬷嬷	大妈

日头	太阳	纸鹞	风筝
五更	早晨	落苏	茄子
犬	狗	卵	蛋
晓得	知道	菜头	萝卜
偏食	馄饨	眼热	羡慕
面桶	脸盆	调排	捉弄
氵赞	溅	困	睡
阔	宽	值钿	疼爱
交关	非常	嬉	玩
望	看	狭	窄
太阴	月亮	掇	端
物事	东西	过	传染
写字间	办公室	写字台	办公桌

（二）词义相同，语素部分不同

方言	普通话	方言	普通话
冰冰冷	冷冰冰	酱豆腐	霉豆腐
信壳	信封	老鸦	乌鸦
口嘴	嘴巴	腈肉	瘦肉
翼膀	翅膀	灵清	清楚
相打	打架	窗门	窗户
手臂	胳臂	花麦	荞麦
油皂	肥皂	天光	天亮
糖霜	白糖	归家	回家
草鸡	母鸡	学堂	学校
头毛	头发	用场	用处
口舌	舌头	交椅	椅子
瓢羹	羹匙	烧酒	白酒
明朝	明天	月光	月亮
事干	事情	拜岁	拜年
台布	桌布	娘舅	舅舅

（三）词义相同，词序不同

方言	普通话	方言	普通话
闹热	热闹	鸡母	母鸡
料佐	佐料	菜干	干菜
人客	客人	墙围	围墙
欢喜	喜欢	风台	台风
鞋拖	拖鞋	魂灵	灵魂

气力	力气	紧要	要紧
蛳螺	螺蛳	牢监	监牢
定规	规定	联对	对联

(四) 词义相同，语素多寡不同

方言	普通话	方言	普通话
健	健康	雷公	雷
天公	天	谷	稻谷
眠床	床	雾露	露
酸醋	醋	抹桌布	抹布
温吞水	温水	眼泡皮	眼皮
讨饭子	乞丐	酵头	面酵子
日历本	历书	棒冰	冰棍儿

(五) 词义相同，词缀不同

方言	普通话	方言	普通话
钉头	钉子	鼻头	鼻子
肚肠	肠子	角落头	角落
城里头	城里	背后头	背后
帽舌头	帽檐儿	花	花儿
学生子	学生	个样子	这样
棒冰	冰棍儿		

(六) 词义不同，语素相同

肉麻——普通话指轻佻或虚伪的言语、举动所引起的不舒服的感觉；海宁话、平湖话等却指心疼。

蚕豆——普通话指扁而椭圆的一种豆；宁波话、绍兴话、永康话等指小而滚圆的一种豆。

妈妈——普通话指母亲；嘉兴话、嘉善话等指乳房和乳汁。

姑娘——普通话指未婚的女子、女儿；金华话、武义话指姑母。

客气——普通话指对人谦让，言语举止有礼貌；淳安话指相貌漂亮。

老子——普通话指父亲，又用于骄傲的人自称；诸暨话、桐庐话指丈夫。

学习普通话词汇，首先要了解普通话词汇的特点：双音节词占优势，古代词语保留得比较少。这与我们南方方言词有较大区别。如普通话叫"筷子"，金华、衢州等地叫"箸"；普通话叫"谷子"，南方方言区普遍叫"谷"。其次要了解本地方言词与普通话词的差异。如普通话说"胖"，金华话则说"壮"；普通话说"个子高"，金华话则说"个头长"；普通话说"蚊子"，浙江大多数地区则说"蚊虫"；普通话说"公鸡"，粤语说成"鸡公"。

三、普通话与"地方普通话"句子的异同

"地方普通话"是一种带有方言色彩的普通话。与标准普通话相比，除了语音、词汇有

方言成分外，句子表述上也存在不合普通话规范的因素。如有些方言区人说的普通话语句，语音上没什么问题，方言区人习以为常，不容易被察觉，但仔细分析起来，却不合普通话的说法。现略举数例较有代表性的，如下所示：

（一）语序不同

普通话	地方普通话
我吃过饭了。	我饭吃过了。
火车快到了。	火车到快了。

（二）动词用法有差异

普通话	地方普通话
你把文件送到校长那里去。	你把文件送送到校长那里去。
请教师把所借杂志赶快归还。	请教师把所借杂志赶快还掉。

（三）用肯定否定构成的疑问式有区别

普通话	地方普通话
你开会去了没有？	你有没有去开会？

（四）"二"与"两"用法有别

普通话	地方普通话
我教二年级语文。	我教两年级语文。
二百五	两百五

（五）双宾语词序不同

普通话	地方普通话
我要送他一件衣服。	我要送一件衣服给他。

（六）动词补语用法有别

普通话	地方普通话
我们家的房子被水给淹了。	我们家的房子被水淹去了。
你好像瘦了。	你好像瘦去了。

（七）语气句型不同

普通话	地方普通话
把热水瓶拿过来。（把字句）	热水瓶拿过来。（祈使句）

（八）谓语动词成分有别

普通话	地方普通话
昨天我有事没来。	昨天我有事没来过。

（九）句末语气词及动词补语不同

普通话	地方普通话
我一下子重了十几斤呢！	我一下子重起来十几斤喂！
他真怪！	他很怪的喏！

（十） 疑问词有别

普通话	地方普通话
这个会我<u>能不能</u>参加？	这个会我<u>好不好</u>参加？

（十一） 指示代词有别

请到我<u>这里</u>报名	请到我<u>地方</u>报名

语法结构在语言体系中是最稳固的，相对来说普通话与方言在语法上的差异要小一些。普通话与不同方言的语法虽说大同小异，但毕竟还有所区别。方言区人在学习普通话语法时，要注意自己的方言和普通话语法的联系和区别。例如，粤语双宾语的位置和普通话正好相反，直接宾语（指物的）在前，间接宾语（指人和有生命的事物的）在后。普通话"送你一张相片"，在粤语中说"送张相俾（给）你"。

四、普通话语音的规范化

普通话语音的规范化，是现代汉语规范化的重要组成部分，它包括两种不同性质的规范。

一是语音系统本身的规范。普通话的语音规范应以北京语音系统为标准音。由于各种原因，北京语音内部还存在一些分歧现象，如部分汉字有一字两读的情况，究竟以哪个读音为标准，这就涉及异读字的规范问题；还有北京方言里的轻声和儿化，哪些应该吸收到普通话里来，哪些不该吸收，这还有待于对轻声和儿化词作进一步的规范，这些现象对学好普通话都是不利的。

二是个人使用上的规范。由于受方言的影响，很多人发音不准确，或读错字音等，这就要求我们进一步加强对普通话的学习，语音力求达到相应的等级标准，不断增加识字量，使读错别字的现象减少到最低限度。

《普通话异读词审音表》举例

异读词	审读音	废除音
<u>呆</u>板	dāi	ái
步<u>骤</u>	zhòu	zòu
<u>缔</u>结	dì	tì
<u>波</u>浪	bō	pō
<u>谬</u>论	miù	niù
包<u>括</u>	kuò	guò
<u>森</u>林	sēn	shēn
<u>盟</u>誓	méng	míng
<u>嗟</u>叹	jiē	juē
收<u>获</u>	huò	hù
漂<u>浮</u>	fú	fóu
琴<u>弦</u>	xián	xuán

娇嫩	nèn	nùn
跃进	yuè	yào
从容	cóng	cōng
成绩	jì	jī
指甲	zhǐ	zhī、zhí
咆哮	xiào	xiāo
一会儿	huì	huǐ
号召	zhào	zhāo
比较	jiào	jiǎo
指导	dǎo	dào
卓见	zhuó	zhuō
疾病	jí	jī
质量	zhì	zhǐ
僻静	pì	bèi
五更	gēng	jīng
供给	jǐ	gěi
巷道	hàng	xiàng
暴露	bào	pù

异读词的审定对语音规范起着非常重要的作用,凡是涉及普通话异读词的读音或标音,应以审定的规范读音为准。

五、学习普通话方法指要

要学好普通话,首先必须有充分的自信心,相信自己一定能学好。现在大家毕竟还年轻,发音器官的灵活性较好,舌头还富有弹性。说什么语音已定型改不过来了云云,纯粹是不自信的开脱。我们可以肯定地说,学一口标准普通话并不是一件困难的事。只要肯下苦工夫,并且掌握科学的方法,是一定能够达到国家教育部规定的普通话水平测试等级标准的。

也许有人会说:女同学学语言有天赋,语感比男同学好。这个话的确有一定的道理。但男同学的意志和专一强于女同志。这两者都是学好普通话的条件,各占一半可谓平等。所以男同志更不能泄气。在这里我们给大家讲一位男同志学习普通话的故事。他是一位热心于推广普通话事业的语文教师,退休后他自己创办了一所普通话培训学校,并亲自担任校长。他的事迹在《光明日报》《语言文字报》等报纸上宣传过。那年已是62岁的他专程赴北京学习,刚开始他的普通话也不是很标准,翘舌音不到位,舌头卷起来不太自然,发平舌音时舌尖与齿背贴得不紧而产生漏音现象,发出的平舌音带有"滋——滋"的音,儿化音发得也很别扭等等。当老师指出他的语音病症时,他就跟着老师反复读,可毕竟年龄偏大,模仿能力已弱,老也学不像老师发的音而常常引人发笑。但他从不泄气,课后我们总是看见他对着发音理论一遍遍地琢磨,又一遍遍地发音,然后又不厌其烦地向发音准确的人请教,请人对他的发音做出评判,直到大家都认为他发音可以了,他才罢休。为了培养北京语音的语感,他还特地买了一辆旧自行车,一有空就骑着车,走街串巷地与北京人聊天儿。有了收获他就会像个天真的小学生一样,晚自修时一五一十地跟你述说和模仿。尽管他学得不像,但我们都被他的精神所感动。此外他为了读准和记住《普通话水平测试大纲》上表(一)表(二)中的重点、难点和轻声词,共计24051条,做了一大叠的小卡片放在口袋里,一有空就拿出来读和记,连吃饭排队的时间也不放过。就这样经过两个多月的刻苦学习,结果他的结业考试口语成绩达到93的高分,汉语拼音笔试为100分,成绩名列前茅,毫不逊色于年轻人,更不亚于女同志。

以上事例说明,只要花工夫去学,没有什么学不成的。当然还得喜欢它,对它有兴趣,才会愿意为它付出。那么,怎样才能学会比较标准的普通话并且达标呢?

要学好普通话,教师的"教"固然重要,但教师"教"得好,并不说明学的人一定能学好。要学好普通话,除了掌握学习普通话的规律和科学的训练方法外,关键还在自我的强化训练。普通话能力的养成需要一个从量到质的飞跃,而普通话训练本身就是不断量化的过程。但是如果练而无法,花了工夫而长进不大,就会越练越没兴趣,要达到普通话水平质的飞跃,也是不可能的。因此学习普通话要想取得事半功倍的效果,以下经验值得借鉴。

1. 知"己"知"彼"

这是一句大家所熟知的古代成语,只有"知己知彼"才能"百战不殆"。这里的"己"指的是学生自己的语音情况,"彼"指的是普通话标准音。要学好普通话,既要有自知之明——了解自己所说的普通话中有没有方言色彩,又要具备标准普通话的语感。要想知道自己的普通话里有没有方音,只有在普通话标准音的比照下才能发现。而要真正做到知"彼",就要在不断克服方音的过程中培养标准音的语感。有了语感,就会自然而然地对语音的正确与否做出直觉的感知判断。否则,如果缺乏对于"标准"与"不标准"普通话的感知判断能力,就会导致满口的方言语调还自以为标准的境地,那么,学好普通话也就成了一句空话。

2. 正音与语感训练相结合

从普通话测试结果发现,许多学生在第一、二项字词测试中,发音较准确,扣分少,但到朗读特别是说话中,吐字生硬,方音时有流露,语感差。这说明没有将普通话的正音练习和平时的日常用语结合起来。书本上练一套(主要是书面语),平时说一套(主要是口语),对普通话语感缺乏综合的把握。要改变这种状况,自我训练时应走出语音与词语的辨读练习和读背文章的套路,强化语感实践。在听广播、看电视、与人聊天中有意强化普通话语感的领略。如果能从播音员的语音中,听清平翘舌音、前后鼻音及轻声、变调等,对练习发标准音是有很大帮助的。用普通话思维创造更多自由交谈、讨论的机会,从总体上对普通话进行语感模仿。心中有了标准语音的语感,在正音和练习巩固阶段,就会自然而然地随时监督自己的发音。这种有意识培养语感的方法与方音辨正同时并进会取得事半功倍的效果。

3. 熟练掌握吐字归音法

我们知道,普通话音节结构分为声、韵、调三个部分。声,又叫字头;韵,分为韵头、韵尾、韵腹三个部分;调,是字神,体现在韵腹上。普通话单字词的发音应该遵循汉字音节结构的特点。要求发得"珠圆玉润",尽量将每个字词的发音过程处理成为"枣核形",以声母或者韵头为一端,以韵尾为另一端,韵腹为核心。一个音节的音程很短,大多在三分之一秒就会结束。要在短短的时间内兼顾声韵调和吐字归音,必须从日常训练开始严格要求:

(1) 出字——要求声母的发音部位准确、弹发有力。

(2) 立字——要求韵腹拉开立起,做到"开口音稍闭,闭口音稍开"。

(3) 归音——干净利落,不可拖泥带水。尤其是 i、u、n、ng 等做韵尾时,要注意口型的变化。

发音要领口诀:

学好声韵辨四声,阴阳上去要分明。部位方法须找准,开齐合撮属口形。

双唇班报劈百波,舌尖当地泥楼斗,舌根高狗可耕湖,舌面坚精七减息,

翘舌主争池日时,平舌资次早在私;擦音发翻非分复,送气查柴产彻称。

合口呼午枯胡古,开口河坡歌安争;撮口需学寻徐剧,齐齿衣优摇业英。

前鼻恩音烟弯隐,后鼻昂迎中拥生。咬紧字头归字尾,阴阳上去记变声。

循序渐进坚持练,不难达到纯和清。

4. 巩固比纠正更重要

学好普通话,找出语音病症并进行纠正,固然很重要。在一定的语音理论指导下,经过对比辨音,模仿标准音,大部分方音都能得到纠正。但是语音纠正后,到了具体的说话语境里,一张口说话,又会回复到原来的口音。为此有好多人在学习普通话时就感到急躁不安。其实大可不必紧张,这说明刚纠正过来的新语音尚未在旧的语音系统中巩固下来变为己有,必须经过一个强化巩固的阶段。这就需要数十次甚至数百次的"练说"→"监听"→"说准"的反复过程,在不断地与旧的发音习惯作斗争的过程中,人们才能逐渐形成标准普通话的语感。这个训练的工夫完全取决于个人的刻苦训练,任何人也替代不了。所以从这个意义上说,训练巩固阶段比纠正方音更为重要。

5. 细水长流与突击强化

我们都知道学习语言不是一蹴而就的,是一个细水长流的过程,需要持之以恒的精神,这当然很重要。但是,我们参加过普通话水平测试的人都有这样的体会,如果报名参加即将举行的普通话达标测试,仅仅靠"细水长流"还是不行。在"细水长流"的基础上还应该运用"突击强化"法。在突击强化中,人的注意力高度集中,发音器官等都处于紧张状态,对人们的说话和播音员的语音、用词、句法等尤其敏感,记忆力也会陡然增强。这些对于纠正方音,培养普通话的思维和语感,都是非常有利的。只要方法对头,肯花工夫,少则一个月,多则三个月,就能收到满意的效果。但如果考试完后,就放松下来,甚至把它抛在一边,则旧的方音势力又会抬头,这就需要运用"细水长流"法慢慢加以巩固、消化,使之真正融化为自己的语音。

6. "记忆"和"练读"并重

学习普通话,许多人可能把主要时间放在纠正方音的"练读"上,往往忽略字音的认读记忆。实际上普通话的基本音节约 400 个,加上声调也只有 1200 余个。如果你的普通话语音已经标准了,掌握基本音节是不难的。但看到某字分辨不清到底该读平舌音还是翘舌音,读前鼻音还是读后鼻音,或者平翘舌音混读、前后鼻音混读,如把平舌音读为翘舌音,翘舌音读为平舌音。语音标准了,因缺乏"记忆",以致在普通话水平测试中仍旧错误

百出,要想顺利通过达标测试也有难度,所以加强记忆十分重要。对于南方方言区的人来说,除了记住少数难点字词外,更重要的是还要善于运用规律加强平翘舌音、前后鼻音、轻声词等代表字类推、偏旁类推、声韵配合规律、记少不记多等方法的记忆。如果有少数字词记忆时无规律可寻,自己可以编些窍门帮助记忆。如记忆"辛"和"幸"两字,可编两句俗语帮助记忆:"辛"苦在前(前鼻音),"幸"福在后(后鼻音)。

7. "听"与"说"训练并重

普通话口语能力主要表现在"听力"和"说话"两个方面。口语学习也即口耳之学。口语训练必须重视口耳的训练。"听"是言语的输入,是解码的过程;"说"是言语的输出,是编码的过程,两种言语活动的方向恰恰相反。人们从口头说话中获得听觉语感,再由听觉语感升华为口语语感,可见口语语感还可分为听觉语感和口头语感。它们相互依存,相互促进,在口语交际中成为两大主干环节。脏话听得多了,自然而然地出口成"脏";出口成"脏",又使脏话更多更普遍,甚至不以为脏,造成更深更广的脏话污染。可见"说"必须首先在"听"的过程中形成相应的语感,然后用以控制、调节"说"的实践;在某种意义上说,"听"服务于"说",听得准才能说得好。因此,我们在培养普通话口语语感中,要重视自身听话能力的训练提高。

8. 重视口语能力的综合训练

普通话正音贯穿自我训练的全过程,但我们不能忽视普通话口语的训练,因为口语最能反映一个人普通话的实际水平。所谓普通话能力,就是能运用普通话思维,从口语到书面语,从语音、词汇到语法都合乎标准和规范。学好普通话的目的应该是提高普通话的运用能力,不仅书面语音要标准,能准确地读词读文章,而且在无文字凭借下能标准、流畅自如地说普通话。这就要求学生在平时训练中,不可操之过急,也不要孤军奋战。除了耐心外,可以找个同学互帮互练,训练要分层次进行。第一阶段练习声韵调以及轻声、儿化、变调等,同时进行一些简单的对话;第二阶段在掌握语流音变的基础上,着重练习朗读材料,同时进行成段话语的表达训练;第三阶段为综合训练,以口语表达中的词汇、语法为重心,将正音正词正句融入具体的话题之中。

单元综合练习

1. 用录音工具进行初始自我语音保存,以便与经过一段时间普通话教学后作对比,检验自我普通话水平有否提高。

录音参考样本

语音类别	字　　　例
平翘舌音	资　知　疵　吃　思　师　日　齿　此　史
边擦音	乐　热　浪　让　漏　肉　泪　锐　卵　软
边鼻音	南　篮　宁　零　诺　落　牛　流　虐　略
尖团音	机　欺　西　甲　且　穴　绢　券　炫　警
唇舌音	发　花　佛　活　飞　灰　分　昏　方　荒
单韵母	拔　婆　额　衣　乌　迂　耳　子　是　日

续表

语音类别	字　例
复韵母	来　雷　劳　楼　桥　求　踝　回　凹　欧
前后鼻	板　绑　枕　整　心　星　缓　谎　问　瓮
声　调	深　尘　枕　韧　新　秦　仪　鬓　潜　癣
变　调	一草一木　好山好水　小打小闹　不痛不痒
轻　声	窗户　桌子　漂亮　神气　丫头　姐姐　走走
儿　化	刀把儿　小孩儿　没准儿　有数儿　花瓶儿
啊音变	你啊　雪啊　桥啊　哭啊　人啊　唱啊　是啊
短　文	作品6号 　　一天，爸爸下班回到家已经很晚了，他很累也有点儿烦，他发现五岁的儿子靠在门旁正等着他。 　　"爸，我可以问您一个问题吗？" 　　"什么问题？" 　　"爸，您一小时可以赚多少钱？" 　　"这与你无关，你为什么问这个问题？"父亲生气的说。 　　"我只是想知道，请告诉我，您一小时赚多少钱？"小孩儿哀求道。 　　"假如你一定要知道的话，我一小时赚二十美金。"

2. 请给自己定一个普通话学习目标：准备花多少时间学好普通话？准备什么时候参加测试？

3. 正确理解普通话内涵，凭你的感性认识，试对你的家乡方言与普通话作初步比较。

4. 认真阅读《普通话异读词审音表》，详见附录1。

5. 初步了解普通话水平测试等级标准及其要求，详见附录2。

附录1　《普通话异读词审音表》

A

阿(一) ā
～訇　～罗汉　～木林　～姨
(二) ē
～谀　～附　～胶　～弥陀佛
挨(一) āi
～个　～近
(二) ái
～打　～说
癌 ái(统读)
霭 ǎi(统读)
蔼 ǎi(统读)
隘 ài(统读)

谙 ān(统读)
埯 ǎn(统读)
昂 áng(统读)
凹 āo(统读)
拗(一) ào
～口
(二) niù
执～　脾气很～
坳 ào(统读)

B

拔 bá(统读)
把 bà
印～子

白 bái（统读）

膀 bǎng
翅～

蚌（一）bàng
蛤～

（二）bèng
～埠

傍 bàng（统读）

磅 bàng
过～

鲍 bāo（统读）
胞 bāo（统读）

薄（一）báo（语）
常单用，如"纸很～"。
（二）bó（文）
多用于复音词。
～弱 稀～
淡～ 尖嘴～舌
单～ 厚～

堡（一）bǎo
碉～ ～垒
（二）bǔ
～子 吴～ 瓦窑～
柴沟～
（三）pù
十里～

暴（一）bào
～露
（二）pù
一～（曝）十寒

爆 bào（统读）
焙 bèi（统读）
惫 bèi（统读）
背 bèi
～脊 ～静

鄙 bǐ（统读）
俾 bǐ（统读）
笔 bǐ（统读）

比 bǐ（统读）

臂（一）bì
手～ ～膀
（二）bei
胳～

庇 bì（统读）
髀 bì（统读）
避 bì（统读）

辟 bì
复～

裨 bì
～补 ～益

婢 bì（统读）
痹 bì（统读）
壁 bì（统读）
蝙 biān（统读）
遍 biàn（统读）

骠（一）biāo
黄～ ～马
（二）piào
～骑 ～勇

傧 bīn（统读）
缤 bīn（统读）
濒 bīn（统读）
鬓 bìn（统读）

屏（一）bǐng
～除 ～弃 ～气 ～息
（二）píng
～藩 ～风

柄 bǐng（统读）
波 bō（统读）
播 bō（统读）
菠 bō（统读）

剥（一）bō（文）
～削
（二）bāo（语）

泊（一）bó
淡～ 飘～ 停～

(二) pō
湖～ 血～

帛 bó(统读)

勃 bó(统读)

铍 bó(统读)

伯(一) bó
～～(bo) 老～

(二) bǎi
大～子(丈夫的哥哥)

箔 bó(统读)

簸(一) bǒ

颠～

(二) bò
～箕

膊 bo

胳～

卜 bo

萝～

醭 bú(统读)

哺 bǔ(统读)

捕 bǔ(统读)

鹁 bǔ(统读)

埠 bù(统读)

C

残 cán(统读)

惭 cán(统读)

灿 càn(统读)

藏(一) cáng
矿～

(二) zàng
宝～

糙 cāo(统读)

嘈 cáo(统读)

蝤 cáo(统读)

厕 cè(统读)

岑 cén(统读)

差(一) chā(文)
不～累黍 不～什么

偏～ 色～ ～别

视～ 误～ 电势～

一念之～ ～池 ～错

言～语错 一～二错

阴错阳～ ～等 ～额

～价 ～强人意 ～数 ～异

(二) chà(语)
～不多 ～不离 ～点儿

(三) cī
参～

猹 chá(统读)

搽 chá(统读)

阐 chǎn(统读)

羼 chàn(统读)

颤(一) chàn
～动 发～

(二) zhàn
～栗(战栗) 打～(打战)

忏 chàn(统读)

伥 chāng(统读)

场(一) chǎng
～合 ～所 冷～ 捧～

(二) cháng
外～ 圩～ ～院 一～雨

(三) chang
排～

钞 chāo(统读)

巢 cháo(统读)

嘲 cháo
～讽 ～骂 ～笑

耖 chào(统读)

车(一) chē
安步当～ 杯水～薪 闭门造～

螳臂当～

(二) jū
(象棋棋子名称)

晨 chén(统读)

称 chèn

第一单元 普通话概论

~心 ~意 ~职 对~ 相~

撑 chēng（统读）

乘（动作义,念 chéng）

包~制 ~便 ~风破浪 ~客 ~势 ~兴

橙 chéng（统读）

惩 chéng（统读）

澄（一）chéng（文）

~清（如"~清混乱""~清问题"）

（二）dèng（语）

单用,如"把水~清了"。

痴 chī（统读）

吃 chī（统读）

弛 chí（统读）

褫 chǐ（统读）

尺 chǐ

~寸 ~头

豉 chǐ（统读）

侈 chǐ（统读）

炽 chì（统读）

舂 chōng（统读）

冲 chòng

~床 ~模

臭（一）chòu

遗~万年

（二）xiù

乳~ 铜~

储 chǔ（统读）

处 chǔ（动作义）

~罚 ~分 ~决 ~理 ~女 ~置

畜（一）chù（名物义）

~力 家~ 牲~ 幼~

（二）xù（动作义）

~产 ~牧 ~养

触 chù（统读）

搐 chù（统读）

绌 chù（统读）

黜 chù（统读）

闯 chuǎng（统读）

创（一）chuàng

草~ ~举 首~ ~造 ~作

（二）chuāng

~伤 重~

绰（一）chuò

~~有余

（二）chuo

宽~

疵 cī（统读）

雌 cí（统读）

赐 cì（统读）

伺 cì

~候

枞（一）cōng

~树

（二）zōng

~阳〔地名〕

从 cóng（统读）

丛 cóng（统读）

攒 cuán

万头~动 万箭~心

脆 cuì（统读）

撮（一）cuō

~儿 一~盐 一~儿匪帮

（二）zuǒ

一~儿毛

措 cuò（统读）

D

搭 dā（统读）

答（一）dá

报~ ~复

（二）dā

~理 ~应

打 dá

苏~ 一~（十二个）

大（一）dà

~夫（古官名）

~王（如爆破~王、钢铁~王）

(二) dài
~夫(医生) ~黄
~王(如山~王) ~城〔地名〕
呆 dāi(统读)
傣 dǎi(统读)
逮(一) dài(文)如"~捕"。
(二) dǎi(语)单用,
如"~蚊子""~特务"。
当(一) dāng
~地 ~间儿 ~年(指过去)
~日(指过去) ~天(指过去)
~时(指过去) 螳臂~车
(二) dàng
一个~俩 安步~车 适~
~年(同一年) ~日(同一时候)
~天(同一天)
档 dàng(统读)
蹈 dǎo(统读)
导 dǎo(统读)
倒(一) dǎo
颠~ 颠~是非 颠~黑白 颠三~四
倾箱~箧 排山~海 ~板 ~嚼 ~仓
~嗓 ~戈 潦~
(二) dào
~粪(把粪弄碎)
悼 dào(统读)
蠹 dào(统读)
凳 dèng(统读)
羝 dī(统读)
氐 dī〔古民族名〕
堤 dī(统读)
提 dī
~防
的 dí
~当 ~确
抵 dǐ(统读)
蒂 dì(统读)
缔 dì(统读)

谛 dì(统读)
点 diǎn
打~(收拾、贿赂)
跌 diē(统读)
蝶 dié(统读)
订 dìng(统读)
都(一) dōu
~来了
(二) dū
~市 首~ 大~(大多)
堆 duī(统读)
吨 dūn(统读)
盾 dùn(统读)
多 duō(统读)
咄 duō(统读)
掇(一) duō("拾取、采取"义)
(二) duo
撺~ 掂~
裰 duō(统读)
踱 duó(统读)
度 duó
忖~ ~德量力

E
婀 ē(统读)

F
伐 fá(统读)
阀 fá(统读)
砝 fǎ(统读)
法 fǎ(统读)
发 fà
理~ 脱~ 结~
帆 fān(统读)
藩 fān(统读)
梵 fàn(统读)
坊(一) fāng
牌~ ~巷
(二) fáng
粉~ 磨~ 碾~ 染~ 油~ 谷~

妨 fáng(统读)

防 fáng(统读)

肪 fáng(统读)

沸 fèi(统读)

汾 fén(统读)

讽 fěng(统读)

肤 fū(统读)

敷 fū(统读)

俘 fú(统读)

浮 fú(统读)

服 fú

～毒 ～药

拂 fú(统读)

辐 fú(统读)

幅 fú(统读)

甫 fǔ(统读)

复 fù(统读)

缚 fù(统读)

G

噶 gá(统读)

冈 gāng(统读)

刚 gāng(统读)

岗 gǎng

～楼 ～哨 ～子 门～ 站～ 山～子

港 gǎng(统读)

葛(一) gé

～藤 ～布 瓜～

(二) gě〔姓〕(包括单、复姓)

隔 gé(统读)

革 gé

～命 ～新 改～

合 gě(一升的十分之一)

给(一) gěi(语)单用。

(二) jǐ(文)

补～ 供～ 供～制 ～予 配～ 自～自足

亘 gèn(统读)

更 gēng

五～ ～生

颈 gěng

脖～子

供(一) gōng

～给 提～ ～销

(二) gòng

口～ 翻～ 上～

佝 gōu(统读)

枸 gǒu

～杞

勾 gòu

～当

估(除"～衣"读 gù 外,都读 gū)

骨(除"～碌""～朵"读 gū 外,都读 gǔ)

谷 gǔ

～雨

锢 gù(统读)

冠(一) guān(名物义)

～心病

(二) guàn(动作义)

沐猴而～ ～军

犷 guǎng(统读)

庋 guǐ(统读)

桧

(一) guì〔树名〕

(二) huì〔人名〕"秦～"

刽 guì(统读)

聒 guō(统读)

蝈 guō(统读)

过(除姓氏读 guō 外,都读 guò)

H

虾 há

～蟆

哈(一) hǎ

～达

(二) hà

～什蚂

汗 hán

可～

巷 hàng
～道

号 háo
寒～虫

和(一) hè
唱～ 附～ 曲高～寡

(二) huo
搀～ 搅～ 暖～ 热～ 软～

貉(一) hé(文)
一丘之～

(二) háo(语)
～绒 ～子

壑 hè(统读)
褐 hè(统读)
喝 hè
～采 ～道 ～令 ～止 呼幺～六

鹤 hè(统读)
黑 hēi(统读)
亨 hēng(统读)
横(一) héng
～肉 ～行霸道

(二) hèng
蛮～ ～财

訇 hōng(统读)
虹(一) hóng(文)
～彩 ～吸

(二) jiàng(语)
单说。

讧 hòng(统读)
囫 hú(统读)
瑚 hú(统读)
蝴 hú(统读)
桦 huà(统读)
徊 huái(统读)
踝 huái(统读)
浣 huàn(统读)
黄 huáng(统读)
荒 huāng

饥～(指经济困难)
诲 huì(统读)
贿 huì(统读)
会 huì
一～儿 多～儿 ～厌(生理名词)

混 hùn
～合 ～乱 ～凝土 ～淆 ～血儿 ～杂

蠖 huò(统读)
霍 huò(统读)
豁 huò
～亮

获 huò(统读)

J

羁 jī(统读)
击 jī(统读)
奇 jī
～数

芨 jī(统读)
缉(一) jī
通～ 侦～

(二) qī
～鞋口

几 jī
茶～ 条～

圾 jī(统读)
戢 jí(统读)
疾 jí(统读)
汲 jí(统读)
棘 jí(统读)
藉 jí
狼～(籍)

嫉 jí(统读)
脊 jí(统读)
纪(一) jǐ[姓]
(二) jì
～念 ～律 纲～ ～元

偈 jì
～语

绩 jì(统读)

迹 jì(统读)

寂 jì(统读)

箕 jī

簸～

辑 jí

逻～

茄 jiā

雪～

夹 jiā

～带 ～道儿 ～攻 ～棍 ～生

～杂 ～竹桃 ～注

浃 jiā(统读)

甲 jiǎ(统读)

歼 jiān(统读)

鞯 jiān(统读)

间(一) jiān

～不容发 中～

(二) jiàn

中～儿 ～道 ～谍 ～断 ～或 ～接

～距 ～隙 ～续 ～阻 ～作 挑拨离～

趼 jiǎn(统读)

俭 jiǎn(统读)

缰 jiāng(统读)

膙 jiǎng(统读)

嚼(一) jiáo(语)

味同～蜡 咬文～字

(二) jué(文)

咀～ 过屠门而大～

(三) jiào

倒～(倒嚼)

侥 jiǎo

～幸

角(一) jiǎo

八～(大茴香) ～落 独～戏 ～膜

～度 ～儿(犄～) ～楼 勾心斗～

号～ 口～(嘴～) 鹿～ 菜头～

(二) jué

～斗 ～儿(脚色) 口～(吵嘴) 主～儿

配～儿 ～力 捧～儿

脚(一) jiǎo

根～

(二) jué

～儿(也作"角儿",脚色)

剿(一) jiǎo

围～

(二) chāo

～说 ～袭

校 jiào

～勘 ～样 ～正

较 jiào(统读)

酵 jiào(统读)

嗟 jiē(统读)

疖 jiē(统读)

结(除"～了个果子""开花～果""～巴"
"～实"念 jiē 之外,其他都念 jié)

睫 jié(统读)

芥(一) jiè

～菜(一般的芥菜) ～末

(二) gài

～菜(也作"盖菜") ～蓝菜

矜 jīn

～持 自～ ～怜

仅 jǐn

～～ 绝无～有

谨 jǐn(统读)

觐 jìn(统读)

浸 jìn(统读)

斤 jīn

千～(起重的工具)

茎 jīng

附录2 《普通话水平测试等级标准》

国家语委组织拟定了普通话的三级六等标准：一级为标准级或高级，会说相当标准的普通话；二级是中级，会说比较标准的普通话；三级是初级，会说一般的普通话，即不同方言区的人能够听懂的普通话。

三级六等的具体要求和量化评分标准如下：

一级

甲等　朗读和自由交谈时，语音标准，词汇、语法正确无误，语调自然，表达流畅。测试总失分率在3%以内。

乙等　朗读和自由交谈时，语音标准，词汇、语法正确无误，语调自然，表达流畅。偶然有字音、字调失误。测试总失分率在8%以内。

二级

甲等　朗读和自由交谈时，声韵调发音基本标准，语调自然，表达流畅。少数难点音（平翘舌音、前后鼻尾音、边鼻音等）有时出现失误。词汇、语法极少有误。测试总失分率在13%以内。

乙等　朗读和自由交谈时，个别调值不准，声韵母发音有不到位现象。难点音较多（平翘舌音、前后鼻尾音、边鼻音、fu—hu、z—zh—j、送气不送气、i—ü不分、保留浊塞音、浊塞擦音、丢介音、复韵母单音化等），失误较多，方言语调不明显。有使用方言词、方言语法的情况。测试总失分率在20%以内。

三级

甲等　朗读和自由交谈时，声韵母发音失误较多，难点音超出常见范围，声调调值多不准。方言语调较明显。词汇、语法有失误。测试总失分率在30%以内。

乙等　朗读和自由交谈时，声韵调发音失误多，方音特征突出。方言语调明显。词汇、语法失误较多。外地人听其谈话有听不懂的情况。测试总失分率在40%以内。

国家语言文字工作部门发布的《普通话水平测试等级标准》是确定应试人普通话水平等级的依据。测试机构按照评分标准对应试人的四项测试进行评分，根据应试人的总得分评定其普通话水平等级。由省、直辖市以上语言文字工作部门颁发相应的普通话水平测试等级证书。

普通话水平划分为三个级别，每个级别内划分为两个等次。三级六等达标分数如下所示：

97—100分，一级甲等；　　92—96.9分，一级乙等；
87—91.9分，二级甲等；　　80—86.9分，二级乙等；
70—79.9分，三级甲等；　　60—69.9分，三级乙等。

第二单元　普通话声母正音教学

第一节　声母的发音

方言区人学说普通话,容易受到方音的影响,往往发得不够标准。因而要纠正方音必须首先掌握标准普通话声母的发音部位和发音方法,然后注意比较普通话声母与自己日常发音的异同。

一、声母的发音部位和发音方法

声母是音节开头的辅音。如"lin"这个音节,其中"l"就是声母。普通话有21个辅音声母。有些声母没有辅音,像an(安)、en(恩)、ou(欧)等,称为零声母音节。零声母的"零"不等于"没有",它占一个位置,这个位置是个"虚位",在研究语音的历史演变或进行方言比较研究时具有实际的意义。不同的声母是由不同的发音部位和发音方法决定的。

发音时气流受阻碍的位置叫发音部位。由上下唇阻塞气流而形成的音叫双唇音;由上齿和下唇阻碍气流而形成的音叫唇齿音;由舌尖和上齿背阻碍气流而形成的音叫舌尖前音;由舌尖和上齿龈阻碍气流而形成的音叫舌尖中音;由舌尖和硬腭前部阻碍气流而形成的音叫舌尖后音;由舌面和硬腭前部阻碍气流而形成的音叫舌面音;由舌根和软腭阻碍气流而形成的音叫舌根音。

发音器官阻碍气流的方式和状态叫发音方法。各个声母发音时形成阻碍和解除阻碍的方式是不同的:发音时气流通路完全阻塞,然后突然放开,让气流爆发出来而形成的音叫塞音;由发音器官造成缝隙,让气流形成摩擦而发出来的音叫擦音;发音时最初形成阻碍的部分完全闭塞,再渐渐打开闭塞部位,让气流从缝隙中摩擦而出形成的音叫塞擦音;发音时,口腔中形成阻碍的部分完全闭塞,软腭下垂,让气流从鼻腔流出而形成的音叫鼻音;发音时,气流沿舌头两边通过而发出的音叫边音。

此外声母的发音还有声带振动与不振动的区别:纯粹由气流受阻构成,不振动声带,不带乐音的音叫清音;发音时,除气流受阻外,同时振动声带发出乐音的音叫浊音。塞音和塞擦音声母的发音,还有气流强弱的差异,发音时,口腔呼出气流较强的音叫送气音,呼出气流较弱的音叫不送气音。

普通话声母的发音是由发音部位和发音方法决定的,列下表所示:

发音方法 发音部位	塞音		塞擦音		擦音		鼻音	边音
	清	清	清	清	清	浊	浊	浊
	不送气	送气	不送气	送气				
双唇音	b		p				m	

续表

发音方法 发音部位	塞音		塞擦音		擦音		鼻音	边音
	清 不送气	清 送气	清 不送气	清 送气	清	浊	浊	浊
唇齿音					f			
舌尖前音			z	c	s			
舌尖后音			zh	ch	sh	r		
舌尖中音	d	t					n	l
舌面音			j	q	x			
舌根音	g	k			h			
零声母	0							

二、巧记普通话声母及其发音方法

1. 声母歌

《采桑歌》

春日每起早,(ch、r、m、q、z)

采桑惊啼鸟,(c、s、j、t、n)

风过扑鼻香,(f、g、p、b、x)

花开花落知多少。(h、k、l、zh、d、sh)

2. 发音方法

第1步:先断句。21个声母按习惯上的停顿断句可分为6句——bpmf,dtnl,gkh,jqx,zhchshr,zcs。

第2步:找塞音。前3句第一、二个声母是塞音——bpdtgk。

第3步:找塞擦音。后3句第一、二个声母是塞擦音——jqzhchzc。

第4步:找鼻、边音。鼻——mn;边——l。

第5步:找擦音。剩下6个即是——fhxshrs(方言谐音:弗喝稀,试一试)

三、声母发音训练

b——双唇不送气清塞音

发音时先将双唇紧闭,同时软腭上升,关闭鼻腔通路;然后将双唇突然打开,让气流爆发出来,声带不颤动,也不送气。

发音练习:标兵 biāobīng　　辨别 biànbié　　颁布 bānbù

　　　　　斑白 bānbái　　　奔波 bēnbō　　　版本 bǎnběn

p——双唇送气清塞音

发音部位与方法除气流强弱与b不同外,其余跟b相同,p双唇打开时有一股强烈的气流冲出来,即送气音。

发音练习:偏旁 piānpáng　　乒乓 pīngpāng　　澎湃 péngpài
　　　　　拼盘 pīnpán　　　瓢泼 piáopō　　　批评 pīpíng

m——双唇浊鼻音

发音时,先把双唇紧闭,挡住气流,软腭小舌下垂,打开鼻腔的通路,让气流从鼻腔出来,声带颤动。

发音练习:美妙 měimiào　　面貌 miànmào　　牧民 mùmín
　　　　　弥漫 mímàn　　　蒙昧 méngmèi　　眉毛 méimao

f——齿唇清擦音

发音时将上齿轻触下唇,形成间隙;软腭上升,关闭鼻腔通路,使气流从狭缝中摩擦成声,声带不颤动。

发音练习:丰富 fēngfù　　　芬芳 fēnfāng　　肺腑 fèifǔ
　　　　　防范 fángfàn　　夫妇 fūfù　　　　福分 fúfen

d——舌尖中不送气清塞音

发音时将舌尖抵住上齿龈,挡住气流,然后舌尖突然离开解除阻塞,使气流爆发出来,声带不颤动,也不送气。

发音练习:带动 dàidòng　　电灯 diàndēng　　到达 dàodá
　　　　　丢掉 diūdiào　　荡涤 dàngdí　　　断定 duàndìng

t——舌尖中送气清塞音

发音部位、方法除气流强弱与 d 不同外,其余跟 d 相同,t 是送气音,从肺部呼出一股较强的气流成声。

发音练习:团体 tuántǐ　　　探讨 tàntǎo　　　淘汰 táotài
　　　　　头疼 tóuténg　　妥帖 tuǒtiē　　　谈天 tántiān

n——舌尖中浊鼻音

发音时将舌尖抵住上齿龈,要顶满,挡住气流,并使软腭下垂,让气流通向鼻腔,从鼻孔透出成声,声带颤动。

发音练习:男女 nánnǚ　　　牛奶 niúnǎi　　　恼怒 nǎonù
　　　　　泥泞 nínìng　　　能耐 néngnai　　农奴 nóngnú

l——舌尖中浊边音

发音时将舌尖抵住上齿龈的后部,阻塞气流从口腔中路通过,使气流从舌头跟两颊内侧形成的空隙通过而成声,声带颤动。

发音练习:流利 liúlì　　　　磊落 lěiluò　　　履历 lǚlì
　　　　　料理 liàolǐ　　　　利率 lìlǜ　　　　劳累 láolèi

g——舌面后不送气清塞音

发音时将舌面后部隆起抵住软腭,形成阻塞,气流在形成阻塞的部位积蓄,然后突然打开,让气流爆发出来,声带不颤动。

发音练习:巩固 gǒnggù　　　高贵 gāoguì　　　改革 gǎigé
　　　　　光顾 guānggù　　梗概 gěnggài　　杠杆 gànggǎn

k——舌面后送气清塞音

发音部位、方法除气流强弱与 g 不同外，其余跟 g 相同，k 是送气音。

发音练习：刻苦 kèkǔ　　　　开垦 kāikěn　　　　宽阔 kuānkuò
　　　　　慷慨 kāngkǎi　　　空旷 kōngkuàng　　苛刻 kēkè

h——舌面后清擦音

发音时将舌根靠近软腭，形成一条狭缝，让气流从狭缝中摩擦通过而成声，声带不颤动。

发音练习：欢呼 huānhū　　　航海 hánghǎi　　　谎话 huǎnghuà
　　　　　黑河 hēihé　　　　祸害 huòhài　　　　毁坏 huǐhuài

j——舌面前不送气清塞擦音

发音时舌面升起，抵住硬腭，挡住气流，然后再将舌面稍稍离开，与硬腭形成一条狭缝，让气流摩擦而出，声带不颤动，也不送气。

发音练习：经济 jīngjì　　　　坚决 jiānjué　　　　讲解 jiǎngjiě
　　　　　矫健 jiǎojiàn　　　拘谨 jūjǐn　　　　　简洁 jiǎnjié

q——舌面前送气清塞擦音

发音部位、方法除气流强弱与 j 不同外，其余跟 j 相同，q 是送气音。

发音练习：亲切 qīnqiè　　　　请求 qǐngqiú　　　　恰巧 qiàqiǎo
　　　　　缺勤 quēqín　　　　弃权 qìquán　　　　亲戚 qīnqi

x——舌面前清擦音

舌尖抵住下门齿背，使前舌面接近硬腭前部，形成适度的间隙，气流从空隙磨擦通过。

发音练习：虚心 xūxīn　　　　现象 xiànxiàng　　　学习 xuéxí
　　　　　相信 xiāngxìn　　　歇息 xiēxi　　　　　选修 xuǎnxiū

zh——舌尖后不送气清塞擦音

发音时舌尖翘起，抵住硬腭前端，挡住气流，然后舌尖稍稍离开，使舌尖与硬腭前端间形成一条狭缝，让气流摩擦而出，声带不颤动，也不送气。

发音练习：种植 zhòngzhí　　　主张 zhǔzhāng　　　真正 zhēnzhèng
　　　　　周转 zhōuzhuǎn　　　执照 zhízhào　　　长者 zhǎngzhě

ch——舌尖后送气清塞擦音

发音部位与方法除气流强弱与 zh 不同外，其余跟 zh 相同，ch 是送气音。

发音练习：抽查 chōuchá　　　超产 chāochǎn　　　出差 chūchāi
　　　　　臭虫 chòuchóng　　驰骋 chíchěng　　　车床 chēchuáng

sh——舌尖后清擦音

发音时舌尖翘起，靠近硬腭前端，形成一条狭缝，让气流从中摩擦而出，声带不颤动。

发音练习：事实 shìshí　　　　少数 shǎoshù　　　　双手 shuāngshǒu
　　　　　生疏 shēngshū　　　膳食 shànshí　　　　上升 shàngshēng

r——舌尖后浊擦音

发音部位、方法跟 sh 相同，只是发音时声带颤动。

发音练习：柔软 róuruǎn　　　仍然 réngrán　　　　容忍 róngrěn

闰日 rùnrì　　　　　　如若 rúruò　　　　　　嚷嚷 rāngrang

z ——舌尖前不送气清塞擦音

发音时将舌尖平伸，抵住上齿背，挡住气流，然后舌尖稍稍离开，使舌尖和上齿背形成一条狭缝，让气流从中摩擦而出，声带不颤动，也不送气。

发音练习：自尊 zìzūn　　　总则 zǒngzé　　　祖宗 zǔzong
　　　　　走卒 zǒuzú　　　造作 zàozuò　　　藏族 zàngzú

c ——舌尖前送气清塞擦音

发音部位、方法除气流强弱不同外，其余跟 z 相同，c 是送气音。

发音练习：苍翠 cāngcuì　　　层次 céngcì　　　猜测 cāicè
　　　　　残存 cáncún　　　措辞 cuòcí　　　　仓促 cāngcù

s ——舌尖前清擦音

发音时将舌尖平伸，靠近上齿背，形成一条狭缝，让气流从中摩擦而出，声带不颤动。

发音练习：思索 sīsuǒ　　　琐碎 suǒsuì　　　色素 sèsù
　　　　　速算 sùsuàn　　　松散 sōngsǎn　　洒扫 sǎsào

由于声母的发音大多是声带不颤动的清音，不便称说。在教学时，为了称说的方便，通常在它们的后面加上一个相应的元音 o、e、i。如 bo（波）、te（特）、ji（机）等。这样的音，称为声母的呼读音，与之相对的则称为本音。

第二节　声母的正音

方言区人学习普通话，要注意比较普通话与自己方音的异同。方言与普通话的声母在发音部位和发音方法上或多或少存在着一些区别。掌握正音以及分辨记音的方法，通过大量的练读材料进行有针对性的反复训练，建立起标准普通话语音的语感，对于学会说一口标准流利的普通话具有十分重要的作用。

从普通话水平测试情况看，绝大多数没有经过正规普通话训练的人，所说的普通话都处于 F（方言）→P（普通话）的过渡状态："带有方言的普通话"或"带有普通话的方言"。为了帮助学员有针对性地进行普通话正音训练，认清正音难点，进行重点攻破，我们在正音理论学习的基础上，总结人们学习和测试普通话中普遍存在的问题，从理论上加以分析和指导。

一、分辨平翘舌音

平翘舌音不分。主要有四种情况：一是把翘舌音的"zh,ch,sh"读成平舌音"z,c,s"，这是南方方言区人学说普通话时普遍存在的问题；二是把平舌音的"z,c,s"读成翘舌音"zh,ch,sh"，这在东北人说普通话中比较常见；三是把平舌音的"z,c,s"和翘舌音的"zh,ch,sh"读成既不是平舌音也不是翘舌音的音，这是发音时舌位没有放到位所致，这种情况在南方方言区的年轻人中比较常见；四是平、翘舌音混读，把有些平舌音读成翘舌音，把有些翘舌音读成平舌音，这种情况往往是说话人掌握了平翘舌音的发音方法，但没有记住分辩平、翘舌音规律所致。

平翘舌音的区别在发音部位上：z组声母是舌尖前伸接触或接近上齿背；zh组是舌尖上翘接触或接近硬腭前部。

辨音注意两点：一是舌尖的状态不同，平舌音的舌尖是平伸的，翘舌音的舌尖是微微翘起的；二是舌尖和上腭构成的位置不同，一个是上齿背，一个是硬腭前部。

（一）对比辨音练习

z—zh

造就—照旧	暂时—战时	资助—支柱	自立—智力
宗旨—终止	阻力—主力	栽花—摘花	增光—争光
自愿—志愿	资源—支援	正宗—正中	仿造—仿照

c—ch

村庄—春装	鱼刺—鱼翅	推辞—推迟	蚕丝—禅师
短促—短处	上层—上乘	粗糙—出超	词序—持续
祠堂—池塘	木材—木柴	粗布—初步	操纵—超重

s—sh

四十—事实	司长—师长	搜集—收集	近似—近视
桑叶—商业	四季—世纪	散光—闪光	撕去—失去
肃立—树立	五岁—午睡	私人—诗人	私语—施与

（二）翘舌音练习

zh—

| 展示 | 战场 | 战争 | 章程 | 招生 | 追逐 | 着手 |
| 照射 | 折射 | 侦察 | 真诚 | 真正 | 征收 | 正式 |

ch—

| 产生 | 产值 | 阐述 | 长城 | 长处 | 尝试 | 常识 |
| 常数 | 车站 | 沉重 | 沉着 | 陈述 | 成虫 | 成熟 |

sh—

| 山水 | 闪烁 | 上山 | 上升 | 上市 | 上述 | 上涨 |
| 稍稍 | 少数 | 设施 | 设置 | 伸手 | 深沉 | 神圣 |

（三）平翘连读练习

zh—z

| 壮族 | 赈灾 | 沼泽 | 正在 | 著作 | 铸造 | 制作 |
| 准则 | 追踪 | 主宰 | 知足 | 正宗 | 振作 | 装载 |

z—zh

| 尊重 | 滋长 | 赞助 | 自制 | 罪状 | 作者 | 自主 |
| 增长 | 杂志 | 组长 | 宗旨 | 组织 | 遵照 | 作战 |

ch—c

| 出操 | 成材 | 差错 | 除草 | 初次 | 尺寸 | 储存 |
| 纯粹 | 车次 | 冲刺 | 揣测 | 筹措 | 唱词 | 船舱 |

c—ch

错处	促成	磁场	仓储	财产	餐车	粗茶
操场	操持	残喘	彩绸	存储	草场	采茶

sh—s

生死	神色	申诉	绳索	世俗	深思	上司
收缩	誓死	输送	胜似	神速	疏散	石笋

s—sh

所属	随身	松手	四声	桑树	琐事	诉说
宿舍	损失	算术	丧失	私事	松鼠	扫射

（四）绕口令练习

1. 四是四,十是十,十四是十四,四十是四十,十不能说成四,四也不能说成十,不要把十四说成四十,也不要把四十说成十四,若是说错了,就要误大事。(练习s、sh)

2. 早晨早早起,早起做早操。人人做早操,做操身体好。(练习z、c、ch)

3. 三十三只山羊上山去散步,三十三只上山去散步的山羊,下山只剩十三只。(练习s、sh、zh)

4. 三哥三嫂子,借我三斗三升酸枣子。秋天收了酸枣子,就还三哥三嫂子,三斗三升酸枣子。(练习z、s)

5. 清早上街走,走到周家大门口,门里跳出一只大黄狗,朝我哇啦哇啦吼。我拾起石头打黄狗,黄狗跳上来就咬我的手。也不知我手里的石头打没打着周家的大黄狗,周家的大黄狗咬没咬着我的手。(sh、h)

（五）辨记平翘舌音字词的常用方法

区分平翘舌音,除了读准两组字的音值外,还要设法记住哪些字读平舌音,哪些字读翘舌音。3500个常用字中,属于平翘舌音的字有797个,占常用字总数的22.8%。

1. 利用代表字类推法

z

匝—zā　砸 zá

赞—zàn　攒(积～) zǎn

澡—zǎo　藻 zǎo,噪、燥、躁 zào

造—zào　糙 cāo

责—zé　啧 zé(例外字:债 zhài)

则—zé　厕、测 cè(例外字:铡 zhá)

曾—zēng(姓～)　憎、增 zēng,赠 zèng,曾(～经)céng

兹—zī(～定于)　滋 zī,慈、磁 cí

资—zī　咨、姿 zī,恣 zì

子—zǐ　仔(～细)、籽 zǐ,孜 zī,仔(牛～)zǎi

宗—zōng　综(～合)、棕、踪 zōng,粽 zòng,淙、琮 cóng(例外字:崇 chóng)

卒—zú(小～)　醉 zuì

祖—zǔ　诅、阻、组 zǔ，租 zū，粗 cū(例外字：助 zhù)

尊—zūn　遵 zūn

c

擦—cā　嚓(象声词)cā，蔡 cài(例外字：察 chá)

才—cái　材、财 cái(例外字：豺 chái)

采—cǎi(～访)　彩、睬、踩 cǎi，菜 cài

曹—cáo　漕、槽 cáo，糟、遭 zāo

参—cān(～观)　惨 cǎn，参(～差)cēn(例外字：人参 shēn，渗 shèn)

仓—cāng　伧(～俗)、沧、苍、舱 cāng[例外字：疮、创(～伤)chuāng，创(～造)chuàng，伧(寒～)chen]

从—cóng(～容)　丛 cóng

此—cǐ　疵 cī，龇 zī(例外字：柴 chái)

卒—cù(仓～)　猝 cù，萃、翠、粹、啐、瘁 cuì，卒(小～)zú

醋—cù　措、错 cuò

窜—cuàn　蹿 cuān

崔—cuī　催、摧 cuī，璀 cuǐ

寸—cùn　村 cūn，忖 cǔn(例外字：肘 zhǒu)

搓—cuō　磋 cuō，差(参～)cī[例外字：差(～别)chā，差(～不多)chà，差(出～)chāi]

挫—cuò　锉 cuò

s

散—sǎn(～漫)　傘 sǎn，散(～会)sàn，撒(～手)sā，撒(～种)sǎ

桑—sāng　搡、嗓 sǎng

司—sī　伺(～敌)、饲、嗣 sì，词、祠 cí，伺(～候)cì

思—sī　腮、鳃 sāi

斯—sī　厮、撕、嘶 sī

四—sì　泗、驷 sì

松—sōng　忪(惺～)sōng，颂 sòng[例外字：松(怔～)zhōng]

叟—sǒu　嫂 sǎo，搜、嗖、馊 sōu(例外字：瘦 shòu)

素—sù　愫、嗉 sù

遂—suí(半身不～)　遂(～心)、隧(～道)suì

孙—sūn　狲、狲(猢～)sūn

唆—suō　梭 suō，酸 suān

锁—suǒ　唢(～呐)、琐 suǒ

zh

占—zhàn　战、站 zhàn，沾、毡、粘(～贴标语)zhān，砧 zhēn[例外字：钻(～研)zuān，钻(～石)zuàn]

章—zhāng　漳、彰、樟、蟑 zhāng，障、嶂 zhàng

长—zhǎng(生～、班～)　涨(～潮)zhǎng,张 zhāng,胀、帐、涨(豆子泡～了)zhàng,长(～短、特～)cháng

丈—zhàng　仗、杖 zhàng

召—zhào(号～)　诏、照 zhào,招、昭 zhāo,沼 zhǎo,苕、韶 sháo,召(姓)、邵、绍 shào,苕 tiáo

折—zhē(～跟头)　蜇(被蝎子～了)zhē,折(～磨)、哲、蜇(海～)zhé,浙 zhè,折(～本)shé,誓 shì

者—zhě　赭、锗 zhě,诸、猪 zhū,煮 zhǔ,著、箸 zhù,储 chǔ

贞—zhēn　侦、祯、帧 zhēn

珍—zhēn　诊、疹 zhěn,趁 chèn

真—zhēn　缜 zhěn,镇 zhèn,慎 shèn

正—zhēng(～月)　怔、征、症(～结)zhēng,整 zhěng,正(～义)、证、政、症(～候)zhèng,惩 chéng

争—zhēng　挣(～扎)、峥、睁、筝 zhēng,诤、挣(～脱)zhèng

支—zhī　枝、肢 zhī,翅 chì

只—zhī(～身)　织 zhī,职 zhí,只(～有)zhǐ,帜 zhì,识(～别)shí,炽 chì

知—zhī　蜘 zhī,智 zhì,痴 chī

执—zhí　贽、挚 zhì,蛰 zhé

直—zhí　值、植、殖 zhí,置 zhì

止—zhǐ　址、趾 zhǐ,耻 chǐ

至—zhì　致、室 zhì,侄 zhí,室 shì

志—zhì　痣 zhì

中—zhōng(～央)　忠、钟、盅、衷 zhōng,种(～子)、肿 zhǒng,中(打～、～暑)、种(～植)、仲 zhòng,冲(～锋)chōng,冲(～劲儿)chòng

朱—zhū　诛、珠、株、蛛 zhū,姝、殊 shū

主—zhǔ　拄 zhǔ,住、注、柱、驻、蛀 zhù

专—zhuān　砖 zhuān,转(～身、～达)zhuǎn,转(～动)、传(～记)zhuàn,传(宣～)chuán

啄—zhuó　诼、琢 zhuó,涿 zhuō

ch

叉—chā(鱼～)　权 chā,叉(～住)chá,叉(～开)、衩(裤～)chǎ,叉(劈～)、权(树～)、衩(衣～)chà,钗 chāi

谗—chán　搀 chān

产—chǎn　铲 chǎn

昌—chāng　猖 chāng,倡、唱 chàng

场—cháng(～院)　肠 cháng,场(会～)chǎng,畅 chàng

抄—chāo　吵(～～)、钞 chāo,吵(～架)、炒 chǎo

朝—cháo(～前、～鲜)　潮、嘲 cháo,朝(～气)zhāo

辰—chén　晨 chén,唇 chún,振、赈、震 zhèn
成—chéng　诚、城、盛(～东西)chéng,盛(茂～,姓～)shèng
呈—chéng　程 chéng,逞 chěng(例外字:锃 zèng)
池—chí　弛、驰 chí
斥—chì　坼 chè,拆(～信)chāi
筹—chóu　俦、畴、踌(～躇)chóu
绸—chóu　惆(～怅)、稠 chóu
出—chū　础 chǔ,黜 chù,拙 zhuō,茁 zhuó
除—chú　滁、蜍 chú
厨—chú　橱 chú
喘—chuǎn　揣(～在怀里)chuāi,揣(～测)chuǎi
垂—chuí　陲、捶、锤 chuí
春—chūn　椿 chūn,蠢 chǔn
啜—chuò　辍 chuò

sh

山—shān　舢 shān,汕、疝 shàn
珊—shān　删、蹒(蹒～)shān,栅(～栏)zhà(例外字:册 cè)
扇—shān(～动)　煽 shān,扇(～子、两～窗)shàn
善—shàn　膳 shàn
尚—shàng　绱 shàng,赏 shǎng,裳(衣～)shang,徜(～徉)cháng
捎—shāo　梢、稍(～微)、艄 shāo,哨、稍(～息)shào
少—shǎo(～数)　少(～年)shào,沙(～土)、纱、砂、莎、裟、鲨 shā(例外字:娑 suō)
舍—shě(～己救人)　舍(宿～)shè,啥 shá
申—shēn　伸、呻、绅 shēn,神 shén,审、婶 shěn
生—shēng　牲、笙 shēng,胜(～利)shèng
师—shī　狮 shī,筛 shāi(例外字:蛳 sī)
诗—shī　时 shí,侍、恃 shì(例外字:寺 sì)
市—shì　柿 shì
式—shì　试、拭、轼 shì
受—shòu　授、绶 shòu
抒—shū　纾、舒 shū
叔—shū　塾、熟 shú(熟又音 shóu)
署—shǔ　薯、曙、暑 shǔ
束—shù　漱 shù,速、蔌、涑、簌、觫 sù
刷—shuā　刷(～白)shuà,涮 shuàn
率—shuài(～领)　蟀 shuài,摔 shuāi

2. 利用汉字声旁的声母读音(d、t)判断法

如:"查"的声旁"旦","旦"的声母是 d,"查"读翘舌音 zhā(姓查)、chá(检查)。"治"的

声旁"台","台"的声母是 t,"治"读翘舌音 zhì。

(1) zh 声母字

声旁声母读作 d 的字:查渣喳摘绽招昭沼召照滞终昼坠

声旁声母读作 t 的字:治撞幢(一～楼)

(2) ch 声母字

声旁声母读作 d 的字:查碴单蝉阐澄橙侈初颤戳揣

声旁声母读作 t 的字:幢(经～)纯

(3) sh 声母字

声旁声母读作 d 的字:税说擅

声旁声母读作 t 的字:蛇社始

(4) 声旁与读作 d、t 的字有关

如"沾"的声旁"占"与"店、点"(声母 d)有关,这类字也读翘舌音。

占(店、点)——zh 沾粘毡战站

者(都、堵、赌)——zh 诸猪煮著 sh 暑署

真(颠、填)——zh 镇 sh 慎

周(调、雕)——ch 稠绸

隹(堆、推)——zh 椎锥准稚 sh 谁

卓(掉)——zh 桌罩 ch 绰

垂(唾)——ch 锤捶 sh 睡

尚(躺、趟)——zh 掌 ch 常敞 sh 赏裳

勺(钓,的)——zh 酌 sh 芍

也(地、他)—— ch 池驰弛 sh 施

3. 记少不记多法

普通话中,平舌音要比翘舌音少得多,3500 个常用字里,除了以上两种方法记忆的字外,大约只剩下 120 个平舌音字:

z 兹自咱族足卒坐扎左杂匝做作凿则泽择责灾在再宰裁贼最嘴罪早造枣皂灶暂赞走邹纂总怎葬臧

c 辞雌次刺赐曹曾层仓蚕残灿餐参崔寸采蔡从匆囱岑

s 私思斯丝司死四肆寺似苏酥俗塑诉肃粟宿速素蓑所琐塞色涩瑟嵩赛岁碎随虽穗叟擞嗽三绥伞散酸蒜算森笋孙桑丧损松送宋诵悚

为了便于记忆,可以编成七言韵诗帮助记忆,10 句 140 个字,都是平舌音,其中下画线的字,另有翘舌音。

总裁随俗宿村<u>塞</u>　　蚕造缁私索桑采

<u>择</u>皂擦澡搓足邹　　诵骚奏瑟最自在

酸笋渍枣速酥脆　　餐葱食蒜涩嘴腮

囱森苍翠粟穗娑　　蓑飕簪灿擞姿<u>色</u>

宋词暂存叁<u>扎</u>册　　散吱措辞<u>似</u>左策

撒做素塑虽算惭　　私赐参赞再猜<u>琢</u>

斯贼窜藏肆作祟　　砸凿锁灶僧寺摧
苏蔡宗族遭残死　　杂损厕所洒扫遂
邹姊钻坐草丛丧　　送走才子三四岁
兹此祖孙篡刺尿　　尊嫂诉讼肃灾罪

束　食　扎　寨　　铡　锄　捉　豸
腌　似　忪　侧　　琢　瘦　乍　蓑
择　参　差　色　　朔　创　吱　债

头篇韵文一百四，　　每音都是平舌字，
涂黑部分可类推，　　标线之处莫忽视，
说明另有翘舌字，　　二四字韵文全揭示。
此招记少不记多，　　分辨平舌最省事。

4. 利用方音法

通过方言与普通话的对应规律，充分利用方音来辨记平翘舌音。如金华、义乌、宁波等地方言读近似"j""q""x"声母的字，普通话一般读翘舌音 zh、ch、sh：周、粥、抽、臭、手、收。

5. 利用声韵配合关系法

韵母 ua、uai、uang 只跟 zh、ch、sh 相拼，不跟平舌音相拼。下列字可放心读翘舌音：
抓、刷、爪、拽、揣、衰、摔、甩、装、撞、状、庄、桩、双、霜、爽、窗、床、创

ong 韵只跟 s 相拼，不跟 sh 相拼，"送""松""宋""诵""讼"等读平舌音。

此外，也可通过电脑拼音输入法反复练习，增强记忆平翘舌音字词。

二、读准"r"声母

不仅吴方言里没有 r 声母，北方有的方言区也没有。如说"日本"一词，东北人说起来像是"一本"，武汉人说起来像是"二本"，而上海人说起来像是"十本"。浙江人发"r"声母音听起来像"l"。如：很热→很乐，当然→当蓝，懦弱→懦落。

实际上，r 和 l 发音部位和发音方法都不同：

r——发音与 sh 类似，发 sh 时，只要声带颤动即为 r。
l——发音时舌尖抵住上齿龈，后部阻塞口腔中路通道，气流从舌头两边通过成声。
辨音方法：发 r 时，舌尖由 l 的位置稍后移，同时轻触硬腭前端，比 l 要松。

（一）r 声母练习

3500 个单音节字词中带 r 声母的单音节字词有 55 个：

rán 燃然、rǎn 染、rāng 嚷（~~）、ráng 瓤、rǎng 壤嚷（叫~）攘、ràng 让、ráo 饶、rǎo 扰、rào 绕、rě 惹、rè 热、rén 仁任（姓）人、rěn 忍、rèn 刃任（~务）纫认韧、rēng 扔、réng 仍、rì 日、róng 容荣绒融茸蓉溶榕、rǒng 冗、róu 柔揉蹂、ròu 肉、rú 如儒蠕、rǔ 乳辱、rù 入褥、ruǎn 软、ruǐ 蕊、ruì 锐瑞、rùn 润闰、ruò 若弱

常用词语：柔软 róuruǎn　容忍 róngrěn　仍然 réngrán　仁人 rénrén　如若 rúruò

（二） r—l 对比听辨音

教师读，学员听辨：（横杠前读 r 声母，横杠后读 l 声母）

| 燃—蓝 | 染—懒 | 让—浪 | 饶—牢 | 绕—涝 | 仍—棱 |
| 容—龙 | 揉—楼 | 肉—漏 | 软—卵 | 弱—落 | 容—隆 |

（三） 正音练习

如 rú—卢 lú　　乳 rǔ—鲁 lǔ　　绕 rào—烙 lào　　让 ràng—浪 làng
容 róng—隆 lóng　润 rùn—论 lùn　然 rán—兰 lán　　若 ruò—络 luò
扰 rǎo—老 lǎo　　弱 ruò—落 luò　饶 ráo—劳 láo　　壤 rǎng—朗 lǎng

（四） r—l 组合练习

日历 rìlì　　　　　燃料 ránliào　　　人类 rénlèi　　　锐利 ruìlì
腊肉 làròu　　　　老人 lǎorén　　　冷热 lěngrè　　　连任 liánrèn
缭绕 liáorào　　　扰乱 rǎoluàn　　　荣辱 róngrǔ
入口 rùkǒu—路口 lùkǒu　　　　　　乳汁 rǔzhī—卤汁 lǔzhī
峥嵘 zhēngróng—蒸笼 zhēnglóng　　利润 lìrùn—立论 lìlùn

（五） 绕口令练习

1. 老容卖染料，任老卖蜡染。老容说老容的染料比任老的蜡染好，任老说任老的蜡染比老容的染料好。老容要用染料换任老的蜡染，任老不愿意拿蜡染换老容的染料。

2. 小阿妹想情郎，日也想，夜也想，饭不吃，肉不想，人见瘦，容颜黄。一支山歌扔过墙，柔润歌声诉情长。

三、克服尖音

从近年普通话水平测试情况看，部分青年学生将普通话的 ji、qi、xi 音节发成近似尖音 zi、ci、si 音节。如把"谢谢 xièxiè"发成近似"sièsiè"的音。

学习时，我们要把尖音改为团音。发 j、q、x 时，不要将舌尖抬起，而要把舌面抬起，让气流从舌面与上腭之间擦过，舌尖应抵住上齿背，不要抵在上下齿之间，以免产生过重的擦音，出现尖音。

（一） 正音练习

j 蕉—娇　精—经　际—寄　机—鸡
q 清—轻　秋—丘　亲—钦　迁—谦
x 小—晓　修—休　西—希　心—欣

（注：以上各组普通话两字同音，部分方言前为尖音，后为团音。）

正音提示：将"尖""家""乡""希""谢谢""期""前"等尖音，和带 i 介音的音节字，如"较""秒""茄""桥"等放在一起练习，就可以加快正音的速度。

（二） 单音节字词练习

j—
交 家 煎 精 接 今 将 鸡 居 决 揪

q—
翘 恰 前 请 切 亲 强 起 去 却 求
x—
小 下 先 性 写 新 想 西 许 学 修

(三) 词语练习

j—
机械 积极 畸形 激情 极其 决心 即将 急剧 继续 寂静 加紧
焦急 坚决 坚强 减轻 见解 间接 将近 将军 讲究 交际 教学

q—
期限 奇迹 气息 气象 前进 前景 前期 前夕 前线 抢救 侵权
亲戚 倾向 倾斜 清洁 清晰 情节 氢气

x—
吸取 习性 袭击 戏剧 戏曲 细节 细菌 细小 下降 下去 下级
细心 下旬 先进 先前 掀起 鲜血 显现 现今 现象 现行 线圈
乡下 相继 相交 相近 相信 详细 想象 橡胶

(四) 绕口令练习

1. 七巷有一个锡匠，西巷有一个漆匠。七巷的锡匠拿了西巷漆匠的漆，西巷的漆匠拿了七巷锡匠的锡。七巷的锡匠嘲笑西巷漆匠拿了锡，西巷的漆匠讥笑七巷的锡匠拿了漆。
2. 希奇希奇真希奇，麻雀踩死老母鸡，蚂蚁身长三尺六，八十岁的老头躺在摇篮里。

四、区分 n 和 l 的发音

浙江部分地区以及江西、安徽、湖北、四川、贵州等方言区人说话常常"n"和"l"不分。有的是把"n"说成"l"，如"恼怒"说成"老路"，"男人"说成"蓝人"；有的是把"l"说成"n"，如"荷兰"说成"河南"，"旅客"说成"女客"。

造成 n 和 l 混淆的主要原因是这两个声母的发音部位相同，而且都是浊音，其不同之处在于气流出来的方式不同。要区分两者的关键应掌握它们的发音方法：

"n"是鼻音，发音时，舌尖抵住上齿龈要稍用力，让软腭下降，打开鼻腔通道，气流振动声带，从鼻腔流出来。

"l"是边音，发音时，舌尖与上齿龈接触，舌头的两边留有空隙，软腭上升，堵塞鼻腔通道，气流从舌头两边流出。

可以用捏紧鼻子的发音方法来检验两者的区别——如果觉得鼻腔没有振动，且能发出音来，就是 l；如果振动了，却发不出音来，只要把手指松开，让鼻子出气，就是 n。

(一) n—l 单字词对比辨音

难—兰 内—累 脑—老 农—龙 泥—梨
奴—卢 挠—劳 那—辣 拟—李 鸟—了
娘—良 暖—卵 尿—料 虐—略 碾—脸
聂—烈 腻—力 懦—落 闹—涝 女—吕

（二）n—l 词语对比练习

黄泥—黄鹂	无奈—无赖	难住—拦住	男子—篮子
全年—全连	老娘—老梁	大怒—大陆	男女—褴褛
浓重—隆重	眼内—眼泪	水牛—水流	留念—留恋
河南—荷兰	南宁—兰陵	女客—旅客	泥巴—篱笆
姑娘—估量			

（三）n—l 组合正音训练

n＋n

| 忸怩 | 奶奶 | 奶牛 | 南宁 | 袅袅 |
| 男女 | 能耐 | 妞妞 | 恼怒 | 泥泞 |

l＋l

| 料理 | 流泪 | 轮流 | 伶俐 | 力量 |
| 拉拢 | 老练 | 来临 | 劳力 | 理论 |

n＋l

| 能量 | 年龄 | 努力 | 奴隶 | 奶酪 |
| 耐力 | 脑力 | 内力 | 内乱 | 嫩绿 |

l＋n

| 老年 | 冷暖 | 留念 | 老牛 | 烂泥 |
| 来年 | 连年 | 历年 | 利尿 | 冷凝 |

（四）绕口令练习

1. 大娘家里上大梁，大郎要帮大娘上大梁，大娘不要大郎扛大梁，大郎就要帮大娘扛大梁。大娘大郎扛大梁，大娘家里上了大梁。

2. 无奈碰上个无赖，无奈说拿无赖无奈，无赖说无奈是无赖。到底是无赖无奈，还是无奈无赖。

3. 牛郎年年恋刘娘，刘娘连连念牛郎，牛郎恋刘娘，刘娘念牛郎，郎恋娘来娘念郎。

4. 姥姥和老姥姥：老姥姥老问姥姥老不老，姥姥老问老姥姥小不小。

5. 刘六有牛，柳六有油。刘六爱油不爱牛，柳六要牛不要油。刘六卖了牛买了油，柳六卖了油买了牛。

（五）分辨 n 和 l 声母字

n

na—拿/那哪娜/纳钠呐/捺	nei—内
nai—乃奶氖/耐/奈	nen—嫩
nan—男/南/难	neng—能
nang—囊攮	ni—你/尼泥呢妮倪睨怩坭/拟/倪睨
nao—脑恼/闹/挠	鲵霓/腻/逆/溺/匿/

nian—年/念 捻 鲶/拈 粘 黏 鲇/撵 碾
蔫/廿

niang—娘 酿

niao—鸟 袅/尿

nie—捏 涅/聂 镊 嗫 蹑/镍/啮/孽

nin—您

ning—拧 宁 狞 泞 咛 柠/凝

niu—牛/扭 纽 钮 狃 忸 妞/拗

nong—农 浓 脓 侬 哝/弄

nu—奴 怒 努 弩 胬

nü—女

nuan—暖

nüe—虐 疟

nuo—挪 娜/锘 喏 诺/懦 糯

la—拉 啦 垃/辣/蜡 腊/喇 剌/落

lai—来 莱 徕 涞/籁 濑 癞 赖

lan—兰 烂 拦 栏/蓝 篮 滥 褴/懒/览 揽 缆/阑 谰 澜

lang—浪 狼 廊 郎 朗 椰 琅

lao—老 姥/捞 劳 涝 唠 崂 痨/牢/烙 酪 落 络

le—乐/勒

lei—类/泪/垒/勒 肋/累 儡/雷 擂 蕾 镭/磊

leng—冷/棱/楞 愣

li—里 俚 厘 狸 鲤 哩 理/离 璃 篱 漓/力 历 厉 励 沥 雳 荔/立 粒 苙 笠/李/例 利 莉 俐 痢 梨 犁/礼/丽 俪 骊 鹂/吏/黎 藜/栗 傈/隶/戾/跞 栎 砾

lia—俩

lian—连 莲 链 涟/联/练 炼/恋/脸/敛 殓 潋/怜/帘/廉 镰 濂

liang—两 辆 俩/亮/凉 晾 谅/良 粮 踉/梁 粱/量

liao—了 辽 疗/料/撩 燎 僚 镣 嘹 潦/聊/

撂/寥 廖

lie—列 裂 劣 烈 冽 咧 洌 趔/猎

lin—林 淋 琳 啉 霖/临/邻 拎/磷 鳞 嶙 遴/麟 瞵 辚/赁/吝/凛/蔺 躏

ling—另/令 伶 领 铃 玲 岭 翎 聆 羚 零/凌 菱 鲮/灵

liu—六/流 琉 硫/留 溜 瘤 榴 遛 骝 熘/刘 浏/柳

long—龙 拢 笼 聋 垄 咙 陇 垅 珑/隆 窿/弄/

lou—楼 搂 娄 篓 喽/漏/陋/露

lu—路 露 潞 璐 鹭/录 禄/鹿 麓/陆/炉 卢 芦 颅 庐/掳 虏/赂/戮/鲁/卤

lü—绿/率/吕 侣 铝/驴/旅/屡 缕 褛/滤 虑/律/氯/履/捋

luan—乱/卵/峦 孪 滦 挛 脔 娈 栾 鸾 銮

lüe—略/掠

lun—仑 论 轮 抡 伦 沦 纶 囵

luo—罗 箩 萝 锣 逻/摞 螺 骡/烙 洛 骆 络 珞 落/裸/捋

五、分辩 h 和 f 发音

受方言影响,温州、诸暨、宁波等部分县市的人,发音时经常把 f 和 h 音混淆。说普通话时,将"花生"读为"发生","老虎"读成"老斧"。温州苍南人说话,"地方"和"地荒"分不清,诸暨人说话"荤菜"和"分菜"分不清。

(一) 分清 h 和 f 的发音

h 和 f 都是清擦音,两者的发音方法相同;不同的是发音部位,f 是唇齿音,发音时下唇和上齿靠拢构成阻碍;h 是舌根音,发音时舌根同软腭接近构成阻碍。一般单独发 h 和 f 时能区分,但当 h 和 u 或与 u 打头的韵母相拼时,则往往容易发成 f。为防止把 hu 发成

fu,发 hu 时应注意不能把拢圆的嘴唇松开,否则容易碰到上齿尖发成 f。

可借助小镜子查口形的方法帮助纠正:

发 f 时,口形闭拢,嘴角微展,可见上齿。

发 h 时,双唇聚拢,向前突出,不见上齿。

(二) h—f 对比听辨音

教师示范发音,学生听辨:

滑—伐　环—烦　患—犯　回—肥　昏—分　护—付　纺—恍

会话—废话　混战—奋战　虎头—斧头　弧度—幅度　典范—电焊

白话—百发　工会—公费　饭馆—焊管　消防—硝磺

(三) 单字词对比辨音练习

发—花　犯—换　防—黄　非—灰　佛—活　负—户

返—缓　法—划　放—晃　奋—混　扶—胡　凡—环

(四) 词语对比辨音练习

f—h

发生—花生　翻新—欢欣　舅父—救护　废气—晦气

方糖—荒唐　富丽—互利　纷乱—昏乱　风声—哼声

犯人—换人　诽谤—毁谤　热敷—热乎　烧饭—烧焊

h—f

浮水—湖水　复员—互援　船夫—传呼　乏力—华丽

俯视—忽视　防空—航空　花费—花卉　防虫—蝗虫

理发—理化　犯病—患病　开花—开发　互助—扶助

荒草—芳草　混合—汾河　还击—反击　抚养—护养

环视—凡是　五分—五荤

(五) 词语综合练习

h+h

航海　合乎　后悔　呼喊　呼唤　缓和

黄昏　辉煌　绘画　混合　憨厚　含糊

f+f

反复　方法　仿佛　非法　丰富　发放

发疯　繁复　翻覆　犯法　防范　非凡

h+f

耗费　后方　花粉　划分　恢复　海防

豪放　焕发　荒废　挥发　回复　伙房

f+h

返回　分化　孵化　腐化　浮华　符合

发还　发火　繁华　返航　返还　饭盒

返老还童 fǎnlǎohuántóng　黑白分明 hēibáifēnmíng

和风细雨 héfēngxìyǔ　　　飞黄腾达 fēihuángténgdá
降龙伏虎 xiánglóngfúhǔ　　英姿焕发 yīngzīhuànfā

（六）绕口令练习

1. 废话费话费，会话费话费，废话飞，飞话费，付话费会怪话费贵。
2. 黄芳画了幅红花，方华画了幅黄花。黄芳想要方华画的黄花，方华想要黄芳画的红花。黄方用红花换了方华画的黄花，方华用黄花换了黄芳画的红花。
3. 华丰市场买混纺，红混纺、黄混纺、黄粉混纺、粉混纺，混纺市场真繁华。
4. 粉红墙上画凤凰，凤凰画在粉红墙，红凤凰，粉凤凰，红粉凤凰，粉红凤凰。
5. 胡虎糊虎壶，用壶煮糊糊。壶壶煮糊糊，糊糊糊虎壶。壶壶煮好了糊糊，糊糊糊成了虎壶。胡虎高举起虎壶，要向虎年献礼物。

（七）辨记 h、f 声母字

辨记 h 与 f 声母字，主要利用声旁类推法。举例如下。

f

发—fā（～达）/发 fà（理～）/废 fèi
伐—fá/阀/筏/
乏—fá/泛 fàn
番—fān/蕃/藩/幡/翻
凡—fán/矾/钒，梵 fàn，帆 fān
反—fǎn/返/，饭/贩/畈 fàn
犯—fàn/范
方—fāng/芳/坊（埠～）fāng/防/妨/房 fáng，访/仿/纺/舫 fǎng，放 fàng
非—fēi/菲/啡/扉/霏/蜚/绯，篚 fěi 诽/匪/斐/菲（～薄），痱 fèi
分—fēn/芬/吩/纷 fēn，粉 fěn，忿 fèn
风—fēng/枫/疯 fēng，讽 fěng

蜂—fēng/峰/烽/锋 fēng
夫—fū/肤/麸 fū，芙/扶 fú
孚—fú/俘/浮 fú，孵 fū
弗—fú/拂/佛（仿～）fú，佛 fó 教，沸/费 fèi
伏—fú/袱 fú
福—fú/幅/辐/蝠 fú，副/富 fù
甫—fǔ/辅 fǔ，敷 fū，傅/缚 fù
付—fù/附/驸 fù，符 fú，府/俯/腑/腐 fǔ，咐（吩～）fu
父—fù，斧/釜 fǔ
复—fù/腹/馥/覆

h

禾—hé/和，hè 和（～诗），huó 和（～面），huo 和（暖～）
红—hóng/虹/鸿
洪—hóng，哄（～动）hōng/烘，哄（～骗）hǒng
乎—hū/呼/滹/烀
忽—hū/惚/唿
胡—hú/湖/葫/猢/瑚/糊
狐—hú/弧
虎—hǔ/唬/琥

户—hù/沪/护/扈
化—huà/华（姓～）/桦/，huā 花/哗（～啦），huá 华/哗/铧，huò 货
话—huà，活 huó
坏—huài，怀 huái
还—huán/环/，hái 还（～是）
奂—huàn/涣/换/唤/焕/痪
荒—huāng/慌/，谎 huǎng
皇—huáng/凰/湟/惶/徨/煌/蝗
黄—huáng/璜/潢/磺/簧

42

晃—huǎng（～眼），huǎng 恍/幌，huàng 晃(摇～)

灰—huī,灰/恢/诙

挥—huī 挥/辉,荤 hūn,hún 浑

回—huí 茴/蛔/,huái 徊

悔—huǐ,海/晦 huì

会—huì/绘/烩

惠—huì/蕙

昏—hūn/阍/婚

混—hùn,馄 hún

火—huǒ,伙

或—huò,惑

此外,学习普通话时还可利用声母和韵母的配合规律来辨识。如:f 不跟 ai 相拼;f 与 o 相拼只有一个"佛"字。

六、分清 hu 和 u

吴方言区中有相当一部分人说普通话时,"胡"和"吴"不分,"黄"和"王"不分。主要是把以 u 为韵头(或以 u 为韵母)的 h 声母字读成了以 u 开头的零声母字。如:把"小胡"说成"小吴","老黄"说成"老王","皇位"说成"王位"。要区分 h 和 u,除了语音上分清 hu 和 u 外,还要掌握哪些字是有 h 声母的,哪些字是以 u 为韵头的零声母字。

（一）容易误读的单音节字词

hu—wu

hu 户护互胡湖糊壶弧——wu 吴梧

huang—wang

huang 皇煌簧凰磺——wang 王枉汪旺

huai—wai

huai 坏怀淮槐——wai 外

hui—wei

hui 会惠汇慧回茴蛔——wei 为卫位胃魏

huan—wan

huan 还环患幻——wan 完玩顽

hua—wa

hua 话画划华猾——wa 娃袜

（二）单音节字词听辨音

教师示范发音,学员听辨:

王—黄　吴—胡　为—会　万—换

问—混　完—环　外—坏　围—回

（三）词语对比辨音练习

护理—物理　　户主—物主　　湖笔—无比

弧度—无度　　互惠—误会　　坏人—外人

开会—开胃　　老黄—老王　　晃动—妄动

胡人—无人

（四）词语练习

花纹	货物	捍卫	好玩	好恶
恒温	后卫	荒芜	维护	皇帝
晚会	挽回	晚婚	无悔	舞会
误会	文化	物化	污秽	混合物

（五）绕口令练习

1. 葫芦架上挂葫芦，大虎小虎抬头数。大葫芦、小葫芦，葫芦架上挂着五个圆葫芦。

2. 胡图用笔画葫芦，葫芦画得真糊涂。胡图决心不糊涂，画出一只大葫芦。

3. 小吴和小胡，跟着老芦学二胡。老芦时常夸小胡，二胡功夫练得熟；小吴心不服，手不住，苦练功夫要赶上小胡超过老芦。

第三节　单元综合训练

一、听朗读作品1—15号，用笔在纸上记下作品中含平翘舌音的音节

二、根据自我语音难点有针对性地进行强化训练

1. 翘舌音"zh""ch""sh"练习

zh—

证实	证书	支撑	支持	支出	直至	指示
至少	致使	忠诚	忠实	终身	种植	重视
周转	主张	助手	住宅	注视	注重	装饰

ch—

成长	承受	城市	城镇	触摸	充实	出产
出身	出生	出售	初中	穿着	传授	传说
船长	船只	创伤	锤炼	春耕	戳穿	揣摩

sh—

审查	甚至	慎重	生产	生成	生长	牲畜
时常	事实	逝世	手势	手术	手掌	受伤
舒适	输出	树种	数值	水手	税收	顺手

2. "j""q""x"声母练习

j—

教训	接近	结晶	解决	界限	紧急
进行	京剧	经济	惊奇	惊喜	精确
精细	精心	景象	境界	究竟	酒精
救济	局限	咀嚼	举行	拒绝	聚集

q—

情景	情境	情形	情绪	请求	秋天
曲线	趋向	取消	全球	缺陷	确切

x—

消息	小姐	小心	小型	小学	谢谢
心血	辛勤	新奇	新鲜	新兴	新型
信息	信心	兴建	兴起	星际	星球
星系	星星	行军	行星	性情	修建
需求	选举	学习	学校	寻求	信件

3. "r"声母练习

《普通话水平测试实施纲要》中表一列出的带 r 声母的双音节词语如下：

然而	然后	燃料	染色	染色	扰动	扰乱	热爱	热带	热量
热烈	热能	热情	热心	人才	人格	人工	人家	人间	人均
人事	人口	人类	人力	人民	人群	人身	人生	人士	人心
人体	人为	人物	人性	人员	人造	认真	忍耐	忍受	认定
认识	认为	任何	任命	任务	任意	仍旧	仍然	日报	日常
日记	日期	日前	日趋	日夜	日益	荣誉	容量	容纳	容器
容易	溶剂	溶解	溶液	熔点	融合	柔和	柔软	肉体	如此
如果	如何	如今	如同	如下	儒家	入侵	入手	入学	若干
若是	弱点								

4. "n""l"声母练习

l＋l

联络	流露	伦理	来历	劳累	牢笼	勒令	冷落
林立	邻里	凌乱	领略	浏览	历年	立论	
流浪	流利	流落	流量	琉璃			
笼络	陆路	绿林	罗列	裸露			

n＋l

逆流	年轮	农历	浓烈	女郎
暖流	耐劳	农林	内陆	鸟类

5. "h""f"声母练习

h＋h

含混	行会	豪华	和缓	合伙	红火
花卉	黄花	惶惑	恍惚	谎话	回合
回话	回环	悔恨	毁坏	回合	会话
浑厚	火海	祸害	火红	火候	火花

f＋f

分发	芬芳	纷繁	分飞	奋发	风帆
风范	蜂房	佛法	伏法	复发	放风

f＋h

防寒　防洪　防护　绯红　肥厚　焚毁
愤恨　丰厚　风华　缝合　凤凰　复活
俘获　负荷　附和　附录　复核　复活

三、绕口令练习

1. 大车拉小车,小车拉小石头,石头掉下来,砸了小脚指头。
2. 夏日无日日亦热,冬日有日日亦寒,春日日出天渐暖,晒衣晒被晒褥单,秋日天高复云淡,遥看红日迫西山。
3. 司机买雌鸡,仔细看雌鸡,四只小雌鸡,叽叽好欢喜,司机笑嘻嘻。
4. 白石塔,白石搭,白石搭白塔,白塔白石搭,搭好白石塔,白塔白又大。
5. 苏州有个苏胡子,湖州有个胡胡子,苏州的苏胡子家里有个梳胡子的梳子,湖州的胡胡子家里也有个梳子梳胡子。苏胡子胡胡子都用梳子梳胡子。

四、说话练习

练习一组记人叙事类话题。(请参考下篇的说话应试指导)

1. 我的朋友
2. 我尊敬的人
3. 我喜欢的明星(或其他知名人士)
4. 童年的记忆
5. 难忘的旅行
6. 我的成长之路
7. 我的愿望(或理想)
8. 我向往的地方
9. 我和体育
10. 我知道的风俗

第三单元　普通话韵母正音教学

> 教学要求：
> 1. 熟练掌握普通话39个韵母的发音部位和发音方法。
> 2. 了解自己韵母发音上的难点音，跟着教师的讲解和示范加以纠正。
> 3. 在课堂正音的基础上，通过课后反复训练加以巩固，并能熟练地运用于日常口语之中。
> 4. 利用分辨前后鼻音的常用方法，记住3500常用字中前后鼻音字词。

第一节　汉语拼音韵母表

一、表内35个韵母

	i 衣	u 乌	ü 迂
a 啊	ia 呀	ua 蛙	
o 喔		uo 窝	
e 鹅	ie 耶		üe 约
ai 哀		uai 歪	
ei 诶		uei 威	
ao 熬	iao 腰		
ou 欧	iou 优		
an 安	ian 烟	uan 弯	üan 冤
en 恩	in 因	uen 温	ün 晕
ang 昂	iang 央	uang 汪	
eng 亨的韵母	ing 英	ueng 翁	
ong 轰的韵母	iong 雍		

说明：1. 汉语拼音韵母共有39个。表格内列出35个，表格外还有4个特殊韵母：ê、er、-i(前)、-i(后)；2. e只在单独成音节时写成-ê。

二、巧记39个韵母

捕鱼歌

　　人远江空夜，en、üan、iang、ong、ie

　　浪滑一舟轻；ang、ua、i、ou、ing

　　网罩波心月，uang、ao、o、in、üe

　　竿穿水面云；an、uan、uei、ian、ün

儿咏欸唷调，er、iong、ê、io、iao
橹和嗳啊声；u、e、ai、a、eng
鱼虾留瓮内，ü、ia、iu、ueng、ei
快活四时春。uai、uo、-i(前)、-i(后)、uen

根据韵母内部成分的特点，普通话的 39 个韵母可以分成带鼻音韵母、复元音韵母和单元音韵母三类。

第二节　带鼻音韵母教学

一、鼻韵母发音

鼻韵母是一个或两个元音加上鼻辅音 n 或 ng 作韵尾构成的。因为 n 舌位在前，ng 舌位在后，所以鼻韵母又分前鼻韵母和后鼻韵母两类，共 16 个。

（一）前鼻韵母 8 个

an——其中 a 是前[a]，发音时，口腔大开，舌尖抵住下齿背，舌位降到最低，然后舌尖抵向上齿龈发轻短的 n，使在口腔受阻的气流，从鼻腔透出，舌位移动较大。

发音练习：漫谈 màntán　　展览 zhǎnlǎn　　灿烂 cànlàn
　　　　　懒汉 lǎnhàn　　反感 fǎngǎn　　翻版 fānbǎn

en——其中 e 比单韵母 e 靠前是央[ə]，发音时，口腔半开半合，发[ə]，然后舌尖抵向上齿龈发轻短的 n，舌位移动较小。

发音练习：认真 rènzhēn　　深沉 shēnchén　　根本 gēnběn
　　　　　振奋 zhènfèn　　门诊 ménzhěn　　人文 rénwén

in——先发 i，然后舌尖抵向上齿龈发 n，开口度几乎没有变化，舌位动程很小。

发音练习：信心 xìnxīn　　亲近 qīnjìn　　引进 yǐnjìn
　　　　　拼音 pīnyīn　　紧邻 jǐnlín　　濒临 bīnlín

ün——先发 ü，然后舌尖抵向上齿龈发 n，唇形由圆形逐步展开。

发音练习：均匀 jūnyún　　军训 jūnxùn　　芸芸 yúnyún
　　　　　迅速 xùnsù　　运用 yùnyòng　　循环 xúnhuán

ian——先发较轻短的 i，然后向前[a]过渡，但不到位，大约到 ê 的位置，紧接着发 n。

发音练习：天堑 tiānqiàn　　检验 jiǎnyàn　　前天 qiántiān
　　　　　年鉴 niánjiàn　　联绵 liánmián　　现钱 xiànqián

uan——先发轻短的 u，接着发 an，发音时，唇形由圆渐变为展唇。

发音练习：贯穿 guànchuān　　转弯 zhuǎnwān　　专款 zhuānkuǎn
　　　　　酸软 suānruǎn　　宦官 huànguān　　婉转 wǎnzhuǎn

üan——先发轻短的 ü，然后向 an 过渡，其中 a 受 ü 圆唇的影响而靠后，舌头稍向后缩，唇形由圆唇渐变为展唇。

发音练习：源泉 yuánquán　　渊源 yuānyuán　　全权 quánquán
　　　　　圆圈 yuánquān　　悬挂 xuánguà　　宣传 xuānchuán

uen——先发轻短的 u,接着发 en,唇形由圆渐变为展唇,uen 受声母和声调的影响,中间的元音会产生弱化。

发音练习:温顺 wēnshùn　　　春笋 chūnsǔn　　　谆谆 zhūnzhūn
　　　　　馄饨 húntun　　　　论文 lùnwén　　　　温存 wēncún

(二) 后鼻韵母 8 个

ang——其中 a 是后[ɑ],响亮。接着舌头往后缩,舌根抬起,软腭下垂,挡住口腔气流,发 ng 时,气流从鼻腔流出。

发音练习:帮忙 bāngmáng　　苍茫 cāngmáng　　厂房 chǎngfáng
　　　　　张扬 zhāngyáng　　商场 shāngchǎng　　行当 hángdang

eng——先发近似于舌面央不圆唇元音[ə],然后向 ng 过渡。

发音练习:登程 dēngchéng　　丰盛 fēngshèng　　更正 gēngzhèng
　　　　　承蒙 chéngméng　　生成 shēngchéng　　成风 chéngfēng

ing——先发 i,然后向 ng 过渡,口形没有明显变化。

发音练习:命令 mìnglìng　　　清醒 qīngxǐng　　　经营 jīngyíng
　　　　　蜻蜓 qīngtíng　　　平静 píngjìng　　　叮咛 dīngníng

ong——先发 o,比单韵母 o 偏高,近乎 u,然后向 ng 过渡,唇形始终拢圆,变化不明显。

发音练习:工农 gōngnóng　　　隆重 lóngzhòng　　从容 cóngróng
　　　　　通红 tōnghóng　　　公众 gōngzhòng　　恐龙 kǒnglóng

iang——先发较短的 i,然后舌位向后降低,向后低元音[ɑ]过渡,紧接着发 ng。

发音练习:响亮 xiǎngliàng　　想象 xiǎngxiàng　　两样 liǎngyàng
　　　　　洋相 yángxiàng　　　良将 liángjiàng　　湘江 xiāngjiāng

uang——先发较短的 u,然后向 ang 过渡。

发音练习:状况 zhuàngkuàng　装潢 zhuānghuáng　狂妄 kuángwàng
　　　　　闯将 chuǎngjiàng　　创业 chuàngyè　　　创伤 chuāngshāng

ueng——先发较短的 u,然后向 eng 过渡,唇形从圆唇渐变为展唇。在普通话里,ueng 只有一种零声母的音节形式 weng。

发音练习:主人翁 zhǔrénwēng　水瓮 shuǐwèng　蕹菜 wèngcài

iong——i 受后面 o 音素圆唇的影响,一开始发音就圆唇,较短。然后向 ong 过渡,开头韵母 i 实际发音更多的时候近似[y]。

发音练习:汹涌 xiōngyǒng　　　炯炯 jiǒngjiǒng　　熊熊 xióngxióng
　　　　　雄壮 xióngzhuàng　　用功 yònggōng　　　穷苦 qióngkǔ

二、鼻韵母正音

(一) 分辨前后鼻音

普通话的鼻韵母有前后鼻音的区别。如"陈 chén"和"程 chéng"不同,"津 jīn"和"京 jīng"有别。方言区人说普通话时常常将带-n 尾和-ŋ 尾的字混读,学习时必须注意分辨。

49

在学会 n 和 ŋ 发音的基础上,听辨和练习带这两对鼻韵母的常用字词,并加强辨读和记忆。

n 和 ŋ 两个辅音,都是鼻音,区别是发音部位前后位置不同。

n 在前,由舌尖与上齿龈构成阻碍发出,它只有成阻和持阻阶段,没有除阻阶段,鼻音产生即收音,而声母的 n 要除阻。

ŋ 在后,由舌面后部与软腭构成阻碍发出,它与声母 g、k、h 的发音部位相同,但也没有除阻阶段,鼻音产生即收音。

n、ŋ 只是韵尾,只有与韵腹构成鼻韵母整体时才参与前、后鼻音的区别,韵腹元音舌位的前后不同也是前、后鼻母区分的重要因素。例如,an 与 ang 的区别,除了 n、ŋ 的不同外,与元音 a 的位置也有关系,an 是前 [a],ang 是后 [ɑ]。所以,发鼻韵母时,既要掌握好鼻辅音的位置,还要注意韵腹元音舌位的前后。

1. 正音训练方法

(1) 对镜训练法

发前鼻音 n 韵尾时,镜中要能见到舌头的底部;发后鼻音 -ŋ 韵尾时,镜中要能见到舌身随舌根后缩的舌面状态。

(2) 手势辅助训练法

把右手掌当做舌头,发前鼻音时,手心朝上,四个手指合拢作舌尖上抬;发后鼻音时,手掌根作舌根后抬。

2. 对比辨音练习

an — ang

班—帮	盘—旁	单—档	潭—塘	敢—港
蓝—廊	餐—舱	男—囊	蛮—忙	烦—防
顽固—亡故	天坛—天堂	木船—木床	反问—访问
赞颂—葬送	开饭—开放	烂漫—浪漫	担心—当心
平凡—平房	瞒人—忙人	耽误—当务	埋怨—莽原

en — eng

神—绳	枕—整	衬—秤	喷—烹	人—仍
阵—郑	森—僧	陈—程	分—封	笨—蚌
出身—出生	真诚—征程	申明—声明	人参—人生
粉刺—讽刺	木盆—木棚	分身—风声	三根—三更
市镇—市政	陈旧—成就	深造—生造	长针—长征

in — ing

宾—冰	吝—令	信—性	音—英	拼—乒
印—硬	秦—晴	紧—井	银—赢	金—京
金鱼—鲸鱼	金银—晶莹	弹琴—谈情	失禁—失敬
红心—红星	临时—零食	人民—人名	内勤—内情
频繁—平凡	寝室—请示	禁止—静止	亲近—清静

ün — iong

| 熏—汹 | 允—涌 | 晕—庸 | 陨—蛹 | 军—炯 |

群—穷	寻—雄	运—用	云—甬	循—雄
运费—用费	晕车—用车	因循—英雄	裙子—琼脂	
勋章—胸章	寻找—熊爪	群岛—穷岛	应允—英勇	

ian—iang
| 烟—秧 | 年—娘 | 连—良 | 线—向 | 盐—羊 |
| 击剑—激将 | 鲜花—香花 | 简历—奖励 | 严明—扬名 | |

uan—uang
| 完—王 | 关—光 | 宽—筐 | 环—黄 | 馆—广 |
| 手腕—守望 | 大船—大床 | 小栓—小双 | 专车—装车 | |

uen—ueng（ong）
温—翁	问—瓮	稳—蓊	瘟—嗡	文—蕹
存钱—从前	春风—冲锋	炖肉—冻肉	尊容—纵容	
余温—渔翁	轮子—笼子	吞并—通病	伦敦—隆冬	

ian—üan
| 肩—捐 | 钱—权 | 燕—院 | 险—癣 | 严—圆 |
| 咸齑—悬想 | 前头—拳头 | 颜料—原料 | 尖子—绢子 | |

in—ün
| 印—恽 | 新—勋 | 斤—菌 | 勤—裙 | 今—军 |
| 扬琴—羊群 | 通信—通讯 | 白银—白云 | 进攻—竣工 | |

ian—in
| 边—宾 | 片—聘 | 棉—民 | 年—您 | 烟—音 |
| 钱行—进行 | 颜色—银色 | 前人—秦人 | 现代—信贷 | |

üan—ün
| 员—云 | 捐—军 | 全—群 | 宣—熏 | 元—芸 |
| 拳师—群狮 | 冤狱—孕育 | 渲染—熏染 | 眷属—军属 | |

3. 绕口令练习

① 人寻铃声去找铃，铃声紧跟人不停，到底是人寻铃，还是铃寻人。

② 小金到北京看风景，小菁到天津买纱巾。看风景，用眼睛，还带一个望远镜；买纱巾，带现金，到了天津把商店进。买纱巾，用现金，看风景，用眼睛，巾、金、睛、景要分清。

（二）防止丢失或增加韵头 u

浙江有的方言区，读普通话的 uen、uang 韵与舌尖声母或舌根音声母相拼的音节时，往往丢失韵头"u"，如把"吨位"读成 dēnwèi，"奖状"读成 jiǎngzhàng，而在与 an/ng 韵母相拼时，又容易增加 u 介音。我们在正音教学中，要防止和纠正这种现象。

1. 正音练习

uen	盾牌	并吞	轮船	论文	村庄	损伤
	春天	尊敬	顺利	准备	吞吐	蹲点
uang	创伤	服装	窗子	村庄	霜雪	爽朗	广场
	旷工	谎话	木床	黄瓜	双重	光荣	况且

an	战场	展览	然后	善良	闪电	陕西	占领
	赞歌	燃放	颤抖				
ang	商标	伤兵	赃款	桑叶	敞开		

2. 对比辨音

壮士—仗势　　床位—肠胃　　霜叶—商业　　创伤—沧桑
蹲下—灯下　　春衫—衬衫　　存钱—承前　　成捆—诚恳

（三）防止丢失韵尾 n

吴方言区人常把普通话韵母 an 和 ian 的字,念成单韵母 ê 或 a,丢失韵尾 n,如把"班 bān"说成"[pê]",将"篇 piān"读作"[pie]"。我们在练读时,要加以防止和纠正。

1. 分清 an—ai

担子—带子　　感动—改动　　站台—债台　　看门—开门　　汉人—害人
暗示—碍事　　赞礼—在理　　彩带—彩旦　　蚕茧—裁剪　　拦路—来路

2. 分清 ian—ie

练习—列席　　恋物—猎物　　监视—揭示　　见面—界面　　清闲—倾斜
钳子—茄子　　道歉—盗窃　　眼花—野花　　现代—懈怠　　简答—解答

3. 分清 üan—üe

圈点—缺点　　劝说—却说　　大选—大雪　　旋律—学历　　源泉—圆缺
三院—三月　　怨气—乐器　　证券—正确　　全权—全瘸　　元月—学院

（四）防止 ang 韵母鼻化

吴方言区的人在发 ang 韵母字时,常把嘴唇拢得很圆,念的是鼻化韵[ã],正音时,应将嘴唇向两边展开,把后鼻音韵尾 ŋ 发出来。

ang:	刚刚	上岗	方糖	肮脏	长廊	张榜	当场	党章
iang:	强将	洋枪	奖项	向阳	泱泱	两江	像样	将养
uang:	荒唐	窗框	双簧	幢幢	黄汤	闯王	矿床	惶惶

三、辨记前后鼻音的常用方法

（一）字形（偏旁）类推法

an(ian)

般—bān　搬 bān,磐 pán
半—bàn　拌、伴、绊 bàn,判、叛、畔 pàn
参—cān(～考)　惨 cǎn,掺 chān(同搀)
单—dān(～位)　殚、郸 dān,掸 dǎn,惮、弹 dàn,单(～于)、蝉、婵 chán,弹(～棉花)tán,单(姓)shàn
旦—dàn　担(～子)、但 dàn,担(～保)dān,胆 dǎn,坦、袒 tǎn
反—fǎn　返 fǎn,饭、贩 fàn,扳 bān,坂、板、版 bǎn
干—gān　杆(～子)、竿、肝 gān,赶、秆 gǎn,干(～部)gàn,鼾 hān,汗(可～)、邗 hán,罕 hǎn,汗(～水)、旱、悍、捍 hàn,刊 kān

甘—gān　柑 gān,酣 hān,邯 hán,钳 qián
监—jiān　蓝、篮 lán,滥 làn
曼—màn　漫、慢、谩(～骂)、幔、蔓 màn,馒 mán,蔓 wàn
难—nán(艰～)　难(～友)nàn、滩、瘫 tān
欠—qiàn　坎、砍 kǎn,掀、锨 xiān,欢 huān
山—shān　舢、汕、讪 shàn,灿 càn,仙 xiān,岸 àn,炭 tàn,岩 yán
炎—yán　淡、啖 dàn,谈、痰 tán,毯 tǎn
元—yuán　浣 huàn,玩、完、顽 wán,皖 wǎn,远 yuǎn,院 yuàn
番—fān　翻 fān,蕃 fán,潘 pān,蟠 pán
庵—ān　俺 ǎn,淹 yān,掩 yǎn
扁—biǎn　编 biān,偏、篇 piān,骗 piàn
斩—zhǎn　崭 zhǎn,暂 zàn,惭 cán,渐 jiàn
残—cán　践、贱、溅 jiàn,钱 qián,浅 qiǎn,线 xiàn,盏 zhǎn
专—zhuān　砖 zhuān,转 zhuǎn,传(～记)zhuàn,传(～统)chuán
咸—xián　感 gǎn,喊 hǎn,憾 hàn,减 jiǎn
见—jiàn　舰 jiàn,观 guān,宽 kuān,览、揽、缆 lǎn,现 xiàn
千—qiān　迁 qiān,纤(拉～)qiàn,奸、歼 jiān,纤(～维)xiān
前—qián　煎 jiān,剪 jiǎn,箭 jiàn
检—jiǎn　俭 jiǎn,剑 jiàn,脸、敛 liǎn,签 qiān,险 xiǎn,验 yàn
卷—juàn　倦、眷 juàn,圈 quān,拳 quán,券 quàn
占—zhàn　战、站 zhàn,粘(～贴)zhān,黏(～土)nián
豌—wān　碗、婉 wǎn,腕 wàn,怨 yuàn
安—ān　鞍、桉、氨 ān,铵 ǎn,案、按、胺 àn

en

贲—bēn　喷(～泉)pēn,喷(～香)pèn,愤 fèn
本—běn　苯 běn,笨 bèn
参—cēn(～差)　参(人～)shēn,渗 shèn
辰—chén　晨 chén,振、赈、震 zhèn,娠 shēn,蜃 shèn
分—fēn(～析)　芬、吩、纷、氛 fēn,汾、棼 fén,粉 fěn,分(身～)、份、忿 fèn,盆 pén
艮—gèn　茛 gèn,根、跟 gēn,垦、恳 kěn,痕 hén,很、狠 hěn,恨 hèn
肯—kěn　啃 kěn
门—mén　们(图～江)、扪 mén,闷(～热)mēn,闷(～～不乐)、焖 mèn,们(我～)men
壬—rén　任(姓)rén,荏 rěn,任(～务)、饪、妊 rèn
刃—rèn　仞、纫、韧 rèn,忍 rěn
申—shēn　伸、呻、绅、砷 shēn,神 shén,审、婶 shěn
甚—shèn(～至)　葚 shèn,葚(桑～儿)rèn,斟 zhēn
珍—zhēn　诊、疹 zhěn,趁 chèn
贞—zhēn　侦、祯、桢、帧 zhēn

真—zhēn　缜 zhěn,镇 zhèn,瞋、嗔 chēn,慎 shèn

枕—zhěn　忱 chén,沈 shěn

in

宾—bīn　傧、滨、缤 bīn,摈、殡、鬓 bìn,嫔 pín [例外字:槟(～榔)bīng]

今—jīn　衿、矜 jīn,妗 jìn,衾 qīn,琴 qín,吟 yín

斤—jīn　近、靳 jìn,芹 qín,忻、欣、新、薪 xīn

禁—jīn(～受)　襟 jīn,禁(～止)jìn

尽—jǐn(～管)　尽(～力)、烬 jìn

堇—jǐn　谨、馑、瑾 jǐn,勤 qín,鄞 yín

林—lín　淋、琳、霖 lín,彬 bīn

磷—lín　鳞、嶙 lín

民—mín　岷 mín,泯、抿 mǐn

侵—qīn　寝 qǐn,浸 jìn

禽—qín　擒、噙 qín

心—xīn　芯(灯～)xīn,芯(～子)xìn,沁 qìn

辛—xīn　莘(～庄)shēn,锌 xīn,亲 qīn [例外字:亲(～家)qìng]

因—yīn　茵、姻、氤(～氲)yīn

阴—yīn　荫 yìn

ang

昂—áng　仰 yǎng

邦—bāng　帮、梆 bāng,绑 bǎng

旁—páng　磅(～礴)、膀(～胱)páng,膀(～肿)pāng,榜、膀(～子)bǎng

仓—cāng　沧、苍、舱 cāng,创 chuàng,枪 qiāng,抢 qiǎng

长—cháng(～短)　伥(为虎作～)chāng,怅 chàng,张 zhāng,涨、长(生～)zhǎng,帐、胀 zhàng

肠—cháng　场(赶～)cháng,场(会～)chǎng,畅 chàng,荡 dàng,汤(菜～)tāng,烫 tàng,殇、觞、汤(河水～～)shāng,扬、杨 yáng

当—dāng　挡 dǎng,档、当(～铺)dàng

方—fāng　芳 fāng,房、坊、防、妨(～害,不妨)fáng,访、仿、纺 fǎng,放 fàng

缸—gāng　杠 gàng,江 jiāng,扛 káng,项 xiàng

亢—kàng　抗、伉 kàng,杭、吭(引～高歌)、航 háng,沆 hàng

荒—huāng　慌 huāng,谎 huǎng

良—liáng　娘 niáng,郎、狼、廊 láng,朗 lǎng,浪 làng

桑—sāng　搡、嗓 sǎng

上—shàng(～下)　上(～声)shǎng,让 ràng

尚—shàng　赏 shǎng,裳 shang,党 dǎng,常、嫦、徜 cháng,敞 chǎng,趟 tāng(～水)、堂、棠 táng,倘、淌、躺 tǎng,趟 tàng(赶～儿),掌 zhǎng

王—wáng(君～)　汪 wāng,枉 wǎng,旺、王(～天下)wàng,筐 kuāng,狂 kuáng,

逛 guàng

亡—wáng　忘、望、妄 wàng，忙、盲、茫、芒、氓(流～)máng

相—xiāng　箱 xiāng，想 xiǎng，霜 shuāng

羊—yáng　洋 yáng，养、氧 yǎng，样 yàng，详、祥、翔 xiáng

eng

成—chéng　诚、城、盛(～东西)chéng，盛(～会)shèng

呈—chéng　程 chéng，逞 chěng，锃 zèng

乘—chéng　乘(史～)、剩 shèng

丞—chéng　蒸 zhēng，拯 zhěng

登—dēng　凳、澄(把水～清)、瞪 dèng，澄(～清)chéng

风—fēng　枫、疯 fēng，讽 fěng

峰—fēng　烽、蜂 fēng，逢、缝(～衣)féng，缝(门～)fèng，蓬、篷 péng

奉—fèng　俸 fèng，捧 pěng，棒 bàng

更—gēng(～正)　埂、硬、梗 gěng，更(～加)gèng，粳 jīng，硬 yìng(例外字：便 biàn、pián)

亨—hēng　哼 hēng，烹 pēng

塄—léng　楞 léng，愣 lèng

蒙—mēng(～骗)　蒙(～蔽)、檬、朦 méng，蒙(内～古)měng

孟—mèng　猛、蜢 měng

彭—péng　澎、膨 péng

朋—péng　棚、鹏 péng，崩、绷(～带)bēng，绷(～着脸)běng，蹦、绷(～硬)bèng

生—shēng　牲、甥、笙 shēng，胜 shèng

誊—téng　腾、滕、藤 téng

曾—zēng(姓)　憎、增、缯 zēng，赠 zèng，层、曾(～经)céng，蹭 cèng，僧 sēng

正—zhēng(～月)　怔、征 zhēng，整 zhěng，正(～义)、证、政、症 zhèng，惩 chéng

争—zhēng　挣(～扎)、峥、狰、睁、筝 zhēng，诤、挣(～脱)zhèng

ing

丙—bǐng　炳、柄 bǐng，病 bìng

并—bìng　饼、屏(～除)bǐng，瓶、屏(～风)píng，迸 bèng(例外字：拼、姘 pīn，骈、胼 pián)

丁—dīng　仃、盯、钉(～子)dīng，顶、酊(酩～)dǐng，订、钉 dìng，厅、汀 tīng

定—dìng　腚、碇 dìng

京—jīng　惊、鲸 jīng，黥 qíng

茎—jīng　泾、经 jīng，到、颈 jǐng，劲(～敌)、胫、径 jìng，轻、氢 qīng[例外字：劲(干～)jìn]

景—jǐng　憬 jǐng，影 yǐng

敬—jìng　警 jǐng，擎 qíng

令—líng　苓、玲、铃、聆、龄 líng，岭、领 lǐng，令(～命)lìng(例外字：拎 līn、邻 lín)

名—míng　茗、铭 míng,酩 mǐng

冥—míng　溟、暝、瞑 míng

宁—níng(安~)　拧(~绳子)、咛、狞、柠 níng,拧(~螺丝钉)nǐng,宁(~可)、泞、拧(~脾气)nìng

平—píng　评、苹、坪、萍 píng

青—qīng　清 qīng,情、晴 qíng,请 qǐng,菁、睛、精 jīng,靖、静 jìng

廷—tíng　庭、蜓、霆 tíng,艇、挺 tǐng

亭—tíng　停、婷 tíng

刑—xíng　邢、形、型 xíng,荆 jīng

英—yīng　瑛 yīng

营—yíng　荧、莹、萤、萦 yíng,莺 yīng

婴—yīng　樱、鹦、缨 yīng

（二）声旁联系法

1. 凡读 an 或 ian 声旁的字,其含同类声旁的字一定读 in 或 en。举例如下：

含 hán—今衿矜 jīn,衾 qīn,琴 qín,吟 yín,岑涔 cén

烟 yān—因姻茵 yīn,恩 ēn

怜 lián—邻鳞磷嶙 lín

艰 jiān—跟根 gēn,艮 gèn,垦恳 kěn,痕 hén,很狠 hěn,恨 hèn,龈银垠 yín

颠 diān—真 zhēn,缜稹 zhěn,镇 zhèn,慎 shèn

婪 lán—林淋琳霖 lín,襟禁(~不住)jīn,禁(~止)、噤 jìn

殄 tiǎn—珍 zhēn,诊疹轸畛 zhén,趁 chèn

眠 mián—民岷 mín,抿泯 mǐn

淦 gàn—金 jīn,锦 jǐn

暗 àn—音喑 jīn,窨 yìn,歆 xīn

眈 dān—忱 chén,枕 zhěn,鸩 zhèn,沈 shěn

堪 kān—甚(过~)shèn,斟 zhēn

扮 bàn—贫 pín,盆 pén,分纷氛吩 fēn,汾棼 fén,粉 fěn,份 fèn

掀 xiān—斤 jīn,芹 qín,欣忻昕 xīn

2. 凡读 ang 或 iang 声旁的字,其含同类声旁的字一定读 eng 或 ing。例如：

行 háng—(银~),衡珩桁蘅 héng,行(~走)xíng

凉 liáng—京惊鲸 jīng,憬 jǐng,影 yǐng

央 yāng—英瑛 yīng,映 yìng

（三）利用普通话声韵配合关系法

1. 普通话 d、t、n、l 不拼 en("扽""嫩"两字例外)。下列字可以放心地读 eng 韵：

灯、登、等、邓、凳、瞪、镫、澄、疼、誊、藤、腾、能、棱、冷、楞

2. 普通话 d、t、n 不拼 in(只有一个"您"字例外)。下列字可以放心地读 ing 韵：

丁、叮、订(~书)、钉、顶、鼎、定、锭、订(~合同)

3. uang 韵不拼 z、c、s。下列字读 uan 韵，不读 uang 韵：
钻、纂、攒、窜、算、酸、篡、蒜
4. uang 韵不拼 d、t、n、l。下列字读 uan 韵，不读 uang 韵：
端、短、断、段、缎、锻、团、暖

第三节　复元音韵母正音训练

一、复韵母发音

普通话复元音韵母是由 2—3 个元音组合而成的韵母，一共有 13 个。

复韵母的发音是由一个元音向另一个元音过渡，在整个发音过程中舌位、唇形以至整个口腔都有一个连续移动变化的动程（简称"动程"）。几个元音一气呵成，其中一个元音较响亮、清晰，称为"韵腹"。韵腹一般是舌位较低、开口度较大的音，如 a、o、e。韵腹后面的音是韵尾，它只表示舌位移动的方向，音值不太固定，发得较为轻短模糊。元音韵尾只有 i、u（ao、iao 韵尾的实际音值是 u）。韵腹前面的元音是韵头，也称介音，作韵头的音有 i、u、ü。

根据复韵母发音时的轻重和前后位置的不同，复韵母可分前响、中响、后响三类。

（一）前响复韵母

前响复韵母包括 ai、ei、ao、ou 四个，前音响亮，起音明确。终了不明确，仅表示舌位运动的方向，称为"韵尾"。

ai——是前元音的音素复合，动程宽。其中的 a 比单韵母的 a 舌位偏前，要念得长而响，i 比单韵母 i 舌位要低一些，要念得轻而短，音值较模糊，只表示舌位运动的方向。

发音练习：爱戴 àidài　　　开采 kāicǎi　　　买卖 mǎimài
　　　　　海菜 hǎicài　　　拍卖 pāimài　　　拆台 chāitái

ei——是动程较短的复合元音。发 ei 时，口腔半闭，舌头前伸，其中 e 是前元音，比 ê 的舌位稍高一些，念得长而响，然后舌位向发 i 的方向移动，i 发得轻短而含糊。

发音练习：北非 běifēi　　　肥美 féiměi　　　配备 pèibèi
　　　　　黑妹 hēi mèi　　蓓蕾 bèilěi　　　飞贼 fēizéi

ao——是后元音音素的复合，动程较宽。发音时，口腔大开，舌头后缩，发后元音 a，念得长而响，然后舌位向 u 方向移动，唇收拢，发 o、u 之间的音，轻而短。

发音练习：报告 bàogào　　　高潮 gāocháo　　　早操 zǎocāo
　　　　　逃跑 táopǎo　　　招考 zhāokǎo　　　糟糕 zāogāo

ou——是动程最短的复合元音。其中 o 发 o、e 之间的音，比 e 稍圆，又没 o 那么圆，念得长而响。u 轻短、含糊，未到 u 的高度。

发音练习：欧洲 ōuzhōu　　　丑陋 chǒulòu　　　口头 kǒutóu
　　　　　兜售 dōushòu　　收购 shōugòu　　　绸缪 chóumóu

（二）后响复韵母

后响复韵母包括 ia、ie、ua、uo、üe 五个，前元音轻而短，后元音清晰响亮，止点位置确定。

57

ia——起音 i 轻而短,向央低元音 a 过渡,i 的发音紧而短,a 的发音响而长。

发音练习:恰恰 qiàqià　　　　加价 jiājià　　　　夏鸭 xiàyā
　　　　　假牙 jiǎyá　　　　　压下 yāxià　　　　家家 jiājiā

ie——起音 i 轻而短,过渡到半低不圆唇前元音 ê,实际比 ê 的舌位要高些,ê 响而长,发音过程中舌尖始终不离开下齿背。

发音练习:贴切 tiēqiè　　　　结业 jiéyè　　　　铁屑 tiěxiè
　　　　　谢谢 xièxie　　　　姐姐 jiějie　　　　趔趄 lièqie

ua——起音 u 紧而短,过渡到低元音央 a[A],唇形由圆逐步展开到不圆,a 响而长。

发音练习:挂花 guàhuā　　　　耍滑 shuǎhuá　　　花袜 huāwà
　　　　　娃娃 wáwa　　　　　画画 huàhuà　　　　哇哇 wāwā

uo——由圆唇后元音复合而成。起音 u 轻而短,向 o 过渡,o 响而长,口腔由合而稍开,唇形渐圆。

发音练习:硕果 shuòguǒ　　　骆驼 luòtuo　　　　过错 guòcuò
　　　　　国货 guóhuò　　　　哆嗦 duōsuo　　　　火锅 huǒguō

üe——由前元音复合而成。起音 ü 紧而短,向 ê 过渡,唇形由圆展开到不圆,ê 响而长。

发音练习:约略 yuēlüè　　　　雀跃 quèyuè　　　　雪月 xuěyuè
　　　　　跃跃 yuèyuè　　　　虐待 nüèdài　　　　决裂 juéliè

(三) 中响复韵母

中响复韵母有 iao、iou、uai、uei 四个,中响复韵母起音轻而短,中间的音清晰响亮,收音轻短模糊,仅表示舌位运动的方向。这四个复韵母由前响复韵母加 i、u 构成。发音的共同点是舌位由高向低滑动,再从低向高滑动。

iao——在 ao 前加上由高元音 i 开始的过渡动程。发音时舌位先降后升,由前到后,曲折幅度较大,唇形由不圆唇到圆唇。

发音练习:疗效 liáoxiào　　　苗条 miáotiáo　　　调教 tiáojiào
　　　　　逍遥 xiāoyáo　　　　小巧 xiǎoqiǎo　　　吊销 diàoxiāo

iou——在 ou 前加上由高元音 i 开始的过渡动程。发音时舌位先降后升,由前到后,曲折幅度较大,开始发央元音时,唇形逐渐拢圆。

发音练习:舅舅 jiùjiu　　　　优秀 yōuxiù　　　　牛油 niúyóu
　　　　　悠久 yōujiǔ　　　　绣球 xiùqiú　　　　久留 jiǔliú

uai——在 ai 前加上由后高元音 u 开始的过渡动程。发音时舌位先降后升,由后到前,曲折幅度较大。唇形由最圆开始,逐渐开口度加大,接近 a 以后渐变为不圆唇。

发音练习:乖乖 guāiguāi　　　怀揣 huáichuāi　　　外快 wàikuài
　　　　　外踝 wàihuái　　　　拐弯 guǎiwān　　　　怪事 guàishì

uei——在 ei 前加上由后高元音 u 开始的过渡动程。发音时舌位先降后升,由后到前,曲折幅度较大。唇形由最圆开始,随着舌位的前移开口度逐渐加大,接近 e 以后变为不圆唇。

发音练习:水位 shuǐwèi　　　归队 guīduì　　　　垂危 chuíwēi
　　　　　畏罪 wèizuì　　　　汇兑 huìduì　　　　回嘴 huízuǐ

二、复韵母正音

（一）克服复韵母单元音化倾向

吴方言部分地区，发复韵母元音时，往往缺少动程，常读作单韵母：ai→[ɛ]、ei→[e]、ao→[ɔ]、ou→[o]。如：来 lai 读成[lê]、排 pai 读成[ba]、雷 lei 读成[lê]、高 gao 读成[kɔ]、厚 hou 读成[xe]、过 guo 读作[ku]、备 bei 读成[pi]、泪 lei 读成[li]等；中响复韵母也同样如此。如：快 kuai 念作[kuê]、优 you 念作[iɔ]等。要克服单元音化问题，首先要掌握复韵母的发音要领，它们都是从一个元音的舌位向另一个元音舌位滑动，关键要掌握舌位滑动的方法，决不能让舌位固定不变。第一步确定起始元音的正确舌位，第二步驱使舌位向收尾元音方向滑动。注意收尾元音不能发得过于突出，应轻短模糊。

练习复韵母发音，不妨先拉长发音，再渐渐加快，这样容易读出动程。可用先分解、后联合的方法，由慢而快，最后连成整体，气流不要中断。这样可以有效练习舌位移动，防止缺少动程。

1. 复韵母单字音练习

ai　哀、唉、矮、爱、来、买、太、摆、排
ei　诶、类、位、内、被、飞、肥、雷、每
ao　敖、袄、熬、饶、高、抛、套、道、桃
ou　欧、偶、肉、楼、艘、抠、购、否、某

2. 三合复韵母单字音练习

注意念出这类韵母的韵头、韵腹、韵尾三部分，归音要到位。

iao：镖、苗、钓、潦、浇、瓢、眺、袅、憔
iou：丢、留、酒、羞、丘、纽、游、球、朽
uai：拐、怪、坏、快、乖、筷、徊、踹、帅
uei：瑞、蕊、最、穗、虽、水、堆、颓、追

3. 对比辨音练习

a—ai	尬—盖	厦—晒	砸—在	把—百
	茶油—柴油	沙子—筛子	大补—逮捕	大发—待发
i—ei	笔—北	离—雷	米—美	皮—陪
	手臂—手背	谜语—梅雨	劳力—劳累	集体—解体
e—uo	歌—锅	课—阔	河—活	乐—落
	个人—过人	赫然—豁然	褐色—货色	合力—活力
u—uo	顾—过	路—落	树—硕	猪—捉
	不顾—不过	露水—落水	吃醋—吃错	独幕—夺目
u—ou	兔—透	堵—陡	亩—某	肚—豆　鼠—手
	促进—凑近	地图—地头	突击—偷鸡	苦头—口头

（二）区分 ai/ei 和 ao/ou

ai/ei 和 ao/ou 是两组舌位动程不同的复韵母，主要表现在前响元音舌位高低的不同

上:前者舌位低,动程大;后者舌位高,动程相对小一些。

对比辨音:

ai—ei

来电—雷电	小麦—小妹	卖力—魅力	战败—战备
排场—赔偿	分派—分配	开外—开胃	埋头—眉头
摆布—北部	耐用—内用	安排—安培	牌价—陪嫁

uai—uei

| 怪客—贵客 | 怀抱—回报 | 开外—开胃 | 甩手—水手 |
| 歪斜—威胁 | 外星—卫星 | 坏心—慧心 | 拐子—鬼子 |

ao—ou

不吵—不丑	捎回—收回	欧洲—澳洲	老板—楼板
倒置—斗智	朝见—筹建	稻子—豆子	考试—口试
早到—走到	高洁—勾结	少数—手术	病号—病后

iao—iou

| 消息—休息 | 妙论—谬论 | 求教—求救 | 摇动—游动 |
| 食料—十六 | 铁桥—铁球 | 生效—生锈 | 角楼—酒楼 |

(三) 分清 ie 和 üe

ie 和 üe 是后响复韵母。两者发音不同点在于:ie 的起点元音是不圆唇的 i,而 üe 的起点元音是圆唇的 ü。

对比辨音:

| 节—觉 | 切—缺 | 列—略 | 聂—虐 |
| 协会—学会 | 夜色—月色 | 楔子—靴子 | 茄子—瘸子 |

第四节　单元音韵母教学

一、单韵母的发音

单元音韵母是由一个元音构成的韵母。普通话一共有十个单元音,其中七个是舌面元音:a、o、e、ê、i、u、ü,两个是舌尖元音:-i(前)、-i(后),一个是卷舌元音:er。

舌面元音发音时,主要是舌面起作用。不同的舌面元音是由舌位的高低、舌位的前后、嘴唇的圆展来决定的。

a——舌面央低不圆唇元音

发音时,开口度大,舌位最低,舌头居中,舌面中部(偏后)微微隆起,唇形自然。

发音练习:打发 dǎfa　　大妈 dàmā　　打岔 dǎchà
　　　　　喇叭 lǎba　　蛤蟆 háma　　马达 mǎdá

o——舌面后半高圆唇元音

发音时,舌头略向后缩,舌面后部隆起,口微开,嘴唇收拢,略呈圆形。

发音练习:泼墨 pōmò　　磨破 mópò　　伯伯 bóbo

　　　　婆娑 pósuō　　　破获 pòhuò　　　薄弱 bóruò

e——舌面后半高不圆唇元音

发音时,口腔大小、舌位高低与 o 大体相同,只是嘴角向两边展开,比元音 o 略高而偏前。

　　发音练习:合格 hégé　　客车 kèchē　　特色 tèsè
　　　　　　　苛刻 kēkè　　　隔热 gérè　　　折射 zhéshè

ê——舌面前中不圆唇元音

发音时,口半开,舌尖略下垂,抵住下门齿背,舌面前部微微隆起,唇稍展。把"ie"拉长,后面的音就是 ê。

　　发音练习:"诶,他来了。"ê,tā lái le。

(ê 韵母除语气词"诶"外,单用的机会不多。ie、üe 中的"e"读"ê"。)

i——舌面前高不圆唇元音

发音时,开口度小,嘴唇展开,呈扁形,舌尖抵上齿背,舌面前部向硬腭隆起。

　　发音练习:集体 jítǐ　　　机器 jīqì　　　笔记 bǐjì
　　　　　　　洗涤 xǐdí　　　秘密 mìmì　　　礼仪 lǐyí

u——舌面后高圆唇元音

发音时,开口度很小,唇拢圆留一小孔,舌头向后缩,舌面后部向软腭隆起。

　　发音练习:服务 fúwù　　　图书 túshū　　　朴素 pǔsù
　　　　　　　目录 mùlù　　　夫妇 fūfù　　　速度 sùdù

ü——舌面前高圆唇元音

发音和 u 基本相同,只是嘴唇撮成圆形。

　　发音练习:雨具 yǔjù　　　区域 qūyù　　　序曲 xùqǔ
　　　　　　　须臾 xūyú　　　栩栩 xǔxǔ　　　语序 yǔxù

er——卷舌元音

发音时,舌头居中,舌尖卷起,对着硬腭正中。口半开,唇稍展。er 只能自成音节,不与其他声母相拼。

　　发音练习:而且 érqiě　　耳朵 ěrduo　　二十 èrshí
　　　　　　　儿女 érnǚ　　　二儿 èr'ér　　儿化 érhuà

舌尖元音发音时主要是舌尖起作用,不同的舌尖元音是由舌尖的前后、嘴唇的圆展决定的。

-i(前)——舌尖前高不圆唇元音

发音时,舌尖平伸靠近上齿背,气流从舌尖与上齿背中挤出,但不发生摩擦。将"资"的发音延长,后半截音便是-i(前)。-i(前)总是跟随在 z、c、s 后面,不与其他声母相拼,也不单独成音节。

　　发音练习:自私 zìsī　　　此次 cǐcì　　　四次 sìcì
　　　　　　　孜孜 zīzī　　　次子 cìzǐ　　　丝丝 sīsī

-i(后)——舌尖后高不圆唇元音

发音时,舌尖翘起,靠近硬腭,气流从舌尖与硬腭中挤出,但不发生摩擦。将"知"的发音延长,后半截音便是-i(后)。-i(后)总是跟随在 zh、ch、sh、r 的后面,不与其他声母相拼,也不单独成音节。

发音练习:支持 zhīchí　　值日 zhírì　　实施 shíshī
　　　　　知识 zhīshi　　失职 shīzhí　　制止 zhìzhǐ

二、单韵母的正音

(一) 分清 o 和 e

少数方言区如西南官话、赣方言中,须分清 o 和 e 这两个元音。o 和 e 两者的开口度大小、舌位高低大体相同,只是嘴唇的圆展不同,o 圆唇,e 不圆唇。这几个地方经常把 e 念成 o,而东北不少地区正好与之相反,把 o 念成 e。

正音练习:

客车 kèchē　　　课桌 kèzhuō　　　做客 zuòkè　　　火蛇 huǒshé
热锅 règuō　　　挫折 cuòzhé　　　各国 gèguó　　　薄荷 bòhe
破坏 pòhuài　　玻璃 bōli　　　　菠菜 bōcài　　　宁波 níngbō

(二) 区别 i 和 ü

浙江苍南、湖州、闽方言、湖北、湖南、客家话、昆明和广西等地区,人们常将撮口呼读成齐齿呼,或者两者混读。虽然这两个元音都是前、高元音,但实际上,它们是有区别的,一个不圆唇,一个要将嘴唇拢圆。

玉—意　　　　月—夜　　　　雨—椅　　　　圆—严　　　　宣—先
有趣—有气　　渔民—移民　　德育—得意　　旅游—理由
拒绝—季节　　需要—西药　　学院—鞋样　　雨季—依据

第五节　单元综合训练

一、听朗读作品 16—30 号,用笔在纸上记下作品中含前后鼻音的音节

二、根据自我语音难点有针对性地进行强化训练

(一) 前后鼻音练习

1. 词语练习

信服 xìnfú——幸福 xìngfú　　　　人民 rénmín——人名 rénmíng
亲近 qīnjìn——清净 qīngjìng　　　金鱼 jīnyú——鲸鱼 jīngyú
深思 shēnsī——生丝 shēngsī　　　陈旧 chénjiù——成就 chéngjiù
红心 hóngxīn——红星 hóngxīng　　申明 shēnmíng——声明 shēngmíng
频繁 pínfán——平凡 píngfán　　　审视 shěnshì——省市 shěngshì
市镇 shìzhèn——市政 shìzhèng　　亲身 qīnshēn——轻声 qīngshēng
繁忙　　档案　　傍晚　　感慨　　改善　　款待　　奉承　　蓊郁

奔腾　神圣　变迁　殷勤　粮饷　平行　影印　扬言

2. 单字音辨音与练习字表

in 和 ing 辨音字

	in	ing
b	(1) 宾滨缤彬濒	兵冰
	(3) /	丙柄饼秉禀屏(～除)
	(4) 鬓	病并
p	(1) 拼	乒
	(2) 贫频	平评苹萍坪屏(～风)凭瓶
	(3) 品	/
	(4) 聘	/
m	(2) 民	名鸣铭明冥酩
	(3) 敏皿闽悯闵泯	/
	(4) /	命
d	(1) /	丁叮钉(～子)盯
	(3) /	顶鼎
	(4) /	定锭订钉(～扣子)
t	(1) /	听厅
	(2) /	亭停婷廷庭蜓
	(3) /	挺艇
n	(2) 您	宁柠狞凝
	(3) /	拧
	(4) /	宁(～可)泞
l	(2) 林淋(～漓)琳临邻磷鳞	灵铃玲龄伶苓囹聆翎凌陵菱
	(3) 凛檩	岭领
	(4) 吝赁蔺躏淋(～病)	另令
j	(1) 今巾斤金津禁(不～)襟筋靳矜	京惊鲸茎经精晶荆粳兢菁旌睛腈
	(3) 紧锦仅谨尽(～量)	景憬警井颈阱
	(4) 尽(～力)劲(干～)近进晋浸禁(～止)缙	

续表

	in	ing
q	(1) 亲侵钦	氢轻倾青清蜻卿
	(2) 勤琴芹秦禽擒噙	情晴擎
	(3) 寝	顷请
	(4) /	庆亲(~家)
x	(1) 新薪辛锌欣心芯(灯~)	星腥猩惺兴(~盛)
	(2) /	形刑型邢行
	(3) /	省(~悟)醒
	(4) 信衅芯(~子)	幸杏性姓兴(~趣)
o	(1) 因茵姻殷音阴	英鹰婴樱缨嘤鹦莺应(~届)膺罂
	(2) 银吟淫鄞	营莹萤荧盈迎蝇赢郢
	(3) 引蚓隐瘾饮	影颖
	(4) 印饮(~牲口)	映硬应(~邀)

en 和 eng 辨音字

	en	eng
b	(1) 奔畚	崩嘣绷(~带)
	(2) /	甭
	(3) 本	绷(~脸)
	(4) 笨	蹦迸蚌泵
p	(1) 喷	烹嘭怦抨
	(2) 盆	朋棚鹏硼彭膨澎篷蓬
	(3) /	捧
	(4) 喷(~香)	碰
m	(1) 闷	蒙(~骗)懵
	(2) 门们扪	盟萌朦蒙(~蔽)虻氓
	(3) /	孟猛蒙(~古)
	(4) 闷(烦~)懑	梦孟
f	(1) 分芬纷吩氛	风枫疯蜂峰锋烽封丰
	(2) 坟焚棼	逢缝冯
	(3) 粉	讽
	(4) 奋份忿分(~外)愤粪	奉凤俸缝(门~)

续表

		en	eng
d	(1)	/	灯登蹬(~脚)
	(3)	/	等
	(4)	/	邓凳瞪蹬(蹭~)澄(把水~清)
k	(1)	/	坑吭铿
	(3)	肯啃恳垦	/
h	(1)	/	哼
	(2)	痕	横(~行)衡恒
	(3)	很狠	/
	(4)	恨	横(~财)
zh	(1)	真贞针侦珍斟甄砧臻	争睁狰筝征正(~月)挣(~扎)蒸症(~结)怔
	(3)	诊疹枕	整拯
	(4)	振震阵镇	正政证症(~状)郑挣(~钱)诤
ch	(1)	/	称(~赞)撑蛏
	(2)	晨辰沉忱陈臣尘	成城诚承呈程惩澄(~清)乘(~凉)盛(~饭)
	(3)	/	逞骋
	(4)	趁衬称(对~)	秤
sh	(1)	申伸绅呻身深莘娠参(人~)	生牲笙声升甥
	(2)	神什	绳
	(3)	沈审婶	省
	(4)	甚渗肾慎葚(桑~)	胜圣盛(~大)剩嵊乘(千~之国)晟
r	(1)	/	扔
	(2)	人仁任(姓)	仍
	(3)	忍荏	/
	(4)	任认妊饪刃纫韧仞葚(桑~儿)	/
z	(1)	/	曾(~孙)增憎
	(3)	怎	/
	(4)	/	赠锃

续表

		en	eng
c	(1)	参(～差)	/
	(2)	/	层曾(～经)
	(4)	/	蹭
s	(1)	森	僧
o	(1)	恩	/

ün 和 iong 辨音字

		ün	iong
j	(1)	军均钧君菌皲	/
	(3)	/	窘炯迥
	(4)	俊峻竣骏菌(～子)郡	/
q	(2)	群裙	穷琼茕
x	(1)	熏勋	兄凶匈汹胸
	(2)	旬询荀徇循寻巡	雄熊
	(4)	训驯迅讯汛殉逊	/
o	(1)	晕(～头转向)	拥佣(顾～)庸慵雍
	(2)	云耘芸纭匀	/
	(3)	允陨殒	永咏泳勇涌蛹踊恿俑
	(4)	运孕韵酝蕴恽晕(～车)	用佣(～金)

（二）e 与 o 练习

玻 bō　泼 pō　摩 mó　佛 fó　得 dé　特 tè　乐 lè　哥 gē　科 kē　河 hé
这 zhè　撤 chè　社 shè　热 rè　责 zé　厕 cè　涩 sè　多 duō　脱 tuō　诺 nuò
落 luò　果 guǒ　阔 kuò　获 huò　捉 zhuō　说 shuō　若 ruò　左 zuǒ　错 cuò　索 suǒ

波折 bōzhé　婆娑 pósuō　道德 dàodé　快乐 kuàilè　特色 tèsè
革命 gémìng　苛求 kēqiú　包括 bāokuò　彻底 chèdǐ　或者 huòzhě
懦弱 nuòruò　骆驼 luòtuo　刻薄 kèbó　百货 bǎihuò　捕捉 bǔzhuō
说明 shuōmíng　火锅 huǒguō　过错 guòcuò　迷惑 míhuò　左右 zuǒyòu
渊博 yuānbó　国歌 guógē　客车 kèchē　绳索 shéngsuǒ　卧室 wòshì
挫折 cuòzhé　蹉跎 cuōtuó　摄影 shèyǐng　折射 zhéshè　合格 hégé

（三）i 与 ü 词语练习

西医　习题　洗涤　戏迷　细腻　雨具　旅居　区域
聚居　女婿　谜语　继续　必须　其余　比喻　具体

玉米　　雨季　　距离　　拒绝

（四）ao 与 ou 词语练习

号召　　报考　　教条　　守候　　瘦肉　　抖擞　　潦草　　九牛　　叩头

（五）绕口令练习

1. 姓陈不能说成姓程,姓程不能说成姓陈,耳东是陈,禾呈是程,如果陈程不分,就会认错人。

2. 天上一个盆,地下一个棚,盆碰棚,棚倒了,盆碎了,是棚赔盆,还是盆赔棚。

3. 高高山上一根藤,藤条头上挂铜铃。风吹藤动铜铃动,风停藤停铜铃停。

4. 红饭碗,黄饭碗,红饭碗盛饭满碗,黄饭碗盛饭半碗。黄饭碗添了半碗饭,红饭碗减了饭半碗,黄饭碗比红饭碗又多半碗饭。

5. 男演员,女演员,同台演戏说方言。男演员说吴方言,女演员说闽南言。男演员演远东劲旅飞行员,女演员演鲁迅著作研究员。研究员、飞行员、吴方言、闽南言,你说男女演员演得全不全?

6. 天上七颗星,树上七只鹰,梁上七根钉,台上七盏灯,地上七块冰。一脚踏了冰,拿扇熄了灯,用力拔了钉,举枪打了鹰,乌云盖了星,不见星鹰钉灯冰。

7. 张康当董事长,詹丹当厂长,张康帮助詹丹,詹丹帮助张康。

8. 半边莲,莲半边,半边莲长在山涧边。半边天路过山涧边,发现这片半边莲。半边天拿来一把镰,割了半筐半边莲。半筐半边莲,送给边防连。

9. 大柴和小柴,帮助爷爷晒白菜。大柴晒的是大白菜,小柴晒的是小白菜。大柴晒了四十四斤四两大白菜,小柴晒了三十三斤三两小白菜。大柴和小柴,一共晒了七十七斤七两大大小小的白菜。

10. 东边庙里有个猫,西边树梢有只鸟,不知猫闹树上鸟,还是鸟闹庙里猫?

11. 兜里装豆,豆装满兜,兜破漏豆。倒出豆,补破兜,补好兜,又装豆,装满兜,不漏豆。

12. 出南门,走六步,见着六叔和六舅。叫声六叔和六舅,借我六斗六升好绿豆。收了秋,打了豆,再还六叔六舅六斗六升好绿豆。

13. 狼打柴,狗烧火,猫儿上炕捏窝窝,雀儿飞来蒸饽饽。

14. 春雨密密,山野迷迷,山上飞下一条渠,渠中条条金鲤鱼,雨密密,跳进渠,惊动鱼,雨戏渠,鱼戏渠,雨渠鱼,渠雨鱼,鱼雨渠,合唱一支"闹春曲"。

15. 文春住在孙家村,孙纯住在昆仑屯,文春进城卖春笋,孙纯进城卖馄饨,文春闻到孙纯的馄饨香喷喷,孙纯看到文春的春笋肉墩墩,文春买了孙纯香喷喷的馄饨,孙纯买了文春肉墩墩的春笋。

16. 河里漂着一块冰,冰上插着一根钉,钉钉冰,冰冻钉,水流冰冻钉也动,水停冰静钉也停。钉钉住了冰,冰冻住了钉。

17. 小青和小琴,小琴手很勤,小青人很精,你学小琴还是小青。

18. 甜甜和丹丹,天天练登山。上山又下山,下山又上山。登了三次山,出了一身汗,湿了三件衫。甜甜奋勇攀,丹丹猛追赶。甜甜、丹丹齐声喊:离天只有三尺三。

19. 哥哥弟弟坡上坐,坡下卧着一只鹅,坡下流着一条河,宽宽的河,肥肥的鹅,鹅要过河,河要渡鹅,不知是鹅过河,还是河渡鹅。

20. 天上有个日头,地下有块石头,嘴里有根舌头,手上有五个手指头,不管是天上的热日头,地下的硬石头,嘴里的软舌头,手上的手指头,还是热日头,硬石头,软舌头,手指头,反正都是练舌头。

21. 一位爷爷他姓顾,上街打醋又买布。买了布,打了醋,回头看见鹰抓兔。放下布,搁下醋,上前去追鹰和兔,飞了鹰,跑了兔。打翻醋,醋湿布。

三、朗读练习1—10号作品

四、说话练习

练习一组论说类话题。(请参考下篇的说话应试指导。)

1. 谈谈服饰
2. 谈谈科技发展与社会生活
3. 谈谈美食
4. 谈谈社会公德(或职业道德)
5. 谈谈个人修养
6. 谈谈对环境保护的认识
7. 谈谈卫生与健康
8. 学习普通话的体会
9. 购物(消费)的感受

第四单元　普通话声调正音教学

学习要求：
1. 念准普通话四声的调值，把握好四声高低升降的变化规律。
2. 了解自己声调发音上的难点音，跟着教师的讲解和示范加以纠正。
3. 掌握单字调的调值及其在语流中的音变特点。
4. 在课堂正音的基础上，通过课后反复训练加以巩固，并运用于日常口语中。

第一节　声调的发音

一、调类和调值

普通话的每个字在单念时，都有一个固定的调值，而调值的类型是很有限的，按照"调值是否相同"这个统一标准，把调值相同的字归纳在一起所建立起来的类，叫调类，有几种调值就可以归纳成几种调类。调值是指声调的高低、升降、曲折、长短的实际读音，也称为"调形"。调值的记录通常采用"五度标记法"。所谓五度标记法，是用五度竖标来标记调值相对音高的一种方法。普通话声调的调值表现为平、升、曲、降四种形式，普通话字调可归纳为4类：阴平、阳平、上声、去声（也叫第一声、第二声、第三声、第四声）。普通话调值五度标记，见下图：

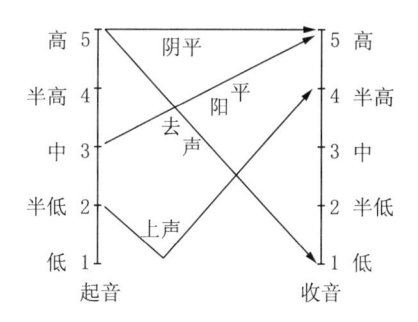

声调符号是依据五度标记法确定的，根据以上标记图，略去竖标线，即为声调符号。

普通话声调表

调类名称	传统名称	调值	声调符号	文字描写	字例
第一声	阴平	55	—	高平	开诗边
第二声	阳平	35	/	中升	陈床人
第三声	上声	214	∨	降升	好你手
第四声	去声	51	\	高降	是坐盖

二、声调的发音

要发好普通话四声的调值,我们必须把握好它们高低升降的变化规律。

第一声是阴平,高而平,起音高高一路平,即由5度到5度,是高平调,基本没有曲折变化。

发音练习:

啊、安、烟、方、宣、音、耶、应、亲、屋、衣、青、封。

第二声是阳平,由中往上升到高,即由3度升到5度,是中升调。

发音练习:

文、情、全、年、人、琴、名、型、泥、昂、博、婆、模。

第三声是上声,起音半低先降到低再升到半高,即由2度降到1度再升到4度,是先降后升的调子,是转折调。

发音练习:

马、碗、养、远、里、请、美、手、古、纸、典、水。

第四声是去声,由高处降到最低点,即由5度降到1度,是个全降调。

发音练习:

爱、热、面、肉、饿、去、到、笨、要、蛋、近、性。

(一) 单音节字词练习

要求读出每个字词的实际调值,归音到位,字与字之间要有停顿。

yīn/yáng/shǎng/qù 阴、阳、上、去
biān/pái/yǒu/xù 编、排、有、序
gāo/yáng/zhuǎn/jiàng 高、扬、转、降
fēi/cháng/hǎo/jì 非、常、好、记
xī/hú/jǐng/zhì 西、湖、景、致
tiān/rán/měi/lì 天、然、美、丽
shān/míng/shuǐ/xiù 山、明、水、秀
huā/hóng/liǔ/lǜ 花、红、柳、绿
zì/lǐ/háng/jiān 字、里、行、间
dà/yǒu/wén/zhāng 大、有、文、章
kè/gǔ/míng/xīn 刻、骨、铭、心
nì/shuǐ/xíng/zhōu 逆、水、行、舟

(二) 双音节词语练习

要读准阴平调高、平的特点,可利用去声作引导进行练习:

去声+阴平

唱歌　健康　教师　血压　放松　验收
信息　侧击　后期　卫星　聚餐　莫非

阴平+去声

充分　参照　开路　栽种　工作　拍卖
充沛　忽视　跌价　谦逊　偏僻　诬陷
要读准阳平调长、扬的特点,也可利用去声的下降来反衬阳平的上扬:
去声＋阳平
祝福　玉石　住房　步行　克隆　大洋
碰头　热诚　素材　脉搏　列席　鳄鱼
要读准上声的降、转、升特点,可利用阴平的高、平与上声的低、降、升作对比引导:
阴平＋上声
思考　钢铁　艰苦　欣赏　中午　音响
边远　邀请　摸索　粗浅　桑梓　烘烤
上声＋阴平
好歌　手心　普通　古今　美音　纸巾

第二节　声调的正音

声调是普通话的门面。调值的不标准直接影响到普通话语音的面貌。方言的声调尽管与普通话差别较大,但调类和调值与普通话有较整齐的对应关系。我们在学习普通话声调时,首先要弄清楚自己母语方言的调值和调类,然后与普通话进行比较:调类相同调值不同的有哪些?调值相同调类不同的是哪些?只要弄清自己方言声调和普通话的关系,就能提高普通话的学习效果。

一、避免读短促的入声调

普通话没有入声调,方言区人学习普通话时,往往将入声带进普通话,我们要改入声为普通话四声。古汉语的入声字现已归入到普通话四声里。常用字中有 400 余个入声字,近一半归入去声,三分之一归入阳平,剩下约 100 个,分别归入阴平和上声,其中归上声的字最少。正音时,对古入声字调,要防止读得短促,同时需要了解方言入声和普通话四声的对应规律,以帮助纠正入声。

现将一些常用的古入声字,按普通话四声排列如下,供正音练习。
普通话读阴平:
八　逼　吃　出　发　喝　黑　忽　击　激　积　七　屈　缺　塞　杀　贴　叔　脱　桌
普通话读阳平:
拔　白　鼻　别　伯　答　达　得　德　敌　读　毒　独　夺　罚　福　服　阁　急　十　竹　识
普通话读上声:
百　北　笔　尺　法　给　谷　骨　甲　角　脚　渴　属　塔　铁　雪　血
普通话读去声:
必　毕　不　策　测　彻　畜　触　促　恶　发　复　各　划　豁　或　速　木

麦　烈　扩　克　绩
对比练习:(普通话同音,方言不同音,后一字是入声)
巴—八　　摆—百　　笔—比　　布—不　　包—剥　　批—劈　　都—督
托—拖　　露—陆　　利—立　　路—鹿　　基—激　　家—夹　　欺—漆
卖—麦　　课—客　　库—酷　　瓜—刮　　锅—郭　　哥—割　　古—谷
枯—哭　　和—合　　呼—忽　　贺—鹤　　可—渴　　华—滑　　好—郝

二、分辨阳平和上声调

有的方言区的人,往往阳平升不高,中间还出现曲折,上声却降不下来,没有曲折变化,因而两者区别不大。普通话的阳平发音是从中高往上升,上声是从半低先降到底,然后升到半高。为了读准和分清这两种声调,发阳平时,可采用头势法,声音从中高尽量往上升,发上声时,可采用手势法,先尽量压低再往上升高,使之呈曲折状。

（一）对比辨音

黎—李　　　　徐—许　　　　柳—刘　　　　喉—吼
燃—染　　　　国—果　　　　民—敏　　　　泥—你
宏图—红土　　大学—大雪　　礼节—理解　　平凡—平反
点燃—点染　　生活—生火　　山陵—山岭　　海狸—海里
安详—安享　　旗子—起子　　盐花—眼花　　喜联—洗脸
情愿—请愿　　拦腰—懒腰　　烦嚣—返销　　鼻翼—笔译
无事—武士　　余悸—雨季　　活力—火力　　残杀—惨杀
悠远—幽怨

（二）词语练读

阳平：人民　提前　完成　折合　情急　学习　别名　寒食
　　　绵羊　芙蓉　甜橙　洁白　雷池　协调　围城　职责
上声：永远　友好　五彩　鼓舞　海岛　领导　水准　典雅
　　　起码　匕首　偶尔　橄榄　影响　整体　彼此　选手

三、区分阴平和去声调

吴方言区,有的人容易把去声念得跟阴平相似。阴平念得不够高,去声往往降不下来。练读时注意把阴平念得高,把去声降得低。
对比辨音：
　　　删—善　　今—近　　风—凤　　消—效　　征—郑
　　　居—锯　　飞—费　　喝—贺　　朱—助
阴平：高深　乡村　插秧　增加　春耕　参观　弯曲　轻松　支撑　芬芳　新婚
　　　应该
去声：促进　胜利　战斗　报告　政治　上市　触犯　训练　障碍　替换　秩序
　　　卧室

第三节　声调读音的三个层次

一、读单字词

（一）声调读原调

一个字一个字的声调调值，一定要读到位，尤其是上声和去声，不要受词语变读的影响而误读。如上声字"美"和"好"，"广"和"场"，分开读，调值都要读214。

（二）无轻声现象

普通话轻声一定体现在词语和句子中，因此轻声音节的读音通常不能独立存在。真正总读轻声的字不多，而且在单念时，仍读它原有的声调。例如"们""过""的""了"等字在词语和句子中多读轻声，但在单念时，仍要读它们的原有声调：

们 mén、着 zháo、了 liǎo、过 guò、的 dì、地 dì、得 dé、呢 nē、吗 mā、哪 nǎ。

二、读词语

普通话两个及其以上音节连读，一些词语会产生明显的音变现象，这是声调读音的第二个层次。音变大致有三种情况：一是发生部分的变调，如上声调在连读中的前字位置时，常常要发生部分变调；二是发生全部的变调，失去原有的单字调值，读另外的一种调，如轻声音变和语气词"啊"的变读；三是发生声调融合，即与别的声调连成一体，失去了自己的独立性，如儿化音变。

（一）上声音变

两个上声字连读，前上声字变读近似阳平调35，实际调值34；上声字在非上声字前，变读成半上，实际调值为211。

1. 上声＋上声变调练习（34＋214）

美好　古典　手指　小雨　起码　好友
躺躺　走走　打起　管理　理想　小组

2. 上声＋非上变调练习（211＋非上）

阴平前：好书　海鸣　打钟　友军
阳平前：好人　海豚　打雷　友情
去声前：好处　海豹　打字　友谊
轻声前：好的　枕头　暖和　我们　奶奶　剪子　你们　嫂子

3. 上声＋上声＋上声变调练习（211＋34＋214）

小雨伞　纸老虎　好总理　展览馆　小广场　保管好

（二）"一"和"不"变调

"一"与"不"单念或在句末、词尾时读本调，"一"在序数中也读本调。"一"的本调为阴平55，"不"的本调为去声51。例如："一""第一组""不管三七二十一""不！绝不！你敢说不？"等读本调。在去声前，"一""不"都变读为阳平调35；在非去声前，"一"变读为去声

51,而"不"不变调。

"一""不"变调练习：

1. 35+51

一下　一个　一向　一串　不要　不热　不会　不够

2. 51+非去

阴平前：一心　一张　一尊　一缸　不酸　不干　不脏　不真

阳平前：一人　一床　一文　一桌　不能　不忙　不来　不行

上声前：一本　一桶　一早　一手　不好　不准　不老　不冷

3. "一""不"嵌在两个音节中间（多为叠音动词）时念轻声。

说一说　写一写　问一问　笑一笑　动一动

干不干　去不去　说不说　差不多　住不下

（三）去声变调

两个去声字构成词语连读，也会产生比较明显的音变现象，前去声字变读为半去，调值近似53。

去声+去声变调练习(53+51)

大腕　外债　电视　祝寿　过去　睡觉　笨蛋　太大

去声的变调，因为调型没有改变，调值区别不是很明显，所以一般不太引起人们的注意。

注意：去声在单念或在句末和词尾以及非去声音节前读本调，调值为51。例如："瘦""瘦得不能再瘦""精瘦""热天""热能""热水"等。

（四）轻声

轻声是一种特殊的变调现象，是指在一定条件下读得又轻又短的调子。普通话的轻声都是从阴平、阳平、上声、去声四个声调变化而来的。

轻声只是一种连读时的音变现象，因此轻声不被看做一种独立的调类，汉语拼音方案规定轻声不必标调。轻声音节往往出现在词的中间或其他音节之后，绝不会出现在词或句子的开头音节中。例如：

他们　好的　石头　云彩　怎么　豆腐　对呀　小伙子　好不好　走一走

（五）儿化音变

普通话的儿化现象主要由词尾"儿"变化而来。词尾"儿"本是一个独立的音节，由于大多跟在别的音节后面，口语中长期处于轻读的地位，与前面的音节流利地连读而产生音变，"儿"(er)失去了独立性，"化"到前一个音节上，只保留了一个卷舌动作，使两个音节融合成为一个音节，从而使前面音节里的韵母或多或少也发生变化，这种语音现象就是"儿化"，而带有卷舌色彩的韵母称作"儿化韵"。

如普通话在读"麦苗儿""花儿"时，"儿"已不是一个独立音节，只表示在念到"苗""花"的末尾时，随即加上一个卷舌动作，使韵母带上卷舌音"儿"的音色。

用汉语拼音字母拼写儿化韵音节时，只须在原来的音节之后加上"r"来表示卷舌动作就可以了。如"苗儿 miáor""花儿 huār"等。

这些带"儿"尾的词,是北方人经过长期流利的连读而融合成为一个音节,使"儿er"失去独立性后造成的。

"儿er"音节,单独念仍读原调和原韵,常用的只有"儿""而""尔""耳""二"等几个字。

普通话单独的 er 韵字很少,但儿化韵的数量比较大。

(六) 重叠形容词音变

重叠形容词的变调一般用于口语中,在书面语及正式场合保持本调不变。

1. ABB

第二、三音节变阴平。如:白茫茫、绿油油、懒洋洋

2. AABB

第二音节变轻声,三、四音节变阴平。如:慢慢腾腾、严严实实

3. AA

第二音节变阴平,同时儿化。如:慢慢儿、早早儿

4. AA 的

第二个音节在口语中可变为阴平,也可不变。如:满满的、短短的

5. AA 儿的

第二个音节变读为阴平。如:好好儿的、胖胖儿的

三、读句子

普通话朗读作品,都是由一个个句子构成,在朗读中要掌握声调在语流中的若干变化,这是声调读音的第三个层次。主要掌握语气词"啊"的音变特点以及轻重音格式。

(一) 语气词"啊"的音变及其规律

普通话"啊"作语气词时,其读音因受它前一个音节尾音的影响而产生变读,它经常附着在句末或句中停顿处,念轻声,永不独立。但作为叹词的"啊",总是独立在句子的结构之外,不念轻声。"啊"的音变规律主要有以下几种:

1. 前一个音节的尾音是 a、o、e、ie、i、ü 时,"啊"多变读为 ya,写作"呀"。例如:

a 这就是他呀(tā ya)!
o 你快点儿广播呀(bō ya)!
e 这是些什么呀(me ya)?
ê 多宽的大街呀(jiē ya)!
i 这山真奇呀(qí ya)!
ü 怎不用力举呀(jǔ ya)?

2. 前一个音节的尾音是 u(包括 ao、iao 的 o)时,"啊"多变读为 wa,写作"哇"。例如:

u 他多有福哇(fú wa)!
ou 你快点走哇(zǒu wa)!
iou 快溜哇(liū wa)!
ao 庄稼长得多好哇(hǎo wa)!
iao 你快来瞧哇(qiáo wa)!

3. 前一个音节的尾音是 n 时,"啊"变读为 na,写作"哪"。例如:

an　这花多好看哪(kàn na)!
ian　这糖可真甜哪(tián na)!
en　快开门哪(mén na)!
in　这条路多近哪(jìn na)!

4. 前一个音节的尾音是 ng 时,"啊"变读为"[ŋa]",仍写作"啊"。例如:

ang　我没法帮啊(bāng ŋa)!
uang　你别慌啊(huāng ŋa)!
eng　怎么不点上灯啊(dēng ŋa)?
ing　你快点停啊(tíng ŋa)!

5. 前一个音节的尾音是 -i[ɿ] 时,"啊"变读为[za],仍写作"啊"。例如:

zi　你写的这是什么字啊(zì za)?
ci　老张,给我们写首歌词啊(cí za)?
si　这么多蚕丝啊(sī za)!

6. 前一个音节的尾音是 -i[ʅ] 时,或是儿化韵时,"啊"变读为"ra",仍写作"啊"。例如:

zhi　怎么不买张报纸啊(zhǐ ra)?
chi　你赶快吃啊(chī ra)!
shi　哪位是张老师啊(shī ra)?
anr　你上的是几点的班儿啊(bānr ra)?
uar　怎么还不开花儿啊(huarra)?

以上音变规律可用口诀加强记忆:

u 尾变读"哇",其他元音韵尾读成"呀",n 尾变读"哪"。
ng 尾变读"啊"(ŋa),-i 尾变读 ra 或 za,汉字仍要写作"啊"。

(二) 轻重音格式

普通话轻重音细分为四个等级:重音、中音、次轻音、最轻音,朗读和说话中注意把握好语流中的轻重音格式。

1. 三音节词语轻重音格式

中+次轻+重:炊事员、西红柿、打字机(这是绝大多数三音节词的轻重音格式)
中+重+最轻:胡萝卜、好家伙、同学们
重+最轻+最轻:姑娘们、朋友们、娃娃们、

2. 四音节词语轻重音格式

中+次轻+中+重:二氧化碳、一马当先、心明眼亮(这个格式在四音节词中占绝大多数)
中+次轻+重+最轻:如意算盘、大儿媳妇、外甥媳妇儿

对于多音节或句子语流中的轻重音格式,一般没有规律可循。因为语流中的轻重音存在一定的灵活性,许多词语会随着语体风格的不同以及语速、语调、表情达意、说话习惯的不同,发生轻重格式的变化。要掌握它们,主要还得培养轻重音的语感。可借助听磁带朗读作品的方法,在语境中培养语感。

第四节　轻声与儿化训练

一、轻声的作用

轻声不单纯是一种语音现象，它还有明显的词汇语法功能，具有一定的区别词义、词性的作用。

（一）部分轻声可以区别词的意义。例如：

东西—指两个不同的方向。／东西—指某事物。
孙子—指古代的军事家。／孙子—指儿子的儿子。
兄弟—指哥俩。／兄弟—指弟弟。
虾子—指虾卵。／瞎子—指眼睛失明的人。

（二）部分轻声既可区别词义又可区分词性。例如：

地道—名词，指地下通道。／地道—形容词，指纯正、实在。
买卖—名词，指生意。／买卖—动词，指买进卖出。
大意—形容词，指疏忽。／大意—名词，指主要意思。
利害—名词，指利益和损害。／利害—形容词，指剧烈、凶猛。
过年—动词，指过春节、过新年。／过年—名词，指明年、来年。

轻声在普通话中具有区别词义和词性作用的情况所占比例较小，大多数轻声都不具备这种作用。

二、轻声的读音

轻声音节从音高看，因受前一个字声调的影响而显得不固定。一般地说，上声字后头的轻声字音高比较高，阴平、阳平字后头的轻声字音高偏低，去声字后头的轻声字音高最低。

阴平＋轻声字→2度（半低）杯子 bēizi
阳平＋轻声字→3度（中调）瓶子 píngzi
上声＋轻声字→4度（半高）椅子 yǐzi、哪里 nǎli
去声＋轻声字→1度（低）镜子 jìngzi

轻声音节从音长看，一般短于正常重读音节的长度。可把轻声音节前面的字念得稍重一些、稍长一些，而连带出后面的轻读。

发音的口型自然放松，有一定的模糊感、阻塞感。

口诀：轻声轻轻声短　模糊阻塞又自然
　　　前音重前音长　轻重有致添美感

三、轻声的辨识和记忆

普通话轻声音节经常出现在使用频率高的口语词中，不少是北京人的口语习惯。由于南方人缺乏轻声的语感,加之轻声词数量的不确定性,给识别和记忆带来一定的困难。这就需要我们在掌握轻声音节分布规律的基础上加强记忆,尤其是规律性不强的轻声词。

(一) 规律性较强的轻声词

大纲中轻声词有 1363 条。其中有规律可循的轻声词 679 个,约占总数的 50%。这类轻声词一般有比较明显的标志或特征,掌握起来容易些,一般的教科书上都有介绍。关键是要区分常例和特例,这些轻声词的语法位置比较固定,它包括所有语气词、动词重叠的第二个词、结构助词、方位词、联绵词、趋向动词、名词的后缀。数量是封闭的,使用频率比较高。应特别注意一些特例:

语气词"啊",放在句子末尾读轻声;处在句子开头是叹词,不念轻声。

动词、名词重叠的第二个词,基本上念轻声,重叠名词中含有"每一"之意的,则不读轻声,如"人人""天天""年年"等。

方位词附在其他词语或语素之后的,通常念轻声。而"面"在《现代汉语词典》(1996年版)中没有标注读轻声,可以作两可(可轻可不轻)处理。

名词或代词后缀大多数情况下念轻声,也有少数念原调。如大纲中带"子"的词语 315 个,其中 279 个"子"读轻声,36 个"子"念本调;带"头"的词语 78 个,其中读轻声的 47 个,读本调的 31 个。那么怎样区分"子""头"读轻声还是读非轻声呢?关键是看它们是实语素还是虚语素。如果是虚语素,不表示实在的意义,则读轻声,如"包子""谷子""桌子""馒头""风头"等;如果是实语素,则不读轻声,如"原子""电子""山头""线头""矛头"等。

(二) 规律性不强的轻声词

有一批常用的双音节词,第二个音节习惯上也读轻声,无规律可循。例如:

霸道	帮手	包袱	比方	扁担	别扭	玻璃	簸箕	部分	苍蝇
柴火	称呼	抽屉	畜生	窗户	刺猬	伺候	聪明	凑合	答应
打听	大方	大夫	耽误	得罪	灯笼	提防	点心	动静	豆腐
对付	队伍	多么	恶心	耳朵	费用	吩咐	奉承	父亲	干事
高粱	膏药	告诉	疙瘩	胳膊	功夫	姑娘	故事		

在普通话中还有一部分轻声成分不稳定。它们有的随句子的语言环境、语词结构的不同而变化;有的则随各人不同发音习惯而变化。如"学生"的"生"轻声,而在"大学生""中学生"中又不读轻声;"道理"的"理"轻声,但在"真理"中"理"并不是轻声;"黄瓜"中"瓜"轻声,但"苦瓜"中"瓜"并不读轻声。有人统计过《现代汉语词典》中,双音节词第二字为"分(份)"的词和词组有 32 条,其中"分"读轻声的只有 6 条,即"辈分""部分""福分""情分""身份""生分",其余 26 条不读轻声。诸如此类不稳定的轻声词,给我们南方人识别和记忆轻声成分带来一定的困难。如果逐个记忆,则费时费力又不容易掌握。因此我们应该善于运用一些技巧和方法帮助识别和记忆。

1. 归类记忆法

(1) 将有关身体方面的轻声词进行分类记忆。脑袋、头发、耳朵、鼻子、眼睛、眉毛、嘴巴、下巴、胳膊、指头、指甲、巴掌、肚子、屁股等。

(2) 某些反义复合词或并列复合词第二个音节读轻声。买卖、反正、动静、好歹、兄弟、沉重、喜欢、新鲜、衣服等。

（3）把相同语素归类。如带"类词缀"（虚化了的语素）的轻声词有：

"处"——长处、害处、好处、坏处、用处、苦处；

"气"——福气、和气、客气、脾气、神气、志气、阔气、俗气；

"实"——结实、扎实、厚实、壮实、匀实、老实、踏实；

"人"——媒人、保人、主人、爱人、客人、证人、内人、道人；

"家"——东家、冤家、公家、娘家、行家；

"匠"——漆匠、锡匠、木匠、鞋匠、石匠；

"钱"——工钱、租钱、喜钱、月钱、利钱、定钱；

"和"——搀和、暖和、软和、搅和、热和；

"分"——生分、福分、成分、辈分、部分、情分；

"当"——停当、行当、稳当、妥当、顺当。

2. 编顺口溜、绕口令法

如：

① 工作的时候不能图舒服，一疏忽就会出事故。

② 把窗户打开，玻璃擦擦再关上。

③ 花园里什么花儿都有：牡丹、玫瑰、月季、芍药，红的、黄的、紫的、白的，漂亮极了。

④ 站住，别拦住姑娘，放开她！看，他多么不懂规矩，老是在外晃荡。

3. 排除法

借助《现代汉语词典》（1997年版），排除一些大纲中是轻声词而词典中已不标注轻声的词。如"聪明""干净""松动""近视""船家""编辑"等；还有一部分不稳定的轻声音节，也可排除记忆。这些不稳定的轻声音节，有的随句子语言环境或词语结构的不同而变化，有的随各人不同的口语习惯而变化。如"学生"一词中的"生"读轻声，但在"大学生""学生群体"中一般不读轻声；"棉花"一词中的"花"读轻声，但在"棉花生产""棉花销售"中一般不读轻声；"道理"的"理"读轻声，"真理"的"理"就不读轻声。此外，对于少数具有辨义作用的两读词语，如"东西""地道""买卖"等等，可以排除在轻声之列，以减少记忆的负担。

四、儿化的作用

儿化在普通话里不仅仅是一种音变现象，它同词义、词性等也有一定的联系，其主要作用如下：

（一）区别词语意义

例如：头(脑袋)/头儿(带头的、领导人)，信(信件)/信儿(消息)，眼(眼睛)/眼儿(小窟窿)，火星(太阳系行星之一)/火星儿(小火点儿)，白面(面粉)/白面儿(指烟土、鸦片)。

（二）既可区别词义又可区分词性

例如：画(动词)/画儿(名词)，盖(动词)/盖儿(名词)，一块(数量词)/一块儿(副词)，破烂(形容词)/破烂儿(名词)。

儿化在普通话中具有区别词义和词性作用的情况为数并不多，绝大多数儿化韵不具备这种作用。

（三）表示细小、亲切或喜爱的感情色彩

例如：小鸟/小鸟儿，头发丝/头发丝儿，金鱼/金鱼儿，小老头/小老头儿，小宝贝/小宝贝儿。

五、儿化韵的音变规律

儿化韵的音变条件取决于是否利于卷舌动作。音节儿化时，由于韵母须同时卷舌，就引起了许多原韵母发音的变化，主要有两种情况：一是原韵母不变，只是在发该韵母时，加上一个卷舌动作；二是原韵母发生变化，才能发出儿化韵。

儿化韵怎样卷舌，怎样发音，完全取决于前音节韵母是否便于卷舌。我们只要顺应发音动作趋势，就能发好"儿化韵"。归纳起来，儿化韵音变规则可分为如下几种。

1. 韵母或韵尾是 a、o、e、ê、u 等，原韵母不变，直接卷舌。

a →ar [ar] 一打儿　小马儿　　　üe→üer [yɛr] 主角儿　秋月儿
ia →iar [iar] 书架儿　豆芽儿　　u→ur [ur] 京胡儿　圆柱儿
o →or [or] 上坡儿　肉末儿　　　ao →aor [aur] 手套儿　树梢儿
uo →uor [uor] 酒窝儿　合伙儿　　iao →iaor [iaur] 面料儿　木条儿
e→er [ɣr] 请客儿　八哥儿　　　ou→our [əur] 耍猴儿　衣兜儿
ie →ier [iɛr] 锅贴儿　台阶儿　　iou →iour [iəur] 打球儿　短袖儿

2. 韵尾是 i、n 的(in、ün 除外)，丢掉韵尾，主要元音卷舌。

ai→air [ar] 小孩儿　壶盖儿　　　ian→ianr [iɛr] 刀尖儿　雨点儿
uai→uair [uar] 一块儿　乖乖儿　　en→enr [ər] 书本儿　走神儿
ei→eir [er] 晚辈儿　宝贝儿　　　üan→üanr [yɛr] 花园儿　烟卷儿
uei→ueir [uər] 墨水儿　麦穗儿　　uen→uenr [uər] 花纹儿　飞轮儿
an→anr [ar] 笔杆儿　名单儿　　　uan→uanr [uar] 茶馆儿　拐弯儿

3. 韵母是 in、ün 的，丢掉韵尾加 er [ər]。例如：

in→ier [iər] 干劲儿　背心儿　　ün→üer [yər] 合群儿　花裙儿

4. 韵母是 i、ü，直接加 er [ər]。例如，

i→ier [iər] 小米儿　小鸡儿　　ü→üer [yər] 金鱼儿　孙女儿

5. 韵母是 -i [ɿ]、-i [ʅ] 的，韵母直接变做 [ər]。例如：

-i [ɿ]→er [ər] 棋子儿　铁丝儿　　-i [ʅ]→er [ər] 没事儿　树枝儿

6. 韵尾是 ng 的，丢掉韵尾，韵腹鼻化并卷舌，如 ãr。

发音时口腔鼻腔同时共鸣，称做鼻化音，用~表示。发音方法描写：发鼻化"a"的舌位比发"a"的舌位要靠后、偏高。尽管 ang 儿化时，丢掉 ŋ 韵尾，但发音时，仍受到后鼻音舌位靠后、偏高的影响，气流在口腔中受到较大阻碍，并同时产生鼻腔共鸣。例如：

ang →angr[ãr] 茶缸儿　帮忙儿　　iong→iongr[yr̃] 小熊儿
uang→uangr[uãr] 竹筐儿　蛋黄儿　ong→ongr[ũr] 酒盅儿　没空儿
eng→engr[ẽr] 板凳儿　线绳儿

7. 韵母是 ing 的，丢掉韵尾，加上鼻化的 ə，成为 [iẽr]。

如 ing[iŋ]→ingr[iẽr]：眼镜儿、花瓶儿、明儿、影儿等。

以上儿化韵音变规律可用口诀加强记忆：

i、ü 韵母后加 er，其他韵母后卷舌(r)；

i、n 丢尾再卷舌(r)，n 丢尾再鼻化卷舌(r)，

-i 尾丢,再加 er、ui、in、un、ün 同此理儿。

第五节　单元综合训练

一、听朗读作品31—40号,注意作品中上声、去声、"一""不"、轻声、儿化等语流音变现象

二、根据自我语音难点有针对性地进行强化训练

(一) 声调发音训练（声母和韵母相同，声调不同的词语）

风险—奉献　发急—发迹　翻本—范本　地皮—地痞
城郭—成果　指导—知道　圣经—胜景　消费—小费
更改—梗概　城堡—呈报　香蕉—橡胶　题材—体裁
语言—寓言　联系—练习　进去—禁区　凋零—调令
欢迎—幻影　通过—铜锅　春节—纯洁　焚毁—分会
肥料—废料　保卫—包围　班机—班级　安好—暗号
地址—地质　抵制—地支　编制—贬值　编织—变质
放置—防止　方志—仿制　纺织—防治
事实—实施　逝世—史诗　失实—时事　诗史—史实—失事—施事

(二) 四声对比练习

白鹤—百合　渔轮—舆论　假设—架设　即使—及时
连同—连通　司机—四季　销毁—校徽　巡礼—循例
延长—盐场　羽毛—雨帽　针线—阵线　檄文—戏文
摹写—默写　前庭—潜艇　少许—稍许　贤淑—娴熟
笑颜—效验　游击—有机　平纹—平稳　交纳—缴纳

(三) 下列词语都是入声字，请注上普通话的读音后加以练习

结实　剥削　独立　出发　合式　策略　实录　压迫
隔壁　及格　结局　业绩　接力　督促　习俗　职责
芍药　学历　接洽　哭泣　积蓄　白雪　额角　学习
日历　屈膝　实力　搏击　甲壳　寂寞　压力　发迹
实业　插曲　血迹　碧玉　沐浴　接触　服役　触觉
毕业　直角　月蚀　热烈　决策　确实　迫切　角逐

(四) 语气词"啊"的音变练习

1. 看啊！/那好啊！/有什么事儿啊？/谁啊？/他可是个好人啊！
是不是一样啊？/快写字啊！/不好玩啊？/是啊。/行啊！
2.《可爱的孩子》(请先注出"啊"的音变,再练读。)
这些孩子啊,真可爱啊,你看啊！他们多高兴啊。

又是作诗啊,又是吟诵啊,又是画画啊,又是剪纸啊。

又是唱啊,又是跳啊,啊!他们多幸福啊!

(五) 重叠形容词的变调训练

快快儿　好好儿　远远儿　早早儿　满满的　好好儿的

亮堂堂　红彤彤　慢腾腾　绿油油　沉甸甸　文绉绉　软绵绵　懒洋洋

别别扭扭　大大咧咧　痛痛快快　规规矩矩　弯弯曲曲　漂漂亮亮　干干净净

(六) 绕口令练习

1.《编花蓝儿》:大热天儿,挂竹帘儿,歪脖树底下有个妞儿编花蓝儿。一编编个玉花篮儿,里边还有橘子、茉莉、半支莲儿。

2.《练字音儿》:进了门儿,倒杯水儿,喝了两口儿运运气儿,顺手拿起小唱本儿,唱一曲儿,又一曲儿,练完了嗓子我练嘴皮儿。绕口令儿,练字音儿,还有单弦儿牌子曲儿,小快板儿,大鼓词儿,越说越唱越带劲儿。

3.《有个小孩缺心眼儿》:有个小孩缺心眼儿,不学技术净打短儿,今儿个帮人卖唱片儿,明儿个帮人演杂耍儿,后儿个又给饭馆儿,买菜、刷锅、洗饭碗儿。今年岁数儿不大点儿,日子长了,愁事儿在后边儿。

4.《子字歌》:打南来个瘸子,手里托着碟子,碟里盛着茄子,地上钉着橛子。橛子拌倒瘸子,撒了碟里茄子。气伤瘸子,撇下碟子,拔了橛子,踩了茄子。

5.《天上日头》:天上日头,嘴里舌头,地上石头,桌上馒头,手掌指头。

6.《做买卖》:买卖人做买卖,买卖不公没买卖,没买卖没钱做买卖,买卖人做买卖得实在。

7.《鸡、鸭、猫、狗》:鸡啊、鸭啊、猫啊、狗啊,一块儿在水里游啊!牛啊、羊啊、马啊、骡啊,一块儿进鸡窝啊!狼啊、虎啊、鹿啊、豹啊,一块儿在街上跑啊!兔儿啊、鼠儿啊、虫儿啊、鸟儿啊,一块儿上窗台儿啊!

三、朗读练习11—20号作品

四、说话练习

练习一组介绍说明类话题。(请参考下篇的说话应试指导)

1. 我喜爱的动物(或植物)
2. 我喜爱的职业
3. 我喜爱的文学(或其他艺术形式)
4. 我喜爱的季节(或天气)
5. 我喜欢的节日
6. 我喜欢的明星(或其他知名人士)
7. 我喜欢的书刊
8. 我的学习生活
9. 我所在的集体(学校、机关、公司等)
10. 我的业余生活
11. 我的假日生活

五、轻声儿化词语强化练习

（一）普通话水平测试用必读轻声词语表

普通话水平测试用轻声词语545条，全部词语参照国家语委《普通话水平测试实施纲要》，按照汉语拼音字母排序。

爱人 àiren	不在乎 bùzàihu	大方 dàfang
案子 ànzi	步子 bùzi	大爷 dàye
巴掌 bāzhang	部分 bùfen	大夫 dàifu
靶子 bǎzi	裁缝 cáifeng	袋子 dàizi
把子 bàzi	财主 cáizhu	带子 dàizi
爸爸 bàba	差事 chāishi	耽搁 dānge
白净 báijing	苍蝇 cāngying	耽误 dānwu
班子 bānzi	柴火 cháihuo	胆子 dǎnzi
板子 bǎnzi	肠子 chángzi	单子 dānzi
帮手 bāngshou	厂子 chǎngzi	担子 dànzi
棒子 bàngzi	场子 chǎngzi	刀子 dāozi
膀子 bǎngzi	车子 chēzi	道士 dàoshi
梆子 bāngzi	称呼 chēnghu	稻子 dàozi
棒槌 bàngchui	池子 chízi	灯笼 dēnglong
包袱 bāofu	尺子 chǐzi	提防 dīfang
包涵 bāohan	虫子 chóngzi	笛子 dízi
包子 bāozi	绸子 chóuzi	底子 dǐzi
豹子 bàozi	除了 chúle	地道 dìdao
被子 bèizi	锄头 chútou	地方 dìfang
杯子 bēizi	畜生 chùsheng	弟弟 dìdi
本事 běnshi	窗户 chuānghu	点心 diǎnxin
本子 běnzi	窗子 chuāngzi	调子 diàozi
鼻子 bízi	锤子 chuízi	钉子 dīngzi
比方 bǐfang	刺猬 cìwei	东家 dōngjia
鞭子 biānzi	凑合 còuhe	弟兄 dìxiong
辫子 biànzi	村子 cūnzi	东西 dōngxi
扁担 biǎndan	耷拉 dāla	动静 dòngjing
别扭 bièniu	答应 dāying	动弹 dòngtan
饼子 bǐngzi	打扮 dǎban	豆腐 dòufu
拨弄 bōnong	打点 dǎdian	豆子 dòuzi
脖子 bózi	打发 dǎfa	嘟囔 dūnang
簸箕 bòji	打量 dǎliang	肚子 dùzi
补丁 bǔding	打算 dǎsuan	肚子 dǔzi
不由得 bùyóude	打听 dǎting	缎子 duànzi

对付 duìfu	故事 gùshi	护士 hùshi
对头 duìtou	骨头 gǔtou	机灵 jīling
队伍 duìwu	寡妇 guǎfu	脊梁 jǐliang
多么 duōme	褂子 guàzi	记号 jìhao
蛾子 ézi	谷子 gǔzi	记性 jìxing
儿子 érzi	怪物 guàiwu	架子 jiàzi
耳朵 ěrduo	关系 guānxi	夹子 jiázi
贩子 fànzi	官司 guānsi	架式 jiàshi
房子 fángzi	罐头 guàntou	家伙 jiāhuo
份子 fènzi	规矩 guīju	嫁妆 jiàzhuang
风筝 fēngzheng	管子 guǎnzi	尖子 jiānzi
疯子 fēngzi	闺女 guīnü	剪子 jiǎnzi
福气 fúqi	鬼子 guǐzi	茧子 jiǎnzi
斧子 fǔzi	柜子 guìzi	见识 jiànshi
盖子 gàizi	棍子 gùnzi	毽子 jiànzi
甘蔗 gānzhe	锅子 guōzi	讲究 jiǎngjiu
杆子 gǎnzi	果子 guǒzi	交情 jiāoqing
杆子 gānzi	蛤蟆 háma	饺子 jiǎozi
干事 gànshi	孩子 háizi	叫唤 jiàohuan
杠子 gàngzi	含糊 hánhu	轿子 jiàozi
高粱 gāoliang	汉子 hànzi	结实 jiēshi
膏药 gāoyao	行当 hángdang	街坊 jiēfang
告诉 gàosu	合同 hétong	姐夫 jiěfu
稿子 gǎozi	和尚 héshang	姐姐 jiějie
疙瘩 gēda	核桃 hétao	戒指 jièzhi
哥哥 gēge	盒子 hézi	金子 jīnzi
胳膊 gēbo	红火 hónghuo	精神 jīngshen
鸽子 gēzi	猴子 hóuzi	镜子 jìngzi
个子 gèzi	后头 hòutou	舅舅 jiùjiu
格子 gézi	厚道 hòudao	句子 jùzi
根子 gēnzi	狐狸 húli	橘子 júzi
跟头 gēntou	胡琴 húqin	卷子 juànzi
工夫 gōngfu	糊涂 hútu	咳嗽 késou
弓子 gōngzi	皇上 huángshang	客气 kèqi
公公 gōnggong	幌子 huǎngzi	空子 kòngzi
功夫 gōngfu	胡萝卜 húluóbo	口袋 kǒudai
钩子 gōuzi	活泼 huópo	扣子 kòuzi
姑姑 gūgu	火候 huǒhou	口子 kǒuzi
姑娘 gūniang	伙计 huǒji	窟窿 kūlong

裤子 kùzi	聋子 lóngzi	脑子 nǎozi
快活 kuàihuo	路子 lùzi	能耐 néngnai
筷子 kuàizi	炉子 lúzi	你们 nǐmen
框子 kuàngzi	轮子 lúnzi	念叨 niàndao
困难 kùnnan	萝卜 luóbo	念头 niàntou
阔气 kuòqi	骡子 luózi	娘家 niángjia
喇叭 lǎba	骆驼 luòtuo	镊子 nièzi
喇嘛 lǎma	妈妈 māma	奴才 núcai
篮子 lánzi	麻烦 máfan	女婿 nǚxu
懒得 lǎnde	麻利 máli	暖和 nuǎnhuo
浪头 làngtou	麻子 mázi	疟疾 nüèji
老婆 lǎopo	码头 mǎtou	拍子 pāizi
老实 lǎoshi	马虎 mǎhu	牌楼 páilou
老太太 lǎotàitai	买卖 mǎimai	牌子 páizi
老头子 lǎotóuzi	麦子 màizi	盘子 pánzi
老子 lǎozi	馒头 mántou	盘算 pánsuan
老爷 lǎoye	忙活 mánghuo	胖子 pàngzi
姥姥 lǎolao	冒失 màoshi	狍子 páozi
累赘 léizhui	帽子 màozi	盆子 pénzi
篱笆 líba	眉毛 méimao	朋友 péngyou
里头 lǐtou	媒人 méiren	棚子 péngzi
力气 lìqi	妹妹 mèimei	脾气 píqi
厉害 lìhai	门道 méndao	痞子 pǐzi
利落 lìluo	眯缝 mīfeng	皮子 pízi
利索 lìsuo	迷糊 míhu	屁股 pìgu
例子 lìzi	面子 miànzi	骗子 piànzi
栗子 lìzi	苗条 miáotiao	便宜 piányi
痢疾 lìji	苗头 miáotou	片子 piànzi
连累 liánlei	名堂 míngtang	票子 piàozi
帘子 liánzi	名字 míngzi	漂亮 piàoliang
凉快 liángkuai	明白 míngbai	瓶子 píngzi
粮食 liángshi	蘑菇 mógu	婆家 pójia
两口子 liǎngkǒuzi	模糊 móhu	婆婆 pópo
料子 liàozi	木匠 mùjiang	铺盖 pūgai
林子 línzi	木头 mùtou	欺负 qīfu
领子 lǐngzi	那么 nàme	旗子 qízi
翎子 língzi	奶奶 nǎinai	前头 qiántou
溜达 liūda	难为 nánwei	钳子 qiánzi
笼子 lóngzi	脑袋 nǎodai	茄子 qiézi

亲戚 qīnqi	石匠 shíjiang	跳蚤 tiàozao
勤快 qínkuai	石榴 shíliu	铁匠 tiějiang
清楚 qīngchu	石头 shítou	亭子 tíngzi
亲家 qìngjia	时候 shíhou	头发 tóufa
曲子 qǔzi	实在 shízai	头子 tóuzi
圈子 quānzi	拾掇 shíduo	兔子 tùzi
拳头 quántou	使唤 shǐhuan	妥当 tuǒdang
裙子 qúnzi	世故 shìgu	唾沫 tuòmo
热闹 rènao	似的 shìde	挖苦 wāku
人家 rénjia	事情 shìqing	娃娃 wáwa
人们 rénmen	柿子 shìzi	袜子 wàzi
认识 rènshi	收成 shōucheng	晚上 wǎnshang
日子 rìzi	收拾 shōushi	尾巴 wěiba
褥子 rùzi	首饰 shǒushi	委屈 wěiqu
塞子 sāizi	叔叔 shūshu	为了 wèile
嗓子 sǎngzi	梳子 shūzi	位置 wèizhi
嫂子 sǎozi	舒服 shūfu	位子 wèizi
扫帚 sàozhou	舒坦 shūtan	蚊子 wénzi
傻子 shǎzi	疏忽 shūhu	稳当 wěndang
沙子 shāzi	爽快 shuǎngkuai	我们 wǒmen
扇子 shànzi	思量 sīliang	屋子 wūzi
商量 shāngliang	算计 suànji	稀罕 xīhan
上司 shàngsi	岁数 suìshu	席子 xízi
上头 shàngtou	孙子 sūnzi	媳妇 xífu
烧饼 shāobing	他们 tāmen	喜欢 xǐhuan
哨子 shàozi	它们 tāmen	瞎子 xiāzi
勺子 sháozi	她们 tāmen	匣子 xiázi
少爷 shàoye	台子 táizi	下巴 xiàba
舌头 shétou	太太 tàitai	吓唬 xiàhu
身子 shēnzi	摊子 tānzi	先生 xiānsheng
什么 shénme	毯子 tǎnzi	乡下 xiāngxia
婶子 shěnzi	坛子 tánzi	箱子 xiāngzi
生意 shēngyi	桃子 táozi	相声 xiàngsheng
牲口 shēngkou	特务 tèwu	消息 xiāoxi
绳子 shéngzi	梯子 tīzi	小伙子 xiǎohuozi
师父 shīfu	蹄子 tízi	小气 xiǎoqi
师傅 shīfu	挑剔 tiāoti	小子 xiǎozi
虱子 shīzi	条子 tiáozi	笑话 xiàohua
狮子 shīzi	挑子 tiāozi	谢谢 xièxie

心思 xīnsi	衣服 yīfu	这个 zhège
星星 xīngxing	衣裳 yīshang	这么 zhème
猩猩 xīngxing	椅子 yǐzi	枕头 zhěntou
行李 xíngli	意思 yìsi	镇子 zhènzi
性子 xìngzi	银子 yínzi	芝麻 zhīma
兄弟 xiōngdi	影子 yǐngzi	知识 zhīshi
休息 xiūxi	应酬 yìngchou	侄子 zhízi
秀才 xiùcai	柚子 yòuzi	指甲 zhǐjia
秀气 xiùqi	冤枉 yuānwang	指头 zhǐtou
袖子 xiùzi	院子 yuànzi	种子 zhǒngzi
靴子 xuēzi	月饼 yuèbing	珠子 zhūzi
学生 xuésheng	月亮 yuèliang	竹子 zhúzi
学问 xuéwen	云彩 yúncai	主意 zhǔyi(zhúyi)
丫头 yātou	运气 yùnqi	主子 zhǔzi
鸭子 yāzi	在乎 zàihu	柱子 zhùzi
衙门 yámen	咱们 zánmen	爪子 zhuǎzi
哑巴 yǎba	早上 zǎoshang	转悠 zhuànyou
胭脂 yānzhi	怎么 zěnme	庄稼 zhuāngjia
烟筒 yāntong	扎实 zhāshi	庄子 zhuāngzi
燕子 yànzi	眨巴 zhǎba	壮实 zhuàngshi
秧歌 yāngge	栅栏 zhàlan	状元 zhuàngyuan
养活 yǎnghuo	宅子 zháizi	锥子 zhuīzi
眼睛 yǎnjing	寨子 zhàizi	桌子 zhuōzi
样子 yàngzi	张罗 zhāngluo	字号 zìhao
吆喝 yāohe	丈夫 zhàngfu	自在 zìzai
妖精 yāojing	帐篷 zhàngpeng	粽子 zòngzi
钥匙 yàoshi	丈人 zhàngren	祖宗 zǔzong
椰子 yēzi	帐子 zhàngzi	嘴巴 zuǐba
爷爷 yéye	招呼 zhāohu	作坊 zuōfang
叶子 yèzi	招牌 zhāopai	琢磨 zuómo
一辈子 yībèizi	折腾 zhēteng	

（二）普通话水平测试用儿化词语

普通话水平测试用儿化词语 189 条，全部参照国家语委《普通话水平测试实施纲要》，按照汉语拼音字母排序。

儿化词语表

a→ar	刀把儿	号码儿	戏法儿	在哪儿	找茬儿	打杂儿	板擦儿
ai→ar	名牌儿	鞋带儿	壶盖儿	小孩儿	加塞儿		
an→ar	快板儿	老伴儿	蒜瓣儿	脸盘儿	脸蛋儿	收摊儿	栅栏儿	包干儿
	笔杆儿	门槛儿					

ang→ãr	药方儿	赶趟儿	香肠儿	瓜瓤儿				
ia→iar	掉价儿	一下儿	豆芽儿					
ian→iar	小辫儿	照片儿	扇面儿	差点儿	一点儿	雨点儿	聊天儿	拉链儿
	冒尖儿	坎肩儿	牙签儿	漏馅儿	心眼儿			
iang→iãr	鼻梁儿	透亮儿	花样儿					
ua→uar	脑瓜儿	大褂儿	麻花儿	笑话儿	牙刷儿			
uai→uar	一块儿							
uan→uar	茶馆儿	饭馆儿	火罐儿	落款儿	打转儿	拐弯儿	好玩儿	大腕儿
uang→uãr	蛋黄儿	打晃儿	天窗儿					
üan→üar	烟卷儿	手绢儿	出圈儿	包圆儿	人缘儿	绕远儿	杂院儿	
ei→er	刀背儿	抹黑儿						
en→er	老本儿	花盆儿	嗓门儿	把门儿	哥们儿	纳闷儿	后跟儿	高跟鞋儿
	别针儿	一阵儿	走神儿	大婶儿	小人儿书	杏仁儿	刀刃儿	
eng→ẽr	钢镚儿	加缝儿	脖颈儿	提成儿				
ie→ier	半截儿	小鞋儿						
üe→üer	旦角儿	主角儿						
uei→uer	跑腿儿	一会儿	耳垂儿	墨水儿	围嘴儿	走味儿		
uen→uer	打盹儿	胖墩儿	砂轮儿	冰棍儿	没准儿	开春儿		
ueng→uẽr	小瓮儿							
ɿ→er	瓜子儿	石子儿	没词儿	挑刺儿				
ʅ→er	墨汁儿	锯齿儿	记事儿					
i→i·er	针鼻儿	垫底儿	肚脐儿	玩意儿				
in→i·er	有劲儿	送信儿	脚印儿					
ing→i·er	花瓶儿	打鸣儿	图钉儿	门铃儿	眼睛儿	蛋清儿	火星儿	人影儿
ü→ü·er	毛驴儿	小曲儿	痰盂儿	合群儿				
e→er	模特儿	逗乐儿	唱歌儿	挨个儿	打嗝儿	饭盒儿	在这儿	
u→ur	碎步儿	没谱儿	儿媳妇儿	梨核儿	泪珠儿	有数儿		
ong→õr	果冻儿	门洞儿	胡同儿	抽空儿	酒盅儿	小葱儿		
iong→iõr	小熊儿							
ao→aor	红包儿	灯泡儿	半道儿	手套儿	跳高儿	叫好儿	口罩儿	绝招儿
	口哨儿	蜜枣儿						
iao→iaor	鱼漂儿	火苗儿	跑调儿	面条儿	豆角儿	开窍儿		
ou→our	衣兜儿	老头儿	年头儿	小偷儿	门口儿	纽扣儿	线轴儿	小丑儿
	加油儿							
iou→iour	顶牛儿	抓阄儿	棉球儿					
ou→our	火锅儿	做活儿	大伙儿	邮戳儿	小说儿	被窝儿		
o→or	耳膜儿	粉末儿						

下篇
普通话应试指导与训练

第一单元　单音节字词应试指导

第一节　普通话水平测试概述

一、测试的性质

"普通话水平测试"(PUTONGHUA SHUIPING CESHI,缩写PSC),是中华人民共和国国家级考试。它具有这样一些特点:官方、一定程度强制性、非盈利、公共、大面积的。普通话水平测试考查应试人普通话规范程度、熟练程度,认定其普通话水平等级,属于标准参照性考试;为教师、播音员、节目主持人、国家公务员等从业人员逐步实行持证上岗服务,实际上是一种资格证书的考核。

普通话水平测试是在国家语言文字工作部门的领导下,根据统一的标准和要求,在全国范围内开展的一项测试工作。它是由国家实施的一种语言考试,是对说汉语方言的人学习和使用普通话(汉民族标准语)所达到的标准程度的检测和评定。它不同于一般意义上的考试,而是考查一个人从方言母语转变为民族标准语过程中所达到的水平;它并不是普通话系统知识的考试,也不是口才的评估。

为什么要游离出来考试?因为我国方言隔阂严重,主要表现在口语交际中,书面语是超方言的。方言入文有但非常少(南方方言区特别是广东、香港相对多一些),方言的差异主要是语音。因此普通话水平测试主要以普通话语音为核心,为了便于操作和突出口语语音检测的特点,测试一律采用口试,测试采取有文字凭借(读单、双音节字词和朗读)和无文字凭借(即兴说话)两种方式进行。

怎样认识普通话水平测试标准?普通话水平测试是测试应试人在测试过程中所体现出来的水平,并以此判断其普通话水平所达到的等级标准。通过应试人测试时水平的评定,判断其实际掌握和运用普通话的能力。测试的信度越高,对其水平和能力的判断越准确。需要指出的是,测试只是测试水平,是通过水平推断其能力,而不是直接测试能力。水平和能力,并不完全等同,二者既紧密联系,又有一定区别。能力靠水平体现,能力是潜在的,水平是显性的。测试的直接目的是想了解应试人运用普通话的能力,而能力又是无法直接测定的,只能靠水平测试来推断。但是,仅凭测试时水平等级的评定,不可能百分之百地测出其能力。信度高的测试,能力所反映出的水平,只能是比较接近实际能力,但并不完全相等。无论是北方还是南方地区。测试普通话水平的标准是统一的,但对于各地的要求有所不同。北方地区要求相对高一些,如同样是大中院校的学生,北方地区的文科学生,要求达到一级乙等及其以上,理科达到二级甲等及其以上;南方地区的文科学生,要求达到二级甲等及其以上,理科达到二级乙等及其以上。此外,对于测试对象的职业要求也不一样。如广播电台、电视台的播音员、节目主持人要求达到一级甲等,师范院校的教师要求达到二级乙等以上,汉语语音教师则要求达到一级乙等。

二、测试内容简介

根据《普通话水平测试实施纲要》规定,普通话水平测试的内容包括普通话语音、词汇和语法,测试以口试方式进行。浙江省普通话水平测试的试卷包括4个组成部分(也有部分省市包括5部分),满分100分。全程测试大约需要10—12分钟。

测试内容分为五项,浙江省(判断测试除外)测试以下四项:

1. 读单音节字词(100个音节,不含轻声、儿化音节),限时3.5分钟,共10分。
2. 多音节词语(100个音节),限时2.5分钟,共20分。
3. 朗读短文(400个音节,从《测试大纲》朗读作品中抽签选定1篇),限时4分钟,共30分。
4. 说话(单向说话,根据抽签确定的话题,说3分钟),限时4分钟,共30分。

三、测试方式及流程

(一)人工测试

由2名持有普通话水平测试资格证书的测试员,对应试人进行普通话等级测试,称为"人工测试"。主要有四大测试流程:考生候场→考生叫号→考生备考→测试室面试。

测试流程及注意事项:

1. 考生依据本人准考证编号找到所在考场,认真查看门标上的考生顺序表,然后在候考室等待测试,听从考场工作人员的召唤,不要走远,以免错过考试时间。
2. 考生持准考证入场测试。入场后首先自报准考证和身份证号码,然后领取"读单音节字词、读多音节词语"试卷,抽取"作品朗读和命题说话"题签。领取试卷和抽取题签后准备约10分钟。准备期间不得将试卷、题签带出考场,不准在试卷、样书上作任何标记。
3. 进入测试室后,先自报姓名、考号等。依次进行以下测试内容:一,读单音节字词;二,读多音节词语;三,作品朗读;四,话题。测试完毕将试卷和题签交给测试员,迅速离开考场。

(二)机辅测试

计算机辅助普通话水平测试,简称"机辅测试"。主要有四大测试流程:考生候测→考生叫号→考生备考→上机考试。

测试流程及注意事项:

1. 进入备考室时,要根据抽签号码找到对应的座位坐下,开始备考。备考时间约10分钟,备考时,不能使用电子通讯设备,不能交头接耳,不能用笔在备考试卷和考试用书上做记号。备考结束后,将试卷和备考用书留下,方可离开,进入机房考试。
2. 进入机房后,根据抽签号码找到对应的座位坐下,戴上耳机,准备开始测试。
3. 电脑进入普通话测试系统后,先输入准考证号(一般只需要输入准考证后4位),然后核对个人信息,试音成功后进入正式测试部分。

第二节 读单音节字词测试概述

一、测试项简介

这个测试题目由 100 个单音节字词构成,覆盖了普通话所有的声母 21 个,韵母 39 个,声调四个,每个声母、韵母和声调出现的几率基本一致。排除轻声和儿化音节。

此项测试目的在于考查应试人声母、韵母、声调读音的标准程度。100 个音节里,每个声母的出现一般不少于 3 次,每个韵母的出现一般不少于 2 次。

此项成绩占 10 分,限时 3.5 分钟。

二、评分标准

1. 语音错误,读错一个字的声母、韵母或声调扣 0.1 分。
2. 语音缺陷,每个音节扣 0.05 分。
3. 超时 1 分钟以内,扣 0.5 分;超时 1 分钟以上(含 1 分钟),扣 1 分。
4. 一个字读音有口误允许再读一遍,判分以第二遍读音为准。

三、评分项阐释

语音错误是指把一个音(或语音成分)误读作另一个音(或语音成分)的情况。当一个音节的声、韵、调出现一项或一项以上的读音错误时,此音节均以一个语音错误扣分。语音缺陷的类型较多,如下所示:

1. 声母的语音缺陷主要指发音部位不够准确,但还不是把普通话的某一类声母读成另一类声母;或者把普通话里的某一类声母的正确发音部位用较接近的部位代替等。
2. 韵母读音的缺陷多表现为合口呼、撮口呼的韵母圆唇度明显不够,语感差;或者开口呼的韵母开口度明显不够、听感性质明显不符;或者复韵母舌位、动程不够等。
3. 声调的缺陷主要指声调调形、调势基本正确,但调值明显偏低或偏高等,特别是四声的相对高点或低点明显不一致等情况。
4. 某类声调读音缺陷数量较多(一般超过 10 次)时,可判定此类声调读音成系统缺陷。成系统缺陷的一类声调可以按 5 个单音错误一次性扣 0.5 分,也可按音节个数单独扣分。
5. 如将第一题的某一字词读成轻声或儿化音节,将被判"语音错误"扣分。
6. 增读、漏读的音节作错误计。

四、考试时注意事项

1. 读时声音响亮,吐字归音清晰,一字一顿。把握好时间、节奏和音量,读音保持中速,太快难准确,太慢要超时,容易被扣分。
2. 每个音节一定要读到位,尤其是上声。大部分人上声只读了 21,没有读到 214。
3. 遇多音字读其中一个音即可。如"和""阿""好"等;每个字词允许读第二遍,判分以第二遍为准,但是如无必要,读一遍即可。

4. 单音节字词中不出现轻声和儿化字词,如看见"了""的""着""啊"等,读它们原来的声调。没有儿化音,要避免将"个"读成"个儿",将"花"读成"花儿"等情况的出现。

5. 要横向朗读,遇到不认识的字要按序读下一个字,不能长时间停顿。不要错行、漏行,如果出现错误,应立即纠正,如果读了几个字后再纠正,不得分。

6. 注意形近字。试卷中会有一些形近字,要仔细看好后再读。如"拔一拨",这两个字很少有人读全对。

五、应试训练指导

根据测试员对历年测试情况的分析统计,应试人在这个测试项上的失分主要有两种情况:

一是读音不标准。由于受方音的影响,出现读音不标准或有缺陷。

二是读音不正确。由于识字、辨字能力较弱,产生张冠李戴的读错别字现象。

我们在练读单音节字词时,首先要努力排除方音的干扰,在"准"字上下功夫,做到每个音节的声、韵、调读音到位。熟练掌握普通话水平测试中常见的容易读错的字词(详见训练材料一)。其次,还要在读音"正确"上下功夫,提高识字和分辨字词的能力。正确识别常见姓氏地名(详见训练材料二、三)的读音,努力克服读错字、别字现象。

第三节　单音节字词应试训练材料

一、测试中常见易读错字词

a	bà 耙霸坝	biǎn 贬匾	cáo 槽嘈
ā 阿姨	bāi 掰	biāo 膘	cèng 蹭
ái 癌皑	bài 稗	biē 憋瘪鳖	chā 杈
ǎi 矮	bāo 褒苞	bīn 濒滨	chá 茬察
ài 艾碍	báo 雹	bìn 摈鬓	chà 岔杈诧刹
ān 氨庵	bān 扳颁斑	bǐng 禀	chān 搀掺
àn 按黯案	bàn 瓣扮绊拌	bō 钵	chán 馋蝉蟾
àng 盎	bàng 磅蚌	bó 帛泊铂箔舶	潺蟾
āo 凹	bāo 苞胞褒	bǔ 卜	chǎn 阐
áo 熬遨螯翱	báo 雹	bù 埠簿	chàn 颤忏
ǎo 袄	bǎo 堡	c	chāng 猖娼昌
ào 拗	bào 刨鲍	cái 裁	cháng 偿
b	bèi 钡	cǎi 睬	chǎng 场敞
bā 捌疤	bēng 嘣崩绷	cán 蚕惭残	chàng 畅倡怅
bá 拔跋	bèng 泵迸	cǎn 惨	chāo 剿说
bǎ 靶	bì 弊痹毙婢	cāng 苍仓沧	cháo 巢潮嘲

94

第一单元 单音节字词应试指导

chè 撤澈彻
chēn 抻
chēng 撑
chéng 橙惩丞
chěng 逞
chèng 秤
chī 痴嗤
chǐ 耻
chì 炽斥
chōng 憧舂冲
chóng 崇重
chǒng 宠
chóu 筹惆酬
　　　 踌仇
chú 锄橱雏厨
chǔ 储
chù 畜蓄触
chuāi 揣
chuài 踹
chuán 椽传船
chuǎn 喘
chuàn 串
chuāng 疮
chuí 锤捶
chún 醇
chǔn 蠢
chuō 戳
chuò 辍啜绰
cí 雌磁祠
cù 醋簇
cuān 蹿
cuán 攒
cuàn 窜篡
còu 凑
cuī 崔摧
cuǐ 璀
cuì 啐淬脆萃
cūn 皴

cuō 撮搓磋
cuó 痤挫锉
cuǒ

d
dá 沓
dǎi 傣逮
dài 怠玳贷
dǎn 掸
dàn 氮旦诞
dāng 裆
dàng 档
dǎo 捣蹈祷
dào 悼盗
dēng 蹬
dèng 瞪澄凳
dī 堤滴
dí 嫡涤
dǐ 抵诋
dì 缔蒂谛
diān 颠掂滇巅
diàn 佃奠垫
　　　 惦殿
diāo 刁碉貂雕
dié 碟蝶
dīng 叮钉
dǐng 鼎
dìng 订锭
dòng 栋洞
dǒu 抖陡
dòu 窦痘
dū 督嘟
dú 犊毒
dǔ 赌睹笃
dù 妒镀渡
duàn 锻煅缎
duì 兑
dūn 吨墩敦钝
dùn 遁囤炖
duó 夺踱

duǒ 垛躲
duò 跺舵堕垛

e
ē 阿胶
é 讹额蛾愕
è 扼腭鄂
ér 而
ěr 饵
èr 贰二

f
fá 阀筏乏
fān 帆
fán 繁烦
fàn 贩梵
fēi 妃蜚扉绯
fěi 匪诽翡
fèi 吠费沸
fēn 氛酚纷
fén 汾焚
fēng 枫烽封
　　　 蜂峰
féng 缝逢
fěng 讽
fǒu 否
fū 孵麸敷
fú 幅氟俘弗
　　　 拂辐
fǔ 甫俯斧腐
fù 讣覆缚附赋
　　　 赴腹

g
gài 钙概盖
gān 杆柑坩竿
gǎn 秆擀杆感
　　　 橄赶
gàn 赣干
gāng 缸钢肛
gǎng 岗港

gàng 杠
gāo 膏羔篙
　　　 糕高
gǎo 镐稿
gē 戈搁割
gé 阁隔膈格
gén 哏
gēng 庚羹耕
gěng 梗耿埂哽
gōng 躬恭龚宫
gǒng 汞拱
gōu 篝沟
gǒu 苟
gòu 垢购构
gū 孤辜
gǔ 蛊股鼓骨
　　　 顾雇
guǎ 寡
guà 褂卦
guāi 乖
guǎi 拐
guàn 盥灌罐惯
guàng 逛
guī 硅龟瑰皈
guǐ 鬼轨诡
guì 刽柜桂

h
hài 氦骇害
hān 鼾酣蚶憨
hán 函涵韩寒
hǎn 罕喊
hàn 悍憾旱捍
háo 壕嚎豪
hǎo 郝
hào 号耗浩
hǒu 吼
hè 褐赫壑鹤贺
hén 痕

95

hěn 狠	jiào 酵觉	jùn 竣俊郡骏	léi 镭蕾擂
héng 横衡恒	jiān 歼奸兼煎	k	lěi 垒
hōng 轰烘	缄	kǎ 卡咯	lèi 肋类
hóng 宏鸿虹洪	jiǎn 碱柬茧剪	kāi 揩	lí 厘离篱黎
hóu 侯喉猴	jiàn 涧谏楗腱贱	kǎi 慨凯楷	lǐ 鲤锂理
hǒu 吼	荐健舰溅	kài 忾	lì 例栗吏荔砾
hú 狐弧糊胡蝴	jiāng 姜僵疆	kān 勘堪刊	痢隶
hǔ 唬	缰将	kāng 糠慷康	lián 廉莲镰涟
huá 滑哗	jiǎng 桨	kàng 炕亢抗	联帘
huà 桦	jiàng 绛酱犟	kǎo 考烤	liǎn 敛脸
huái 踝淮槐	jiāo 椒礁跤郊娇	kē 磕蝌柯苛瞌	liàn 殓链
huǎn 缓	jiǎo 矫剿缴绞	kè 嗑恪课刻	liàng 辆晾谅踉
huàn 患豢宦涣	铰皎	kěn 啃垦恳	liáo 撩聊嘹疗
换焕	jiào 酵窖轿	kēng 坑铿吭	嘹潦
huáng 黄惶蝗簧	jiē 皆秸阶揭	kōu 抠	liào 廖撂瞭
huǎng 恍谎幌	杰截	kòu 寇叩扣	liè 劣裂猎烈
huí 回洄蛔	jié 劫捷竭	kū 窟枯哭	lín 淋磷鳞霖
huǐ 悔悔毁	jiè 诫介届界	kù 裤库酷	琳临
huì 荟喙晦讳贿	jīn 矜襟津筋	kuǎ 垮	lǐn 凛
惠慧绘	jǐn 锦谨紧	kuà 挎	lìn 吝
hūn 荤昏婚	jìn 靳禁	kuài 快脍	líng 伶凌陵菱
huō 豁	jīng 经京惊荆	kuāng 筐	羚绫聆
huò 霍豁祸惑	精粳	kuáng 诳狂	lǐng 岭
获	jǐng 警景颈	kuàng 旷眶框矿	liǔ 绺
j	jìng 竞静敬痉	kuī 窥盔亏	liù 蹓
jī 畸姬饥机肌	jiǒng 窘炯	kuí 傀奎魁葵魁	lǒng 垄陇
讥激	jiū 揪纠	kuì 馈愧溃	lǒu 篓
jí 即籍棘嫉瘠	jiǔ 灸韭酒久	kūn 昆坤	lú 芦颅卢
辑极集	jiù 咎厩臼	kuò 阔廓括扩	lǔ 卤虏掳
jǐ 戟麂脊几	jū 驹鞠拘	l	lù 赂禄麓
jì 既忌暨冀髻	jǔ 矩沮举	lǎ 喇	luán 孪
祭迹伎妓	jù 锯踞据俱	là 腊辣	luǎn 卵
jiā 伽枷嘉佳	惧聚	lài 赖籁癞	lūn 抡
jiá 戛颊荚	juàn 眷卷倦绢	lǎn 懒缆揽览	lǘ 驴
jiǎ 贾钾甲假	juē 撅	làn 滥烂	lǚ 履屡捋吕
jià 嫁驾架假	jué 崛攫诀厥蕨	láng 郎廊狼	lǜ 氯
jiáo 嚼	掘倔爵	lào 涝烙	lüè 略掠
jiǎo 搅缴	jūn 军钧君	lè 勒	luō 捋

96

luó 螺骡锣萝	nǎi 氖奶	péi 裴培陪	qiè 砌怯妾惬窃
luǒ 裸	nài 耐奈	pēng 嘭抨烹	qīn 钦侵亲
luò 摞洛落	nǎn 蝻	péng 鹏棚篷膨	qín 擒禽噙勤
m	náng 囊	pī 劈坯霹	qǐn 寝
mǎ 马玛	nǎng 攮	pí 疲毗啤琵脾	qìn 沁
mài 脉卖麦	náo 挠铙	pǐ 匹痞癖	qīng 氢倾轻
mán 瞒鳗蛮	nǎo 恼	pì 媲僻屁辟	卿蜻
mǎn 螨满	něi 馁	piāo 剽	qíng 擎情
màn 蔓漫曼漫	ní 倪尼泥霓	piáo 瓢朴	qǐng 顷
mǎng 蟒	nǐ 拟	piǎo 瞟	qìng 磬庆
máo 蝥锚	nì 溺腻逆	piē 瞥撇	qióng 琼穷
mǎo 铆卯	niān 蔫拈	pīn 姘拼	qiú 泅裘囚
mào 貌冒贸	nián 黏	pín 频贫	qū 蛆祛躯趋屈
méi 酶霉玫媒	niǎn 捻撵碾	pìn 聘	qǔ 龋
měi 镁	niàng 酿	píng 凭坪瓶	quán 颧痊诠蜷
mèi 媚昧	niǎo 鸟袅	屏萍	quǎn 犬
mén 扪	niào 尿	pō 泼泊	quàn 券劝
méng 蒙盟萌	niè 蹑镍孽啮	pǒ 叵	qué 瘸
měng 猛锰	聂涅	pò 魄破	què 阙
mī 眯	niū 妞	pú 蒲葡匍	r
mí 弥迷谜糜猕	niù 拗	pǔ 圃浦普谱	rǎn 染冉
mì 觅幂秘	nú 驽	pù 瀑	ráng 瓤
miǎo 藐渺	nǔ 弩	q	rǎng 攘
miǎn 缅腼勉	nüè 虐疟	qī 沏蹊戚凄	ráo 饶
miè 蔑篾灭	nuò 糯诺懦	欺漆	rǎo 扰
miù 谬	o	qí 鳍祈畦歧	rào 绕
mǐn 皿抿闽	ōu 讴欧鸥殴	qǐ 绮乞企启	rě 惹
míng 铭冥名	ǒu 藕呕偶	qì 器迄契	rè 热
mó 摩魔蘑	òu 沤怄	qiā 掐	rèn 纫妊刃
mǒ 抹	p	qià 洽恰	rì 日
mò 漠沫蓦墨默	pā 趴啪	qiān 迁谦签牵	róng 榕蓉荣绒
móu 谋牟眸	pá 耙爬	qián 黔乾钳潜	融溶
mǒu 某	pà 帕	qiǎn 浅遣	róu 揉柔蹂
mǔ 亩拇姆牡	pái 徘牌	qiàn 堑嵌歉	ròu 肉
mù 沐穆募牧	pàn 畔叛	qiāng 呛	rú 儒蠕
暮沭	páng 膀庞磅旁	qiāo 跷锹敲	rǔ 乳辱汝
n	páo 刨袍咆	qiào 撬鞘窍	rù 褥入
nà 捺娜	pēi 胚	俏翘	ruǎn 软

ruǐ 蕊	shuāi 衰摔	tǐng 艇挺	wǔ 忤捂舞
ruì 锐睿瑞	shuài 帅率	tóng 佟童同瞳	wù 晤误悟雾
rùn 闰润	shuān 栓闩	tǒng 捅统	**x**
ruò 弱若	shuàn 涮	tū 凸秃突	xī 蹊茜蟋昔兮
s	shuāng 孀霜	tú 涂图屠徒	奚晰唏蜥
sā 撒仨	shǔn 吮	tuān 湍	悉熄
sǎ 洒撒	shùn 舜瞬顺	tuó 砣驮	xí 习袭
sà 卅	shuò 硕朔	tuí 颓	xǐ 徙玺铣喜
sāi 腮鳃塞	sī 司思私撕	tuì 褪蜕	xiá 匣辖峡遐
sāo 臊缫骚	嘶厮	tún 囤吞臀屯	xiān 纤掀鲜
sè 涩啬瑟色	sì 肆寺伺祀嗣	tuó 驮陀	xián 涎娴衔贤
shā 杀煞	sōu 飕	tuǒ 妥椭	咸舷嫌
shà 煞霎	sù 粟溯	tuò 唾拓	xiǎn 洗险
shāi 筛	suàn 蒜	**w**	xiàn 霰宪馅
shān 膻删杉山	suí 遂隋绥	wā 洼蛙	xiāng 襄箱镶
衫珊煽	sǔn 榫损笋	wǎ 瓦	厢湘
shàn 苫骟膳善	suō 唆梭蓑	wà 袜	xiáng 祥翔详
擅赡	suǒ 琐唢索	wān 剜湾弯	xiǎng 饷响享
shǎng 晌赏	**t**	wán 丸顽	xiàng 像向巷项
shào 潲哨	tā 塌遢	wǎn 皖宛挽晚	xiāo 嚣销潇萧
shē 奢	tǎ 獭	婉惋	箫逍硝
shé 佘舌	tà 榻拓	wàn 腕蔓	xiáo 淆
shè 赦麝涉设	tāi 苔胎	wǎng 网惘枉往	xiào 孝啸效肖
摄射	tài 汰钛泰	wàng 忘妄	xiē 楔歇
shēn 娠砷申呻	tān 瘫摊贪滩	wēi 微巍	xié 邪携挟偕
绅深	tán 昙谭坛潭	wéi 惟帷桅	协胁
shèn 渗肾慎甚	tǎn 毯坦	韦违	xiè 亵泻泄卸械
shēng 笙升	táng 堂唐搪螳	wěi 伪萎苇委	xīn 芯薪辛
声生	tǎng 淌倘	伟尾	xīng 兴猩腥
shī 施湿虱狮	tàng 烫	wèi 谓畏谓	xíng 型邢刑
shǐ 矢屎驶使	tāo 绦涛滔	慰蔚	xìng 性幸杏姓
shì 谥拭嗜蚀侍	téng 誊腾藤	wēn 瘟温	xū 嘘戌虚须
噬舐螫仕逝	tí 蹄啼题	wěn 吻紊稳	xǔ 栩
柿恃噬适	tì 屉剃	wēng 嗡翁	xù 叙旭绪絮
shū 梳枢倏疏	tián 田甜恬填	wèng 瓮	畜蓄
shú 赎孰熟	tiǎn 舔	wō 挝倭涡蜗窝	xuān 宣喧
shǔ 署蜀暑	tiě 帖铁	wū 呜污巫诬	xuán 玄悬旋
shù 漱述恕竖	tíng 庭廷亭	wú 吴毋梧	xuǎn 癣

第一单元　单音节字词应试指导

xuàn 炫	yíng 赢萤萦	zèng 赠	zhǒng 冢肿种
xuē 薛	盈蝇	zhā 渣扎	zhòng 仲重众种
xūn 熏	yōng 痈壅臃	zhá 铡闸轧	zhèng 症
xùn 逊驯汛	拥庸	zhà 诈乍榨	zhōu 周州舟粥
Y	yǒng 蛹咏甬踊	栅蚱	zhóu 轴
yá 崖蚜牙睚	yóu 铀鱿邮犹	zhāi 斋摘	zhǒu 肘
yǎ 哑雅	yǒu 酉黝	zhái 宅择	zhòu 皱诌骤咒
yà 轧娅压	yòu 釉幼诱柚	zhài 寨债	冑昼
yān 腌焉殷烟	yū 迂淤	zhān 毡瞻占沾	zhū 朱诸诛蛛
淹湮	yú 俞逾隅虞榆	zhǎn 盏斩辗	zhǔ 主拄嘱瞩
yán 阎檐岩	于渔愚	zhàn 湛蘸战站	zhù 铸蛀伫助
延筵	yǔ 与禹语	zhǎng 掌涨	祝著驻
yǎn 俨淹衍演	yù 谕誉域郁御	zhàng 障帐仗账	zhuài 拽
yàn 赝唁堰砚	狱豫	zhāo 招昭	zhuàn 撰传篆
宴雁谚焰	yuān 冤鸳渊	zhǎo 沼爪	zhuāng 装妆庄
yáng 佯	yuán 援园垣缘	zhào 召罩诏	zhuàng 状壮撞
yǎng 痒仰	辕猿	肇照	zhuī 追椎锥
yàng 漾	yuàn 苑	zhē 遮折	zhuì 赘坠缀
yāo 夭妖吆邀	yuē 曰约	zhé 蛰辙哲折	zhuō 拙捉
yáo 窑尧瑶姚	yǔn 允陨	zhě 褶	zhuó 灼卓酌苗
遥谣	yùn 熨郓恽孕	zhè 蔗	浊啄着
yǎo 窅窈	韵酝蕴	zhēn 臻砧斟	zī 兹滋姿资
yē 掖噎耶椰	**Z**	贞侦	zǐ 仔紫籽
yě 也冶野	zā 咂	zhěn 枕诊	zì 渍自字
yè 谒曳掖腋	zāi 灾哉栽	zhèn 朕阵镇震	zōng 鬃踪宗棕
业夜	zǎi 崽宰	zhēng 争征	zòng 纵粽
yī 依伊	zài 载再	蒸症	zōu 邹
yí 移夷宜姨颐	zǎn 攒	zhěng 拯整	zū 租
贻疑	zàn 赞暂	zhèng 政证郑正	zòu 奏揍
yǐ 倚	zàng 葬脏	zhī 只肢脂肢	zú 卒足
yì 疫逸溢熠臆	záo 凿	芝知	zǔ 诅阻祖
异抑屹邑役	zǎo 澡枣	zhí 执职植侄	zuǎn 篡
驿诣翌	zào 躁噪燥	zhǐ 旨趾指纸址	zuàn 攥
yīn 殷阴姻	zé 啧择则	zhì 炙掷稚秩滞	zuì 最罪醉
yín 淫寅吟银	zè 仄	窒帜	zuǒ 撮佐
yǐn 隐引瘾	zéi 贼	zhōng 盅终忠衷	zuò 作做座坐
yīng 婴膺樱	zēng 憎增		

二、分辨形近字的读音

浜——读 bāng,不读滨 bīn
苯——读 běn,不读笨 bèn
卞——读 biàn,不读卡 kǎ
彬——读 bīn,不读衫 shān
荸——读 bí,不读勃 bó
悖——读 bèi,不读勃 bó
敞——读 chǎng,不读敝 bì
饬——读 chì,不读伤 shāng
舂——读 chōng,不读春 chūn
绌——读 chù,不读拙 zhuō
坼——读 chè,不读拆 chāi
骋——读 chěng,不读聘 pìn
贷——读 dài,不读货 huò
档——读 dàng,不读挡 dǎng
叼——读 diāo,不读叨（唠～）dāo
亘——读 gèn,不读旦 dàn
汩——读 gǔ,不读汨 mì
轧——读 yà,不读轨 guǐ
亨——读 hēng,不读享 xiǎng
捧——读 pěng,不读棒 bàng
侯——读 hóu,不读候 hòu（地名例外）
弧——读 hú,不读孤 gū
桓——读 huán,不读恒 héng
即——读 jí,不读既 jì
楫——读 jí,不读揖 yī
冀——读 jì,不读翼 yì
睑——读 jiǎn,不读脸 liǎn
桨——读 jiǎng,不读浆 jiāng
灸——读 jiǔ,不读炙 zhì
雎——读 jū,不读睢 suī
炕——读 kàng,不读坑 kēng
窠——读 kē,不读巢 cháo
羸——读 léi,不读赢 yíng
耒——读 lěi,不读来 lái
罹——读 lí,不读羅（罗）luó
寥——读 liáo,不读廖 liào

泠——读 líng,不读冷 lěng
幂——读 mì,不读幕 mù
丏——读 miǎn,不读丐 gài
㮤——读 nǎn,不读郝 hǎo
恁——读 nèn,不读凭 píng
撵——读 niǎn,不读辇 bèi
庞——读 páng,不读宠 chǒng
萁——读 qí,不读箕 jī
茸——读 róng,不读耳 ěr
橇——读 qiāo,不读撬 qiào
券——读 quàn,不读卷 juǎn
潸——读 shān,不读潜 qián
赡——读 shàn,不读瞻 zhān
哂——读 shěn,不读晒 shài
恃——读 shì,不读待 dài
恕——读 shù,不读怒 nù
已——读 sì,不读已 yǐ
粟——读 sù,不读栗 lì
遂——读 suì,不读逐 zhú
斡——读 wò,不读乾 qián
毋——读 wú,不读母 mǔ
戊——读 wù,不读戍 xū
淅——读 xī,不读浙 zhè
葸——读 xǐ,不读思 sī
徙——读 xǐ,不读陡 dǒu
囟——读 xìn,不读卤 lǔ
赝——读 yàn,不读膺 yīng
冶——读 yě,不读治 zhì
弋——读 yì,不读戈 gē
抑——读 yì,不读仰 yǎng
肄——读 yì,不读肆 sì
喑——读 yīn,不读暗 àn
臾——读 yú,不读叟 sōu
隅——读 yú,不读偶 ǒu
驭——读 yù,不读驮 tuó
眨——读 zhǎ,不读贬 biǎn

第一单元　单音节字词应试指导

棹——读 zhào,不读掉 diào
陟——读 zhì,不读陡 dǒu
冢——读 zhǒng,不读家 jiā
胄——读 zhòu,不读胃 wèi
杼——读 zhù,不读抒 shū
隹——读 zhuī,不读佳 jiā
恣——读 zì,不读姿 zī
纂——读 zuǎn,不读篡 cuàn
皑——读 ái,不读凯 kǎi
隘——读 ài,不读益 yì
媪——读 ǎo,不读温 wēn
捭——读 bǎi,不读卑 bēi
颁——读 bān,不读分 fēn
傍——读 bàng,不读旁 páng
煲——读 bāo,不读保 bǎo
焙——读 bèi,不读培 péi
迸——读 bèng,不读并 bìng
俾——读 bǐ,不读卑 bēi
庇——读 bì,不读屁 pì
愎——读 bì,不读复 fù
蝙——读 biān,不读扁 biǎn
砭——读 biān,不读贬 biǎn
濒——读 bīn,不读频 pín
殡殓殡——读 bìn,不读宾 bīn
钵——读 bō,不读本 běn
擘——读 bò,不读辟 pì
哺捕——读 bǔ,不读浦 pǔ
糙——读 cāo,不读造 zào
诧姹——读 chà,不读宅 zhái
刹——读 chà,不读霎 shà
钗——读 chāi,不读叉 chā
觇——读 chān,不读占 zhàn
谄——读 chǎn,不读陷 xiàn
忏——读 chàn,不读千 qiān
徜——读 cháng,不读尚 shàng
琛——读 chēn,不读深 shēn
嗔——读 chēn,不读真 zhēn
谌——读 chén,不读甚 shèn

瞠——读 chēng,不读堂 táng
撑——读 chēng,不读掌 zhǎng
蛏——读 chēng,不读圣 shèng
魑——读 chī,不读离 lí
踟——读 chí,不读知 zhī
侈——读 chǐ,不读多 duō
敕——读 chì,不读束 shù
炽——读 chì,不读只 zhǐ
啻——读 chì,不读帝 dì
憧——读 chōng,不读童 tóng
忡——读 chōng,不读中 zhōng
惆——读 chóu,不读周 zhōu
蜍——读 chú,不读余 yú
怵——读 chù,不读术 shù
黜——读 chù,不读出 chū
踹——读 chuài,不读端 duān
椽——读 chuán,不读缘 yuán
怆——读 chuàng,不读仓 cāng
淳醇——读 chún,不读享 xiǎng
啜——读 chuò,不读缀 zhuì
龊——读 chuò,不读促 cù
疵——读 cī,不读此 cǐ
淙——读 cóng,不读宗 zōng
凑——读 còu,不读奏 zòu
猝——读 cù,不读卒 zú
簇——读 cù,不读族 zú
蹙——读 cù,不读戚 qī
攒——读 zǎn、cuán,不读赞 zàn
皴——读 cūn,不读俊 jùn
忖——读 cǔn,不读寸 cùn
磋——读 cuō,不读差 chā
痤——读 cuó,不读座 zuò
傣——读 dǎi,不读泰 tài
怠殆——读 dài,不读台 tái
掸——读 dǎn,不读单 dān
惮——读 dàn,不读单 dān
啖——读 dàn,不读谈 tán
嫡——读 dí,不读摘 zhāi

101

涤——读 dí,不读条 tián   薅——读 hāo,不读辱 rǔ
棣——读 dì,不读隶 lì   涸——读 hé,不读固 gù
嗲——读 diǎ,不读爹 diē   阂——读 hé,不读亥 hài
踮——读 diǎn,不读店 diàn 劾——读 hé,不读刻 kè
淀——读 diàn,不读定 dìng 桁——读 héng,不读行 háng
靛——读 diàn,不读定 dìng 齁——读 hōu,不读鼻 bí
玷——读 diàn,不读占 zhàn 骺——读 hóu,不读后 hòu
酊——读 dǐng,不读丁 dīng 怙——读 hù,不读古 gǔ
侗、垌——读 dòng,不读同 tóng 祜——读 hù,不读古 gǔ
咄——读 duō,不读出 chū   瓠——读 hù,不读弧 hú
铎——读 duó,不读泽 zé   桦——读 huà,不读华 huá
踱——读 duó,不读度 dù   徊——读 huái,不读回 huí
婀——读 ē,不读阿 ā   踝——读 huái,不读果 guǒ
讹——读 é,不读化 huà   豢——读 huàn,不读拳 quán
帆——读 fān,不读凡 fán   浣——读 huàn,不读完 wán
梵——读 fàn,不读凡 fán   麾——读 huī,不读毛 máo
肪——读 fáng,不读方 fāng 讳——读 huì,不读伟 wěi
芾——读 fèi,不读市 shì   海、晦——读 huì,不读悔 huǐ
孵——读 fū,不读浮 fú   箕——读 jī,不读其 qí
缚——读 fù,不读搏 bó   畸——读 jī,不读奇 qí
讣——读 fù,不读扑 pū   芨——读 jī,不读及 jí
尬——读 gà,不读介 jiè   跻——读 jī,不读挤 jǐ
尴——读 gān,不读监 jiān   缉(～拿)——读 jī,不读辑 jí
赅——读 gāi,不读亥 hài   汲——读 jí,不读吸 xī
冈——读 gāng,不读岗 gǎng 觊——读 jì,不读凯 kǎi
舸——读 gě,不读可 kě   霁——读 jì,不读齐 qí
肱——读 gōng,不读宏 hóng 笺——读 jiān,不读浅 qiǎn
佝——读 gōu,不读句 jù   歼——读 jiān,不读千 qiān
垢——读 gòu,不读后 hòu   缄——读 jiān,不读咸 xián
梏——读 gù,不读告 gào   僭——读 jiàn,不读潜 qián
皈——读 guī,不读反 fǎn   豇——读 jiāng,不读缸 gāng
瑰——读 guī,不读鬼 guǐ   矫——读 jiǎo,不读娇 jiāo
诡——读 guǐ,不读危 wēi   窖——读 jiào,不读告 gào
晷——读 guǐ,不读咎 jiù   酵——读 jiào,不读孝 xiào
癸——读 guǐ,不读葵 kuí   较——读 jiào,不读绞 jiǎo
刽——读 guì,不读会 kuài   襟——读 jīn,不读禁 jìn
聒——读 guō,不读刮 guā   浸——读 jìn,不读侵 qīn
骇——读 hài,不读孩 hái   妗——读 jìn,不读今 jīn

第一单元 单音节字词应试指导

旌——读 jīng,不读生 shēng	逦——读 lǐ,不读丽 lì
菁——读 jīng,不读青 qīng	撂——读 liào,不读略 luè
刭——读 jǐng,不读经 jīng	绺——读 liǔ,不读咎 jiù
胫、痉——读 jìng,不读经 jīng	耄——读 mào,不读毛 máo
靖——读 jìng,不读青 qīng	懑——读 mèn,不读满 mǎn
窘——读 jiǒng,不读君 jūn	虻——读 méng,不读忙 máng
炯——读 jiǒng,不读同 tóng	弭——读 mǐ,不读耳 ěr
阄——读 jiū,不读龟 guī	泌——读 mì,不读必 bì
啾——读 jiū,不读秋 qiū	娩——读 miǎn,不读挽 wǎn
厩——读 jiù,不读既 jì	庖——读 páo,不读包 bāo
疚——读 jiù,不读久 jiǔ	抨——读 pēng,不读平 píng
疽——读 jū,不读祖 zǔ	纰——读 pī,不读比 bǐ
狙——读 jū,不读租 zū	蹁——读 pián,不读扁 biǎn
鞠、掬——读 jū,不读菊 jú	骈——读 pián,不读并 bìng
龃——读 jǔ,不读祖 zǔ	殍——读 piǎo,不读浮 fú
镌——读 juān,不读隽 juàn	瞥——读 piē,不读撇 piě
绢——读 juàn,不读捐 juān	嫔——读 pín,不读宾 bīn
珏——读 jué,不读玉 yù	绮——读 qǐ,不读奇 qí
攫、矍——读 jué,不读瞿 qú	掮——读 qián,不读肩 jiān
掘——读 jué,不读屈 qū	堑——读 qiàn,不读斩 zhǎn
揩——读 kāi,不读皆 jiē	锖——读 qiāng,不读强 qiáng
龛——读 kān,不读龙 lóng	跄——读 qiàng,不读仓 cāng
瞰——读 kàn,不读敢 gǎn	惬——读 qiè,不读侠 xiá
犒——读 kào,不读高 gāo	沁——读 qìn,不读心 qīn
稞——读 kē,不读果 guǒ	撳——读 qìn,不读钦 qīn
课——读 kè,不读果 guǒ	祛——读 qū,不读怯 qiè
缂——读 kè,不读革 gé	黢——读 qū,不读酸 suān
恪——读 kè,不读格 gé	龋——读 qǔ,不读禹 yǔ
铿——读 kēng,不读坚 jiān	蜷——读 quán,不读卷 juǎn
眍——读 kōu,不读欧 ōu	冗——读 rǒng,不读沉 chén
脍、侩——读 kuài,不读会 huì	仨——读 sā,不读三 shān
盔——读 kuī,不读灰 huī	缫——读 sāo,不读巢 cháo
窥——读 kuī,不读规 guī	臊——读 sào,不读操 cāo
岿——读 kuī,不读归 guī	膻——读 shān,不读擅 shàn
傀——读 kuǐ,不读鬼 guǐ	疝、讪——读 shàn,不读山 shān
廓——读 kuò,不读郭 guō	猞——读 shē,不读舍 shè
睐——读 lài,不读来 lái	娠——读 shēn,不读辰 chén
酪——读 lào,不读各 gè	蜃——读 shèn,不读辰 chén

103

谥——读 shì,不读益 yì 　　谑——读 xuè,不读虐 nüè
狩——读 shòu,不读守 shǒu 　　逊——读 xùn,不读孙 sūn
枢——读 shū,不读区 qū 　　唁——读 yàn,不读言 yán
涮——读 shuàn,不读刷 shuā 　　烨——读 yè,不读华 huá
吮——读 shǔn,不读允 yǔn 　　裔——读 yì,不读衣 yī
蛳——读 sī,不读师 shī 　　谊——读 yì,不读宜 yí
悚——读 sǒng,不读束 shù 　　诣——读 yì,不读旨 zhǐ
擞——读 sǒu,不读数 shù 　　黝——读 yǒu,不读幼 yòu
塑——读 sù,不读朔 shuò 　　囿——读 yòu,不读有 yǒu
娑——读 suō,不读沙 shā 　　迂——读 yū,不读于 yú
绦——读 tāo,不读条 tiáo 　　釉——读 yòu,不读由 yóu
倜——读 tì,不读周 zhōu 　　毓——读 yù,不读流 liú
腆——读 tiǎn,不读典 diǎn 　　蕴、愠——读 yùn,不读温 wēn
汀——读 tīng,不读丁 dīng 　　崽——读 zǎi,不读思 sī
恸——读 tòng,不读动 dòng 　　暂——读 zàn,不读斩 zhǎn
睆——读 wǎn,不读完 wán 　　咤——读 zhà,不读宅 zhái
偎——读 wēi,不读畏 wèi 　　湛——读 zhàn,不读甚 shèn
猥——读 wěi,不读畏 wèi 　　绽——读 zhàn,不读定 dìng
倭——读 wō,不读委 wěi 　　笊——读 zhào,不读爪 zhuǎ
妩——读 wǔ,不读无 wú 　　臻——读 zhēn,不读秦 qín
呷——读 xiā,不读押 yā 　　箴——读 zhēn,不读咸 xián
籼——读 xiān,不读山 shān 　　掷——读 zhì,不读郑 zhèng
舷——读 xián,不读玄 xuán 　　滞——读 zhì,不读带 dài
淆——读 xiáo,不读肴 yáo 　　肫——读 zhūn,不读屯 tún
楔——读 xiē,不读契 qì 　　涿——读 zhuó,不读足 zú
栩——读 xǔ,不读羽 yǔ 　　灼——读 zhuó,不读勺 sháo
酗——读 xù,不读凶 xiōng 　　梓——读 zǐ,不读辛 xīn
癣——读 xuǎn,不读鲜 xiǎn 　　渍——读 zì,不读绩 jì
渲——读 xuàn,不读宣 xuān

三、读准易错姓氏和地名

1. 姓氏

柏——读 bǎi,不读 bó 　　晁——读 cháo,不读 yáo
鲍——读 bào,不读 bāo 　　谌——读 chén,不读 shèn
秘——读 bì,不读 mì 　　种——读 chóng,不读 zhòng
卞——读 biàn,不读 kǎ 　　褚——读 chǔ,不读 zhū
卜——读 bǔ,不读 pǔ 　　邸——读 dǐ,不读 dī
岑——读 cén,不读 qín 　　都——读 dū,不读 dōu

第一单元 单音节字词应试指导

费——读 fèi,不读 bì
苻——读 fú,不读 fǔ
甫——读 fǔ,不读 pǔ
盖——读 gě,不读 gài
干——读 gān,不读 gàn
杲——读 gǎo,不读 yǎo
葛——读 gě,不读 gé
戈——读 gē,不读 gě
艮——读 gèn,不读 yín
冠——读 guàn,不读 guān
观——读 guàn,不读 guān
妫——读 guī,不读 wěi
过——读 guō,不读 guò
哈——读 hǎ,不读 hā
郝——读 hǎo,不读 hè
华——读 huà,不读 huá
纪——读 jǐ,不读 jì
靳——读 jìn,不读 jīn
隽——读 juàn,不读 jù
阚——读 kàn,不读 kǎn
蒯——读 kuǎi,不读 jīng
匡——读 kuāng,不读 kuàng
蔺——读 lìn,不读 lín
令狐——读 línghú,不读 lìnghú
蒙——读 méng,不读 měng
宓——读 mì,不读 bì
缪——读 miào,不读 miù
牟——读 móu,不读 mù
乜——读 niè,不读 miē
宁——读 nìng,不读 níng
区——读 ōu,不读 qū
邳——读 pī,不读 pēi
朴——读 piáo,不读 pǔ
繁——读 pó,不读 fán
莆——读 pú,不读 pǔ
蒲——读 pú,不读 pǔ
濮——读 pú,不读 bǔ
溥——读 pǔ,不读 bó

戚——读 qī,不读 qì
亓——读 qí,不读 kāi
谯——读 qiáo,不读 jiāo
覃——读 qín、tán,不读 dàn
仇——读 qiú,不读 chóu
曲——读 qū,不读 qǔ
瞿——读 qú,不读 jù
冉——读 rǎn,不读 rán
任——读 rén,不读 rèn
阮——读 ruǎn,不读 yuán
芮——读 ruì,不读 nèi
单——读 shàn,不读 dān
少——读 shào,不读 shǎo
召——读 shào,不读 zhàn
佘——读 shé,不读 yú
厍——读 shè,不读 kù
莘——读 shēn,不读 xīn
澹台——读 tántái,不读 zhāntái
佟——读 tóng,不读 dōng
彤——读 tóng,不读 dān
宛——读 wǎn,不读 yuàn
危——读 wēi,不读 wéi
韦——读 wéi,不读 wěi
尉——读 wèi,不读 yù
郤——读 xì,不读 què
冼——读 xiǎn,不读 xǐ
相——读 xiàng,不读 xiāng
解——读 xiè,不读 jiě
燕——读 yān,不读 yàn
幺——读 yāo,不读 mō
应——读 yīng,不读 yìng
於——读 yū,不读 yú
虞——读 yú,不读 yǔ
尉迟——读 yùchí,不读 wèichí
乐——读 yuè,不读 lè
郧——读 yún,不读 yuán
员——读 yùn,不读 yuán
恽——读 yùn,不读 hùn

郓——读 yùn,不读 jūn　　　砦——读 zhài,不读 chái
臧——读 zāng,不读 zàng　　占——读 zhān,不读 zhàn
查——读 zhā,不读 chá　　　仉——读 zhǎng,不读 jǐ
翟——读 zhái,不读 dí　　　诸葛——读 zhūgě,不读 zhūgé
祭——读 zhài,不读 jì　　　竺——读 zhú,不读 zhù

2. 地名

北碚(在重庆)读 bèi　　　　济南(在山东)读 jǐ
蚌埠(在安徽)读 bèngbù　　 监利(在湖北)读 jiàn
秘鲁(国名)读 bì　　　　　 井陉(在河北)读 xíng
泌阳(在河南)读 bì　　　　 莒县(在山东)读 jǔ
亳州(在安徽)读 bó　　　　 鄄城(在山东)读 juàn
长汀(在福建)读 tīng　　　 筠连(在四川)读 jūn
郴州(在湖南)读 chēn　　　 墈上(在江西)读 kàn
茌平(在山东)读 chí　　　　拉萨(在西藏)读 sà
赤嵌(在台湾)读 kàn　　　　阆中(在四川)读 làng
大埔(在广东)读 bù　　　　 莨山(在湖南)读 làng
大城(在河北)读 dài　　　　叻(新加坡别名)读 lè
儋县(在海南)读 dān　　　　丽水(在浙江)读 lí
砀山(在安徽)读 dàng　　　 蠡县(在河北)读 lǐ
滇池(在云南)读 diān　　　 梁山泊(在山东)读 pō
东阿(在山东)读 ē　　　　　临朐(在山东)读 qú
繁峙(在山西)读 shì　　　　六安(在安徽)读 lù
汾河(水名)读 fén　　　　　六合(在江苏)读 lù
涪陵(在四川)读 fú　　　　 甪里堰(在浙江)读 lù
阜新(在辽宁)读 fù　　　　 甪直(在江苏)读 lù
甘肃(省名)读 sù　　　　　 洛水(水名)读 luò
高要(在广东)读 yāo　　　　漯河(在河南)读 luò
涡河(水名)读 guō　　　　　鄚州(在河北)读 mào
海参崴(在俄国)读 wǎi　　　汨罗江(水名)读 mì
邗江(在江苏)读 hán　　　　渑池(在河南)读 miǎn
菏泽(在山东)读 hé　　　　 沔水(水名)读 miǎn
红磡(在香港)读 kàn　　　　闽侯(在福建)读 hòu
浒湾(在河南)读 hǔ　　　　 穆棱(在黑龙江)读 líng
华山(山名)读 huà　　　　　牟平(在山东)读 mù
桦甸(在吉林)读 huà　　　　硇洲岛(在广东)读 náo
黄陂(在湖北)读 pí　　　　 番禺(在广东)读 pān
黄埔(在广东)读 pǔ　　　　 郫县(在四川)读 pí
珲春(在吉林)读 hún　　　　澼河(水名)读 pì

鄱阳湖(在江西)读 pó
莆田(在江西)读 pú
蒲圻(在湖北)读 púqí
七里泷(在浙江)读 lóng
蕲春(在湖北)读 qí
綦江(在海南)读 qí
岍山(在陕西)读 qiān
黔(贵州的简称)读 qián
犍为(在四川)读 qián
邛崃(在四川)读 qióng
衢州(在浙江)读 qú
任丘(在河北)读 rén
荏平(在山东)读 rěn
汭河(水名)读 ruì
三亚(在海南)读 yà
汕头(在广东)读 shàn
歙县(在安徽)读 shè
嵊州(在浙江)读 shèng
十里堡(在北京)读 pù
泷水(在广东)读 shuāng
嵩山(在河南)读 sōng
睢县(在河南)读 suī
濉河(水名)读 suī
莎车(在新疆)读 suō
漯河(水名,在山东)读 tà
台州(在浙江)读 tāi
洮河(水名)读 táo
苕溪(在浙江)读 tiáo
洈水(水名)读 wéi
浘川(在河南)读 wěi
汶水(水名)读 wèn
吴堡(在陕西)读 bǔ
武陟(在河南)读 zhì
隰县(在山西)读 xí

厦门(在福建)读 xià
岘山(在湖北)读 xiàn
洨河(水名)读 xiáo
崤山(在河南)读 xiáo
莘庄(在上海)读 xīn
荥阳(在河南)读 xíng
盱眙(在江苏)读 xūyí
浒湾(在山西)读 hǔ
浚县(在河南)读 xùn
鸭绿江(水名)读 lù
亚洲(洲名)读 yà
铅山(在江西)读 yán
兖州(在山东)读 yǎn
黟县(在安徽)读 yī
弋阳(在江西)读 yì
峄县(在山东)读 yì
鄞县(在浙江)读 yín
荥经(在四川)读 yíng
应县(在山西)读 yìng
尉犁(在新疆)读 yù
蔚县(在河北)读 yù
浠市(在湖北)读 yuān
栎阳(在陕西)读 yuè
溳水(水名)读 yún
郧县(在湖北)读 yùn
柞水(水名)读 zhà
湛江(在广东)读 zhàn
浙江(省名)读 zhè
中牟(在河南)读 mù
泜河(水名)读 zhī
沌口(在湖北)读 zhuàn
涿鹿(在河北)读 zhuō
涿州(在河北)读 zhuō
枞阳(在安徽)读 zōng

107

第四节　普通话水平测试第一项样卷

样卷一
读单音节字词100个

伞	邹	踹	铡	腔	话	笼	甜	肺	辈	名	糖	磷	鹤	浅	胸	除	贼
赛	翁	索	攒	串	浙	蛆	昏	搁	挺	粪	胞	苗	端	俩	矿	求	熏
撑	绒	似	委	穗	石	纸	犬	佳	钙	图	缝	苯	莫	跺	犁	挎
柴	悬	偿	润	撒	荫	而	蹭	肾	涨	肖	句	乖	驼	副	破	贫	裆
娘	枯	迥	薛	乃	带	判	抽	藕	粗	剩	桩	锈	绝	罐	揉	催	郓
瞥	逗	脑	槛	君	想	池	睡	错	掖								

样卷二
读单音节字词100个

飞	决	雪	怯	猜	耳	搜	贼	板	破	马	剃	沟	头	块	谎	沾	触
刷	尼	丢	龙	网	翁	位	军	握	全	笑	惹	搓	寺	早	罢	疲	命
塘	梗	糠	魂	踹	爽	捏	定	侣	遥	泛	求	价	如	册	森	在	憋
雷	敏	宽	孩	妥	隔	夸	枕	趁	幽	脸	动	浊	欢	法	匠	驱	寻
让	穷	心	日	辞	酸	怒	品	毛	考	宙	层	倦	冰	纵	佛	润	篇
水	撑	顺	搞	酿	雅	扬	点	植	胸								

样卷三
读单音节字词100个

纽	舜	恩	爷	讯	碑	猛	浊	涩	旋	加	旺	偏	铡	修	于	乖	宋
嚷	空	瘫	鳃	溅	梯	字	如	酱	枕	处	哄	贼	乱	纺	欧	造	棵
迟	婶	埋	否	饶	跳	铲	黄	躲	歌	吻	邹	调	揣	劝	捧	帆	换
存	笔	君	砣	化	降	破	墙	痣	名	鬼	擦	挎	司	俩	石	雇	丢
润	领	陪	涌	爹	二	区	委	涮	翁	荫	表	次	袄	餐	虐	磨	苔
郑	凶	秦	变	磷	框	鲵	妾	发	拧								

样卷四
读单音节字词100个

熔	略	陪	踹	修	热	垮	给	习	缝	染	寸	涌	二	临	啃	舜
还	颤	雄	进	权	岸	贴	让	掐	旺	挑	核	见	恩	末	平	丢	框
操	痣	凉	曾	遍	枕	促	篇	妾	棚	欲	邹	过	降	翁	润	浊	秒
次	丙	悟	隋	俩	石	刁	姜	秧	定	美	涩	娶	荫	发	褪	伤	屉
司	防	卖	迟	播	虐	凹	叶	鳃	醉	妞	讯	来	子	涮	秦	圈	沓
够	慌	腻	我	顾	均	挎	鳃	划	冲								

样卷五
读单音节字词100个

| 我 | 被 | 慌 | 信 | 掌 | 购 | 浊 | 武 | 阿 | 服 | 宽 | 女 | 光 | 寸 | 床 | 拼 | 舜 | 苏 |

108

第一单元　单音节字词应试指导

且	降	很	标	连	在	涌	瞥	宋	习	刺	石	翁	阅	剪	丢	总	痣	配	入
枕	溺	俩	褪	君	拷	顶	黑	贰	佳	杨	榻	磨	叶	司	痣	江	面	软
挺	餐	沈	六	旋	臊	穷	虐	逢	坡	怀	磨	播	润	凹	券	苔	否	扎
吃	热	铲	闩	荫	刷	蒙	逮	病	春	讯	米	舱	端	妞	调				
饭	扔	紫	割	阔	欧	秦	率	龟	嗑										

样卷六

读单音节字词100个

跳	闩	密	光	赔	贰	痣	开	否	均	舜	盯	钱	犯	溶	触	沈
蹲	抹	怪	襄	卧	防	碑	泉	狠	镖	划	曾	款	荫	此	吃	如	袄	信
残	邹	占	石	挥	秦	踹	闻	举	兆	播	隋	片	委	破	国	秧	类
则	厅	罚	司	调	苔	尼	灭	鳃	九	披	敬	笙	虐	藏	拓	葱	拗
胸	掐	疮	梁	鸥	原	爷	熏	晃	坑	乱	丢	涌	缸	浊	涩	尽		
指	步	翁	绕		面	枕	润	俩	扎										

样卷七

读单音节字词100个

让	熊	涩	吨	贰	垮	舜	鳃	调	猫	怪	慌	用	挥	熔	瞥	痣	习
便	抹	吃	付	款	丢	案	此	襄	溺	球	曾	类	入	跳	跌	挺	掐
肾	冲	过	宁	涮	桩	墙	被	筐	废	荀	车	画	石	郑	悬	篇	遇
鸣	误	砣	降	俩	臊	魏	碱	略	如	窜	居	润	排	喝	拓	纺	君
字	坡	虐	笙	荫	挨	券	区	份	残	够	比	亏	踹	纽	种	攒	掖
告	司	错	翁	磷	绉	秦	场	闷	扎										

样卷八

读单音节字词100个

午	错	光	庙	女	文	闩	砣	卷	钉	沈	顿	盒	吃	古	暂	笙	润
重	绷	荀	内	锌	紫	低	贼	鸥	荫	脏	否	疮	靠	镁	月	擦	毁
浊	虐	扁	淋	翁	害	司	口	粪	燃	枕	秦	刺	揣	灭	垮	诈	军
涌	指	痣	鳃	俩	石	偏	舜	秧	饿	史	撒	襄	票	别	褪	姜	宋
抓	留	框	泼	让	梯	绿	凹	习	二	瓶	丢	窜	拨	凝	涩	磨	掖
旧	官	巧	入	耕	法	坏	苔	券	番										

样卷九

读单音节字词100个

问	黑	瞟	怪	花	税	掐	杨	俩	筑	捞	惹	聂	项	词	恩	娶	镖
倒	否	却	肿	习	冰	灭	溶	颇	砣	晕	沤	临	喘	章	逢	很	镶
腹	伪	更	石	女	浸	雄	吃	靠	捐	特	隋	便	苔	荫	酶	二	狗
犯	桨	迷	司	藏	拓	垮	残	款	流	摸	产	拨	秦	作	撒	丢	舜
仍	略	床	均	涮	武	开	拗	平	痣	慌	寸	涌	贼	踹	苏	旋	逮
字	婶	篇	润	翁	妾	浊	腻	广	扎										

样卷十

读单音节字词100个

贰 犬 装 群 海 安 槽 婶 屈 蒙 奖 鸣 窗 自 女 窜 播 俏
鲵 否 贴 阔 雄 挥 则 乖 测 瞟 捺 揣 让 狠 宽 鬼 坡 贱
伐 孙 六 曾 跨 掐 逛 临 摸 池 笙 润 开 降 杯 扯 骗 丢
怕 文 藕 荫 粘 石 翁 旅 膘 冬 染 日 纽 司 卷 裉 浊 俯
变 初 涌 均 舜 溱 俩 秧 粟 港 闩 走 滑 顶 辞 枕 谢 熬 苔
雪 痣 我 类 溶 镁 秧 颈 被

样卷十一

读单音节字词100个

踹 秦 窗 存 惹 姜 镁 杨 姜 读 猛 诈 穷 丢 克 纺 裁 襄
尼 哄 拍 田 劝 陪 涌 迟 旅 旬 背 否 定 慌 词 翁 产
故 砣 刷 淋 妞 凡 官 砍 贰 籽 墨 索 跟 虾 尝 笔 飘 份
容 阅 拨 魏 扛 曾 坏 捐 做 草 厅 俊 还 润 扁 宁 跌 枕
心 鱼 舜 额 郑 隋 阿 石 遭 痣 狗 闯 闩 浸 笙 虐 台 撒
旺 司 留 破 碱 拷 鸥 习 俩 被 入 苗

样卷十二

读单音节字词100个

院 碑 墙 告 翁 罪 法 邹 榻 尺 丈 涌 从 费 兄 籽 涮 砣
哼 否 冻 苗 定 草 恩 阔 笙 索 并 淋 埠 扯 讯 如 犬 硅
踹 伪 六 轴 秧 二 修 女 厅 垮 舜 司 劲 曾 沈 暗 群 坡
言 瞥 枕 虐 俩 降 荫 宽 略 摸 卵 瓷 痣 秦 挨 瞟 邬 矿
存 热 乖 烦 润 鳃 片 撒 撇 面 铁 密 馋 驾 镍 冲
黑 逛 丢 记 吻 聚 镖 鲵 划 逮

第二单元　多音节词语应试指导

第一节　读多音节词语测试项概述

一、测试项简介

读多音节词语 50 个,覆盖普通话全部声韵调,同时包括轻声、儿化、变调,限时 2.5 分钟,共 20 分。

此项测试题主要检测应试人对声母、韵母、声调发音的标准和规范程度,同时还测试应试人的上声、"一"和"不"的变调、轻声、儿化等语流音变的准确自然程度。主要检测应试人在字与字相连后对声调的把握程度,通过对语流音变的测查,进一步测查应试人的普通话语音掌握的熟练程度。

试卷中一般上声词会出现 10 个以上,轻声词和儿化词大约各出现 4—5 个,三个以及四个字的词语 1—3 个。

二、评分标准及判分

1. 语音错误,读错一个音节的声母、韵母或声调扣 0.2 分,扣分标准与第一项同。
2. 语音缺陷,读音有缺陷,每个音节扣 0.1 分,扣分标准与第一项同。
3. 超时 1 分钟以内,扣 0.5 分;超时 1 分钟以上(含 1 分钟),扣 1 分。

三、评分项阐释

语音错误和语音缺陷与第一项评分内容一样。还包括儿化韵明显不合要求的,轻声音节重读现象,"一""不"变调以及连读"上声"变调等内容的判分。

1. 如果将多音节词语切割开,明显按字分读,将作为"语音缺陷"判分。
2. 语音缺陷包括变调、轻声、儿化韵读音不完全符合要求的情况。
3. 某类声调读音缺陷数量较多(一般超过 10 次)时,可判定此类声调读音成系统缺陷。成系统缺陷的一类声调可以按 5 个单音错误一次性扣 0.5 分,也可按音节个数单独扣分。

四、考试时注意事项

1. 把握好时间、节奏和音量,注意字音的连读节奏,避免出现"字化"现象。
2. 在读准上声单字调的情况下读准上声连读变调。词语为中重格式的要读全上 214。
3. 有些轻声词的末尾字,原调也是上声。如"队伍""财主",不要将词末的字读成上声,实际上这两个词是轻声词。又如"莲子""原子",这两个词并非轻声词,"子"要读原调214。

4. 根据"儿"标志判定读儿化词语,但不是所有词末带"儿"的词都要读成儿化,如"婴儿""幼儿""健儿"这三个词虽是以"儿"结尾,却不是儿化词。

5. 读错了可以更正一次,以第二次的发音作为评分标准。

五、应试训练指导

(一) 关于轻声的读音

南方方言区人因没有读轻声的习惯,在练习轻声词时,要注意以下几个问题:

1. 不要将整个字音弱化。因为轻声和轻音是不同的。轻声产生的原因是声调的弱化而不是字音的轻重,声调的弱化是不会引起整个音节弱化的,所以轻声音节的声韵母仍必须读清楚。

2. 不要把轻声读得和前面音节一样重。纠正的办法是,前面的音节尽量重读连带出后面的轻读。

3. 不要变读成"怪"音。一般问题是把轻声都变读成带有当地方音色彩的阴平调值。如"们[men^{44}]"即是典型的一例。

(二) 关于儿化的读音

普通话"儿"已不是一个独立音节,在读"麦苗儿""花儿"时,只表示在念到"苗""花"的末尾时,随即加上一个卷舌动作,使韵母带上卷舌音"儿"的音色。这些带儿尾的词,是北方人经过长期流利的连读而融合成为一个音节,使"儿 er"失去独立性后造成的。

第二节 多音节词语应试训练材料

一、常用多音节词语练习

我们以普通话水平测试中常见为原则,从国家语委普通话测试中心编制的《普通话水平测试实施纲要》一书的表一中挑选了1822个词条、表二中挑选出2470个词条,供广大应试者参加普通话水平测试备考训练。词语只标本调,不标变调,轻声不标调。

表一

阿姨 āyí	爱国 àiguó	爱好 àihào	爱护 àihù
爱情 àiqíng	安定 āndìng	安静 ānjìng	安培 ānpéi
安全 ānquán	安慰 ānwèi	安装 ānzhuāng	氨基酸 ānjīsuān
按照 ànzhào	案件 ànjiàn	暗中 ànzhōng	奥秘 àomì
把握 bǎwò	罢工 bàgōng	百年 bǎinián	百姓 bǎixìng
摆脱 bǎituō	白色 báisè	白天 bái·tiān①	颁布 bānbù

① 说明该词语存在两读现象。

第二单元　多音节词语应试指导

搬家 bānjiā	板凳 bǎndèng	办理 bànlǐ	办事 bànshì
半岛 bǎndǎo	半径 bànjìng	扮演 bànyǎn	伴奏 bànzòu
帮忙 bāngmáng	榜样 bǎngyàng	傍晚 bàngwǎn	包含 bāohán
包围 bāowéi	包装 bāozhuāng	孢子 bāozǐ	饱和 bǎohé
宝贝 bǎobèi	宝贵 bǎoguì	宝石 bǎoshí	保存 bǎocún
保管 bǎoguǎn	保护 bǎohù	保留 bǎoliú	保守 bǎoshǒu
保障 bǎozhàng	保证 bǎozhèng	报道 bàodào	报刊 bàokān
报名 bàomíng	报纸 bàozhǐ	暴动 bàodòng	暴雨 bàoyǔ
爆发 bàofā	爆炸 bàozhà	悲哀 bēi'āi	悲惨 bēicǎn
悲剧 bēijù	北方 běifāng	背后 bèihòu	北京 běijīng
被动 bèidòng	被告 bèigào	被子 bèizi	奔跑 bēnpǎo
本来 běnlái	本领 běnlǐng	本能 běnnéng	本人 běnrén
本身 běnshēn	本质 běnzhì	崩溃 bēngkuì	鼻孔 bíkǒng
鼻子 bízi	比较 bǐjiào	比例 bǐlì	比赛 bǐsài
比喻 bǐyù	彼此 bǐcǐ	笔者 bǐzhě	必定 bìdìng
必然 bìrán	必须 bìxū	毕竟 bìjìng	毕业 bìyè
闭合 bìhé	壁画 bìhuà	避免 bìmiǎn	边疆 biānjiāng
边界 biānjiè	边境 biānjìng	边区 biānqū	边缘 biānyuán
编辑 biānjí	编写 biānxiě	编制 biānzhì	鞭子 biānzi
变动 biàndòng	变革 biàngé	变化 biànhuà	变量 biànliàng
变迁 biànqiān	变态 biàntài	变形 biànxíng	变异 biànyì
便利 biànlì	便于 biànyú	辨别 biànbié	辨认 biànrèn
辩护 biànhù	辩证 biànzhèng	标语 biāoyǔ	标题 biāotí
标志 biāozhì	标准 biāozhǔn	表层 biǎocéng	表皮 biǎopí
表明 biǎomíng	表情 biǎoqíng	表现 biǎoxiàn	表象 biǎoxiàng
表扬 biǎoyáng	表彰 biǎozhāng	别人 bié·rén	兵力 bīnglì
并且 bìngqiě	并用 bìngyòng	病毒 bìngdú	病变 bìngbiàn
病故 bìnggù	病人 bìngrén	波长 bōcháng	波动 bōdòng
玻璃 bō·lí	剥夺 bōduó	播种 bōzhòng	博士 bóshì
搏斗 bódòu	薄弱 bóruò	补偿 bǔcháng	补充 bǔchōng
补贴 bǔtiē	捕捞 bǔlāo	捕食 bǔshí	捕捉 bǔzhuō
不安 bù'ān	不必 bùbì	不变 bùbiàn	不曾 bùcéng
不等 bùděng	不定 bùdìng	不断 bùduàn	不对 bùduì
不妨 bùfáng	不服 bùfú	不够 bùgòu	不顾 bùgù
不管 bùguǎn	不光 bùguāng	不过 bùguò	不及 bùjí
不禁 bùjīn	不久 bùjiǔ	不堪 bùkān	不可 bùkě
不快 bùkuài	不利 bùlì	不良 bùliáng	不料 bùliào
不论 bùlùn	不满 bùmǎn	不免 bùmiǎn	不然 bùrán

113

不怕 bùpà	不平 bùpíng	不如 bùrú	不容 bùróng
不时 bùshí	不惜 bùxī	不想 bùxiǎng	不幸 bùxìng
不宜 bùyí	不足 bùzú	不用 bùyòng	布局 bùjú
布置 bùzhì	步伐 bùfá	步骤 bùzhòu	部队 bùduì
部分 bùfen	部落 bùluò	部门 bùmén	部署 bùshǔ
部位 bùwèi	才能 cáinéng	材料 cáiliào	财产 cáichǎn
财富 cáifù	财务 cáiwù	财政 cáizhèng	采访 cǎifǎng
采购 cǎigòu	采集 cǎijí	采用 cǎiyòng	彩色 cǎisè
参观 cānguān	参考 cānkǎo	参数 cānshù	参与 cānyù
残酷 cánkù	残余 cányú	灿烂 cànlàn	仓库 cāngkù
苍蝇 cāngying	操纵 cāozòng	草案 cǎo'àn	草地 cǎodì
侧面 cèmiàn	侧重 cèzhòng	测定 cèdìng	测量 cèliáng
测验 cèyàn	策略 cèlüè	层次 céngcì	曾经 céngjīng
差别 chābié	差价 chājià	差距 chājù	茶叶 cháyè
产量 chǎnliàng	产地 chǎndì	产品 chǎnpǐn	产物 chǎnwù
产业 chǎnyè	产值 chǎnzhí	阐明 chǎnmíng	阐述 chǎnshù
颤抖 chàndǒu	长城 chángchéng	长处 chángchu	长度 chángdù
长短 chángduǎn	长久 chángjiǔ	长期 chángqī	长征 chángzhēng
尝试 chángshì	常规 chángguī	常年 chángnián	常数 chángshù
厂房 chǎngfáng	场地 chǎngdì	场面 chǎngmiàn	超出 chāochū
超越 chāoyuè	朝廷 cháotíng	潮流 cháoliú	潮湿 cháoshī
车间 chējiān	车辆 chēliàng	车站 chēzhàn	车厢 chēxiāng
彻底 chèdǐ	撤销 chèxiāo	沉淀 chéndiàn	沉默 chénmò
沉思 chénsī	沉重 chénzhòng	沉着 chénzhuó	陈旧 chénjiù
陈述 chénshù	称呼 chēnghu	称号 chēnghào	称赞 chēngzàn
成本 chéngběn	成虫 chéngchóng	成功 chénggōng	成果 chéngguǒ
成绩 chéngjì	成就 chéngjiù	成立 chénglì	成年 chéngnián
成为 chéngwéi	承受 chéngshòu	成语 chéngyǔ	成员 chéngyuán
成长 chéngzhǎng	成效 chéngxiào	呈现 chéngxiàn	城市 chéngshì
承包 chéngbāo	承认 chéngrèn	承受 chéngshòu	乘机 chéngjī
程度 chéngdù	程式 chéngshì	程序 chéngxù	惩罚 chéngfá
吃饭 chīfàn	吃惊 chījīng	吃力 chīlì	池塘 chítáng
持久 chíjiǔ	持续 chíxù	尺度 chǐdù	赤道 chìdào
翅膀 chìbǎng	冲动 chōngdòng	冲击 chōngjī	冲突 chōngtū
充当 chōngdāng	充分 chōngfèn	充满 chōngmǎn	重复 chóngfù
重新 chóngxīn	崇拜 chóngbài	抽象 chōuxiàng	仇恨 chóuhèn
处罚 chǔfá	出国 chūguó	出路 chūlù	出卖 chūmài
出动 chūdòng	出色 chūsè	出身 chūshēn	出售 chūshòu

第二单元　多音节词语应试指导

出席 chūxí	出现 chūxiàn	出血 chūxiě	初级 chūjí
初期 chūqī	初中 chūzhōng	除非 chúfēi	厨房 chúfáng
处境 chǔjìng	储蓄 chǔxù	储备 chǔbèi	穿着 chuānzhuó
船舶 chuánbó	船长 chuánzhǎng	船只 chuánzhī	串联 chuànlián
窗口 chuāngkǒu	创办 chuàngbàn	创新 chuàngxīn	创造 chuàngzào
创作 chuàngzuò	春秋 chūnqiū	春季 chūnjì	春天 chūntiān
纯粹 chúncuì	纯洁 chúnjié	词语 cíyǔ	词典 cídiǎn
词汇 cíhuì	词义 cíyì	词组 cízǔ	辞职 cízhí
磁场 cíchǎng	磁力 cílì	磁铁 cítiě	此地 cǐdì
此刻 cǐkè	此外 cǐwài	次数 cìshù	次要 cìyào
聪明 cōng·míng	从而 cóng'ér	从来 cónglái	从前 cóngqián
从事 cóngshì	从中 cóngzhōng	粗糙 cūcāo	促成 cùchéng
促使 cùshǐ	摧残 cuīcán	村庄 cūnzhuāng	存款 cúnkuǎn
存在 cúnzài	挫折 cuòzhé	措施 cuòshī	达到 dádào
答案 dá'àn	打败 dǎbài	打击 dǎjī	打量 dǎliang
打破 dǎpò	打下 dǎxià	大伯 dàbó	大臣 dàchén
大风 dàfēng	大概 dàgài	大纲 dàgāng	大哥 dàgē
大姐 dàjiě	大量 dàliàng	大陆 dàlù	大脑 dà'nǎo
大炮 dàpào	大嫂 dàsǎo	大厦 dàshà	大师 dàshī
大叔 dàshū	大致 dàzhì	大众 dàzhòng	代表 dàibiǎo
代价 dàijià	代理 dàilǐ	代谢 dàixiè	带动 dàidòng
带头 dàitóu	贷款 dàikuǎn	待遇 dàiyù	逮捕 dàibǔ
担负 dānfù	担心 dānxīn	单纯 dānchún	单调 dāndiào
单独 dāndú	单位 dānwèi	耽误 dānwu	但是 dànshì
诞生 dànshēng	淡水 dànshuǐ	当场 dāngchǎng	当地 dāngdì
当即 dāngjí	当前 dāngqián	当年 dāngnián	当然 dāngrán
当时 dāngshí	当中 dāngzhōng	党委 dǎngwěi	党员 dǎngyuán
当天 dàngtiān	当做 dàngzuò	档案 dàng'àn	导弹 dǎodàn
导管 dǎoguǎn	导演 dǎoyǎn	导致 dǎozhì	岛屿 dǎoyǔ
倒霉 dǎoméi	到处 dàochù	到达 dàodá	盗窃 dàoqiè
道德 dàodé	到来 dàolái	道理 dàolǐ	道教 dàojiào
稻谷 dàogǔ	得到 dédào	得以 déyǐ	得意 déyì
德育 déyù	灯光 dēngguāng	登记 dēngjì	等待 děngdài
等候 děnghòu	等级 děngjí	等于 děngyú	低级 dījí
低头 dītóu	低温 dīwēn	的确 díquè	敌对 díduì
抵抗 dǐkàng	抵制 dǐzhì	底层 dǐcéng	地板 dìbǎn
地表 dìbiǎo	地步 dìbù	地带 dìdài	地点 dìdiǎn
地方 dìfāng	地理 dìlǐ	地貌 dìmào	地表 dìbiǎo

115

地球 dìqiú	地区 dìqū	地图 dìtú	地下 dìxia
地域 dìyù	地质 dìzhì	地震 dìzhèn	地主 dìzhǔ
弟弟 dìdi	弟子 dìzǐ	帝国 dìguó	典型 diǎnxíng
电报 diànbào	电厂 diànchǎng	电池 diànchí	电话 diànhuà
电力 diànlì	电量 diànliàng	电路 diànlù	电能 diànnéng
电器 diànqì	电影 diànyǐng	电源 diànyuán	电阻 diànzǔ
淀粉 diànfěn	奠定 diàndìng	雕刻 diāokè	雕塑 diāosù
调拨 diàobō	调查 diàochá	调动 diàodòng	定点 dìngdiǎn
顶端 dǐngduān	订货 dìnghuò	定理 dìnglǐ	定量 dìngliàng
定额 dìng'é	定律 dìnglǜ	定期 dìngqī	定向 dìngxiàng
定义 dìngyì	东北 dōngběi	东方 dōngfāng	东南 dōngnán
东西 dōng·xī	冬季 dōngjì	懂得 dǒngde	动词 dòngcí
动态 dòngtài	动摇 dòngyáo	动员 dòngyuán	动作 dòngzuò
斗争 dòuzhēng	豆腐 dòufu	都会 dūhuì	都市 dūshì
毒素 dúsù	独立 dúlì	独特 dútè	独自 dúzì
独占 dúzhàn	读书 dúshū	读者 dúzhě	肚子 dǔzi
肚子 dùzi	端正 duānzhèng	短期 duǎnqī	短暂 duǎnzàn
断定 duàndìng	锻炼 duànliàn	堆积 duījī	队伍 duìwu
对比 duìbǐ	对称 duìchèn	对待 duìdài	对方 duìfāng
对付 duìfu	对话 duìhuà	对立 duìlì	对流 duìliú
对面 duìmiàn	对手 duìshǒu	对象 duìxiàng	对应 duìyìng
对照 duìzhào	顿时 dùnshí	多余 duōyú	夺取 duóqǔ
恶化 èhuà	恶劣 èliè	儿女 érnǚ	儿童 értóng
儿子 érzi	而后 érhòu	而且 érqiě	饵料 ěrliào
发表 fābiǎo	发病 fābìng	发送 fāsòng	发出 fāchū
发抖 fādǒu	发挥 fāhuī	发掘 fājué	发现 fāxiàn
发热 fārè	发生 fāshēng	发射 fāshè	发芽 fāyá
发言 fāyán	发育 fāyù	发扬 fāyáng	发音 fāyīn
发作 fāzuò	罚款 fákuǎn	法官 fǎguān	法令 fǎlìng
法规 fǎguī	法律 fǎlǜ	法庭 fǎtíng	法制 fǎzhì
翻身 fānshēn	翻译 fānyì	凡是 fánshì	烦恼 fánnǎo
繁多 fánduō	繁殖 fánzhí	繁重 fánzhòng	反复 fǎnfù
反抗 fǎnkàng	反映 fǎnyìng	反馈 fǎnkuì	反之 fǎnzhī
返回 fǎnhuí	犯罪 fànzuì	饭店 fàndiàn	范畴 fànchóu
范围 fànwéi	方案 fāng'àn	方便 fāngbiàn	方程 fāngchéng
方法 fāngfǎ	方言 fāngyán	方式 fāngshì	方针 fāngzhēn
防止 fángzhǐ	妨碍 fáng'ài	房间 fángjiān	房屋 fángwū
访问 fǎngwèn	仿佛 fǎngfú	放弃 fàngqì	放松 fàngsōng

第二单元 多音节词语应试指导

飞船 fēichuán	飞机 fēijī	飞跃 fēiyuè	非常 fēicháng
飞行 fēixíng	废除 fèichú	沸腾 fèiténg	费用 fèiyòng
分别 fēnbié	分辨 fēnbiàn	分布 fēnbù	分化 fēnhuà
分割 fēngē	分开 fēnkāi	分类 fēnlèi	分裂 fēnliè
分泌 fēnmì	分明 fēnmíng	分配 fēnpèi	分散 fēnsàn
分支 fēnzhī	分量 fèn·liàng	愤怒 fènnù	丰富 fēngfù
风暴 fēngbào	风光 fēngguāng	风景 fēngjǐng	风格 fēnggé
风度 fēngdù	风速 fēngsù	风雨 fēngyǔ	封建 fēngjiàn
封锁 fēngsuǒ	疯狂 fēngkuáng	讽刺 fěngcì	佛教 fójiào
否则 fǒuzé	孵化 fūhuà	伏特 fútè	俘虏 fúlǔ
符号 fúhào	符合 fúhé	幅度 fúdù	福利 fúlì
腐败 fǔbài	腐朽 fǔxiǔ	负担 fùdān	附加 fùjiā
附着 fùzhuó	附近 fùjìn	复辟 fùbì	复合 fùhé
复制 fùzhì	副业 fùyè	赋予 fùyǔ	富有 fùyǒu
覆盖 fùgài	改变 gǎibiàn	改革 gǎigé	改良 gǎiliáng
改造 gǎizào	改组 gǎizǔ	概念 gàiniàn	干脆 gāncuì
干净 gānjìng	干扰 gānrǎo	干旱 gānhàn	干燥 gānzào
甘心 gānxīn	肝脏 gānzàng	赶紧 gǎnjǐn	感到 gǎndào
感情 gǎnqíng	感谢 gǎnxiè	感觉 gǎnjué	感知 gǎnzhī
刚才 gāngcái	干部 gànbù	钢琴 gāngqín	岗位 gǎngwèi
港口 gǎngkǒu	高产 gāochǎn	高潮 gāocháo	高低 gāodī
高度 gāodù	高级 gāojí	高空 gāokōng	高效 gāoxiào
告别 gàobié	歌曲 gēqǔ	革新 géxīn	隔壁 gébì
隔离 gélí	个性 gèxìng	给以 gěiyǐ	根本 gēnběn
根源 gēnyuán	跟前 gēnqián	更新 gēngxīn	耕地 gēngdì
耕作 gēngzuò	更加 gèngjiā	工厂 gōngchǎng	工程 gōngchéng
工资 gōngzī	公开 gōngkāi	公里 gōnglǐ	公式 gōngshì
功能 gōngnéng	巩固 gǒnggù	共鸣 gòngmíng	勾结 gōujié
沟通 gōutōng	构成 gòuchéng	构思 gòusī	构造 gòuzào
购买 gòumǎi	购销 gòuxiāo	估计 gūjì	姑娘 gūniang
孤立 gūlì	鼓吹 gǔchuī	固定 gùdìng	固然 gùrán
固体 gùtǐ	固有 gùyǒu	固执 gù·zhí	故意 gùyì
故乡 gùxiāng	顾问 gùwèn	顾虑 gùlǜ	怪物 guàiwu
关系 guān·xì	关键 guānjiàn	关于 guānyú	观测 guāncè
观察 guānchá	观点 guāndiǎn	观念 guānniàn	观众 guānzhòng
官吏 guānlì	官员 guānyuán	管道 guǎndào	管辖 guǎnxiá
贯彻 guànchè	冠军 guànjūn	光彩 guāngcǎi	光辉 guānghuī
光景 guāngjǐng	光亮 guāngliàng	光谱 guāngpǔ	光荣 guāngróng

117

光学 guāngxué	光泽 guāngzé	广播 guǎngbō	广阔 guàngkuò
归结 guījié	规定 guīdìng	规律 guīlǜ	轨道 guǐdào
贵族 guìzú	国防 guófáng	国会 guóhuì	国际 guójì
国家 guójiā	国土 guótǔ	果断 guǒduàn	果实 guǒshí
果树 guǒshù	过程 guòchéng	过渡 guòdù	过后 guòhòu
过去 guòqù	过于 guòyú	海岸 hǎi'àn	海带 hǎidài
海关 hǎiguān	海区 hǎiqū	海域 hǎiyù	害虫 hàichóng
含量 hánliàng	函数 hánshù	寒冷 hánlěng	汉奸 hànjiān
汉字 hànzì	汗水 hànshuǐ	行列 hángliè	航海 hánghǎi
航行 hángxíng	好处 hǎochù	好人 hǎorén	好看 hǎokàn
好像 hǎoxiàng	好转 hǎozhuǎn	号召 hàozhào	好奇 hàoqí
耗费 hàofèi	合并 hébìng	合成 héchéng	合法 héfǎ
合格 hégé	合理 hélǐ	合适 héshì	合作 hézuò
何况 hékuàng	和平 hépíng	河流 héliú	核算 hésuàn
黑暗 hēi'àn	黑夜 hēiyè	痕迹 hénjì	恒星 héngxīng
衡量 héngliáng	红军 hóngjūn	红色 hóngsè	宏观 hóngguān
喉咙 hóu·lóng	后方 hòufāng	后果 hòuguǒ	后天 hòutiān
后世 hòushì	后人 hòurén	厚度 hòudù	呼喊 hūhǎn
呼唤 hūhuàn	呼吁 hūyù	忽略 hūlüè	忽然 hūrán
忽视 hūshì	湖泊 húpō	蝴蝶 húdié	互补 hùbǔ
互助 hùzhù	划分 huàfēn	化石 huàshí	花生 huāshēng
华侨 huáqiáo	化学 huàxué	画家 huàjiā	话剧 huàjù
怀疑 huáiyí	坏人 huàirén	欢迎 huānyíng	欢喜 huānxǐ
还原 huányuán	缓解 huǎnjiě	幻想 huànxiǎng	皇帝 huángdì
黄色 huángsè	黄土 huángtǔ	灰尘 huīchén	灰色 huīsè
回避 huíbì	回答 huídá	回顾 huígù	会议 huìyì
婚姻 hūnyīn	混乱 hùnluàn	混淆 hùnxiáo	活跃 huóyuè
火柴 huǒchái	火焰 huǒyàn	货币 huòbì	货物 huòwù
获取 huòqǔ	几乎 jīhū	机械 jīxiè	积极 jījí
积累 jīlěi	基本 jīběn	基层 jīcéng	基地 jīdì
基因 jīyīn	畸形 jīxíng	机动 jīdòng	激素 jīsù
即使 jíshǐ	急于 jíyú	疾病 jíbìng	几何 jǐhé
给予 jǐyǔ	记录 jìlù	纪律 jìlǜ	纪念 jìniàn
技能 jìnéng	技术 jìshù	技艺 jìyì	继承 jìchéng
继续 jìxù	祭祀 jìsì	寄托 jìtuō	寂静 jìjìng
加紧 jiājǐn	加快 jiākuài	加强 jiāqiáng	加热 jiārè
加深 jiāshēn	加速 jiāsù	家畜 jiāchù	加班 jiābān
家庭 jiātíng	家长 jiāzhǎng	家族 jiāzú	假定 jiǎdìng

假使 jiǎshǐ	价格 jiàgé	价值 jiàzhí	嫁接 jiàjiē
尖锐 jiānruì	兼顾 jiāngù	坚强 jiānqiáng	艰苦 jiānkǔ
监督 jiāndū	监视 jiānshì	监狱 jiānyù	检查 jiǎnchá
减轻 jiǎnqīng	减少 jiǎnshǎo	见解 jiànjiě	建造 jiànzào
健壮 jiànzhuàng	鉴别 jiànbié	江南 jiāngnán	奖金 jiǎngjīn
奖励 jiǎnglì	降低 jiàngdī	降水 jiàngshuǐ	交流 jiāoliú
交换 jiāohuàn	交际 jiāojì	交谈 jiāotán	交易 jiāoyì
交织 jiāozhī	郊区 jiāoqū	骄傲 jiāo'ào	角落 jiǎoluò
胶印 jiāoyìn	叫做 jiàozuò	较为 jiàowéi	教材 jiàocái
教会 jiàohuì	教师 jiàoshī	教授 jiàoshòu	教堂 jiàotáng
教训 jiàoxùn	教育 jiàoyù	阶层 jiēcéng	接待 jiēdài
接触 jiēchù	接受 jiēshòu	揭示 jiēshì	街道 jiēdào
街头 jiētóu	节目 jiémù	节日 jiérì	节约 jiéyuē
节奏 jiézòu	结构 jiégòu	结婚 jiéhūn	结晶 jiéjīng
结局 jiéjú	结论 jiélùn	结算 jiésuàn	结束 jiéshù
竭力 jiélì	解除 jiěchú	解散 jiěsàn	解脱 jiětuō
解剖 jiěpōu	解释 jiěshì	借鉴 jièjiàn	借款 jièkuǎn
借助 jièzhù	今后 jīnhòu	今天 jīntiān	金额 jīn'é
金属 jīnshǔ	尽管 jǐnguǎn	紧急 jǐnjí	尽量 jǐnliàng
紧密 jǐnmì	紧张 jǐnzhāng	进步 jìnbù	进程 jìnchéng
近来 jìnlái	近似 jìnsì	禁止 jìnzhǐ	京剧 jīngjù
经典 jīngdiǎn	经费 jīngfèi	经济 jīngjì	经历 jīnglì
经受 jīngshòu	经营 jīngyíng	惊醒 jīngxǐng	惊讶 jīngyà
精细 jīngxì	警察 jǐngchá	警惕 jǐngtì	境界 jìngjiè
究竟 jiūjìng	救国 jiùguó	就业 jiùyè	居民 jūmín
居住 jūzhù	局势 júshì	拒绝 jùjué	距离 jùlí
聚集 jùjí	决定 juédìng	觉察 juéchá	军阀 jūnfá
均衡 jūnhéng	均匀 jūnyún	咖啡 kāfēi	开采 kāicǎi
开创 kāichuàng	开关 kāiguān	开花 kāihuā	开会 kāihuì
开幕 kāimù	开始 kāishǐ	开辟 kāipì	开展 kāizhǎn
开拓 kāituò	刊物 kānwù	勘探 kāntàn	看待 kàndài
抗议 kàngyì	靠近 kàojìn	考察 kǎochá	考验 kǎoyàn
考虑 kǎolǜ	科技 kējì	颗粒 kēlì	可爱 kě'ài
可见 kějiàn	可靠 kěkào	可能 kěnéng	刻苦 kèkǔ
可笑 kěxiào	渴望 kěwàng	可惜 kěxī	刻度 kèdù
客观 kèguān	课题 kètí	肯定 kěndìng	空间 kōngjiān
空气 kōngqì	空虚 kōngxū	恐怖 kǒngbù	恐怕 kǒngpà
苦难 kǔnàn	苦恼 kǔ'nǎo	快乐 kuàilè	快速 kuàisù

快要 kuàiyào	宽阔 kuānkuò	昆虫 kūnchóng	亏损 kuīsǔn
扩散 kuòsàn	扩张 kuòzhāng	喇叭 lǎba	辣椒 làjiāo
浪费 làngfèi	老板 lǎobǎn	老虎 lǎohǔ	老鼠 lǎoshǔ
乐观 lèguān	雷达 léidá	冷静 lěngjìng	冷笑 lěngxiào
离婚 líhūn	礼貌 lǐmào	礼物 lǐwù	理解 lǐjiě
力量 lìliang	力学 lìxué	历史 lìshǐ	立场 lìchǎng
利害 lìhài	利益 lìyì	粒子 lìzǐ	连接 liánjiē
连同 liántóng	连续 liánxù	联邦 liánbāng	联想 liánxiǎng
联盟 liánméng	联络 liánluò	廉价 liánjià	两旁 liǎngpáng
辽阔 liáokuò	列举 lièjǔ	烈士 lièshì	邻近 línjìn
临床 línchuáng	灵感 línggǎn	零件 língjiàn	零售 língshòu
领导 lǐngdǎo	领会 lǐnghuì	领域 lǐngyù	另外 lìngwài
流露 liúlù	流水 liúshuǐ	流通 liútōng	流域 liúyù
垄断 lǒngduàn	笼罩 lǒngzhào	楼房 lóufáng	陆军 lùjūn
旅游 lǚyóu	履行 lǚxíng	绿化 lǜhuà	卵巢 luǎncháo
伦理 lúnlǐ	逻辑 luó·jí	麻醉 mázuì	蚂蚁 mǎyǐ
满足 mǎnzú	矛盾 máodùn	茫然 mángrán	毛巾 máojīn
眉头 méitóu	媒介 méijiè	煤炭 méitàn	魅力 mèilì
萌芽 méngyá	猛烈 měngliè	弥漫 mímàn	秘书 mìshū
免疫 miǎnyì	勉强 miǎnqiǎng	描绘 miáohuì	民兵 mínbīng
敏锐 mǐnruì	命名 mìngmíng	模范 mófàn	没落 mòluò
模样 múyàng	木材 mùcái	那样 nàyàng	那些 nàxiē
男性 nánxìng	难道 nándào	难题 nántí	难免 nánmiǎn
难于 nányú	内涵 nèihán	内心 nèixīn	能够 nénggòu
能力 nénglì	年初 niánchū	年轻 niánqīng	年间 niánjiān
宁静 níngjìng	凝视 níngshì	扭转 niǔzhuǎn	农田 nóngtián
浓度 nóngdù	努力 nǔlì	女儿 nǚ'ér	女性 nǚxìng
偶然 ǒurán	拍摄 pāishè	判断 pànduàn	庞大 pángdà
抛弃 pāoqì	赔偿 péicháng	配置 pèizhì	蓬勃 péngbó
批发 pīfā	批评 pīpíng	批准 pīzhǔn	疲劳 píláo
譬如 pìrú	拼命 pīnmìng	频率 pínlǜ	品德 pǐndé
平凡 píngfán	评分 píngfēn	苹果 píngguǒ	迫害 pòhài
迫使 pòshǐ	破裂 pòliè	剖面 pōumiàn	凄凉 qīliáng
欺骗 qīpiàn	其实 qíshí	其余 qíyú	奇异 qíyì
旗帜 qízhì	企业 qǐyè	起初 qǐchū	起源 qǐyuán
气氛 qìfēn	气味 qìwèi	气温 qìwēn	气象 qìxiàng
恰当 qiàdàng	迁移 qiānyí	铅笔 qiānbǐ	前景 qiánjǐng
前提 qiántí	前途 qiántú	前往 qiánwǎng	强化 qiánghuà

第二单元 多音节词语应试指导

抢救 qiǎngjiù	巧妙 qiǎomiào	切实 qièshí	侵权 qīnquán
侵占 qīnzhàn	亲属 qīnshǔ	青春 qīngchūn	轻视 qīngshì
轻微 qīngwēi	倾听 qīngtīng	清晨 qīngchén	情景 qíngjǐng
庆祝 qìngzhù	秋季 qiūjì	酋长 qiúzhǎng	区分 qūfēn
区域 qūyù	驱逐 qūzhú	屈服 qūfú	取代 qǔdài
趣味 qùwèi	权力 quánlì	全部 quánbù	确切 quèqiè
然而 rán'ér	然后 ránhòu	燃料 ránliào	扰乱 rǎoluàn
热烈 rèliè	热量 rèliàng	热心 rèxīn	热能 rènéng
人才 réncái	人均 rénjūn	人类 rénlèi	人力 rénlì
人民 rénmín	人群 rénqún	人身 rénshēn	人生 rénshēng
认为 rènwéi	任命 rènmìng	忍受 rěnshòu	任意 rènyì
仍然 réngrán	日报 rìbào	荣誉 róngyù	溶剂 róngjì
如同 rútóng	入学 rùxué	若干 ruògān	三角 sānjiǎo
散文 sǎnwén	散布 sànbù	丧失 sàngshī	扫荡 sǎodàng
森林 sēnlín	僧侣 sēnglǚ	沙滩 shātān	山地 shāndì
山头 shāntóu	闪电 shǎndiàn	闪烁 shǎnshuò	上市 shàngshì
上诉 shàngsù	上游 shàngyóu	稍微 shāowēi	舌头 shétou
设备 shèbèi	设置 shèzhì	社会 shèhuì	深受 shēnshòu
深夜 shēnyè	深远 shēnyuǎn	神色 shénsè	审查 shěnchá
渗透 shèntòu	胜利 shènglì	牲畜 shēngchù	失望 shīwàng
示范 shìfàn	施肥 shīféi	湿润 shīrùn	石灰 shíhuī
时髦 shímáo	实际 shíjì	实施 shíshī	实质 shízhì
始终 shǐzhōng	氏族 shìzú	市场 shìchǎng	事故 shìgù
势必 shìbì	试管 shìguǎn	收购 shōugòu	书籍 shūjí
抒情 shūqíng	蔬菜 shūcài	束缚 shùfù	树林 shùlín
树种 shùzhǒng	衰老 shuāilǎo	率领 shuàilǐng	水银 shuǐyín
水源 shuǐyuán	睡觉 shuìjiào	顺手 shùnshǒu	瞬间 shùnjiān
说法 shuōfǎ	司令 sīlìng	丝毫 sīháo	私有 sīyǒu
思考 sīkǎo	思维 sīwéi	死亡 sǐwáng	四周 sìzhōu
似乎 sìhū	四肢 sìzhī	饲料 sìliào	搜集 sōují
诉讼 sùsòng	宿舍 sùshè	虽然 suīrán	随意 suíyì
随后 suíhòu	随便 suíbiàn	损耗 sǔnhào	损失 sǔnshī
所谓 suǒwèi	所属 suǒshǔ	所以 suǒyǐ	所在 suǒzài
他们 tāmen	太空 tàikōng	太阳 tàiyáng	谈话 tánhuà
谈判 tánpàn	弹簧 tánhuáng	弹性 tánxìng	坦克 tǎnkè
叹息 tànxī	探测 tàncè	倘若 tǎngruò	逃避 táobì
逃走 táozǒu	淘汰 táotài	陶冶 táoyě	讨论 tǎolùn
讨厌 tǎoyàn	特别 tèbié	特色 tèsè	特意 tèyì

特征 tèzhēng	疼痛 téngtòng	提倡 tíchàng	提起 tíqǐ
提醒 tíxǐng	提议 tíyì	体操 tǐcāo	体会 tǐhuì
体积 tǐjī	体育 tǐyù	体重 tǐzhòng	体制 tǐzhì
替代 tìdài	天气 tiānqì	天鹅 tiān'é	天真 tiānzhēn
田野 tiányě	挑选 tiāoxuǎn	条件 tiáojiàn	条款 tiáokuǎn
调节 tiáojié	条约 tiáoyuē	铁路 tiělù	听取 tīngqǔ
听众 tīngzhòng	听觉 tīngjué	停止 tíngzhǐ	通常 tōngcháng
通电 tōngdiàn	通讯 tōngxùn	通知 tōngzhī	通报 tōngbào
同伴 tóngbàn	同时 tóngshí	童年 tóngnián	童话 tónghuà
统治 tǒngzhì	痛苦 tòngkǔ	痛快 tòng·kuài	投入 tóurù
头顶 tóudǐng	投机 tóujī	投资 tóuzī	透明 tòumíng
突破 tūpò	图画 túhuà	图形 túxíng	途径 tújìng
土地 tǔdì	兔子 tùzi	湍流 tuānliú	团体 tuántǐ
推翻 tuīfān	推销 tuīxiāo	退休 tuìxiū	妥协 tuǒxié
歪曲 wāiqū	外国 wàiguó	外界 wàijiè	外交 wàijiāo
外来 wàilái	外贸 wàimào	外语 wàiyǔ	外形 wàixíng
弯曲 wānqū	完成 wánchéng	完美 wánměi	玩具 wánjù
晚饭 wǎnfàn	晚上 wǎnshang	万物 wànwù	王朝 wángcháo
旺盛 wàngshèng	危害 wēihài	危险 wēixiǎn	微观 wēiguān
微弱 wēiruò	为难 wéinán	违背 wéibèi	围剿 wéijiǎo
维持 wéichí	伟大 wěidà	尾巴 wěiba	卫星 wèixīng
位置 wèizhi	温带 wēndài	温柔 wēnróu	文化 wénhuà
文件 wénjiàn	文学 wénxué	文物 wénwù	文章 wénzhāng
温室 wēnshì	无从 wúcóng	无法 wúfǎ	无关 wúguān
无穷 wúqióng	无数 wúshù	无效 wúxiào	无疑 wúyí
侮辱 wǔrǔ	物理 wùlǐ	误解 wùjiě	误差 wùchā
西北 xīběi	西南 xīnán	吸收 xīshōu	戏曲 xìqǔ
细胞 xìbāo	细菌 xìjūn	细致 xìzhì	狭隘 xiá'ài
下班 xiàbān	夏季 xiàjì	先前 xiānqián	先后 xiānhòu
纤维 xiānwéi	掀起 xiānqǐ	鲜血 xiānxuè	鲜艳 xiānyàn
显示 xiǎnshì	显著 xiǎnzhù	县城 xiànchéng	现实 xiànshí
先进 xiānjìn	现状 xiànzhuàng	线圈 xiànquān	羡慕 xiànmù
乡下 xiāngxià	相等 xiāngděng	相反 xiāngfǎn	相继 xiāngjì
相关 xiāngguān	相互 xiānghù	相似 xiāngsì	相应 xiāngyìng
香烟 xiāngyān	详细 xiángxì	响应 xiǎngyìng	想法 xiǎngfǎ
象征 xiàngzhēng	橡胶 xiàngjiāo	消除 xiāochú	消费 xiāofèi
消耗 xiāohào	消极 xiāojí	小组 xiǎozǔ	校长 xiàozhǎng
笑容 xiàoróng	效力 xiàolì	效应 xiàoyìng	协定 xiédìng

协助 xiézhù	写作 xiězuò	携带 xiédài	心底 xīndǐ
心情 xīnqíng	心事 xīn·shì	辛苦 xīnkǔ	辛勤 xīnqín
新娘 xīnniáng	新闻 xīnwén	信贷 xìndài	新年 xīnnián
信用 xìnyòng	信仰 xìnyǎng	星期 xīngqī	刑法 xíngfǎ
行动 xíngdòng	行人 xíngrén	形式 xíngshì	兴趣 xìngqù
性格 xìnggé	性能 xìngnéng	性状 xìngzhuàng	休眠 xiūmián
修正 xiūzhèng	许多 xǔduō	需求 xūqiú	叙述 xùshù
旋律 xuánlǜ	宣扬 xuānyáng	选拔 xuǎnbá	选择 xuǎnzé
削弱 xuēruò	学会 xuéhuì	学派 xuépài	学生 xuéshēng
学徒 xuétú	延续 yánxù	严寒 yánhán	严峻 yánjùn
严密 yánmì	严肃 yánsù	严重 yánzhòng	岩石 yánshí
沿海 yánhǎi	研究 yánjiū	研制 yánzhì	盐酸 yánsuān
掩护 yǎnhù	颜色 yánsè	眼神 yǎnshén	眼睛 yǎnjīng
眼前 yǎnqián	演唱 yǎnchàng	宴会 yànhuì	阳光 yángguāng
氧化 yǎnghuà	样本 yàngběn	邀请 yāoqǐng	遥远 yáoyuǎn
药品 yàopǐn	要紧 yàojǐn	要素 yàosù	耶稣 yēsū
野蛮 yěmán	野兽 yěshòu	夜晚 yèwǎn	液体 yètǐ
一般 yībān	一旦 yīdàn	一定 yīdìng	一度 yīdù
一时 yīshí	一支 yīzhī	医生 yīshēng	医学 yīxué
医院 yīyuàn	依次 yīcì	依法 yīfǎ	依据 yījù
依靠 yīkào	移动 yídòng	遗传 yíchuán	遗留 yíliú
遗嘱 yízhǔ	以便 yǐbiàn	以来 yǐlái	以免 yǐmiǎn
以往 yǐwǎng	以为 yǐwéi	艺术 yìshù	议员 yìyuán
异常 yìcháng	意境 yìjìng	意味 yìwèi	意义 yìyì
依然 yīrán	因果 yīnguǒ	阴谋 yīnmóu	阴影 yīnyǐng
音乐 yīnyuè	银行 yínháng	引导 yǐndǎo	引起 yǐnqǐ
印刷 yìnshuā	婴儿 yīng'ér	迎接 yíngjiē	盈利 yínglì
影片 yǐngpiàn	应用 yìngyòng	拥有 yōngyǒu	永远 yǒngyuǎn
涌现 yǒngxiàn	永久 yǒngjiǔ	勇气 yǒngqì	用户 yònghù
用途 yòngtú	优惠 yōuhuì	邮电 yóudiàn	犹豫 yóuyù
右手 yòushǒu	幼儿 yòu'ér	诱导 yòudǎo	娱乐 yúlè
渔业 yúyè	舆论 yúlùn	雨水 yǔshuǐ	语法 yǔfǎ
语音 yǔyīn	犹豫 yóuyù	幽默 yōumò	尤其 yóuqí
油田 yóutián	友好 yǒuhǎo	友人 yǒurén	元素 yuánsù
原来 yuánlái	原理 yuánlǐ	原子 yuánzǐ	援助 yuánzhù
缘故 yuángù	远方 yuǎnfāng	月初 yuèchū	月光 yuèguāng
月球 yuèqiú	阅读 yuèdú	运动 yùndòng	运行 yùnxíng
运用 yùnyòng	蕴藏 yùncáng	灾难 zāinàn	再见 zàijiàn

赞扬 zànyáng	遭遇 zāoyù	早已 zǎoyǐ	造就 zàojiù
责任 zérèn	增产 zēngchǎn	增多 zēngduō	增加 zēngjiā
增添 zēngtiān	增长 zēngzhǎng	债务 zhàiwù	展开 zhǎnkāi
战斗 zhàndòu	战役 zhànyì	战争 zhànzhēng	章程 zhāngchéng
战略 zhànlüè	帐篷 zhàngpeng	照明 zhàomíng	照例 zhàolì
照耀 zhàoyào	折射 zhéshè	这样 zhèyàng	侦察 zhēnchá
针灸 zhēnjiǔ	诊断 zhěnduàn	阵地 zhèndì	振荡 zhèndàng
振动 zhèndòng	证据 zhèngjù	整体 zhěngtǐ	政治 zhèngzhì
症状 zhèngzhuàng	支援 zhīyuán	职业 zhíyè	直观 zhíguān
直觉 zhíjué	只得 zhǐděi	只好 zhǐhǎo	指导 zhǐdǎo
制定 zhìdìng	制品 zhìpǐn	制造 zhìzào	制作 zhìzuò
治理 zhìlǐ	治疗 zhìliáo	致富 zhìfù	秩序 zhìxù
智慧 zhìhuì	只能 zhǐnéng	中期 zhōngqī	中华 zhōnghuá
中枢 zhōngshū	中旬 zhōngxún	忠诚 zhōngchéng	终身 zhōngshēn
肿瘤 zhǒngliú	种群 zhǒngqún	种植 zhòngzhí	重点 zhòngdiǎn
重量 zhòngliàng	昼夜 zhòuyè	诸如 zhūrú	主编 zhǔbiān
主力 zhǔlì	著作 zhùzuò	逐渐 zhújiàn	转移 zhuǎnyí
专制 zhuānzhì	庄稼 zhuāngjia	装备 zhuāngbèi	装置 zhuāngzhì
准备 zhǔnbèi	卓越 zhuóyuè	着手 zhuóshǒu	姿态 zītài
资源 zīyuán	子弟 zǐdì	自称 zìchēng	自豪 zìháo
自己 zìjǐ	自身 zìshēn	自卫 zìwèi	自制 zìzhì
总结 zǒngjié	总之 zǒngzhī	足球 zúqiú	足以 zúyǐ
阻碍 zǔ'ài	祖父 zǔfù	祖国 zǔguó	罪犯 zuìfàn
罪恶 zuì'è	罪行 zuìxíng	尊严 zūnyán	昨天 zuótiān
作物 zuòwù	左右 zuǒyòu	作战 zuòzhàn	作梦 zuòmèng
作者 zuòzhě			

表二

哀愁 āichóu	哀悼 āidào	哀乐 āiyuè	矮小 ǎixiǎo
爱戴 àidài	碍事 àishì	安放 ānfàng	安抚 ānfǔ
安家 ānjiā	安详 ānxiáng	安闲 ānxián	安逸 ānyì
安葬 ānzàng	按捺 ànnà	按期 ànqī	按说 ànshuō
暗藏 àncáng	暗杀 ànshā	昂然 ángrán	遨游 áoyóu
翱翔 áoxiáng	傲慢 àomàn	傲然 àorán	奥妙 àomiào
懊丧 àosàng	八卦 bāguà	芭蕾 bālěi	疤痕 bāhén
拔节 bájié	把持 bǎchí	把守 bǎshǒu	靶场 bǎchǎng
罢官 bàguān	霸权 bàquán	白菜 báicài	白骨 báigǔ
白糖 báitáng	白皙 báixī	百货 bǎihuò	百灵 bǎilíng

第二单元 多音节词语应试指导

柏油 bǎiyóu	摆布 bǎibù	拜访 bàifǎng	败仗 bàizhàng
办法 bànfǎ	版画 bǎnhuà	版权 bǎnquán	办案 bàn'àn
办公 bàngōng	办学 bànxué	半途 bàntú	绑架 bǎngjià
膀子 bǎngzi	棒槌 bàngchuí	包庇 bāobì	包揽 bāolǎn
包裹 bāoguǒ	包涵 bāohan	包容 bāoróng	包扎 bāozā
包销 bāoxiāo	饱含 bǎohán	宝座 bǎozuò	保密 bǎomì
保温 bǎowēn	保姆 bǎomǔ	堡垒 bǎolěi	报答 bàodá
报仇 bàochóu	保养 bǎoyǎng	报道 bàodào	报废 bàofèi
报喜 bàoxǐ	抱怨 bàoyuàn	报复 bàofù	暴徒 bàotú
保障 bǎozhàng	卑鄙 bēibǐ	卑劣 bēiliè	爆竹 bàozhú
悲观 bēiguān	悲痛 bēitòng	悲壮 bēizhuàng	北极 běijí
贝壳 bèiké	背诵 bèisòng	倍数 bèishù	被褥 bèirù
奔波 bēnbō	奔驰 bēnchí	奔放 bēnfàng	本分 běnfèn
笨拙 bènzhuō	迸发 bèngfā	逼近 bījìn	鼻梁 bíliáng
鼻尖 bíjiān	鼻涕 bítì	匕首 bǐshǒu	笔记 bǐjì
比例 bǐlì	鄙视 bǐshì	币制 bìzhì	闭塞 bìsè
婢女 bìnǚ	弊端 bìduān	碧波 bìbō	碧绿 bìlǜ
臂膀 bìbǎng	边陲 biānchuí	编码 biānmǎ	编制 biānzhì
鞭打 biāndǎ	鞭策 biāncè	贬值 biǎnzhí	变故 biàngù
变幻 biànhuàn	变数 biànshù	便衣 biànyī	变样 biànyàng
变质 biànzhì	辩证 biànzhèng	辩护 biànhù	编纂 biānzuǎn
辩解 biànjiě	辩论 biànlùn	辩驳 biànbó	标明 biāomíng
标签 biāoqiān	表格 biǎogé	表露 biǎolù	表率 biǎoshuài
别墅 biéshù	别扭 bièniu	宾馆 bīnguǎn	濒临 bīnlín
冰雹 bīngbáo	冰点 bīngdiǎn	冰凉 bīngliáng	兵营 bīngyíng
并联 bìnglián	病房 bìngfáng	病故 bìnggù	病号 bìnghào
病榻 bìngtà	病痛 bìngtòng	病因 bìngyīn	摒弃 bìngqì
波谷 bōgǔ	波折 bōzhé	播放 bōfàng	播送 bōsòng
驳回 bóhuí	脖颈儿 bógěngr	补丁 bǔdīng	补课 bǔkè
补助 bǔzhù	不啻 bùchì	不忍 bùrěn	不屑 bùxiè
不只 bùzhǐ	布衣 bùyī	步兵 bùbīng	步履 bùlǚ
擦拭 cāshì	猜想 cāixiǎng	才干 cáigàn	财团 cáituán
财贸 cáimào	裁定 cáidìng	裁军 cáijūn	裁决 cáijué
采纳 cǎinà	采写 cǎixiě	采摘 cǎizhāi	彩旗 cǎiqí
菜场 càichǎng	菜肴 càiyáo	参军 cānjūn	参天 cāntiān
参阅 cānyuè	参展 cānzhǎn	餐具 cānjù	残暴 cánbào
残疾 cánjí	残留 cánliú	惭愧 cánkuì	惨败 cǎnbài
仓皇 cānghuáng	苍老 cānglǎo	苍天 cāngtiān	操持 cāochí

草本 cǎoběn	草丛 cǎocóng	草帽 cǎomào	草莓 cǎoméi
草坪 cǎopíng	测绘 cèhuì	侧耳 cè'ěr	插手 chāshǒu
插图 chātú	插秧 chāyāng	茶点 chádiǎn	茶花 cháhuā
茶几 chájī	茶园 cháyuán	查看 chákàn	刹那 chànà
拆毁 chāihuǐ	拆迁 chāiqiān	拆卸 chāixiè	柴火 cháihuo
搀扶 chānfú	缠绕 chánrào	潺潺 chánchán	产销 chǎnxiāo
忏悔 chànhuǐ	娼妓 chāngjì	长波 chángbō	长跑 chángpǎo
肠胃 chángwèi	偿付 chángfù	畅快 chàngkuài	怅惘 chàngwǎng
唱戏 chàngxì	抄写 chāoxiě	钞票 chāopiào	超前 chāoqián
超然 chāorán	超脱 chāotuō	巢穴 cháoxuè	朝野 cháoyě
嘲笑 cháoxiào	吵嘴 chǎozuǐ	车床 chēchuáng	扯皮 chěpí
撤换 chèhuàn	撤离 chèlí	撤职 chèzhí	沉闷 chénmèn
沉静 chénjìng	沉醉 chénzuì	沉吟 chényín	陈腐 chénfǔ
陈规 chénguī	晨曦 chénxī	衬衫 chènshān	沉积 chénjī
趁势 chènshì	称职 chènzhí	成全 chéngquán	城乡 chéngxiāng
承建 chéngjiàn	城堡 chéngbǎo	城墙 chéngqiáng	乘凉 chéngliáng
吃水 chīshuǐ	痴呆 chīdāi	池子 chízi	迟缓 chíhuǎn
持重 chízhòng	城郊 chéngjiāo	惩办 chéngbàn	澄清 chéngqīng
炽烈 chìliè	冲刷 chōngshuā	充电 chōngdiàn	充溢 chōngyì
重叠 chóngdié	重演 chóngyǎn	抽穗 chōusuì	踌躇 chóuchú
仇敌 chóudí	筹划 chóuhuà	筹建 chóujiàn	丑恶 chǒu'è
出力 chūlì	出任 chūrèn	出师 chūshī	初学 chūxué
锄头 chútou	橱窗 chúchuāng	雏形 chúxíng	触犯 chùfàn
揣摩 chuǎimó	船舱 chuáncāng	船闸 chuánzhá	传奇 chuánqí
纯净 chúnjìng	蠢事 chǔnshì	戳穿 chuōchuān	瓷砖 cízhuān
雌蕊 círuǐ	次品 cìpǐn	赐予 cìyǔ	篡改 cuàngǎi
催化 cuīhuà	催眠 cuīmián	萃取 cuìqǔ	村寨 cūnzhài
磋商 cuōshāng	耷拉 dālā	搭讪 dāshàn	打赌 dǎdǔ
打颤 dǎzhàn	大副 dàfù	大米 dàmǐ	大喜 dàxǐ
呆板 dāibǎn	呆滞 dāizhì	耽搁 dāngē	担保 dānbǎo
担忧 dānyōu	大雁 dàyàn	玳瑁 dàimào	待业 dàiyè
单薄 dānbó	怠慢 dàimàn	单衣 dānyī	胆囊 dǎnnáng
淡化 dànhuà	诞辰 dànchén	蛋糕 dàngāo	氮气 dànqì
当家 dāngjiā	导航 dǎoháng	岛屿 dǎoyǔ	捣乱 dǎoluàn
捣毁 dǎohuǐ	倒伏 dǎofú	倒挂 dàoguà	倒置 dàozhì
悼念 dàoniàn	道具 dàojù	得失 déshī	灯塔 dēngtǎ
瞪眼 dèngyǎn	低潮 dīcháo	低落 dīluò	低空 dīkōng
低能 dīnéng	低微 dīwēi	堤坝 dībà	滴灌 dīguàn

第二单元　多音节词语应试指导

敌情 díqíng	诋毁 dǐhuǐ	涤纶 dílún	抵御 dǐyù
地窖 dìjiào	地道 dìdào	地核 dìhé	地幔 dìmàn
地热 dìrè	地毯 dìtǎn	地狱 dìyù	地质 dìzhì
递增 dìzēng	缔结 dìjié	颠覆 diānfù	颠簸 diānbǒ
典籍 diǎnjí	典礼 diǎnlǐ	点滴 diǎndī	电镀 diàndù
电铃 diànlíng	电网 diànwǎng	垫圈 diànquān	奠基 diànjī
殿堂 diàntáng	碉堡 diāobǎo	雕琢 diāozhuó	调换 diàohuàn
掉头 diàotóu	叮咛 dīngníng	顶峰 dǐngfēng	订婚 dìnghūn
订购 dìnggòu	定居 dìngjū	定名 dìngmíng	定罪 dìngzuì
东边 dōngbiān	东京 dōngjīng	董事 dǒngshì	动身 dòngshēn
动听 dòngtīng	动辄 dòngzhé	冻疮 dòngchuāng	洞房 dòngfáng
洞察 dòngchá	抖擞 dǒusǒu	豆芽 dòuyá	豆浆 dòujiāng
逗留 dòuliú	都城 dūchéng	督办 dūbàn	毒害 dúhài
毒品 dúpǐn	独霸 dúbà	杜鹃 dùjuān	多寡 duōguǎ
躲避 duǒbì	躲藏 duǒcáng	惰性 duòxìng	额头 étóu
蛾子 ézi	额角 éjiǎo	额外 éwài	厄运 èyùn
恶霸 èbà	恶棍 ègùn	俄国 éguó	恶魔 èmó
恶意 èyì	萼片 èpiàn	恩赐 ēncì	恩人 ēnrén
耳光 ěrguāng	耳鸣 ěrmíng	二胡 èrhú	发报 fābào
发放 fāfàng	发呆 fādāi	发酵 fājiào	发狂 fākuáng
发愣 fālèng	发霉 fāméi	发配 fāpèi	发票 fāpiào
发散 fāsàn	发誓 fāshì	发售 fāshòu	发泄 fāxiè
发源 fāyuán	伐木 fámù	罚金 fájīn	法案 fǎ'àn
法典 fǎdiǎn	法师 fǎshī	发型 fàxíng	帆布 fānbù
帆船 fānchuán	藩镇 fānzhèn	翻阅 fānyuè	烦躁 fánzào
繁复 fánfù	繁琐 fánsuǒ	繁育 fányù	反感 fǎngǎn
反思 fǎnsī	反叛 fǎnpàn	饭菜 fàncài	饭碗 fànwǎn
贩卖 fànmài	方位 fāngwèi	方圆 fāngyuán	芳香 fāngxiāng
防毒 fángdú	防寒 fánghái	防空 fángkōng	防汛 fángxùn
防疫 fángyì	妨害 fánghài	仿照 fǎngzhào	放牧 fàngmù
放炮 fàngpào	放任 fàngrèn	放羊 fàngyáng	放纵 fàngzòng
非凡 fēifán	非难 fēinàn	绯红 fēihóng	飞驰 fēichí
飞碟 fēidié	飞艇 fēitǐng	沸腾 fèiténg	肥沃 féiwò
翡翠 fěicuì	诽谤 fěibàng	废旧 fèijiù	废渣 fèizhā
费劲 fèijìn	分辨 fēnbiàn	分担 fēndān	奋发 fènfā
分管 fēnguǎn	分娩 fēnmiǎn	分蘖 fēnniè	芬芳 fēnfāng
氛围 fēnwéi	坟地 féndì	焚毁 fénhuǐ	粉笔 fěnbǐ
粉尘 fěnchén	粉饰 fěnshì	愤恨 fènhèn	分离 fēnlí

愤然 fènrán	风波 fēngbō	丰硕 fēngshuò	丰腴 fēngyú
风帆 fēngfān	风貌 fēngmào	风浪 fēnglàng	风靡 fēngmǐ
风情 fēngqíng	风沙 fēngshā	风声 fēngshēng	风箱 fēngxiāng
锋芒 fēngmáng	峰峦 fēngluán	凤凰 fènghuáng	奉命 fèngmìng
奉行 fèngxíng	缝隙 fèngxì	佛典 fódiǎn	肤色 fūsè
敷衍 fūyǎn	伏帖 fútiē	芙蓉 fúróng	扶持 fúchí
扶养 fúyǎng	拂晓 fúxiǎo	服饰 fúshì	服侍 fúshì
服药 fúyào	俘获 fúhuò	浮雕 fúdiāo	浮力 fúlì
浮现 fúxiàn	浮云 fúyún	浮肿 fúzhǒng	福气 fúqì
福音 fúyīn	抚摩 fǔmó	抚慰 fǔwèi	抚养 fǔyǎng
抚育 fǔyù	斧子 fǔzi	斧头 fǔtóu	俯冲 fǔchōng
俯首 fǔshǒu	辅导 fǔdǎo	腐化 fǔhuà	腐烂 fǔlàn
父辈 fùbèi	父老 fùlǎo	负电 fùdiàn	负荷 fùhè
负极 fùjí	负伤 fùshāng	负载 fùzài	负债 fùzhài
负重 fùzhòng	妇科 fùkē	附和 fùhè	附件 fùjiàn
附录 fùlù	附属 fùshǔ	附庸 fùyōng	复查 fùchá
复仇 fùchóu	复古 fùgǔ	复活 fùhuó	复述 fùshù
复苏 fùsū	复习 fùxí	复兴 fùxīng	复议 fùyì
复员 fùyuán	复原 fùyuán	副本 fùběn	副词 fùcí
副官 fùguān	副刊 fùkān	副食 fùshí	赋税 fùshuì
富贵 fùguì	富丽 fùlì	富饶 fùráo	富庶 fùshù
富翁 fùwēng	富足 fùzú	腹地 fùdì	腹膜 fùmó
腹腔 fùqiāng	腹泻 fùxiè	覆灭 fùmiè	改道 gǎidào
改动 gǎidòng	改观 gǎiguān	改换 gǎihuàn	改建 gǎijiàn
改口 gǎikǒu	改写 gǎixiě	改选 gǎixuǎn	改制 gǎizhì
改装 gǎizhuāng	概况 gàikuàng	概论 gàilùn	概述 gàishù
干杯 gānbēi	干瘪 gānbiě	干涸 gānhé	干枯 gānkū
干粮 gānliáng	甘露 gānlù	甘愿 gānyuàn	甘蔗 gānzhe
杆子 gānzi	柑橘 gānjú	杆菌 gǎnjūn	杆子 gǎnzi
赶场 gǎnchǎng	赶路 gǎnlù	感触 gǎnchù	感冒 gǎnmào
感人 gǎnrén	感伤 gǎnshāng	感叹 gǎntàn	感想 gǎnxiǎng
橄榄 gǎnlǎn	干劲 gànjìn	干流 gànliú	干事 gànshì
干线 gànxiàn	刚健 gāngjiàn	刚劲 gāngjìng	刚强 gāngqiáng
肛门 gāngmén	纲要 gāngyào	钢板 gāngbǎn	钢笔 gāngbǐ
钢材 gāngcái	钢盔 gāngkuī	港币 gǎngbì	港湾 gǎngwān
杠杆 gànggǎn	高昂 gāo'áng	高傲 gāo'ào	高层 gāocéng
高超 gāochāo	高贵 gāoguì	高举 gāojǔ	高亢 gāokàng
高考 gāokǎo	高粱 gāoliang	高明 gāomíng	高强 gāoqiáng

第二单元 多音节词语应试指导

高烧 gāoshāo	高深 gāoshēn	高手 gāoshǒu	高耸 gāosǒng
高效 gāoxiào	高雅 gāoyǎ	羔羊 gāoyáng	稿费 gǎofèi
稿纸 gǎozhǐ	稿子 gǎozi	告发 gàofā	告知 gàozhī
告状 gàozhuàng	戈壁 gēbì	搁置 gēzhì	割据 gējù
歌喉 gēhóu	歌手 gēshǒu	歌咏 gēyǒng	革除 géchú
阁楼 gélóu	格调 gédiào	格律 gélǜ	格言 géyán
隔阂 géhé	隔绝 géjué	根除 gēnchú	根治 gēnzhì
跟踪 gēnzōng	更换 gēnghuàn	更正 gēngzhèng	耕耘 gēngyún
哽咽 gěngyè	工匠 gōngjiàng	工效 gōngxiào	工序 gōngxù
公馆 gōngguǎn	公款 gōngkuǎn	公事 gōngshì	公诉 gōngsù
公益 gōngyì	功勋 gōngxūn	攻读 gōngdú	攻陷 gōngxiàn
供销 gōngxiāo	恭敬 gōngjìng	恭喜 gōngxǐ	拱桥 gǒngqiáo
共振 gòngzhèn	供奉 gòngfèng	勾勒 gōulè	篝火 gōuhuǒ
苟且 gǒuqiě	构筑 gòuzhù	姑息 gūxī	孤寂 gūjì
孤僻 gūpì	辜负 gūfù	古籍 gǔjí	古迹 gǔjì
谷地 gǔdì	股东 gǔdōng	骨架 gǔjià	骨髓 gǔsuǐ
鼓动 gǔdòng	鼓掌 gǔzhǎng	故宫 gùgōng	故土 gùtǔ
故障 gùzhàng	顾忌 gùjì	顾盼 gùpàn	雇佣 gùyōng
挂念 guàniàn	拐弯 guǎiwān	怪异 guàiyì	关口 guānkǒu
关卡 guānqiǎ	观摩 guānmó	官府 guānfǔ	管教 guǎnjiào
管制 guǎnzhì	贯通 guàntōng	惯例 guànlì	灌注 guànzhù
罐子 guànzi	光洁 guāngjié	光阴 guāngyīn	广袤 guǎngmào
广漠 guǎngmò	归侨 guīqiáo	归宿 guīsù	皈依 guīyī
瑰丽 guīlì	诡秘 guǐmì	桂冠 guìguān	棍棒 gùnbàng
国策 guócè	国籍 guójí	果品 guǒpǐn	果园 guǒyuán
过错 guòcuò	过瘾 guòyǐn	孩提 háití	海报 hǎibào
海防 hǎifáng	海风 hǎifēng	海港 hǎigǎng	海滩 hǎitān
海参 hǎishēn	海员 hǎiyuán	函授 hánshòu	寒潮 háncháo
汗衫 hànshān	航行 hángxíng	航运 hángyùn	航道 hángdào
豪华 háohuá	豪爽 háoshuǎng	豪迈 háomài	号码 hàomǎ
耗资 hàozī	好歹 hǎodǎi	好客 hàokè	浩劫 hàojié
呵斥 hēchì	合计 héjì	合唱 héchàng	河流 héliú
合奏 hézòu	河道 hédào	河谷 hégǔ	核能 hénéng
核准 hézhǔn	贺喜 hèxǐ	喝彩 hècǎi	赫然 hèrán
黑白 hēibái	黑体 hēitǐ	黑板 hēibǎn	恒定 héngdìng
横渡 héngdù	轰动 hōngdòng	轰鸣 hōngmíng	轰炸 hōngzhà
烘托 hōngtuō	弘扬 hóngyáng	红火 hónghuǒ	红娘 hóngniáng
红润 hóngrùn	红晕 hóngyùn	宏大 hóngdà	洪流 hóngliú

吼叫 hǒujiào	后备 hòubèi	后继 hòujì	后退 hòutuì
后盾 hòudùn	候补 hòubǔ	候审 hòushěn	呼叫 hūjiào
呼啸 hūxiào	呼应 hūyìng	狐疑 húyí	胡琴 húqin
胡须 húxū	花瓣 huābàn	花萼 huā'è	花冠 huāguān
花蕾 huālěi	花木 huāmù	花鸟 huāniǎo	花圃 huāpǔ
花蕊 huāruǐ	花样 huāyàng	华丽 huálì	滑雪 huáxuě
画笔 huàbǐ	花坛 huātán	画图 huàtú	画院 huàyuàn
怀孕 huáiyùn	坏蛋 huàidàn	欢腾 huānténg	还击 huánjī
缓刑 huǎnxíng	唤醒 huànxǐng	患难 huànnàn	荒地 huāngdì
荒僻 huāngpì	荒芜 huāngwú	慌张 huāngzhāng	皇权 huángquán
黄疸 huángdǎn	黄连 huánglián	黄莺 huángyīng	蝗虫 huángchóng
谎话 huǎnghuà	诙谐 huīxié	挥舞 huīwǔ	辉映 huīyìng
挥霍 huīhuò	回荡 huídàng	回敬 huíjìng	回流 huíliú
回味 huíwèi	回信 huíxìn	洄游 huíyóu	汇聚 huìjù
会战 huìzhàn	绘制 huìzhì	讳言 huìyán	荟萃 huìcuì
贿赂 huìlù	浑厚 húnhòu	魂魄 húnpò	混沌 hùndùn
豁口 huōkǒu	活命 huómìng	活体 huótǐ	活塞 huósāi
火把 huǒbǎ	火红 huǒhóng	火炬 huǒjù	火坑 huǒkēng
火葬 huǒzàng	火种 huǒzhǒng	货场 huòchǎng	获悉 huòxī
霍乱 huòluàn	豁免 huòmiǎn	讥讽 jīfěng	击毙 jībì
击毁 jīhuǐ	机警 jījǐng	机遇 jīyù	机缘 jīyuán
肌肤 jīfū	积聚 jījù	基石 jīshí	激荡 jīdàng
激愤 jīfèn	激活 jīhuó	激增 jīzēng	羁绊 jībàn
激怒 jīnù	汲取 jíqǔ	即时 jíshí	极度 jídù
急救 jíjiù	急速 jísù	疾驰 jíchí	棘手 jíshǒu
疾苦 jíkǔ	集结 jíjié	集镇 jízhèn	嫉妒 jídu
给养 jǐyǎng	脊背 jǐbèi	计价 jìjià	计数 jìshù
记号 jìhào	记述 jìshù	妓女 jìnǚ	继任 jìrèn
寄居 jìjū	忌讳 jìhuì	加班 jiābān	夹击 jiājī
夹杂 jiāzá	佳话 jiāhuà	枷锁 jiāsuǒ	家常 jiācháng
家禽 jiāqín	家眷 jiājuàn	甲虫 jiǎchóng	嫁妆 jiàzhuang
驾驭 jiàyù	尖刀 jiāndāo	尖利 jiānlì	检举 jiǎnjǔ
检测 jiǎncè	减退 jiǎntuì	减产 jiǎnchǎn	剪纸 jiǎnzhǐ
简陋 jiǎnlòu	简洁 jiǎnjié	简略 jiǎnlüè	见地 jiàndì
见闻 jiànwén	间谍 jiàndié	建材 jiàncái	建交 jiànjiāo
健将 jiànjiàng	建制 jiànzhì	践踏 jiàntà	鉴于 jiànyú
将就 jiāngjiu	僵化 jiānghuà	僵硬 jiāngyìng	疆域 jiāngyù
讲授 jiǎngshòu	讲台 jiǎngtái	讲演 jiǎngyǎn	奖状 jiǎngzhuàng

第二单元 多音节词语应试指导

奖惩 jiǎngchéng	降价 jiàngjià	降温 jiàngwēn	将士 jiàngshì
交锋 jiāofēng	交还 jiāohuán	交情 jiāoqíng	交易 jiāoyì
郊外 jiāowài	交战 jiāozhàn	娇嫩 jiāonèn	胶片 jiāopiàn
教书 jiāoshū	焦炭 jiāotàn	焦躁 jiāozào	礁石 jiāoshí
狡猾 jiǎohuá	皎洁 jiǎojié	脚尖 jiǎojiān	搅拌 jiǎobàn
叫嚣 jiàoxiāo	缴纳 jiǎonà	校对 jiàoduì	教官 jiàoguān
教诲 jiàohuì	接管 jiēguǎn	接济 jiējì	接生 jiēshēng
接吻 jiēwěn	秸秆 jiēgǎn	揭晓 jiēxiǎo	劫持 jiéchí
节能 jiénéng	节拍 jiépāi	结合 jiéhé	捷报 jiébào
截然 jiérán	截至 jiézhì	解毒 jiědú	戒指 jièzhi
金黄 jīnhuáng	津贴 jīntiē	津液 jīnyè	矜持 jīnchí
紧缺 jǐnquē	紧俏 jǐnqiào	锦绣 jǐnxiù	尽情 jìnqíng
进犯 jìnfàn	进食 jìnshí	近郊 jìnjiāo	近邻 jìnlín
近旁 jìnpáng	近期 jìnqī	浸润 jìnrùn	禁锢 jìngù
禁忌 jìnjì	经久 jīngjiǔ	经商 jīngshāng	经销 jīngxiāo
经由 jīngyóu	惊骇 jīnghài	惊慌 jīnghuāng	惊恐 jīngkǒng
惊扰 jīngrǎo	惊险 jīngxiǎn	晶莹 jīngyíng	精彩 jīngcǎi
精简 jīngjiǎn	精髓 jīngsuǐ	精锐 jīngruì	精英 jīngyīng
景观 jǐngguān	景致 jǐngzhì	警戒 jǐngjiè	精湛 jīngzhàn
颈椎 jǐngzhuī	警犬 jǐngquǎn	劲旅 jìnglǚ	竞技 jìngjì
竞相 jìngxiāng	敬佩 jìngpèi	敬重 jìngzhòng	镜框 jìngkuāng
纠缠 jiūchán	纠集 jiūjí	韭菜 jiǔcài	旧历 jiùlì
臼齿 jiùchǐ	矩形 jǔxíng	句法 jùfǎ	据悉 jùxī
惧怕 jùpà	聚餐 jùcān	拘泥 jūnì	拘束 jūshù
鞠躬 jūgōng	捐款 juānkuǎn	决赛 juésài	诀窍 juéqiào
抉择 juézé	绝境 juéjìng	绝迹 juéjì	倔强 juéjiàng
崛起 juéqǐ	爵士 juéshì	开导 kāidǎo	军校 jūnxiào
均等 jūnděng	军装 jūnzhuāng	俊美 jùnměi	骏马 jùnmǎ
卡片 kǎpiàn	开春 kāichūn	开掘 kāijué	开窍 kāiqiào
开山 kāishān	开凿 kāizáo	凯旋 kǎixuán	慨叹 kǎitàn
楷模 kǎimó	勘测 kāncè	砍伐 kǎnfá	看做 kànzuò
康复 kāngfù	抗衡 kànghéng	抗体 kàngtǐ	考场 kǎochǎng
考取 kǎoqǔ	苛求 kēqiú	靠拢 kàolǒng	科普 kēpǔ
磕头 kētóu	客观 kèguān	克扣 kèkòu	可疑 kěyí
恪守 kèshǒu	恳求 kěnqiú	坑道 kēngdào	铿锵 kēngqiāng
空洞 kōngdòng	空谈 kōngtán	恐龙 kǒnglóng	空隙 kòngxì
控诉 kòngsù	口角（动词）kǒujué	口径 kǒujìng	口罩 kǒuzhào
扣押 kòuyā	枯萎 kūwěi	枯竭 kūjié	枯燥 kūzào

131

哭诉 kūsù	苦果 kǔguǒ	苦闷 kǔmèn	苦衷 kǔzhōng
苦笑 kǔxiào	苦战 kǔzhàn	酷热 kùrè	酷暑 kùshǔ
酷似 kùsì	夸大 kuādà	夸耀 kuāyào	垮台 kuǎtái
快感 kuàigǎn	快意 kuàiyì	快艇 kuàitǐng	宽敞 kuānchǎng
宽厚 kuānhòu	宽容 kuānróng	宽恕 kuānshù	宽慰 kuānwèi
款式 kuǎnshì	狂风 kuángfēng	狂笑 kuángxiào	狂妄 kuángwàng
旷野 kuàngyě	矿藏 kuàngcáng	亏本 kuīběn	窥探 kuītàn
傀儡 kuǐlěi	溃疡 kuìyáng	腊梅 làméi	来电 láidiàn
拦截 lánjié	拦腰 lányāo	蓝图 lántú	懒惰 lǎnduò
懒散 lǎnsǎn	烂泥 lànní	狼狈 lángbèi	朗读 lǎngdú
浪漫 làngmàn	浪涛 làngtāo	劳驾 láojià	劳模 láomó
劳累 láolèi	劳役 láoyì	牢笼 láolóng	老练 lǎoliàn
老式 lǎoshì	乐趣 lèqù	勒令 lèlìng	勒索 lèsuǒ
累赘 léizhuì	雷鸣 léimíng	肋骨 lèigǔ	泪痕 lèihén
类推 lèituī	棱角 léngjiǎo	冷峻 lěngjùn	冷酷 lěngkù
冷落 lěngluò	冷凝 lěngníng	冷遇 lěngyù	离散 lísàn
离异 líyì	礼教 lǐjiào	礼仪 lǐyí	历程 lìchéng
理应 lǐyìng	力争 lìzhēng	历届 lìjiè	历尽 lìjìn
立国 lìguó	沥青 lìqīng	隶属 lìshǔ	荔枝 lìzhī
连贯 liánguàn	连绵 liánmián	连锁 liánsuǒ	连夜 liányè
怜悯 liánmǐn	涟漪 liányī	联姻 liányīn	廉洁 liánjié
脸颊 liǎnjiá	脸庞 liǎnpáng	脸谱 liǎnpǔ	练功 liàngōng
凉爽 liángshuǎng	两翼 liǎngyì	谅解 liàngjiě	量词 liàngcí
疗程 liáochéng	潦倒 liáodǎo	缭绕 liáorào	料理 liàolǐ
瞭望 liàowàng	列强 lièqiáng	劣势 lièshì	烈焰 lièyàn
猎狗 liègǒu	猎犬 lièquǎn	猎物 lièwù	裂变 lièbiàn
裂纹 lièwén	林带 líndài	临摹 línmó	临终 línzhōng
嶙峋 línxún	吝啬 lìnsè	灵通 língtōng	玲珑 línglóng
零乱 língluàn	领地 lǐngdì	领教 lǐngjiào	领悟 lǐngwù
浏览 liúlǎn	留恋 liúliàn	留意 liúyì	流产 liúchǎn
流畅 liúchàng	流放 liúfàng	流逝 liúshì	流淌 liútǎng
龙船 lóngchuán	龙眼 lóngyǎn	隆冬 lóngdōng	笼络 lǒngluò
阁楼 gélóu	楼梯 lóutī	漏洞 lòudòng	芦笙 lúshēng
卤素 lǔsù	鲁莽 lǔmǎng	绿林 lùlín	路费 lùfèi
露骨 lùgǔ	露珠 lùzhū	旅途 lǚtú	绿地 lǜdì
屡次 lǚcì	略微 lüèwēi	轮班 lúnbān	轮椅 lúnyǐ
论著 lùnzhù	罗盘 luópán	落差 luòchā	落脚 luòjiǎo
麻痹 mábì	抹布 mābù	麻疹 mázhěn	马褂 mǎguà

第二单元　多音节词语应试指导

马蹄 mǎtí	玛瑙 mǎnǎo	埋没 máimò	埋葬 máizàng
麦收 màishōu	卖国 màiguó	脉搏 màibó	脉络 màiluò
满腹 mǎnfù	满怀 mǎnhuái	满腔 mǎnqiāng	满月 mǎnyuè
满嘴 mǎnzuǐ	谩骂 mànmà	蔓延 mànyán	漫画 mànhuà
盲肠 mángcháng	盲流 mángliú	毛笔 máobǐ	毛毯 máotǎn
毛驴 máolǘ	茅屋 máowū	茂密 màomì	贸然 màorán
貌似 màosì	没劲 méijìn	没趣 méiqù	眉眼 méiyǎn
梅雨 méiyǔ	闷热 mēnrè	门户 ménhù	门槛 ménkǎn
门票 ménpiào	门诊 ménzhěn	门徒 méntú	萌动 méngdòng
蒙受 méngshòu	梦幻 mènghuàn	梦呓 mèngyì	弥散 mísàn
迷惘 míwǎng	猕猴 míhóu	秘诀 mìjué	绵延 miányán
棉纱 miánshā	棉絮 miánxù	免费 miǎnfèi	勉励 miǎnlì
面粉 miànfěn	面颊 miànjiá	苗木 miáomù	描摹 miáomó
渺小 miǎoxiǎo	藐视 miǎoshì	庙宇 miàoyǔ	蔑视 mièshì
民航 mínháng	民法 mínfǎ	民权 mínquán	泯灭 mǐnmiè
名流 míngliú	名胜 míngshèng	名片 míngpiàn	明珠 míngzhū
明晰 míngxī	冥想 míngxiǎng	谬误 miùwù	摩登 módēng
魔鬼 móguǐ	魔爪 mózhuǎ	抹杀 mǒshā	蓦然 mòrán
墨水 mòshuǐ	默契 mòqì	谋求 móuqiú	木板 mùbǎn
牡蛎 mǔlì	拇指 mǔzhǐ	木筏 mùfá	木刻 mùkè
木炭 mùtàn	牧草 mùcǎo	墓葬 mùzàng	奶粉 nǎifěn
耐力 nàilì	男生 nánshēng	南瓜 nánguā	难堪 nánkān
囊括 nángkuò	脑海 nǎohǎi	脑髓 nǎosuǐ	闹钟 nàozhōng
内阁 nèigé	内疚 nèijiù	内陆 nèilù	内幕 nèimù
内情 nèiqíng	内务 nèiwù	内政 nèizhèng	嫩绿 nènlǜ
能手 néngshǒu	泥浆 níjiāng	泥炭 nítàn	拟定 nǐdìng
逆差 nìchā	逆转 nìzhuǎn	年画 niánhuà	年限 niánxiàn
年终 niánzhōng	鸟瞰 niǎokàn	尿素 niàosù	涅槃 nièpán
狞笑 níngxiào	宁肯 nìngkěn	凝望 níngwàng	牛犊 niúdú
纽带 niǔdài	农垦 nóngkěn	浓淡 nóngdàn	浓眉 nóngméi
怒放 nùfàng	怒吼 nùhǒu	暖流 nuǎnliú	疟疾 nüèji
虐待 nüèdài	挪动 nuódòng	糯米 nuòmǐ	偶像 ǒuxiàng
排卵 páiluǎn	排演 páiyǎn	派性 pàixìng	攀谈 pāntán
攀援 pānyuán	盘剥 pánbō	盘旋 pánxuán	叛徒 pàntú
膀胱 pángguāng	磅礴 pángbó	咆哮 páoxiào	泡菜 pàocài
炮制 páozhì	胚芽 pēiyá	培土 péitǔ	赔款 péikuǎn
佩带 pèidài	配对 pèiduì	配角 pèijué	配制 pèizhì
喷洒 pēnsǎ	喷涂 pēntú	烹饪 pēngrèn	蓬乱 péngluàn

碰见 pèngjiàn	碰巧 pèngqiǎo	碰撞 pèngzhuàng	批量 pīliàng
披露 pīlù	霹雳 pīlì	皮革 pígé	琵琶 pípá
匹配 pǐpèi	媲美 pìměi	偏差 piānchā	偏旁 piānpáng
偏颇 piānbō	偏心 piānxīn	片段 piànduàn	骗局 piànjú
漂泊 piāobó	漂移 piāoyí	飘忽 piāohū	飘零 piāolíng
撇开 piēkāi	飘扬 piāoyáng	拼搏 pīnbó	贫瘠 pínjí
频道 píndào	品尝 pǐncháng	聘请 pìnqǐng	平淡 píngdàn
平衡 pínghéng	平庸 píngyōng	凭证 píngzhèng	坡地 pōdì
破旧 pòjiù	破烂 pòlàn	破例 pòlì	剖析 pōuxī
铺盖 pūgài	匍匐 púfú	谱写 pǔxiě	栖息 qīxī
凄惨 qīcǎn	凄厉 qīlì	欺凌 qīlíng	欺侮 qīwǔ
漆黑 qīhēi	漆器 qīqì	奇妙 qímiào	歧途 qítú
祈祷 qídǎo	崎岖 qíqū	骑兵 qíbīng	旗袍 qípáo
乞丐 qǐgài	乞讨 qǐtǎo	启迪 qǐdí	启蒙 qǐméng
起兵 qǐbīng	起哄 qǐhòng	起家 qǐjiā	起劲 qǐjìn
起落 qǐluò	绮丽 qǐlì	气垫 qìdiàn	气概 qìgài
气囊 qì'náng	气恼 qì'nǎo	气馁 qìněi	气泡 qìpào
气虚 qìxū	契机 qìjī	汽笛 qìdí	器皿 qìmǐn
洽谈 qiàtán	恰似 qiàsì	迁就 qiānjiù	谦虚 qiānxū
谦逊 qiānxùn	前辈 qiánbèi	前哨 qiánshào	前天 qiántiān
虔诚 qiánchéng	钱财 qiáncái	潜藏 qiáncáng	浅薄 qiǎnbó
谴责 qiǎnzé	歉收 qiànshōu	枪支 qiāngzhī	腔调 qiāngdiào
强健 qiángjiàn	抢购 qiǎnggòu	强求 qiǎngqiú	侨胞 qiáobāo
巧合 qiǎohé	悄然 qiǎorán	峭壁 qiàobì	切割 qiēgē
切片 qiēpiàn	切忌 qièjì	怯懦 qiènuò	惬意 qièyì
钦差 qīnchāi	侵吞 qīntūn	侵袭 qīnxí	亲临 qīnlín
亲吻 qīnwěn	寝室 qǐnshì	青菜 qīngcài	青稞 qīngkē
青睐 qīnglài	轻快 qīngkuài	轻蔑 qīngmiè	轻巧 qīngqiǎo
轻率 qīngshuài	清单 qīngdān	倾倒 qīngdǎo	清脆 qīngcuì
清明 qīngmíng	清扫 qīngsǎo	清算 qīngsuàn	清瘦 qīngshòu
清洗 qīngxǐ	清香 qīngxiāng	蜻蜓 qīngtíng	情怀 qínghuái
情侣 qínglǚ	青衣 qīngyī	情愿 qíngyuàn	晴朗 qínglǎng
庆贺 qìnghè	穷苦 qióngkǔ	丘陵 qiūlíng	秋风 qiūfēng
囚犯 qiúfàn	求救 qiújiù	求婚 qiúhūn	求助 qiúzhù
裘皮 qiúpí	曲解 qūjiě	曲轴 qūzhóu	驱使 qūshǐ
躯干 qūgàn	曲艺 qǔyì	取缔 qǔdì	取经 qǔjīng
取暖 qǔnuǎn	取胜 qǔshèng	取悦 qǔyuè	圈套 quāntào
权贵 quánguì	蜷缩 quánsuō	犬齿 quǎnchǐ	劝导 quàndǎo

劝慰 quànwèi	缺憾 quēhàn	缺损 quēsǔn	确凿 quèzáo
群居 qúnjū	燃料 ránliào	热潮 rècháo	热忱 rèchén
热诚 rèchéng	热恋 rèliàn	热流 rèliú	热望 rèwàng
人丁 réndīng	人际 rénjì	人权 rénquán	人命 rénmìng
人文 rénwén	人烟 rényān	仁慈 réncí	任教 rènjiào
任凭 rènpíng	任职 rènzhí	韧带 rèndài	妊娠 rènshēn
日程 rìchéng	日历 rìlì	荣幸 róngxìng	绒毛 róngmáo
容忍 róngrěn	容许 róngxǔ	容颜 róngyán	熔化 rónghuà
融资 róngzī	柔美 róuměi	柔弱 róuruò	蹂躏 róulìn
如意 rúyì	蠕动 rúdòng	乳汁 rǔzhī	乳房 rǔfáng
入股 rùgǔ	入迷 rùmí	入睡 rùshuì	入伍 rùwǔ
软件 ruǎnjiàn	软弱 ruǎnruò	锐角 ruìjiǎo	润滑 rùnhuá
撒谎 sāhuǎng	洒脱 sǎtuō	撒娇 sājiāo	散漫 sànmàn
丧事 sāngshì	嗓音 sǎngyīn	骚动 sāodòng	扫除 sǎochú
扫视 sǎoshì	色调 sèdiào	森严 sēnyán	色盲 sèmáng
僧尼 sēngní	杀戮 shālù	杉木 shāmù	沙哑 shāyǎ
刹车 shāchē	傻瓜 shǎguā	霎时 shàshí	筛选 shāixuǎn
山坳 shān'ào	山歌 shāngē	山涧 shānjiàn	山脚 shānjiǎo
山岭 shānlǐng	闪耀 shǎnyào	擅长 shàncháng	膳食 shànshí
赡养 shànyǎng	伤疤 shāngbā	伤寒 shānghán	商讨 shāngtǎo
赏赐 shǎngcì	上臂 shàngbì	上等 shàngděng	上风 shàngfēng
上好 shànghǎo	上流 shàngliú	上任 shàngrèn	上旬 shàngxún
上演 shàngyǎn	烧杯 shāobēi	烧酒 shāojiǔ	烧伤 shāoshāng
烧瓶 shāopíng	烧香 shāoxiāng	少将 shàojiàng	哨兵 shàobīng
奢侈 shēchǐ	舌苔 shétāi	社团 shètuán	射程 shèchéng
涉外 shèwài	赦免 shèmiǎn	摄取 shèqǔ	申明 shēnmíng
伸张 shēnzhāng	身段 shēnduàn	绅士 shēnshì	呻吟 shēnyín
深层 shēncéng	深浅 shēnqiǎn	深思 shēnsī	神话 shénhuà
神灵 shénlíng	神往 shénwǎng	神志 shénzhì	审定 shěndìng
审慎 shěnshèn	审视 shěnshì	升华 shēnghuá	升腾 shēngténg
升学 shēngxué	升级 shēngjí	生根 shēnggēn	生疏 shēngshū
生死 shēngsǐ	生性 shēngxìng	生效 shēngxiào	生硬 shēngyìng
生源 shēngyuán	声浪 shēnglàng	声势 shēngshì	绳索 shéngsuǒ
省略 shěnglüè	圣母 shèngmǔ	圣旨 shèngzhǐ	生产 shēngchǎn
盛会 shènghuì	盛夏 shèngxià	失常 shīcháng	失火 shīhuǒ
失落 shīluò	失明 shīmíng	失陷 shīxiàn	失血 shīxuè
失踪 shīzōng	师资 shīzī	诗集 shījí	施放 shīfàng
石板 shíbǎn	石英 shíyīng	时局 shíjú	时针 shízhēn

实测 shícè	实话 shíhuà	史书 shǐshū	使馆 shǐguǎn
始祖 shǐzǔ	士气 shìqì	世家 shìjiā	世俗 shìsú
市政 shìzhèng	式样 shìyàng	适宜 shìyí	侍从 shìcóng
侍奉 shìfèng	试剂 shìjì	试探 shìtàn	试纸 shìzhǐ
适度 shìdù	适中 shìzhōng	嗜好 shìhào	收藏 shōucáng
收场 shōuchǎng	收复 shōufù	收缴 shōujiǎo	收敛 shōuliǎn
收录 shōulù	收取 shōuqǔ	收效 shōuxiào	手稿 shǒugǎo
手帕 shǒupà	手铐 shǒukào	手软 shǒuruǎn	手杖 shǒuzhàng
手艺 shǒuyì	守旧 shǒujiù	守卫 shǒuwèi	守则 shǒuzé
首创 shǒuchuàng	首届 shǒujiè	首饰 shǒushì	首席 shǒuxí
首相 shǒuxiàng	受贿 shòuhuì	受害 shòuhài	受骗 shòupiàn
受难 shòunàn	授粉 shòufěn	兽医 shòuyī	瘦弱 shòuruò
书法 shūfǎ	书局 shūjú	书卷 shūjuàn	书目 shūmù
书院 shūyuàn	抒发 shūfā	枢纽 shūniǔ	倏然 shūrán
舒畅 shūchàng	舒张 shūzhāng	疏导 shūdǎo	疏通 shūtōng
赎罪 shúzuì	熟睡 shúshuì	暑假 shǔjià	曙光 shǔguāng
述评 shùpíng	树冠 shùguān	树脂 shùzhī	数码 shùmǎ
刷新 shuāxīn	衰弱 shuāiruò	衰退 shuāituì	摔跤 shuāijiāo
双边 shuāngbiān	霜冻 shuāngdòng	爽快 shuǎngkuài	水波 shuǐbō
水陆 shuǐlù	水渠 shuǐqú	水塔 shuǐtǎ	水仙 shuǐxiān
水灾 shuǐzāi	水闸 shuǐzhá	税利 shuìlì	睡梦 shuìmèng
睡意 shuìyì	顺从 shùncóng	顺应 shùnyìng	说教 shuōjiào
硕士 shuòshì	丝绸 sīchóu	私立 sīlì	私法 sīfǎ
私塾 sīshú	私语 sīyǔ	思辨 sībiàn	思虑 sīlǜ
厮杀 sīshā	死板 sǐbǎn	死活 sǐhuó	死神 sǐshén
四时 sìshí	四围 sìwéi	寺庙 sìmiào	肆意 sìyì
松动 sōngdòng	松散 sōngsǎn	松懈 sōngxiè	怂恿 sǒngyǒng
送礼 sònglǐ	送葬 sòngzàng	搜捕 sōubǔ	苏醒 sūxǐng
俗人 súrén	俗语 súyǔ	诉说 sùshuō	肃穆 sùmù
素来 sùlái	速成 sùchéng	宿营 sùyíng	塑像 sùxiàng
酸雨 suānyǔ	酸枣 suānzǎo	算术 suànshù	随处 suíchù
损坏 sǔnhuài	缩减 suōjiǎn	索取 suǒqǔ	琐碎 suǒsuì
踏步 tàbù	胎盘 tāipán	台阶 táijiē	台词 táicí
坍塌 tāntā	滩涂 tāntú	瘫痪 tānhuàn	谈天 tántiān
弹劾 tánhé	弹跳 tántiào	坦然 tǎnrán	探究 tànjiū
探询 tànxún	探听 tàntīng	搪瓷 tángcí	糖果 tángguǒ
搪塞 tángsè	螳螂 tángláng	倘使 tǎngshǐ	烫伤 tàngshāng
绦虫 tāochóng	逃兵 táobīng	逃窜 táocuàn	逃命 táomìng

逃难 táonàn	桃李 táolǐ	陶瓷 táocí	陶醉 táozuì
陶器 táoqì	套用 tàoyòng	特长 tècháng	特技 tèjì
特派 tèpài	特赦 tèshè	特异 tèyì	特制 tèzhì
腾飞 téngfēi	腾空 téngkōng	藤萝 téngluó	剔除 tīchú
提拔 tíbá	提纲 tígāng	提示 tíshì	提请 tíqǐng
提早 tízǎo	啼哭 tíkū	体察 tǐchá	体检 tǐjiǎn
体魄 tǐpò	体味 tǐwèi	体贴 tǐtiē	体型 tǐxíng
剃头 tìtóu	天国 tiānguó	天理 tiānlǐ	天幕 tiānmù
天色 tiānsè	天外 tiānwài	天线 tiānxiàn	天灾 tiānzāi
天涯 tiānyá	天资 tiānzī	添置 tiānzhì	恬静 tiánjìng
甜菜 tiáncài	挑剔 tiāotì	条文 tiáowén	调剂 tiáojì
调试 tiáoshì	调制 tiáozhì	挑拨 tiǎobō	眺望 tiàowàng
跳板 tiàobǎn	贴近 tiējìn	铁丝 tiěsī	铁锨 tiěxiān
铁蹄 tiětí	听课 tīngkè	听任 tīngrèn	庭审 tíngshěn
停泊 tíngbó	停放 tíngfàng	停歇 tíngxiē	通畅 tōngchàng
通婚 tōnghūn	通路 tōnglù	通商 tōngshāng	通晓 tōngxiǎo
同班 tóngbān	同步 tóngbù	同居 tóngjū	同龄 tónglíng
同盟 tóngméng	同性 tóngxìng	铜板 tóngbǎn	瞳孔 tóngkǒng
通称 tōngchēng	统领 tǒnglǐng	痛楚 tòngchǔ	痛恨 tònghèn
偷懒 tōulǎn	偷袭 tōuxí	偷窃 tōuqiè	头骨 tóugǔ
头号 tóuhào	头巾 tóujīn	头盔 tóukuī	头痛 tóutòng
头绪 tóuxù	投奔 tóubèn	投靠 tóukào	投票 tóupiào
投掷 tóuzhì	投诉 tóusù	透彻 tòuchè	秃顶 tūdǐng
突围 tūwéi	突袭 tūxí	图解 tújiě	图景 tújǐng
图谋 túmóu	图腾 túténg	徒手 túshǒu	徒刑 túxíng
屠宰 túzǎi	涂抹 túmǒ	湍急 tuānjí	推导 tuīdǎo
推断 tuīduàn	推敲 tuīqiāo	推卸 tuīxiè	推选 tuīxuǎn
推演 tuīyǎn	推移 tuīyí	颓废 tuífèi	腿脚 tuǐjiǎo
退步 tuìbù	退回 tuìhuí	退让 tuìràng	退缩 tuìsuō
蜕化 tuìhuà	吞噬 tūnshì	吞咽 tūnyàn	囤积 túnjī
拖车 tuōchē	拖欠 tuōqiàn	拖鞋 tuōxié	托管 tuōguǎn
脱身 tuōshēn	陀螺 tuóluó	驼背 tuóbèi	唾液 tuòyè
挖苦 wākǔ	挖潜 wāqián	瓦解 wǎjiě	瓦斯 wǎsī
外币 wàibì	外出 wàichū	外感 wàigǎn	外行 wàiháng
外号 wàihào	外加 wàijiā	外露 wàilù	外省 wàishěng
外文 wàiwén	外债 wàizhài	外衣 wàiyī	外族 wàizú
弯路 wānlù	完工 wángōng	完好 wánhǎo	完满 wánmǎn
玩耍 wánshuǎ	玩味 wánwèi	顽固 wángù	顽皮 wánpí

晚会 wǎnhuì	晚婚 wǎnhūn	惋惜 wǎnxī	婉转 wǎnzhuǎn
汪洋 wāngyáng	王冠 wángguān	王后 wánghòu	网点 wǎngdiǎn
网球 wǎngqiú	往常 wǎngcháng	往昔 wǎngxī	妄想 wàngxiǎng
忘却 wàngquè	微机 wēijī	巍峨 wēi'é	微型 wēixíng
违反 wéifǎn	违抗 wéikàng	围困 wéikùn	违章 wéizhāng
围攻 wéigōng	唯恐 wéikǒng	维系 wéixì	尾声 wěishēng
纬线 wěixiàn	委派 wěipài	委婉 wěiwǎn	萎缩 wěisuō
未遂 wèisuí	未能 wèinéng	畏惧 wèijù	胃液 wèiyè
喂养 wèiyǎng	蔚蓝 wèilán	温饱 wēnbǎo	温存 wēncún
温情 wēnqíng	温顺 wēnshùn	瘟疫 wēnyì	文笔 wénbǐ
文静 wénjìng	文教 wénjiào	文凭 wénpíng	文盲 wénmáng
文坛 wéntán	纹理 wénlǐ	文雅 wényǎ	文娱 wényú
闻名 wénmíng	紊乱 wěnluàn	稳步 wěnbù	稳重 wěnzhòng
问答 wèndá	问候 wènhòu	涡流 wōliú	蜗牛 wōniú
乌黑 wūhēi	乌贼 wūzéi	污浊 wūzhuó	诬蔑 wūmiè
唔咽 wūyè	屋檐 wūyán	无故 wúgù	无赖 wúlài
无奈 wúnài	无能 wúnéng	无私 wúsī	无损 wúsǔn
无畏 wúwèi	无需 wúxū	无益 wúyì	无垠 wúyín
五脏 wǔzàng	武打 wǔdǎ	武功 wǔgōng	武术 wǔshù
舞弊 wǔbì	舞步 wǔbù	舞会 wǔhuì	舞曲 wǔqǔ
务农 wùnóng	西服 xīfú	悟性 wùxìng	吸毒 xīdú
希冀 xījì	奚落 xīluò	吸吮 xīshǔn	唏嘘 xīxū
稀释 xīshì	溪流 xīliú	犀利 xīlì	嬉戏 xīxì
习题 xítí	洗礼 xǐlǐ	喜事 xǐshì	细密 xìmì
细微 xìwēi	瞎子 xiāzi	峡谷 xiágǔ	细则 xìzé
遐想 xiáxiǎng	下课 xiàkè	下海 xiàhǎi	下马 xiàmǎ
下行 xiàxíng	下野 xiàyě	下肢 xiàzhī	夏令 xiàlìng
仙女 xiānnǚ	先驱 xiānqū	先行 xiānxíng	纤细 xiānxì
鲜嫩 xiānnèn	闲散 xiánsàn	衔接 xiánjiē	舷窗 xiánchuāng
显赫 xiǎnhè	险要 xiǎnyào	现货 xiànhuò	限定 xiàndìng
限期 xiànqī	宪兵 xiànbīng	陷阱 xiànjǐng	陷害 xiànhài
乡音 xiāngyīn	乡镇 xiāngzhèn	相称 xiāngchèn	相传 xiāngchuán
相逢 xiāngféng	相隔 xiānggé	相距 xiāngjù	相识 xiāngshí
相思 xiāngsī	相宜 xiāngyí	香蕉 xiāngjiāo	香甜 xiāngtián
厢房 xiāngfáng	镶嵌 xiāngqiàn	详情 xiángqíng	响动 xiǎngdòng
想念 xiǎngniàn	向导 xiàngdǎo	相貌 xiàngmào	相片 xiàngpiàn
象棋 xiàngqí	象牙 xiàngyá	消沉 xiāochén	消防 xiāofáng
消磨 xiāomó	消遣 xiāoqiǎn	消融 xiāoróng	萧条 xiāotiáo

第二单元　多音节词语应试指导

硝烟 xiāoyān	销毁 xiāohuǐ	潇洒 xiāosǎ	嚣张 xiāozhāng
小菜 xiǎocài	小贩 xiǎofàn	小鬼 xiǎoguǐ	小节 xiǎojié
小米 xiǎomǐ	小脑 xiǎonǎo	小声 xiǎoshēng	小雪 xiǎoxuě
小偷 xiǎotōu	孝敬 xiàojìng	孝顺 xiàoshùn	肖像 xiāoxiàng
笑脸 xiàoliǎn	哮喘 xiàochuǎn	效能 xiàonéng	效用 xiàoyòng
效忠 xiàozhōng	歇脚 xiējiǎo	协和 xiéhé	邪恶 xié'è
斜面 xiémiàn	协调 xiétiáo	携手 xiéshǒu	写意 xiěyì
泄漏 xièlòu	泄气 xièqì	心病 xīnbìng	心肠 xīncháng
心房 xīnfáng	心律 xīnlǜ	心室 xīnshì	心田 xīntián
心愿 xīnyuàn	辛酸 xīnsuān	欣慰 xīnwèi	欣喜 xīnxǐ
新居 xīnjū	新意 xīnyì	薪金 xīnjīn	信函 xìnhán
兴办 xīngbàn	兴衰 xīngshuāi	星体 xīngtǐ	刑场 xíngchǎng
行船 xíngchuán	行径 xíngjìng	行销 xíngxiāo	形状 xíngzhuàng
幸免 xìngmiǎn	凶残 xiōngcán	汹涌 xiōngyǒng	胸腔 xiōngqiāng
雄辩 xióngbiàn	熊猫 xióngmāo	雄姿 xióngzī	休假 xiūjià
休想 xiūxiǎng	修补 xiūbǔ	修筑 xiūzhù	羞涩 xiūsè
羞辱 xiūrǔ	绣花 xiùhuā	需要 xūyào	虚构 xūgòu
虚拟 xūnǐ	虚实 xūshí	虚无 xūwú	旭日 xùrì
许久 xǔjiǔ	蓄意 xùyì	宣誓 xuānshì	喧嚷 xuānrǎng
悬空 xuánkōng	旋即 xuánjí	旋涡 xuánwō	炫耀 xuànyào
削减 xuējiǎn	渲染 xuànrǎn	穴位 xuéwèi	学费 xuéfèi
学府 xuéfǔ	学识 xuéshí	血缘 xuèyuán	血色 xuèsè
血腥 xuèxīng	熏陶 xūntāo	寻常 xúncháng	巡警 xúnjǐng
迅猛 xùnměng	驯养 xùnyǎng	逊色 xùnsè	押送 yāsòng
牙膏 yágāo	牙关 yáguān	雅致 yǎzhì	殷红 yānhóng
胭脂 yānzhī	烟幕 yānmù	烟叶 yānyè	延期 yánqī
严谨 yánjǐn	严酷 yánkù	严守 yánshǒu	言传 yánchuán
言谈 yántán	沿途 yántú	炎热 yánrè	沿用 yányòng
研讨 yántǎo	筵席 yánxí	掩蔽 yǎnbì	掩饰 yǎnshì
眼角 yǎnjiǎo	眼球 yǎnqiú	眼圈 yǎnquān	演技 yǎnjì
验收 yànshōu	谚语 yànyǔ	燕麦 yànmài	央求 yāngqiú
羊羔 yánggāo	杨柳 yángliǔ	洋葱 yángcōng	养护 yǎnghù
夭折 yāozhé	要挟 yāoxié	窑洞 yáodòng	遥望 yáowàng
窈窕 yǎotiǎo	药剂 yàojì	要领 yàolǐng	耀眼 yàoyǎn
野菜 yěcài	业绩 yèjì	夜校 yèxiào	液晶 yèjīng
一概 yígài	一瞥 yīpiē	一瞬 yíshùn	衣襟 yījīn
依稀 yīxī	贻误 yíwù	移交 yíjiāo	疑虑 yílǜ
依靠 yīkào	艺人 yìrén	异端 yìduān	意蕴 yìyùn

139

阴凉 yīnliáng	阴霾 yīnmái	淫秽 yínhuì	引擎 yǐnqíng
隐患 yǐnhuàn	隐瞒 yǐnmán	印章 yìnzhāng	鹦鹉 yīngwǔ
盈余 yíngyú	萦绕 yíngrào	应邀 yìngyāo	拥抱 yōngbào
甬道 yǒngdào	用意 yòngyì	优化 yōuhuà	优雅 yōuyǎ
忧虑 yōulǜ	悠扬 yōuyáng	邮件 yóujiàn	油菜 yóucài
游离 yóulí	有待 yǒudài	诱发 yòufā	鱼鳞 yúlín
渔船 yúchuán	愉悦 yúyuè	愚蠢 yúchǔn	雨季 yǔjì
郁闷 yùmèn	预感 yùgǎn	遇难 yùnàn	渊博 yuānbó
元气 yuánqì	原稿 yuángǎo	原型 yuánxíng	圆桌 yuánzhuō
院落 yuànluò	约会 yuēhuì	越轨 yuèguǐ	云集 yúnjí
酝酿 yùnniàng	蕴涵 yùnhán	杂粮 záliáng	杂文 záwén
宰相 zǎixiàng	灾民 zāimín	栽种 zāizhòng	再婚 zàihūn
在职 zàizhí	赞歌 zàngē	赞同 zàntóng	赞助 zànzhù
脏腑 zàngfǔ	糟粕 zāopò	造价 zàojià	造谣 zàoyáo
责备 zébèi	增补 zēngbǔ	增援 zēngyuán	憎恨 zēnghèn
扎实 zhāshí	闸门 zhámén	眨眼 zhǎyǎn	炸药 zhàyào
摘除 zhāichú	债券 zhàiquàn	瞻仰 zhānyǎng	展销 zhǎnxiāo
战壕 zhànháo	樟脑 zhāngnǎo	账房 zhàngfáng	招徕 zhāolái
朝霞 zhāoxiá	着火 zháohuǒ	沼气 zhǎoqì	遮蔽 zhēbì
遮掩 zhēyǎn	折算 zhésuàn	贞操 zhēncāo	真菌 zhēnjūn
斟酌 zhēnzhuó	震颤 zhènchàn	蒸汽 zhēngqì	拯救 zhěngjiù
正视 zhèngshì	正宗 zhèngzōng	支流 zhīliú	执教 zhíjiào
执拗 zhíniù	直属 zhíshǔ	植被 zhíbèi	纸板 zhǐbǎn
指派 zhǐpài	至多 zhìduō	制服 zhìfú	致敬 zhìjìng
桎梏 zhìgù	窒息 zhìxī	稚嫩 zhìnèn	中文 zhōngwén
中止 zhōngzhǐ	肿胀 zhǒngzhàng	周报 zhōubào	周折 zhōuzhé
咒骂 zhòumà	主顾 zhǔgù	主演 zhǔyǎn	嘱托 zhǔtuō
助教 zhùjiào	注册 zhùcè	注释 zhùshì	祝福 zhùfú
铸造 zhùzào	转播 zhuǎnbō	转嫁 zhuǎnjià	转瞬 zhuǎnshùn
装卸 zhuāngxiè	追捕 zhuībǔ	追查 zhuīchá	赘述 zhuìshù
卓著 zhuózhù	着陆 zhuólù	滋补 zībǔ	自救 zìjiù
自满 zìmǎn	自尊 zìzūn	棕榈 zōnglú	踪影 zōngyǐng
纵横 zònghéng	奏章 zòuzhāng	租借 zūjiè	租赁 zūlìn
阻隔 zǔgé	阻挠 zǔnáo	组装 zǔzhuāng	嘴脸 zuǐliǎn
罪状 zuìzhuàng	醉心 zuìxīn	左倾 zuǒqīng	作对 zuòduì
作怪 zuòguài	座舱 zuòcāng	做人 zuòrén	

二、测试中常见容易读错的词语

（一）容易读错的异读词

哀悼 āidào	功绩 gōngjì	熟悉 shúxī
奥秘 àomì	骨肉 gǔròu	束缚 shùfù
暴露 bàolù	骨头 gǔtou	塑料 sùliào
卑鄙 bēibǐ	号召 hàozhào	塑造 sùzào
笨拙 bènzhuō	痕迹 hénjì	突击 tūjī
比较 bǐjiào	化纤 huàxiān	突然 tūrán
笔迹 bǐjì	荒谬 huāngmiù	玩弄 wánnòng
不妨 bùfáng	混淆 hùnxiáo	微笑 wēixiào
残酷 cánkù	机械 jīxiè	危险 wēixiǎn
厕所 cèsuǒ	嫉妒 jídù	伪造 wěizào
阐述 chǎnshù	寂寞 jìmò	尾巴 wěiba
成绩 chéngjì	夹杂 jiāzá	纤维 xiānwéi
乘客 chéngkè	歼灭 jiānmiè	悬崖 xuányá
惩罚 chéngfá	较量 jiàoliàng	寻找 xúnzhǎo
澄清 chéngqīng	麻痹 mábì	亚军 yàjūn
储藏 chǔcáng	秘密 mìmì	咱们 zánmen
储蓄 chǔxù	品行 pǐnxíng	摘要 zhāiyào
从容 cóngróng	扑克 pūkè	召集 zhàojí
粗糙 cūcāo	朴素 pǔsù	召开 zhàokāi
逮捕 dàibǔ	企图 qǐtú	指甲 zhǐjia
雕塑 diāosù	器械 qìxiè	指头 zhǐtou
帆船 fānchuán	潜伏 qiánfú	质量 zhìliàng
妨碍 fáng'ài	勤俭 qínjiǎn	卓越 zhuóyuè
分泌 fēnmì	确凿 quèzáo	踪迹 zōngjì
复杂 fùzá	山脉 shānmài	综合 zōnghé

以下选自表二

谙练 ānliàn	巢穴 cháoxué	分娩 fēnmiǎn
鄙薄 bǐbó	乘凉 chéngliáng	公仆 gōngpú
包庇 bāobì	惩治 chéngzhì	诡秘 guǐmì
便秘 biànmì	穿凿 chuānzáo	轨迹 guǐjì
骸骨 bìngǔ	呆滞 dāizhì	河沿 héyán
操行 cāoxíng	盗贼 dàozéi	何妨 héfáng
缠绕 chánrào	耳穴 ěrxué	酵母 jiàomǔ
阐释 chǎnshì	发酵 fājiào	口吃 kǒuchī

邋遢 lātā	雀斑 quèbān	涎水 xiánshuǐ
谬误 miùwù	绕道 ràodào	携手 xiéshǒu
嫩黄 nènhuáng	妊娠 rènshēn	偕同 xiétóng
拈香 niānxiāng	煞车 shāchē	亚麻 yàmá
牛皮癣 niúpíxuǎn	山脊 shānjǐ	扬帆 yángfān
咆哮 páoxiào	上弦 shàngxián	屹立 yìlì
澎湃 péngpài	胜任 shèngrèn	跃然 yuèrán
慓悍 piāohàn	殊死 shūsǐ	摘录 zhāilù
剽窃 piāoqiè	通缉 tōngjī	召唤 zhàohuàn
曝光 bàoguāng	微弱 wēiruò	侦缉 zhēnjī
气馁 qìněi	伪装 wěizhuāng	装帧 zhuāngzhēn
蹊跷 qīqiāo	未遂 wèisuí	拙劣 zhuōliè
潜在 qiánzài	紊乱 wěnluàn	卓见 zhuójiàn
荨麻 qiánmá	溪流 xīliú	灼见 zhuójiàn
镪水 qiāngshuǐ	悉心 xīxīn	茁壮 zhuózhuàng
襁褓 qiǎngbǎo	檄文 xíwén	佐餐 zuǒcān
怯懦 qiènuò	戏谑 xìxuè	佐证 zuǒzhèng
龋齿 qǔchǐ		

（二）容易读错的多音词

爱好 àihào	称赞 chēngzàn	恶毒 èdú
安宁 ānníng	成熟 chéngshú	放假 fàngjià
贝壳 bèiké	重叠 chóngdié	分散 fēnsàn
奔跑 bēnpǎo	处分 chǔfèn	分量 fènliàng
变更 biàngēng	处置 chǔzhì	负担 fùdān
别处 biéchù	船只 chuánzhī	附和 fùhè
别扭 bièniu	床铺 chuángpù	干吗 gànmá
剥削 bōxuē	答应 dāying	杠杆 gànggǎn
薄弱 bóruò	答案 dá'àn	高血压 gāoxuèyā
参与 cānyù	当地 dāngdì	歌曲 gēqǔ
草率 cǎoshuài	当选 dāngxuǎn	给以 gěiyǐ
测量 cèliáng	当天 dàngtiān	供给 gōngjǐ
差别 chābié	当做 dàngzuò	供应 gōngyìng
查处 cháchǔ	的确 díquè	桂冠 guìguān
差不多 chàbuduō	调换 diàohuàn	罕见 hǎnjiàn
颤抖 chàndǒu	都市 dūshì	几乎 jīhū
场合 chǎnghé	堵塞 dǔsè	给予 jǐyǔ
沉着 chénzhuó	对称 duìchèn	几何 jǐhé
称心 chènxīn	恶心 ěxīn	记载 jìzǎi

第二单元　多音节词语应试指导

家畜 jiāchù	迫切 pòqiè	兴奋 xīngfèn
假定 jiǎdìng	起哄 qǐhòng	兴趣 xìngqù
假条 jiàtiáo	起劲 qǐjìn	畜牧 xùmù
角度 jiǎodù	强烈 qiángliè	旋转 xuánzhuǎn
揭露 jiēlù	强迫 qiǎngpò	削弱 xuēruò
尽快 jǐnkuài	切实 qièshí	学校 xuéxiào
尽量 jǐnliàng	请帖 qǐngtiě	血液 xuèyè
近似 jìnsì	曲线 qūxiàn	淹没 yānmò
劲头 jìntóu	曲折 qūzhé	厌恶 yànwù
觉醒 juéxǐng	曲子 qǔzi	钥匙 yàoshi
卡片 kǎpiàn	散文 sǎnwén	疑难 yínán
开拓 kāituò	散步 sànbù	因为 yīnwèi
可恶 kěwù	丧失 sàngshī	音乐 yīnyuè
空调 kōngtiáo	刹车 shāchē	应该 yīnggāi
空白 kòngbái	少数 shǎoshù	应用 yìngyòng
空隙 kòngxì	少年 shàonián	与会 yùhuì
苦难 kǔnàn	牲畜 shēngchù	乐曲 yuèqǔ
矿藏 kuàngcáng	省略 shěnglüè	运转 yùnzhuǎn
理发 lǐfà	首都 shǒudū	蕴藏 yùncáng
流露 liúlù	熟练 shúliàn	灾难 zāinàn
露面 lòumiàn	率领 shuàilǐng	着急 zháojí
抹布 mābù	似乎 sìhū	着凉 zháoliáng
埋没 máimò	提供 tígōng	折腾 zhēteng
埋怨 mányuàn	挑选 tiāoxuǎn	折合 zhéhé
勉强 miǎnqiǎng	调皮 tiáopí	正月 zhēngyuè
名称 míngchēng	调整 tiáozhěng	知觉 zhījué
模仿 mófǎng	挑衅 tiǎoxìn	只能 zhǐnéng
抹杀 mǒshā	挑战 tiǎozhàn	种族 zhǒngzú
模样 múyàng	外行 wàiháng	种植 zhòngzhí
目的 mùdì	弯曲 wānqū	转换 zhuǎnhuàn
牧场 mùchǎng	为止 wéizhǐ	转折 zhuǎnzhé
难受 nánshòu	为了 wèile	转动 zhuàndòng
难民 nànmín	鲜血 xiānxuè	传记 zhuànjì
宁可 nìngkě	相差 xiāngchà	着手 zhuóshǒu
宁愿 nìngyuàn	相似 xiāngsì	着重 zhuózhòng
暖和 nuǎnhuo	效率 xiàolǜ	自觉 zìjué
呕吐 ǒutù	泄露 xièlòu	总得 zǒngděi
便宜 piányi	心血 xīnxuè	钻研 zuānyán

143

钻石 zuànshí
以下选自表二

哀号 āiháo	茶几 chájī	倒转 dǎozhuǎn
挨近 āijìn	差劲 chàjìn	得失 déshī
肮脏 āngzāng	差遣 chāiqiǎn	登载 dēngzài
懊丧 àosàng	差使 chāishǐ	地壳 dìqiào
拗口 àokǒu	拆散 chāisàn	耳塞 ěrsāi
白术 báizhú	禅师 chánshī	耳熟 ěrshú
柏油 bǎiyóu	场院 chángyuàn	发蒙 fāmēng
败露 bàilù	场次 chǎngcì	恫吓 dònghè
败兴 bàixìng	超载 chāozài	度量 dùliàng
包扎 bāozā	朝阳 cháoyáng	刁难 diāonàn
薄饼 báobǐng	称职 chènzhí	调配① diàopèi
宝藏 bǎozàng	称道 chēngdào	② tiáopèi
报丧 bàosāng	称颂 chēngsòng	掉色 diàoshǎi
背负 bēifù	冲刺 chōngcì	阿谀 ēyú
碑帖 bēitiè	重奏 chóngzòu	反差 fǎnchā
背离 bèilí	冲压 chòngyā	反省 fǎnxǐng
奔赴 bēnfù	丑角 chǒujué	非得 fēiděi
奔丧 bēnsāng	处事 chǔshì	非难 fēinàn
奔头儿 bèitour	处所 chùsuǒ	服帖 fútiē
逼供 bīgòng	畜肥 chùféi	附着 fùzhuó
避难 bìnàn	畜力 chùlì	干瘪 gānbiě
表露 biǎolù	揣测 chuǎicè	刚劲 gāngjìng
瘪三 biēsān	揣摩 chuǎimó	高着 gāozhāo
屏除 bǐngchú	创伤 chuāngshāng	蛤蜊 gélí
薄命 bómìng	创设 chuàngshè	羹匙 gēngchí
薄情 bóqíng	攒聚 cuánjù	更生 gēngshēng
补给 bǔjǐ	答腔 dāqiāng	梗塞 gěngsè
补血 bǔxuè	答话 dáhuà	哽咽 gěngyè
不遂 bùsuí	打颤 dǎzhàn	供奉 gòngfèng
参校 cānjiào	单薄 dānbó	估量 gūliáng
苍劲 cāngjìng	弹丸 dànwán	瓜葛 guāgé
苍术 cāngzhú	当今 dāngjīn	关卡 guānqiǎ
参差 cēncī	当真 dàngzhēn	共处 gòngchǔ
差数 chāshù	当做 dàngzuò	供求 gōngqiú
插曲 chāqǔ	倒塌 dǎotā	蛤蟆 háma
茶匙 cháchí	倒影 dàoyǐng	号哭 háokū

号角 hàojiǎo	离散 lísàn	散会 sànhuì
衡量 héngliáng	量具 liángjù	丧钟 sāngzhōng
哄抬 hōngtái	量力 liànglì	丧命 sàngmìng
红晕 hóngyùn	笼络 lǒngluò	禅让 shànràng
哄骗 hǒngpiàn	露脸 lùliǎn	哨卡 shàoqiǎ
厚薄 hòubó	沦丧 lúnsàng	折本 shéběn
后劲 hòujìn	蛮横 mánhèng	生肖 shēngxiào
患难 huànnàn	闷热 mēnrè	失禁 shījìn
豁口 huōkǒu	蒙骗 mēngpiàn	似的 shìde
豁然 huòrán	蒙混 ménghùn	苏打 sūdá
间断 jiànduàn	磨难 mónàn	拓片 tàpiàn
强嘴 jiàngzuǐ	抹黑 mǒhēi	挑拣 tiāojiǎn
教书 jiāoshū	模子 múzi	条几 tiáojī
骄横 jiāohèng	难友 nànyǒu	调唆 tiáosuō
校订 jiàodìng	磅礴 pángbó	挑逗 tiǎodòu
教诲 jiàohuì	泡桐 pāotóng	帖子 tiězi
拮据 jiéjū	炮制 páozhì	铜臭 tóngxiù
结扎 jiézā	泡影 pàoyǐng	铜模 tóngmú
禁受 jīnshòu	炮兵 pàobīng	统率 tǒngshuài
尽先 jǐnxiān	配角 pèijué	投奔 tóubèn
禁令 jìnlìng	劈柴 pǐchái	吐露 tǔlù
尽情 jìnqíng	撇开 piēkāi	吐血 tùxiě
惊吓 jīngxià	撇嘴 piězuǐ	妥帖 tuǒtiē
劲敌 jìngdí	屏风 píngfēng	瓦砾 wǎlì
拘泥 jūnì	牵强 qiānqiǎng	瓦刀 wàdāo
咀嚼 jǔjué	强求 qiǎngqiú	威吓 wēihè
句读 jùdòu	翘首 qiáoshǒu	微薄 wēibó
倔强 juéjiàng	悄然 qiǎorán	吓唬 xiàhu
积攒 jīzǎn	翘尾巴 qiàowěiba	相称 xiāngchèn
即兴 jíxìng	切削 qiēxiāo	降伏 xiángfú
给养 jǐyǎng	切身 qièshēn	巷战 xiàngzhàn
甲壳 jiǎqiào	躯壳 qūqiào	血晕 xiěyùn
间架 jiānjià	曲解 qūjiě	兴盛 xīngshèng
恐吓 kǒnghè	曲艺 qǔyì	星宿 xīngxiù
空闲 kòngxián	日晕 rìyùn	腥臭 xīngchòu
口供 kǒugòng	塞子 sāizi	省悟 xǐngwù
累赘 léizhuì	塞外 sàiwài	兴致 xìngzhì
累积 lěijī	散漫 sǎnmàn	凶横 xiōnghèng

雄劲 xióngjìng	淤塞 yūsè	轴承 zhóuchéng
旋涡 xuánwō	晕厥 yūnjué	诸葛 zhūgě
旋风 xuànfēng	晕车 yùnchē	主角 zhǔjué
眩晕 xuànyùn	藏青 zàngqīng	著称 zhùchēng
血栓 xuèshuān	脏腑 zàngfǔ	转送 zhuǎnsòng
血渍 xuèzì	憎恶 zēngwù	转盘 zhuànpán
压轴子 yāzhòuzi	扎针 zhāzhēn	着落 zhuóluò
轧花机 yàhuājī	轧钢 zhágāng	琢磨 zhuómó
殷红 yānhóng	丈量 zhàngliáng	琢磨 zuómo
眼熟 yǎnshú	朝阳 zhāoyáng	字模 zìmú
要塞 yàosài	着慌 zháohuāng	字帖 zìtiè
应届 yīngjiè	枝蔓 zhīmàn	钻探 zuāntàn
应允 yīngyǔn	知了 zhīliǎo	钻戒 zuànjiè
应战 yìngzhàn	中肯 zhòngkěn	尊称 zūnchēng
应征 yìngzhēng	中暑 zhòngshǔ	作坊 zuōfang
游说 yóushuì	重创 zhòngchuāng	作难 zuònán

（三）有音变的词

把柄 bǎbǐng	典礼 diǎnlǐ	好比 hǎobǐ
保管 bǎoguǎn	顶点 dǐngdiǎn	好感 hǎogǎn
保姆 bǎomǔ	法语 fǎyǔ	好久 hǎojiǔ
保守 bǎoshǒu	反感 fǎngǎn	好转 hǎozhuǎn
保险 bǎoxiǎn	粉笔 fěnbǐ	缓缓 huǎnhuǎn
保养 bǎoyǎng	抚养 fǔyǎng	悔改 huǐgǎi
堡垒 bǎolěi	辅导 fǔdǎo	给予 jǐyǔ
饱满 bǎomǎn	腐朽 fǔxiǔ	假使 jiǎshǐ
本领 běnlǐng	改组 gǎizǔ	检举 jiǎnjǔ
表演 biǎoyǎn	赶紧 gǎnjǐn	检讨 jiǎntǎo
产品 chǎnpǐn	感染 gǎnrǎn	简短 jiǎnduǎn
厂长 chǎngzhǎng	感想 gǎnxiǎng	剪彩 jiǎncǎi
场所 chǎngsuǒ	港口 gǎngkǒu	减产 jiǎnchǎn
吵嘴 chǎozuǐ	搞鬼 gǎoguǐ	减少 jiǎnshǎo
处理 chǔlǐ	稿纸 gǎozhǐ	奖品 jiǎngpǐn
打扰 dǎrǎo	给以 gěiyǐ	讲理 jiǎnglǐ
打扫 dǎsǎo	鼓舞 gǔwǔ	仅仅 jǐnjǐn
党委 dǎngwěi	鼓掌 gǔzhǎng	尽管 jǐnguǎn
岛屿 dǎoyǔ	古老 gǔlǎo	考古 kǎogǔ
导体 dǎotǐ	管理 guǎnlǐ	考取 kǎoqǔ
导演 dǎoyǎn	广场 guǎngchǎng	可口 kěkǒu

可巧 kěqiǎo	水产 shuǐchǎn	掌管 zhǎngguǎn
可喜 kěxǐ	水果 shuǐguǒ	整理 zhěnglǐ
可以 kěyǐ	所属 suǒshǔ	整整 zhěngzhěng
口语 kǒuyǔ	所以 suǒyǐ	指引 zhǐyǐn
苦恼 kǔnǎo	所有 suǒyǒu	只管 zhǐguǎn
老板 lǎobǎn	统统 tǒngtǒng	只好 zhǐhǎo
老虎 lǎohǔ	土壤 tǔrǎng	只有 zhǐyǒu
老鼠 lǎoshǔ	瓦解 wǎjiě	种种 zhǒngzhǒng
冷饮 lěngyǐn	往返 wǎngfǎn	主导 zhǔdǎo
理解 lǐjiě	往往 wǎngwǎng	主管 zhǔguǎn
理想 lǐxiǎng	稳妥 wěntuǒ	准许 zhǔnxǔ
潦草 liǎocǎo	舞蹈 wǔdǎo	总得 zǒngděi
了解 liǎojiě	侮辱 wǔrǔ	总理 zǒnglǐ
旅馆 lǚguǎn	享有 xiǎngyǒu	总统 zǒngtǒng
蚂蚁 mǎyǐ	小鬼 xiǎoguǐ	走访 zǒufǎng
美好 měihǎo	小米 xiǎomǐ	走狗 zǒugǒu
美满 měimǎn	小组 xiǎozǔ	祖母 zǔmǔ
勉强 miǎnqiǎng	许可 xǔkě	阻挡 zǔdǎng
渺小 miǎoxiǎo	选举 xuǎnjǔ	阻止 zǔzhǐ
敏感 mǐngǎn	选取 xuǎnqǔ	组长 zǔzhǎng
奶粉 nǎifěn	选手 xuǎnshǒu	一半 yíbàn
恼火 nǎohuǒ	演讲 yǎnjiǎng	一辈子 yíbèizi
扭转 niǔzhuǎn	以免 yǐmiǎn	一带 yídài
偶尔 ǒu'ěr	以往 yǐwǎng	一旦 yídàn
品种 pǐnzhǒng	饮水 yǐnshuǐ	一道 yídào
起草 qǐcǎo	引导 yǐndǎo	一定 yídìng
起点 qǐdiǎn	引起 yǐnqǐ	一度 yídù
起码 qǐmǎ	影响 yǐngxiǎng	一概 yígài
请柬 qǐngjiǎn	永久 yǒngjiǔ	一个劲儿 yígejìnr
请帖 qǐngtiě	永远 yǒngyuǎn	一共 yígòng
审美 shěnměi	勇敢 yǒnggǎn	一贯 yíguàn
省长 shěngzhǎng	友好 yǒuhǎo	一会儿 yíhuìr
手表 shǒubiǎo	雨水 yǔshuǐ	一块儿 yíkuàir
手指 shǒuzhǐ	语法 yǔfǎ	一律 yílǜ
首领 shǒulǐng	远景 yuǎnjǐng	一切 yíqiè
首脑 shǒunǎo	早晚 zǎowǎn	一系列 yíxìliè
首长 shǒuzhǎng	早已 zǎoyǐ	一下儿 yíxiàr
守法 shǒufǎ	展览 zhǎnlǎn	一下子 yíxiàzi

一向 yíxiàng	不定 búdìng	不禁 bùjīn
一样 yíyàng	不断 búduàn	不仅 bùjǐn
一再 yízài	不过 búguò	不久 bùjiǔ
一阵 yízhèn	不见得 bújiàndé	不觉 bùjué
一致 yízhì	不愧 búkuì	不堪 bùkān
一般 yìbān	不料 búliào	不可 bùkě
一边 yìbiān	不论 búlùn	不良 bùliáng
一点儿 yìdiǎnr	不是吗 búshìma	不满 bùmǎn
一举 yìjǔ	不像话 búxiànhuà	不免 bùmiǎn
一口气 yìkǒuqì	不幸 búxìng	不平 bùpíng
一连 yìlián	不要 búyào	不然 bùrán
一旁 yìpáng	不要紧 búyàojǐn	不容 bùróng
一齐 yìqí	不用 búyòng	不如 bùrú
一起 yìqǐ	不在乎 búzàihu	不少 bùshǎo
一身 yìshēn	不至于 búzhìyú	不时 bùshí
一生 yìshēng	不住 búzhù	不停 bùtíng
一时 yìshí	不安 bù'ān	不同 bùtóng
一手 yìshǒu	不比 bùbǐ	不惜 bùxī
一同 yìtóng	不得 bùdé	不行 bùxíng
一头 yìtóu	不得不 bùdébù	不朽 bùxiǔ
一些 yìxiē	不得了 bùdéliǎo	不宜 bùyí
一心 yìxīn	不等 bùděng	不一定 bùyídìng
一行 yìxíng	不法 bùfǎ	不由得 bùyóude
一直 yìzhí	不妨 bùfáng	不曾 bùcéng
不必 búbì	不公 bùgōng	不止 bùzhǐ
不但 búdàn	不管 bùguǎn	不足 bùzú
不当 búdàng	不解 bùjiě	（注："一""不"均标变调）

第三节　普通话水平测试第二项样卷

样卷一

读多音节词语50个

小曲儿	病菌	扭转	全面	公费	猿猴	安排	沙发	创造
聘用	蠢货	防汛	榫头	牙刷	死扣儿	下达	美满	信誉
存亡	热烈	考究	迫切	鼻梁儿	慈爱	日常	拐弯	略微
适应	人民	上座儿	手软	胸怀	价值	萝卜	无穷	弟兄
赞成	佤族	愤恨	青翠	奔赴	跨越	儿童	耕种	政策
捐献	快乐	娘家	赛跑	带徒弟				

样卷二

读多音节词语 50 个

恰巧	长远	激烈	出圈儿	暴虐	老婆	拼命	榫子	煤气
斯文	群岛	缩水	牙刷	奶酪	撞骗	心软	姑娘	引逗
磁铁	酒精	推广	运筹	柔媚	猜度	了得	诚恳	上座儿
家庭	中间儿	诱饵	日用	拐弯	侵略	刚才	轮廓	特性
熊猫	走神儿	相反	丰富	充满	电话	须知	红茶	快乐
穷人	西边	恩爱	往还	国务院				

样卷三

读多音节词语 50 个

恰好	俊杰	发表	拨子	僧侣	墨镜	劝说	虐杀	怀孕
创造	频率	返修	车站	群众	准备	平方	妇女	榫头
下午	用功	死扣儿	衬衫	计划	努力	科长	烟卷儿	热情
商量	承认	略微	拐弯	凶恶	棺材	劫持	总得	愚蒙
草拟	电压	催促	相片儿	跨栏	穷困	今日	打扰	因而
干活儿	恩爱	全心全意	消灭	听写				

样卷四

读多音节词语 50 个

嗓门儿	皮层	支吾	权力	失态	片儿会	化学	虐政	沙发
状况	说明	贫穷	群岛	然而	不用	交涉	私房	妇女
榫头	沉默	新闻	桥梁	下课	酒店	热爱	嘈杂	瓜子
人缘儿	孕育	中游	惭愧	拐弯	分别	关卡	哨兵	疼痛
入睡	总得	配偶	萝卜	抽象	漆匠	年龄	尺寸	快乐
压服	灭绝	大伙儿	进修	往常				

样卷五

读多音节词语 50 个

病号儿	抓紧	学期	专用	旦角儿	爱情	状况	拼命	值得
群众	昂扬	一会儿	不久	没错	榫子	汤圆	欣然	剿灭
下落	土匪	运算	聊天儿	人才	老婆	诚实	刺猬	搜查
恳求	接洽	拐弯	粗略	分别	特权	受穷	相公	丰满
规律	设备	玛瑙	年代	快乐	酿造	获取	遵行	出口
滚动	儿化	往常	生日	积压				

样卷六

读多音节词语 50 个

小曲儿	模范	圈套	纽子	运动	千瓦	学年	哀愁	努嘴
别人	原封	安稳	状况	确定	聘请	豆芽儿	净化	一下儿
思想	脊梁	用法	衬衫	伺候	索取	驰名	试问	教材

上座儿	合群	拐弯	日程	手软	召开	总得	渔轮	结论
设备	尖锐	胳膊	快乐	穷苦	民主	滚烫	宾馆	洒脱
流露	儿童	往常	批判	正好				

第三单元　普通话朗读应试指导

第一节　测试项简介

一、测试内容和要求

朗读1篇短文,成绩占30分,限时4分钟。此项测试要求应试人朗读一篇抽签选定的作品,主要测查应试人运用普通话朗读书面作品的水平,重点考查应试人的语音、连续音变、停连、语调以及流畅程度。国家级普通话水平测试大纲列出60篇作品,浙江省测试要求精读40篇,泛读20篇。在每篇短文中,均会出现双斜线符号"//",表明文章从开头到此处共计400个字。测试时,只需从短文开头读到标注"//"处即可。

二、评分标准

1. 错1个音节,扣0.1分;漏读或增读1个音节,扣0.1分。
2. 声母或韵母的系统性语音缺陷,视程度扣0.5分、1分。
3. 语调偏误,视程度扣0.5分、1分、2分。
4. 停连不当,视程度扣0.5分、1分、2分。
5. 朗读不流畅(包括回读),视程度扣0.5分、1分、2分、3分。
6. 超时扣1分。

三、评分标准阐释

1. 朗读评分以短文前400个音节(不含标点和括注的音节)为限,但应将第400个音节所在的句子读完整。
2. 朗读中出现读错字、漏字、添字,每出现一处扣0.1分。
3. 声母或韵母的系统性语音缺陷,还包括方音程度,最低扣0.5分,最高1分。
4. "语调偏误"主要指字调、句调、轻重音格式、音变的失误等,最低0.5分,最高2分。
5. "停连不当"指朗读时肢解词语,或造成言语误解、形成歧义等情况,也包括朗读时节律不当,当断不断,当连不连,或字化、词化等情况。最低0.5分,最高2分。
6. "读不流畅(包括回读)"主要反映应试人朗读短文的熟练程度。回读则视回读的量和实际情况进行扣分,还包括朗读速度过快或过慢问题。最低0.5分,最高3分。

第二节　朗读应试指导

一、朗读含义阐释

1. 什么叫朗读

所谓"朗",即声音清晰、响亮,"读",把书面语言转化为发音规范的有声语言。它与朗诵有区别,诵,即背诵。朗诵,就是用清晰、响亮的声音,结合各种语言手段来完美地表达作品思想感情的一种语言艺术。可见,朗读是语言的再创造活动,还谈不上艺术的高度。

2. 朗读与朗诵的异同

共同点:① 两者都是以书面语言为表达内容;② 都是以口头语言为表达手段;③ 都要求发音规范正确,语句流畅,表情达意。

不同点:① 朗读是一种应用型的朗声阅读,更注重于语言的规范、语句的完整和语意的精确;朗诵在朗读要求的基础上更加注重对文稿表达形式进行艺术的加工和处理。② 朗读选材广泛,诗歌、散文、议论文、说明文以及各种文章、书信等都可以为文本;朗诵选材上只限于文学作品,只有辞美、意美、脍炙人口的文学精品,才更适合朗诵。③ 表达形式各不同,朗读接近自然本色,注重音量均匀,吐字节奏、停顿以及声音高低对比,但不宜有太多的变化;朗诵讲究生动、优美的语言艺术,注重以形体、态势、表情、眼神的和谐统一来感染听众,达到风格化、个性化的舞台效果。

总之,朗读是朗诵进行艺术加工的基础,朗诵是朗读艺术加工后的提高。从学习普通话来看,朗读是基础,朗诵是朗读的进一步深入和艺术化的过程。

二、朗读的作用

朗读,是把文字作品转化为有声语言的创作活动,是学习普通话的一种主要手段和有效途径。经常朗读不仅有助于克服语流中出现的方音,掌握常用字的规范读音,练习音变、语调,有助于学习普通话的词汇、语法,更有助于培养标准的普通话语感。

一个应试人朗读水平的高低、朗读效果的好坏与其自身的语感是否敏锐有着密切的关系。所谓语感,是指人对语言的感受、领悟和判断的能力,在朗读中表现为对语言符号的感受深度和运用有声语言表达的能力。这种能力既是理解一切语言文字的基础,也是读者思想认识通向作者心灵的一座桥梁,是人们感知语言之精妙、洞察语言之精髓、把握语言之理趣的金钥匙。因此,语感优劣直接影响到人的语言表现力和运用语言的能力。语感敏锐的主体能够在整体把握作品的基础上,快速理解作品的本质,深切体验作者的情思,于内心深处深刻体味语言信息所蕴涵的声音节奏、题旨情境,并最终通过朗读将之完美地传达给听者。

三、如何提高朗读能力

(一) 深入理解作品的意旨情趣

测试中的朗读材料都是一些精心挑选出的源于生活而又高于生活的美文,它们在记人、叙事或写景、抒情中,热烈歌颂、礼赞自然的美,深刻揭示、阐发朴素的哲理,竭力捕捉、挖掘那种流淌在父母子女、朋友之间的不尽的母爱、父爱与友爱,于平凡小事中蕴涵着作者丰富的思想感情。因此,我们在朗读时,首先要了解作品的主题、内容,熟悉作品的语言气势和艺术风格,透彻领会作者的意图感情,多层次多侧面地理解把握文章,从语言层面的感知理解——对语言文字表层语义的理解,过渡到情感层面的感受理解——透过语言符号对词语深层含义体验中的理解,进而上升为审美层面的感悟理解——对作品情感意味寓义的深悟,悟出其中的"愉快",借文字、画面、愉快三个层次,从静到动、由浅入深地逐渐进入作品的境界,在感受中真切获得作品包孕的语义、涵义、寓义,只有在这样深刻理解的基础上,才能把无生命的书面文字读"活",才能爱作者所爱,感作者所感,入情入境地抒发深切真挚之情。

(二) 追求准确生动的语言再现

朗读是感受性理解和形象性表达的统一。在深入理解作品,把握作品意蕴的基础上,朗读者还要用动感的语流把作品的神情理趣真切地表达出来,获得审美信息。

语感好的人,看一段文字,听一段话语,就能根据内部理解对声音作出调整,使语音、语调、语势与作品的情境协调一致,用声音准确生动地再现作品的一切。

要达到这一点,我们应该掌握以下朗读技巧:

1. 语音规范,吐字清晰,语流畅通,语义表达准确

语音规范,一是要严格按照普通话的声、韵、调朗读;二是要防止读错字,读准异读词,读准多音多义字。吐字清晰,主要是吐字归音要到位,声母的发音弹射有力,韵腹的发音饱满响亮,韵尾的归音干净利落。防止因咬字过松造成字音浮动,音节含糊不清,或因声音过轻、底气不足而导致咬字模糊。语流畅通,不仅要避免增字、漏字、改字、回读和不恰当的停顿(读破句、一字一顿、结结巴巴、拖泥带水),而且要注意语流音变的正确读音,读好上声变调、形容词变调、"一""不"及语气词"啊"的音变;读好轻声词、儿化词,使语流连贯顺畅,快慢适中。我们只有做到用规范、清晰、畅通的语言朗读,才能准确表达作品的语义,才能调动听者的感情,扣动听者的心弦。

2. 语调自然得当

朗读时,除了每个音节原有的声调之外,整个句子还应有一种高低起伏、抑扬顿挫的变化,这种变化与句子的意思及朗读者的情感有密切的关系,句子里这种用来表达意义和感情态度的调子,我们就称之为语调。语调处理好了,能够使听者迅速感知语言的优美,领略文章的韵味,得到语言的多种美感,诸如形象感、色彩感、节奏感、情味感等。那么如何处理好语调呢?一是安排好停顿,包括语法停顿、强调停顿;二是确定好重音,根据句法结构确立语法重音,根据语意重点突出强调重音;三是掌握好句调,随着句子语气的不同及感情的变化而调节抑扬或舒缓的句调升降;四是调整好速度,速度是语言节奏的主要标志,分快速、慢速、中速三种,什么样的内容、什么样的思想感情决定了什么样的速度,速度的快慢与语言的内在节奏是一致的。

此外在语调处理过程中,特别要防止方言语调的流露,如原音节声调错读,轻声音节重读,尤其是避免助词"的""地""得""着""了""过",虚语素"子""们""头",方位语素"上""下""里""面"的重读;轻重音格式把握不准,如普通话双音节词语绝大多数属"中·重"格式,而方言中常把一部分词语读成"重·轻"格式,还有严重的尖音现象以及语调的矫揉造

作等,都是产生方言语调的主要原因。

(三) 强化短文练读的效果

语感的培养途径主要是听和说,应试者要想获得标准的普通话语感,不断排除方言语感的干扰,一个重要的方法就是要大量听取优秀的现代汉语规范白话文作品的范文朗读。经历"听读—仿读—品读—美读"四个阶段,切实加强朗读操练。在实际操作中,首先要多听、泛听,听别人是怎么控制语流变化的,是怎么处理作品语调的。其次,从语言的音准训练过渡到感受性理解和形象性表达的训练上,将听辨能力与具体的感受联系起来,细细体味作品,尽可能地理解作品的深层涵义。像朗读测试材料中反映的亲情、友情、乡情以及对自然的讴歌等,大都是我们熟悉的生活内容,我们可以用自身的经历做铺垫,激发丰富的联想,在语言中想象"画面",在"画面"中感悟语言,继而用充满感情的声音再现生动的情景,真正产生发于声而感于心的效果。

第三节 普通话水平测试用朗读篇目

浙江省普通话等级测试作品是40篇,国家级普通话水平测试作品为60篇。

普通话语音基础比较好的应试者,能够不看汉语拼音提示能准确、熟练、流畅、自然地朗读40篇精读短文,注意把握朗读技巧。基础不太好的,可先看短文后的难点音提示准确地扫除语音障碍,然后在朗读技巧的指导下,逐步提高朗读水平后。40篇朗读熟练后再准备后20篇泛读作品,为将来参加国家级普通话等级测试奠定基础。

作品1号

那是力争上游的一种树,笔直的干,笔直的枝。它的干呢,通常是丈把高,像是加以人工似的①,一丈以内,绝无旁枝;它所有的桠枝②呢,一律向上,而且紧紧靠拢③,也像是加以人工似的,成为一束,绝无横斜逸出④;它的宽大的叶子也是片片向上,几乎没有斜生的,更不用说倒垂⑤了;它的皮,光滑而有银色的晕圈⑥,微微泛出淡青色。这是虽在北方的风雪的压迫下却保持着倔强⑦挺立的一种树!哪怕只有碗来粗细罢,它却努力向上发展,高到丈许,两丈,参天耸立,不折不挠,对抗着西北风。

这就是白杨树,西北极普通的一种树,然而决不是平凡的树!

它没有婆娑⑧的姿态,没有屈曲盘旋的虬枝⑨,也许你要说它不美丽,——如果美是专指"婆娑"或"横斜逸出"之类而言,那么,白杨树算不上树中的好女子;但是它却是伟岸,正直,朴质,严肃,也不缺乏温和,更不用提它的坚强不屈与挺拔,它是树中的伟丈夫!当你在积雪初融的高原上走过,看见平坦的大地上傲然挺立这么一株或一排白杨树,难道你就只觉得树只是树,难道你就不想到它的朴质,严肃,坚强不屈,至少也象征了北方的农民;难道你竟一点儿也不联想到,在敌后的广大土//地上,到处有坚强不屈,就像白杨树一样傲然挺立的守卫他们家乡的哨兵⑩!难道你又不更远一点想到这样枝枝叶叶靠紧团结,力求上进的白杨树,宛然⑪象征了今天在华北平原纵横决荡用血写出新中国历史的那种精神和意志。

节选自茅盾《白杨礼赞》

语音提示：

① 似的 shìde
② 桠枝 yāzhī
③ 靠拢 kàolǒng
④ 横斜逸出 héngxiéyìchū
⑤ 倒垂 dàochuí
⑥ 晕圈 yùnquān
⑦ 倔强 juéjiàng
⑧ 婆娑 pósuō
⑨ 虬枝 qiúzhī
⑩ 哨兵 shàobīng
⑪ 宛然 wǎnrán

朗读指导：

《白杨礼赞》是茅盾的名篇。作者以白杨树笔直向上的枝干为象征，歌颂它坚强不屈、积极向上的精神，实际上是歌颂抗日军民昂扬的斗志和高亢的抗日激情。文章基调高亢，节奏明快，语气饱满。第一段点明白杨树笔直的形态和力争上游的特质，与第二段相呼应，赞颂它既普通而又极不平凡，正好象征着抗日军民那极不平凡的抗日决心和精神。朗读首段中描述树干、树枝、树叶和树皮的四个分句要读得抑扬有致，语气中充满热情，以此表现它对抗西北风时顽强挺立的独特风骨。第二段强调"极普通"但"绝不平凡"，突出对比的效果。"它是树中的伟丈夫"是文章的点睛之笔，应着力表现。第三段中，读四个"难道……"的排比句，语势应节节升高，要把象征意味层层推进，最后点出文章的主题。

作品 2 号

我常常遗憾我家门前那块丑石：它黑黝黝①地卧在那里，牛似的模样；谁也不知道是什么时候留在这里的，谁也不去理会它。只是麦收时节，门前摊②了麦子，奶奶总是说：这块丑石，多占地面呀，抽空把它搬走吧。

它不像汉白玉那样的细腻③，可以刻字雕花；也不像大青石的光滑，可以供来浣纱④捶布。它静静地卧在那里，院边的槐阴没有庇护⑤它，花儿也不再在它身边生长。荒草便繁衍⑥出来，枝蔓⑦上下，慢慢的，它竟锈上了绿苔、黑斑。我们这些做孩子的，也讨厌起它来，曾合伙要搬走它，但力气又不足；虽时时咒骂它，嫌弃它，也无可奈何，只好任它留在那里了。

终有一日，村子里来了一个天文学家。他在我家门前路过，突然发现了这块石头，眼光立即⑧就拉直了。他再没有离开，就住了下来；以后又来了好些人，都说这是一块陨石⑨，从天上落下来已经有二三百年了，是一件了不起的东西。不久便来了车，小心翼翼地将它运走了。

这使我们都很惊奇，这又怪又丑的石头，原来是天上的啊⑩！它补过天，在天上发过热、闪过光，我们的祖先或许仰望⑪过它，它给了他们光明、向往、憧憬⑫；而它落下来了，在污土里，荒草里，一躺就//是几百年了！

我感到自己的无知，也感到了丑石的伟大，我甚至怨恨它这么多年竟会默默地忍受着这一切！而我又立即深深地感到它那种不屈于误解、寂寞的生存的伟大。

节选自贾平凹《丑石》

语音提示：

① 黑黝黝 hēiyǒuyǒu（也可读 hēiyōuyōu）
② 摊 tān

③ 细腻 xìnì ④ 浣纱 huànshā
⑤ 庇护 bì hù ⑥ 繁衍 fányǎn
⑦ 枝蔓 zhīmàn ⑧ 立即 lìjí
⑨ 陨石 yǔnshí ⑩ 的啊 deya
⑪ 仰望 yǎngwàng ⑫ 憧憬 chōngjǐng

朗读指导：

贾平凹的《丑石》写了一块其貌不扬，甚至越变越丑的石头，但后来人们才发现，它原来身份不凡，是一块极具研究价值的陨石！它带给读者的意外和惊喜，更引发读者对人类生存忍耐力的联想，发出"是金子总会发光"的感慨。

为了令听众产生意外和惊喜的感觉，朗读时应采取欲扬先抑、欲强先弱的方法。第一、二段尽量读得平稳一些，说明丑石的毫不起眼，极其平凡。首段中"黑黝黝""牛似的"稍微加重语气，让听者先构建出丑石的外部形象；第三段中"……立即就拉直""再没有离开""是……了不起的东西"等是重点词句，要着力表现；第四段中"原来是天上的啊"一句，用上扬语调和稍快的节奏表现出惊喜来。最后一句点明文章主题，含义深刻，应用肯定的语气、舒缓的节奏来表现耐人寻味的深意。不过这一句已在文章400字以外，考试时不必读出来了。

作品3号

在达瑞八岁的时候，有一天他想去看电影①。因为没有钱，他想是向爸妈要钱，还是自己挣钱②。最后他选择了后者。他自己调制③了一种汽水，向过路的行人出售。可那时正是寒冷④的冬天，没有人买，只有两个人例外——他的爸爸和妈妈。

他偶然有一个和非常成功的商人谈话的机会。当他对商人讲述了自己的"破产史"后，商人给了他两个重要的建议：一是尝试⑤为别人解决一个难题；二是把精力集中在你知道的、你会的和你拥有的东西上。

这两个建议很关键。因为对于一个八岁的孩子而言，他不会做的事情很多。于是他穿过大街小巷⑥，不停地思考：人们会有什么难题？他又如何利用这个机会？

一天，吃早饭⑦时父亲让达瑞去取报纸。美国的送报员总是把报纸从花园篱笆⑧的一个特制的管子里塞进来。假如你想穿着睡衣舒舒服服地吃早饭和看报纸，就必须离开温暖的房间，冒着寒风，到花园去取。虽然路短，但十分麻烦⑨。

当达瑞为父亲取报纸的时候，一个主意诞生了。当天他就按响邻居的门铃，对他们说，每个月只需付给他一美元，他就每天早上把报纸塞到他们的房门底下。大多数人都同意了，很快他有//了七十多个顾客。一个月后，当他拿到自己赚的钱时，觉得自己简直是飞上了天。

很快他又有了新的机会，他让他的顾客每天把垃圾袋放在门前，然后由他早上运到垃圾桶里，每个月加一美元。之后他还想出了许多孩子赚钱的办法，并把它集结成书，书名为《儿童挣钱的二百五十个主意》。为此，达瑞十二岁时就成了畅销书作家，十五岁时有了自己⑩的谈话节目，十七岁时就拥有了几百万美元。

节选自[德]博多·舍费尔《达瑞的故事》，刘志明译

第三单元 普通话朗读应试指导

语音提示：

① 电影 diàn yǐng
② 挣钱 zhèngqián
③ 调制 tiáozhì
④ 寒冷 hánlěng
⑤ 尝试 cháng shì
⑥ 小巷 xiǎoxiàng
⑦ 早饭 zǎofàn
⑧ 篱笆 líba
⑨ 麻烦 máfan
⑩ 自己 zìjǐ

朗读指导：

《达瑞的故事》为我们塑造了一个爱动脑子、聪慧过人的美国孩子的形象。文章通过描述达瑞成功的故事,表现他的机灵、聪明、精于观察、勤于思考,说明"发现机会就能成功"的道理。

他和成功商人的谈话是重点,两个建议是关键。开始朗读应慢速,娓娓道来,以铺陈孩子的成长过程。得到商人的启迪以后,"人们会有什么难题？他又如何利用这个机会？"用慢速,其中"什么""如何"可用气声,仿佛在自言自语,表现达瑞的思考。"思考"贯穿全文,达瑞发现机会的过程一直处于思考当中,全篇的语速都不宜过快,要带出思索时的语气。第五段中的"一个主意诞生了"要升高、快速,表现出惊喜,而"觉得自己简直飞上了天"更要用兴奋的语调读出来。

"送报纸""运垃圾"到"出书",从语气到节奏应层层推进,表现他越来越聪明和自信。

作品 4 号

这是入冬以来,胶东半岛上第一场雪。

雪纷纷扬扬,下得很大。开始还伴着一阵儿①小雨,不久就只见大片大片的雪花,从彤②云密布的天空中飘落下来。地面上一会儿③就白了。冬天的山村,到了夜里就万籁俱寂④,只听得雪花簌簌地⑤不断往下落,树木的枯枝被雪压断了,偶尔咯吱⑥一声响。

大雪整整下了一夜。今天早晨⑦,天放晴了,太阳出来了。推开门一看,嗬！好大的雪啊⑧！山川、河流、树木、房屋,全都罩上了一层厚厚的雪,万里江山,变成了粉妆玉砌⑨的世界。落光了叶子的柳树上挂满了毛茸茸⑩亮晶晶的银条儿；而那些冬夏常青的松树和柏树⑪上,则挂满了蓬松松沉甸甸⑫的雪球儿。一阵风吹来,树枝轻轻地摇晃,美丽的银条儿和雪球儿簌簌地落下来,玉屑⑬似的⑭雪末儿随风飘扬,映着⑮清晨⑯的阳光,显出一道道五光十色的彩虹。

大街上的积雪足有一尺多深,人踩上去,脚底下发出咯吱咯吱的声响。一群群孩子在雪地里堆雪人,掷⑰雪球。那欢乐的叫喊声,把树枝上的雪都震落下来了。

俗话说："瑞雪兆丰年⑱。"这个话有充分的科学根据,并不是一句迷信的成语。寒冬大雪,可以冻死一部分越冬的害虫；融化了的水渗进土//层深处,又能供应庄稼生长的需要。我相信这一场十分及时的大雪,一定会促进明年春季作物,尤其是小麦的丰收。有经验的老农把雪比做"麦子的棉被"。冬天"棉被"盖得越厚,明天麦子就长得越好,所以又有这样一句谚语："冬天麦盖三层被,来年枕着馒头睡。"

我想,这就是人们为什么把及时的大雪称为"瑞雪"的道理吧。

节选自峻青《第一场雪》

语音提示：

① 一阵儿 yízhènr　　② 彤 tóng
③ 一会儿 yíhuìr　　④ 万籁俱寂 wànlàijùjì
⑤ 簌簌地 sùsùde　　⑥ 咯吱 gēzhī
⑦ 早晨 zǎochen　　⑧ 雪啊 xuěya
⑨ 粉妆玉砌 fěnzhuāngyùqì　　⑩ 毛茸茸 máoróngróng（也可读 máorōngrōng）
⑪ 柏树 bǎishù　　⑫ 沉甸甸 chéndiándián（也可读 chéndiāndiān）
⑬ 玉屑 yùxiè　　⑭ 似的 shìde
⑮ 映着 yìngzhe　　⑯ 清晨 qīngchén
⑰ 掷 zhì　　⑱ 丰年 fēngnián

朗读指导：

　　文章用充满喜悦的笔触生动细致地描述了胶东半岛入冬以来的第一场雪，人们以丰收喜悦的心情迎接着这场雪。第二段描写下雪的景象，"纷纷扬扬""大片大片""一会儿就白了""不断往下""被……压断"等重音词说明这是一场大雪，下得人们心花怒放，作者的喜悦之情和赞美之情跃然纸上。朗读时应充分调动想象力，建立起视觉景象，犹如亲临其境，与作者共同感受喜悦。朗读时节奏要明快，语调起伏要大一些，"嚯！好大的雪啊！"充分表达了作者的惊喜和兴奋，音量要高一些，充满激情。"毛茸茸""亮晶晶""蓬松松""沉甸甸"等叠音形容词要变调朗读。而"堆雪人""掷雪球"等要读得欢快、跳跃一些，把孩子的活泼劲儿表现出来。结尾一段是议论，表达作者观点，语气应舒缓、沉稳。

作品5号

　　我常想读书人是世间幸福①人，因为他除了拥有现实的世界之外，还拥有另一个更为浩瀚②也更为丰富的世界。现实的世界是人人都有的，而后一个世界却为读书人所独有。由此我想，那些失去或不能阅读的人是多么的不幸，他们的丧失是不可补偿的。世间有诸多③的不平等，财富④的不平等，权利的不平等，而阅读能力的拥有或丧失却体现为精神的不平等。

　　一个人的一生，只能经历自己拥有的那一份欣悦⑤，那一份苦难，也许再加上他亲自闻知的那一些关于自身以外的经历和经验。然而，人们通过阅读，却能进入不同时空的诸多他人的世界。这样，具有阅读能力的人，无形间获得了超越有限生命的无限可能性。阅读不仅使他多识了草木虫鱼之名，而且可以上溯⑥远古下及未来，饱览存在的与非存在的奇风异俗。

　　更为重要的是，读书加惠于人们的不仅是知识的增广，而且还在于精神的感化与陶冶。人们从读书学做人，从那些往哲先贤以及当代才俊的著述⑦中学得他们的人格。人们从《论语》⑧中学得智慧的思考，从《史记》中学得严肃的历史精神，从《正气歌》中学得人格的刚烈，从马克思学得人世//的激情，从鲁迅学得批判精神，从托尔斯泰学得道德的执着⑨。歌德的诗句刻写着睿智⑩的人生，拜伦的诗句呼唤着奋斗的热情。一个读书人，一个有机会拥有超乎个人生命体验⑪的幸运人。

节选自谢冕《读书人是幸福人》

第三单元 普通话朗读应试指导

语音提示：

① 幸福 xìngfú
② 浩瀚 hàohàn
③ 诸多 zhūduō
④ 财富 cáifù
⑤ 欣悦 xīnyuè
⑥ 上溯 shàngsù
⑦ 著述 zhùshù
⑧ 论语 lúnyǔ
⑨ 执着 zhízhuó
⑩ 睿智 ruìzhì
⑪ 体验 tǐyàn

朗读指导：

"读书人是幸福人"是文章要表达的主题，作者以两个世界作比喻，比较读书人所独享的幸福，展现他们丰富的精神世界。文章论点鲜明，论据充分，说理透彻。朗读时应态度明朗，语气坚定，声音明晰，要找准重音，适当停顿，语势连贯，令听众觉得重点突出，条理清楚，具有说服力。

全篇运用比较的手法，对比词应重点突出。首段中，"现实的""另一个""人人""读书人"等词语要形成强烈的对比，在众多的不平等中，"财富""权力""精神"等要重点突出。第二段中的"有限……无限""上溯……下及""存在……非存在"等也要重点突出，才能产生强烈的对比效果。第三段首句的"更为重要的"的"更"字要加长加重，"不但……而且……"句中的"知识"和"精神"要突出。末段的几个排比句气势连贯，说理透彻，宜稍加快语速，以更加坚定的语气读出，方能显示出无可辩驳的力量，增加文章的说服力。

作品 6 号

一天，爸爸下班回到家已经很晚了，他很累也有点儿烦，他发现五岁的儿子靠在门旁正等着他。

"爸，我可以问您一个问题吗？"

"什么问题？""爸，您一小时可以赚①多少钱？""这与你无关，你为什么问这个问题？"父亲生气地说。

"我只是想知道，请告诉我，您一小时赚多少钱？"小孩儿哀求②道。"假如你一定要知道的话，我一小时赚二十美金。"

"哦，"小孩儿低下了头，接着又说，"爸，可以借我十美金吗？"父亲发怒了："如果你只是要借钱去买毫无意义的玩具的话，给我回到你的房间睡觉去。好好想想为什么你会那么自私③。我每天辛苦④工作，没时间和你玩儿小孩子的游戏。"

小孩儿默默地⑤回到自己的房间关上门。

父亲坐下来还在生气。后来，他平静下来了。心想他可能对孩子太凶了——或许孩子真的很想买什么东西，再说他平时很少要过钱。

父亲走进孩子的房间："你睡了吗？""爸，还没有，我还醒着⑥。"孩子回答．

"我刚才可能对你太凶了，"父亲说，"我不应该发那么大的火儿——这是你要的十美金。""爸，谢谢您！"孩子高兴地从枕头⑦下拿出一些被弄皱⑧的钞票，慢慢地数着。

"为什么你已经有钱了还要？"父亲不解地问。

"因为原来不够，但现在凑⑨够了。"孩子回答："爸，我现在有//二十美金了，我可以向

159

您买一个小时的时间吗？明天请早一点儿回家——我想和您一起吃晚餐⑩。"

节选自唐继柳编译《二十美金的价值》

语音提示：

① 赚 zhuàn　　　　　　　　② 哀求 āiqiú
③ 自私 zìsī　　　　　　　　④ 辛苦 xīnkǔ
⑤ 默默地 mòmòde　　　　　⑥ 醒着 xǐngzhe
⑦ 枕头 zhěntou　　　　　　⑧ 皱 zhòu
⑨ 凑 còu　　　　　　　　　⑩ 晚餐 wǎncān

朗读指导：

这篇散文极具现实意义。在忙碌的都市生活中，人们尽管疼爱自己的孩子，却抽不出更多时间陪伴孩子。试想，孩子与父母之间的时间居然要用二十美金来购买，这是多么令人心酸而又无奈的现实！

朗读时要紧紧抓住孩子渴望父爱的急切心情，而父亲却浑然不知来展现矛盾心理。朗读时孩子与父亲的对话要表现出角色性，孩子的语气要尽量舒缓、低声低气；父亲则音高气足，表现他的烦躁和气恼。而父亲走进孩子房间后的对话，朗读时要改变语速，父亲带着内疚，语调变得柔和、缓慢，孩子则因父亲表现出难得的耐心而欣喜，语调提高，语速轻快而跳跃。

作品7号

我爱月夜，但我也爱星天。从前在家乡七八月的夜晚在庭院①里纳凉②的时候，我最爱看天上密密麻麻③的繁星。望着星天，我就会忘记一切，仿佛回到了母亲的怀里似的。

三年前在南京我住的地方有一道后门，每晚我打开后门，便看见一个静寂④的夜。下面是一片菜园，上面是星群密布的蓝天。星光在我们的肉眼里虽然微小，然而它使我们觉得光明无处不在。那时候我正在读一些天文学的书，也认得一些星星，好像他们就是我的朋友，它们常常在和我谈话一样。

如今在海上，每晚和繁星相对，我把它们认得很熟⑤了。我躺在舱面上⑥，仰望天空。深蓝色的天空里悬着无数半明半昧⑦的星。船在动，星也在动，它们是这样低，真是摇摇欲坠⑧呢！渐渐地我的眼睛模糊⑨了，我好像看见无数的萤火虫⑩在我的周围飞舞。海上的夜是柔和的，是静寂的，是梦幻的。我望着许多认识的星，我仿佛看见它们在对我眨眼⑪，我仿佛听见它们在小声说话。这时我忘记了一切。在星的怀抱中我微笑着，我沉睡着。我觉得自己是一个小孩子，现在睡在母亲的怀里了。

有一夜，那个在哥伦波⑫上船的英国人指给我看天上的巨人。他用手指着：//那四颗明亮的星是头，下面的几颗是身子，这几颗是手，那几颗是腿和脚，还有三颗星是腰带。经他这一番指点，我果然看清楚了那个天上的巨人。看，那个巨人还在跑呢！

节选自巴金《繁星》

语音提示：

① 庭院 tíngyuàn　　　　　　② 纳凉 nàliáng
③ 密密麻麻 mìmì-mámá　　 ④ 静寂 jìngjì

⑤ 熟 shú　　　　　　　　　　⑥ 舱面上 cāngmiànshang
⑦ 半明半昧 bànmíngbànmèi　　⑧ 摇摇欲坠 yáoyáo-yùzhuì
⑨ 模糊 móhu　　　　　　　　⑩ 萤火虫 yínghuǒchóng
⑪ 眨眼 zhǎyǎn　　　　　　　　⑫ 哥伦波 gēlúnbō

朗读指导：

　　静夜的海上，作者遥望清澄的蓝天，看着满天的星斗，牵动了对幼年、家乡和母亲的思念。《繁星》这篇抒情散文表达了作者对故乡的怀念、对母亲的依恋，情深意切，意境深远。朗读要把握好自然、平和、亲切的基调。读第一、二两段时，要充满想象，用平缓、深沉的语调营造出静谧、浪漫的意境。朗读第三段时，用柔和感性的语调，尽情享受星空与现实的交融，给人以想象的空间，语调和节奏还应表现出抑→扬→抑的变化来，开始时缓慢轻柔，读到"船在动，星也在动"时语速渐快，声音渐高，直到"……在我的周围飞舞"用上扬的语调结束并设置较长的停顿，然后再放缓，用轻柔的语气与星星进行心灵的对话，到"这时我忘记了一切"开始，就几乎是自言自语了。

作品 8 号

　　爸不懂得怎样表达爱，使我们一家人融洽①相处的是我妈。他只是每天上班下班，而妈则把我们做过的错事开列清单②，然后由他来责骂我们。

　　有一次我偷了一块糖果，他要我把它送回去，告诉③卖糖的说是我偷来的，说我愿意替他拆箱④卸货作为赔偿。但妈妈却明白我只是个孩子。

　　我在运动场打秋千跌断了腿，在前往医院途中一直抱着我的，是我妈。爸把汽车停在急诊室⑤门口，他们叫他驶开，说那空位⑥是留给紧急车辆停放⑦的。爸听了便叫嚷道："你以为这是什么车？旅游车？"

　　在我生日会上，爸总是显得有些不大相称⑧。他只是忙于吹气球，布置餐桌⑨，做杂务。把插着蜡烛的蛋糕推过来让我吹的，是我妈。

　　我翻阅照相册时，人们总是问："你爸爸是什么样子的？"天晓得！他老是忙着替别人拍照。妈和我笑容可掬⑩地一起拍的照片，多得不可胜数。

　　我记得妈有一次叫他教我骑自行车。我叫他别放手，但他却说是应该放手的时候了。我摔倒之后，妈跑过来扶我，爸却挥手要她走开。我当时生气极了，决心要给他点颜色看。于是我马上爬上自行车，而且自己骑给他看。他只是微笑。

　　我念大学时，所有的家信都是妈写的。他除//了寄支票外，还寄过一封短柬⑪给我，说因为我没有在草坪⑫上踢足球了，所以他的草坪长得很美。

　　每次我打电话回家，他似乎⑬都想跟我说话，但结果总是说："我叫你妈来接。"

　　我结婚时，掉眼泪的是我妈。他只是大声擤⑭了一下鼻子，便走出房间。

　　我从小到大都听他说："你到哪里去？什么时候回家？汽车有没有汽油？不，不准去。"爸完全不知道怎样表达爱。除非……

　　会不会是他已经表达了而我却未能察觉？

节选自［美］艾尔玛·邦贝克《父亲的爱》

语音提示：

① 融洽 róngqià
② 清单 qīngdān
③ 告诉 gàosu
④ 拆箱 chāixiāng
⑤ 室 shì
⑥ 空位 kòngwèi
⑦ 停放 tíngfàng
⑧ 相称 xiāngchèn
⑨ 餐桌 cānzhuō
⑩ 笑容可掬 xiàoróngkějū
⑪ 短柬 duǎnjiǎn
⑫ 草坪 cǎopíng
⑬ 似乎 sìhū
⑭ 擤 xǐng

朗读指导：

本文描写了两代人之间的情感沟通，写孩子对爸爸的感情由不理解到理解，由怨恨到领悟的过程。谈到妈妈，语气中充满了柔情；谈到爸爸，却是怨恨和不理解，文章用几个小故事表现爸爸妈妈表达爱的方式完全不同。朗读时要把握好"埋怨"的分寸，不能过火。比如爸爸在急诊室门口对人叫嚷的一句"你以为这是什么车？旅游车？"这种愤怒是因爱而起，因着急而生，所以在语气急促的同时也要表现出对孩子急切的关爱。最后两段是作者理解父爱的关键，"除非"二字要用疑惑的语气缓缓读出，且设置较长时间的停顿，然后用缓速、深沉并略带自责的语调读出"会不会是他已经表达了而我却未能察觉？"

作品 9 号

一个大问题一直盘踞①在我脑袋里：世界杯怎么会有如此巨大的吸引力？除去足球本身的魅力②之外，还有什么超乎其上而更伟大的东西？

近来观看世界杯，忽然从中得到了答案③：是由于一种无上崇高④的精神情感——国家荣誉感！

地球上的人都会有国家的概念，但未必时时都有国家的感情。往往人到异国，思念家乡，心怀故国，这国家概念就变得有血⑤有肉，爱国之情来得非常具体。而现代社会，科技昌达，信息快捷⑥，事事上网，世界真是太小太小，国家的界限似乎也不那么清晰⑦了。

再说足球正在快速世界化，平日里各国球员频繁⑧转会，往来随意，致使越来越多的国家联赛都具有国际的因素。球员们不论国籍，只效力于自己的俱乐部，他们比赛⑨时的激情中完全没有爱国主义的因子。

然而，到了世界杯大赛，天下大变。各国球员都回国效力，穿上与光荣的国旗同样色彩的服装。在每一场比赛前，还高唱国歌以宣誓对自己祖国的挚爱⑩与忠诚⑪。一种血⑫缘情感开始在全身的血⑬管里燃烧起来，而且立刻热血沸腾。

在历史时代，国家间经常发生对抗，好男儿戎装⑭卫国。国家的荣誉往往需要以自己的生命去//换取。但在和平年代，唯有这种国家之间大规模对抗性的大赛，才可以唤起那种遥远而神圣的情感，那就是：为祖国而战！

节选自冯骥才《国家荣誉感》

语音提示：

① 盘踞 pánjù
② 魅力 mèilì
③ 答案 dá'àn
④ 崇高 chónggāo

⑤ 血 xiě
⑥ 快捷 kuàijié
⑦ 清晰 qīngxī
⑧ 频繁 pínfán
⑨ 比赛 bǐsài
⑩ 挚爱 zhì'ài
⑪ 忠诚 zhōngchéng
⑫ 血 xuè
⑬ 血 xuè
⑭ 血 xuè
⑮ 戎装 róngzhuāng

朗读指导：

"国家荣誉感"是本文的核心，作者对此大加赞扬。开篇的两个设问句，既问自己又问观众，"怎么会""什么"两个疑问句要加重语气，用上扬的语调朗读，以引起大家的好奇和关注。紧接着作者做出肯定回答，语气要坚定，重音落在"无上崇高"上，而"国家荣誉感"几个字要字字铿锵有力。第四、五两段采取对比手法，比较球员平时和世界杯期间的表现，第五段的"光荣的国旗""同样色彩""高唱国歌"等词语，要用饱满的声音和昂扬的语调读出来。文末"为祖国而战！"是点题之句，更应字字着力，铿锵有致，掷地有声！

作品10号

夕阳落山不久，西方的天空，还燃烧着一片橘红①色的晚霞。大海，也被这霞光染成②了红色，而且比天空的景色③更要壮观。因为它是活动的，每当一排排波浪涌起的时候，那映照在浪峰④上的霞光，又红又亮，简直就像一片片霍霍燃烧着的火焰⑤，闪烁着，消失了。而后面的一排，又闪烁着，滚动着，滚了过来。

天空的霞光渐渐地淡下去了，深红的颜色变成了绯红⑥，绯红又变为浅红。最后，当这一切红光都消失了的时候，那突然显得高而远了的天空，则呈现⑦出一片肃穆⑧的神色。最早出现的启明星，在这蓝色的天幕上闪烁起来了。它是那么大，那么亮，整个广漠的天幕上只有它在那里放射着令人注目⑨的光辉，活像一盏悬挂在高空的明灯。

夜色加浓，苍空中的"明灯⑩"越来越多了。而城市各处的真的灯火也次第亮了起来，尤其是围绕在海港周围山坡上的那一片灯光，从半空倒映⑪在乌蓝的海面上，随着波浪，晃动⑫着，闪烁着，像一串流动着的珍珠，和那一片片密布在苍穹⑬里的星斗互相辉映，煞⑭是好看。

在这幽美的夜色中，我踏着软绵绵⑮的沙滩，沿着海边，慢慢儿地向前走去。海水，轻轻地抚摸着细软的沙滩，发出温柔//的刷刷声。晚来的海风，清新而又凉爽。我的心里，有着说不出的兴奋⑯和愉快。

夜风轻飘飘地吹拂着，空气中飘荡着一种大海和田禾相混合的香味儿，柔软的沙滩上还残留着白天太阳炙晒⑰的余温。那些在各个工作岗位上劳动了一天的人们，三三两两地来到这软绵绵的沙滩上，他们浴着凉爽的海风，望着那缀满了星星的夜空，尽情地说笑，尽情地休憩⑱。

节选自峻青《海滨仲夏夜》

语音提示：

① 橘红 júhóng
② 染成 rǎnchéng
③ 景色 jǐngsè
④ 浪峰 làngfēng

163

⑤ 火焰 huǒyàn　　　　　　　⑥ 绯红 fēihóng
⑦ 呈现 chéngxiàn　　　　　　⑧ 肃穆 sùmù
⑩ 令人注目 lìngrénzhùmù　　　⑩ 明灯 míngdēng
⑪ 倒映 dàoyìng　　　　　　　⑫ 晃动 huàngdòng
⑬ 苍穹 cāngqióng　　　　　　⑭ 煞 shà
⑮ 软绵绵 ruǎnmiánmián(也可读 ruǎnmiānmiān)　⑯ 兴奋 xīngfèn
⑰ 炙晒 zhìshài　　　　　　　⑱ 休憩 xiūqì

朗读指导：
　　这篇散文描绘了仲夏海滨,从夕阳落山到夜色渐浓,天空晚霞千变万化的美丽夜景,基调温馨而惬意。朗读时要充分发挥想象力,感受作者笔下的天空每一瞬间的变化:红色霞光的动感,颜色层次的变换(橘红—深红—浅红);启明星升起;苍穹明灯与人间灯火的相互辉映;蓝天的明,海面的暗互相映衬……并用饱满的语气、柔和的声调、有规律的节奏,把这种感受和体会传达出来。第四段中的"次第亮了""倒映""晃动""闪烁""辉映"等都是描述优美夜色的关键词,朗读时要格外注意。

作品11号

　　生命在海洋里诞生①绝不是偶然的,海洋的物理和化学性质,使它成为孕育②原始生命的摇篮。

　　我们知道,水是生物的重要组成部分,许多动物组织的含水量在百分之八十以上,而一些海洋生物的含水量高达百分之九十五。水是新陈代谢的重要媒介③,没有它,体内的一系列生理和生物化学反应就无法进行,生命也就停止。因此,在短时期内动物缺水要比缺少食物更加危险。水对今天的生命是如此重要,它对脆弱④的原始生命,更是举足轻重了。生命在海洋里诞生,就不会有缺水之忧。

　　水是一种良好的溶剂⑤。海洋中含有许多生命所必需的无机盐,如氯化钠⑥、氯化钾、碳酸盐、磷酸⑦盐,还有溶解氧,原始生命可以毫不费力地从中吸取它所需要的元素。

　　水具有很高的热容量,加之海洋浩大,任凭夏季烈日曝晒⑧,冬季寒风扫荡,它的温度变化却比较小。因此,巨大的海洋就像是天然的"温箱",是孕育原始生命的温床⑨。

　　阳光虽然为生命所必需,但是阳光中的紫外线却有扼杀⑩原始生命的危险。水能有效地吸收紫外线,因而又为原始生命提供了天然的"屏障"⑪。

　　这一切都是原始生命得以产生和发展的必要条件。//

　　　　　　　　　　　　　　　　　　　　节选自童裳亮《海洋与生命》

语音提示：
① 诞生 dànshēng　　　　　　② 孕育 yùnyù
③ 媒介 méijiè　　　　　　　④ 脆弱 cuìruò
⑤ 溶剂 róngjì　　　　　　　⑥ 氯化钠 lǜhuànà
⑦ 磷酸 línsuān　　　　　　　⑧ 曝晒 pùshài
⑨ 温床 wēnchuáng　　　　　　⑩ 扼杀 èshā
⑪ 屏障 píngzhàng

朗读指导：

这是一篇说明文，说明海洋是生命的摇篮。结构严谨，有总述、分述和总结，条理清楚明晰。文章用了比喻手法，令语言生动形象、浅显通俗，朗读时要把握好文章的层次脉络，每段之间停顿稍长些，表现出层次感。朗读说明文不必加入情感成分，语调平实，节奏平稳、语速中速即可。练读前要理解文意，找准重音；长句子要处理好停顿，避免读破句。对比句的重音处理也很重要，比如"水对今天的生命是如此重要，它对脆弱的原始生命，更是举足轻重了"一句，只要突出了"水""今天""原始"和"更"，语意就清楚明白了。

作品 12 号

读小学的时候，我的外祖母过世了。外祖母生前最疼爱①我，我无法排除自己的忧伤，每天在学校的操场上一圈儿②又一圈儿地跑着，跑得累倒在地上，扑在草坪上痛哭。

那哀痛的日子，断断续续地持续③了很久，爸爸妈妈也不知道如何安慰④我。他们知道与其骗我说外祖母睡着了，还不如对我说实话：外祖母永远不会回来了。

"什么是永远不会回来呢？"我问着。

"所有时间里的事物，都永远不会回来。你的昨天过去，它就永远变成昨天，你不能再回到昨天。爸爸以前也和你一样小，现在也不能回到你这么小的童年了；有一天你会长大，你会像外祖母一样老；有一天你度过了你的时间，就永远不会回来了。"爸爸说。

爸爸等于⑤给我一个谜语，这谜语比课本上的"日历挂在墙壁，一天撕去一页，使我心里着急"和"一寸光阴一寸金，寸金难买寸光阴"还让我感到可怕；也比作文本上的"光阴似箭，日月如梭"更让我觉得有一种说不出的滋味儿⑥。

时间过得那么飞快，使我的小心眼儿里不只是着急⑦，还有悲伤。有一天我放学回家，看到太阳快落山了，就下决心说："我要比太阳更快地回家。"我狂奔⑧回去，站在庭院⑨前喘气的时候，看到太阳//还露着⑩半边脸⑪，我高兴地跳跃⑫起来，那一天我跑赢了太阳。以后我就时常做那样的游戏，有时和太阳赛跑，有时和西北风比快，有时一个暑假⑬才能做完的作业，我十天就做完了；那时我三年级，常常把哥哥五年级的作业拿来做。每一次比赛胜过时间，我就快乐得不知道怎么⑭形容⑮。……

如果将来我有什么要教给我的孩子，我会告诉他：假若你一直和时间比赛，你就可以成功！

节选自（台湾）林清玄《和时间赛跑》

语音提示：

① 疼爱 téng'ài
② 圈儿 quānr
③ 持续 chíxù
④ 安慰 ānwèi
⑤ 等于 děngyú
⑥ 滋味儿 zīwèir
⑦ 着急 zháojí
⑧ 狂奔 kuángbēn
⑨ 庭院 tíngyuàn
⑩ 露着 lòuzhe
⑪ 半边脸 bànbiānliǎn
⑫ 跳跃 tiàoyuè
⑬ 暑假 shǔjià
⑭ 怎么 zěnme
⑮ 形容 xíngróng

朗读指导：

本文有一个别具一格的开头，它用失去至亲的痛苦引出"时间一去不回头"的严峻命题，说明时间的流逝跟亲人的离去一样是永远追不回来的，以此表达时间的珍贵，说明珍惜时间、善用时间的重要性。第一、二两段要用缓慢低沉的语调朗读，表现失去的痛苦，为下一段写时光的宝贵埋下伏笔。问爸爸的语句，声调稍扬，表现儿童的天真和疑惑，爸爸的回答也应缓速低沉一些，表达爸爸作为过来人对已逝时光的伤感。第五段引号内俗语名言的语义要连贯，以区别于引号外的意思。第六、七两段的感情由悲伤转向喜悦，节奏应明快一些，表现作者跑在时间前面而达到成功的喜悦。

作品 13 号

三十年代初，胡适在北京大学任教授。讲课时他常常对白话文大加称赞①，引起一些只喜欢文言文而不喜欢白话文的学生的不满。

一次，胡适正讲得得意的时候，一位姓魏②的学生突然站了起来，生气地问："胡先生，难道说白话文就毫无缺点吗？"胡适微笑着回答说："没有。"那位学生更加③激动了："肯定有！白话文废话太多，打电报用字多，花钱多。"胡适的目光顿时变亮了，轻声④地解释⑤说："不一定吧！前几天有位朋友给我打来电报，请我去政府部门工作，我决定不去，就回电拒绝了。复电是用白话写的，看来也很省字。请同学们根据我这个意思，用文言文写一个回电，看看究竟⑥是白话文省字，还是文言文省字？"胡教授刚说完，同学们立刻⑦认真地写了起来。

十五分钟过去，胡适让同学举手，报告用字的数目，然后挑了一份用字最少的文言电报稿，电文是这样写的：

"才疏学浅⑧，恐难胜任，不堪⑨从命。"白话文的意思是：学问不深，恐怕很难担任这个工作，不能服从安排。

胡适说，这份写得确实不错，仅用了十二个字。但我的白话电报却只用了五个字：

"干不了，谢谢！"

胡适又解释说："干不了"就是才疏学浅、恐难胜任⑩的意思；"谢谢"既//对朋友的介绍表示感谢，又有拒绝的意思。所以，废话多不多，并不看它是文言文还是白话文，只要注意选用字词，白话文是可以比文言文更省字的。

节选自陈灼主编《实用汉语中级教程》（上）中《胡适的白话电报》

语音提示：

① 称赞 chēngzàn　　　　　　② 魏 wèi
③ 更加 gèngjiā　　　　　　　④ 轻声 qīngshēng
⑤ 解释 jiěshì　　　　　　　　⑥ 究竟 jiūjìng
⑦ 立刻 lìkè　　　　　　　　　⑧ 才疏学浅 cáishūxuéqiǎn
⑨ 不堪 bùkān　　　　　　　　⑩ 胜任 shèngrèn

朗读指导：

这是个很有趣的故事，胡适先生通过课堂上的实例来比较文言文和白话文哪个更简洁。故事内容以胡适和学生的对话为主。因双方各自的心理状态不同，对话带有鲜明的语言特性。朗读时要凸显双方的角色特点,在声音表达上体现个性。学生不认同先生的看法,一心想驳倒他,"突然站了起来""生气""更加激动"等词语的语气为朗读者提供了准确的心理依据,需要用高声、快速、强硬的语调来表现强烈不满和不服气。表现胡适先生的声音形象,一是胸有成竹,二是良好修养。朗读他的话要慢条斯理、温文柔顺、语调沉稳、语速稍慢,使他的话具有说服力。

作品 14 号

对于一个在北平住惯的人,像我,冬天要是不刮风,便觉得是奇迹;济南①的冬天是没有风声②的。对于一个刚由伦敦回来的人,像我,冬天要能看得见③日光,便觉得是怪事;济南的冬天是响晴④的。自然,在热带的地方,日光是永远那么毒,响亮的天气,反有点儿叫人害怕。可是,在北中国的冬天,而能有温晴的天气,济南真得算个宝地。

设若单单是有阳光,那也算不了出奇。请闭上眼睛想:一个老城,有山有水,全在天底下晒着阳光,暖和⑤安适地睡着,只等春风来把它们唤醒,这是不是理想的境界?小山整把济南围了个圈儿,只有北边缺着点口儿。这一圈小山在冬天特别可爱,好像是把济南放在一个小摇篮里,它们安静⑥不动地低声地说:"你们放心吧,这儿准保暖和。"真的,济南的人们在冬天是面上含笑的。他们一看那些小山,心中便觉得有了着落⑦,有了依靠。他们由天上看到山上,便不知不觉地想起:"明天也许就是春天了吧?这样的温暖,今天夜里山草也许就绿起来了吧?"就是这点幻想不能一时实现,他们也并不着急,因为这样慈善⑧的冬天,干什么还希望别的呢!

最妙的是下点小雪呀。看吧,山上的矮松越发的青黑,//树尖上顶着一髻儿⑨白花,好像日本看护妇。山尖全白了,给蓝天镶上⑩一道银边⑪。山坡上,有的地方雪厚点,有的地方草色还露着;这样,一道儿白,一道儿暗黄,给山们穿上一件带水纹儿⑫的花衣;看着看着,这件花衣好像被风儿吹动,叫你希望看见一点更美的山的肌肤。等到快日落的时候,微黄的阳光斜射在山腰上,那点薄雪⑬好像忽然害了羞,微微露出点儿粉色。就是下小雪吧,济南是受不住大雪的,那些小山太秀气。

节选自老舍《济南的冬天》

语音提示:

① 济南 jǐnán　　　　　　　② 风声 fēngshēng
③ 看得见 kàndejiàn　　　　④ 响晴 xiǎngqíng
⑤ 暖和 nuǎnhuo　　　　　　⑥ 安静 ānjìng
⑦ 着落 zhuóluò　　　　　　⑧ 慈善 císhàn
⑨ 一髻儿 yíjìr　　　　　　⑩ 镶上 xiāng·shàng
⑪ 银边 yínbiān　　　　　　⑫ 水纹儿 shuǐwénr
⑬ 薄雪 báoxuě

朗读指导:

本文老舍先生以极其真挚的情感歌颂济南的冬天,以深情的笔触描写了其种种可爱之处:晴朗的天空、缺口的山、冬天的小雪……文笔优美,感情细腻,语言极具韵律美。朗读时要自始至终把握好"真情"二字,让听众有一种身临其境之感。如第三段,被小雪装扮的大地色彩丰富、层次鲜明,令人产生无限的遐想:树尖上的一髻儿白花,像日本看护妇;山尖儿的白雪像给蓝天镶的一道银边;山坡上的一道儿白一道儿黄的雪景像带水纹儿的花衣……用拟人的手法形容被雪覆盖的小山,令人产生美的联想!老舍先生的语言口语化强,儿化音多,朗读时注意尽量读得自然地道。

作品 15 号

纯朴的家乡村边有一条河,曲曲弯弯,河中架一弯石桥,弓样的小桥横跨两岸。

每天,不管是鸡鸣晓月、日丽中天,还是月华泻地,小桥都印下串串足迹①,洒落②串串汗珠。那是乡亲为了追求多棱③的希望,兑现④美好的遐想⑤。弯弯小桥,不时荡过轻吟⑥低唱,不时露出舒心的笑容。

因而,我稚小的心灵,曾将心声献给小桥:你是一弯银色的新月,给人间普照光辉;你是一把闪亮的镰刀,割刈⑦着欢笑的花果;你是一根晃悠悠⑧的扁担⑨,挑起了彩色的明天!哦⑩,小桥走进我的梦中。

我在飘泊他乡的岁月,心中总涌动着故乡的河水,梦中总看到弓样的小桥。当我访南疆探北国,眼帘闯进座座雄伟的长桥时,我的梦变得丰满⑪了,增添了赤橙⑫黄绿青蓝紫。

三十多年过去,我戴着满头霜花回到故乡,第一紧要的便是去看望小桥。

啊!小桥呢?它躲起来了?河中一道长虹,浴着朝霞熠熠⑬闪光。哦,雄浑的大桥敞开胸怀,汽车的呼啸、摩托的笛音、自行车的叮铃⑭,合奏着进行交响乐;南来的钢筋、花布,北往的柑橙、家禽,绘出交流欢悦图……

啊!蜕变⑮的桥,传递了家乡进步的消息,透露了家乡富裕的声音。时代的春风,美好的追求,我蓦地⑯记起儿时唱//给小桥的歌,哦,明艳艳的太阳照耀了,芳香甜蜜的花果捧来了,五彩斑斓⑰的月拉开了!

我心中涌动的河水,激荡起甜美的浪花。我仰望一碧⑱蓝天,心底轻声呼喊:家乡的桥呀,我梦中的桥!

节选自郑莹《家乡的桥》

语音提示

① 足迹 zújì　　　　　　② 洒落 sǎluò
③ 多棱 duōléng　　　　④ 兑现 duìxiàn
⑤ 遐想 xiáxiǎng　　　　⑥ 轻吟 qīngyín
⑦ 割刈 gēyì　　　　　　⑧ 晃悠悠 huàngyōuyōu
⑨ 扁担 biǎndan　　　　⑩ 哦 ò
⑪ 丰满 fēngmǎn　　　　⑫ 赤橙 chìchéng
⑬ 熠熠 yìyì　　　　　　⑭ 叮铃 dīnglíng
⑮ 蜕变 tuìbiàn　　　　　⑯ 蓦地 mòdì
⑰ 斑斓 bānlán　　　　　⑱ 一碧 yí bì

朗读指导:

本文通过对童年记忆中的家乡小桥和现实中的雄浑大桥对比,歌颂家乡的巨变。散文前半部分着力描写多年来一直牵动着作者情思的家乡小桥,感情真挚而热烈,文字优美而细腻。首段缓速领起,深情地描述记忆中的家乡小桥,"曲曲弯弯""弓样"要着力朗读,让听众与你一起构建出小桥的具体形象。第三段中的三个排比句倾注了作者浓浓深情。"银色的新月""闪亮的镰刀""晃悠悠的扁担"三个贴切的比喻是家乡小桥留给作者的永久印记。朗读时要充满激情,声音柔和明亮,节奏舒缓流畅,感情真挚而浓烈,语句要从心底流淌出来。第五段宜用急促的节奏表现作者老大回家的急切心情。第六段是作者阔别了家乡几十年后,回家看到家乡的巨变所发出的惊叹,朗读节奏要加快,声调要提高,语气中充满惊喜和自豪,顿号前后不设停顿,用急速、欢快的语调表现如今的家乡繁荣热闹、欣欣向荣的景象。

作品 16 号

　　三百多年前,建筑设计师莱伊恩①受命设计了英国温泽/市政府/大厅,他运用工程力学的知识,依据自己多年的实践,巧妙地设计了只用一根柱子支撑②的大厅天花板。一年以后,市政府权威人士进行工程验收时,却说只用一根柱子支撑天花板太危险,要求莱伊恩再多加几根柱子。

　　莱伊恩自信只要一根坚固的柱子足以保证大厅安全,他的"固执"③惹恼④了市政官员,险些被送上法庭。他非常苦恼,坚持自己原先的主张吧,市政官员肯定会另找人修改设计;不坚持吧,又有悖⑤自己为人的准则。矛盾了很长一段时间,莱伊恩终于想出了一条妙计,他在大厅里增加了四根柱子,不过这些柱子并未与天花板接触⑥,只不过是装装样子。

　　三百多年过去了,这个秘密始终没有被人发现。直到前两年,市政府准备修缮⑦大厅的天花板,才发现莱伊恩当年的"弄虚作假"。消息传出后,世界各国的建筑专家和游客云集,当地政府对此也不加掩饰⑧,在新世纪到来之际,特意将大厅作为一个旅游景点对外开放,旨在引导人们崇尚⑨和相信科学。

　　作为一名建筑师,莱伊恩并不是最出色的。但作为一个人,他无疑非常伟大,这种//伟大表现在他始终恪守⑩着自己的原则,给高贵的心灵一个美丽的住所,哪怕是遭遇⑪到最大的阻力,也要想办法抵达⑫胜利。

节选自游宇明《坚守你的高贵》

语音提示:

① 莱伊恩 láiyī'ēn　　　　② 支撑 zhīchēng
③ 固执 gùzhí　　　　　　④ 惹恼 rě'nǎo
⑤ 悖 bèi　　　　　　　　⑥ 接触 jiēchù
⑦ 修缮 xiūshàn　　　　　⑧ 掩饰 yǎnshì
⑨ 崇尚 chóngshàng　　　⑩ 恪守 kèshǒu
⑪ 遭遇 zāoyù　　　　　　⑫ 抵达 dǐdá

朗读指导:

　　本文通过讲述建筑设计师莱依恩坚持自己的主张建设市政厅的故事,赞扬莱伊恩不屈从于压力,坚持科学真理、恪守做人原则的精神。朗读时语速要平稳,情感起伏不要太大,找准重音词来突出莱依恩的性格特点。首段的第二句要突出"多年""巧妙""只用一根"等词语,暗示即将出现的矛盾和争议。第二段中"自信""固执"等词,要加重语气。读到他苦恼时,要放慢语速,降低音量,表现他在沉重压力下对"屈从"或"坚持"的艰难选择。在"坚持……吧""不坚持吧"之后的逗号处设置较长的停顿,表现他的犹豫和为难。第三段是秘密被揭开后人们的惊讶和表现出来的对莱依恩的崇敬。最后一段揭示主题,语气要读得坚定、从容,重点突出"非常伟大""始终恪守""也要想办法"等词语,以表达赞扬的感情。

作品17号

自从传言有人在萨文河畔①散步时无意发现了金子后,这里便常有来自四面八方的淘金者。他们都想成为富翁,于是寻遍了整个河床,还在河床上挖出很多大坑,希望借助它们找到更多的金子。的确,有一些人找到了,但另外一些人因为一无所得而只好扫兴②归去。也有不甘心落空的,便驻扎③在这里,继续寻找。彼得·弗雷特④就是其中一员。他在河床附近买了一块没人要的土地,一个人默默地工作。他为了找金子,已把所有的钱都押在这块土地上。他埋头苦干了半个月,直到土地全变成了坑坑洼洼⑤,他失望了——他翻遍了整块土地,但连一丁点儿⑥金子都没看见。

六个月后,他连买面包的钱都没有了。于是他准备离开这儿到别处去谋生。

就在他即将离去的前一个晚上,天下起了倾盆⑦大雨,并且一下就是三天三夜。雨终于停了,彼得走出小木屋,发现眼前的土地看上去好像和以前不一样:坑坑洼洼已被大水冲刷⑧平整⑨,松软的土地上长出一层绿茸茸⑩的小草。

"这里没找到金子,"彼得忽有所悟地说,"但这土地很肥沃⑪,我可以用来种花,并且拿到镇上去卖给那些富人,他们一定会买些花装扮他们华丽的客//厅。如果真是这样的话,那么我一定会赚许多钱,有朝一日我也会成为富人……"

于是他留了下来。彼得花了不少精力⑫培育花苗,不久田地里长满了美丽娇艳的各色鲜花。

五年以后,彼得终于实现了他的梦想——成了一个富翁⑬。"我是唯一的一个找到真金的人!"他时常不无骄傲地告诉别人,"别人在这儿找不到金子后便远远地离去,而我的'金子'是在这块土地里,只有诚实⑭的人用勤劳才能采集到。"

节选自陶猛译《金子》

语音提示:

① 河畔 hépàn   ② 扫兴 sǎoxìng
③ 驻扎 zhùzhā   ④ 弗雷特 fúléitè
⑤ 坑坑洼洼 kēngkēngwāwā   ⑥ 一丁点儿 yìdīngdiànr
⑦ 倾盆 qīngpén   ⑧ 冲刷 chōngshuā
⑨ 平整 píngzhěng   ⑩ 绿茸茸 lùróngróng
⑪ 肥沃 féiwò   ⑫ 精力 jīnglì
⑬ 富翁 fùwēng   ⑭ 诚实 chéngshí

朗读指导:

本文通过彼得淘金的故事,揭示一个生活哲理:运气不可靠,只有依靠自己的双手,脚踏实地、努力勤奋地工作才能创造幸福生活。首段是背景介绍,第二段写彼得的希望和失望,朗读时应有语气和节奏上的变化,彼得是真心希望能找到金子的,所以他也真心付出,"默默地工作""所有的钱都押在这块土地上""埋头苦干了半个月",说明了他的真心。朗读时要用平和稳重的语调,为彼得后来的醒悟打下基础。彼得淘金是想通过自己的努力获得,但终究还是失望了,这种打击是沉重的,转而用低沉、慢速的语调来表达,尤其突出"连一丁点儿金子都没看见"。第五段是彼得的顿悟,语调要转向明朗、轻快,以喜悦的心情表现他重获信心。结尾一段彼得如愿以偿,骄傲地表白:"我是唯一的一个找到真金的人!""唯一""真金"是重音,要用坚定自豪的语气读出来。

作品18号

我在加拿大学习期间遇到过两次募捐,那情景①至今使我难以忘怀。

一天,我在渥太华②的街上被两个男孩子拦住去路。他们十来岁,穿得整整齐齐③,每人头上戴着个做工精巧、色彩鲜艳的纸帽,上面写着"为帮助患小儿麻痹④的伙伴募捐"。其中的一个,不由分说就坐在小凳上给我擦起皮鞋来,另一个则彬彬有礼地发问:"小姐,您是哪国人?喜欢渥太华吗?""小姐,在你们国家里有没有小孩儿患小儿麻痹?谁给他们医疗费?"一连串的问题,使我这个有生以来头一次在众目睽睽⑤之下让别人擦鞋⑥的异乡人,从近乎狼狈的窘态中解脱出来。我们像朋友⑦一样聊起天儿⑧来……

几个月之后,也是在街上。一些十字路口处或车站坐着几位老人。他们满头银发,身穿各种老式军装,上面布满了大大小小形形色色的徽章、奖章,每人手捧一大束鲜花,有水仙、石竹、玫瑰⑨及叫不出名字的,一色雪白。匆匆过往的行人纷纷止步,把钱投进这些老人身旁的白色木箱内,然后向他们微微鞠躬⑩,从他们手中接过一朵花。我看了一会儿,有人投一两元,有人投几百元,还有人掏出支票填好后投进木箱。那些老军人毫不注意人们捐多少钱,//一直不停地向人们低声道谢。同行⑪的朋友告诉我,这是为纪念二次大战中参战⑫的勇士,募捐救济残废军人和烈士遗孀⑬,每年一次;认捐的人可谓踊跃⑭,而且秩序井然⑮,气氛庄严,有些地方,人们还耐心地排着队。我想,这是因为他们都知道:正是这些老人们的流血⑯牺牲换来了包括他们信仰自由在内的许许多多。

我两次把那微不足道的一点儿钱捧给他们,只想对他们说声"谢谢"。

节选自青白《捐诚》

语音提示:

① 情景 qíngjǐng ② 渥太华 wòtàihuá
③ 整整齐齐 zhěngzhěngqíqí ④ 麻痹 mábì
⑤ 睽睽 kuíkuí ⑥ 擦鞋 cāxié
⑦ 朋友 péngyou ⑧ 天儿 tiānr
⑨ 玫瑰 méigui ⑩ 鞠躬 jūgōng
⑪ 同行 tóngxíng ⑫ 参战 cānzhàn
⑬ 遗孀 yíshuāng ⑭ 踊跃 yǒngyuè
⑮ 秩序井然 zhìxùjǐngrán ⑯ 流血 liúxuè

朗读指导：

本文题目是《捐诚》，而不是捐"钱"。作者以两次募捐来描写"真诚"：一次是孩子为残障人士募捐，一次是老人为阵亡的勇士募捐。募捐者募之以真，为需要帮助的人表示尊敬；捐助者捐之以诚，为需要帮助的人献上无限的敬意。全篇文风平实，朗读时语调不要夸张，宜用平缓的语速慢慢道来。第一段对话，语调可轻松些，孩子的问话声可提高一些，以表现其天真无邪。第二段朗读募捐者老军人时，要突出他们的装扮，"满头银发""老式军装""形形色色的徽章、奖章……"中"满""银""老""徽""奖"等重音字加重语气，发自内心地表达出对这些募捐者的敬重，体现出募捐活动的庄重，以增添文章的感染力。另外，文章中"一""不"出现较多，朗读时要留意它们的变调。

作品 19 号

没有一片绿叶，没有一缕炊烟，没有一粒泥土，没有一丝花香，只有水的世界，云的海洋。

一阵台风袭过，一只孤单的小鸟无家可归，落到被卷到洋里的木板上，乘①流而下，姗姗而来，近了，近了！……

忽然，小鸟张开翅膀，在人们头顶盘旋了几圈②，"噗啦"一声落到了船上。许是累了？还是发现了"新大陆"？水手撵③它它不走，抓它，它乖乖地落在掌心。可爱的小鸟和善良的水手结成了朋友。瞧，它多美丽，娇巧的小嘴④，啄理着绿色的羽毛，鸭子样的扁脚，呈现出春草的鹅黄。水手们把它带到舱里，给它"搭铺"，让它在船上安家落户，每天，把分到的一塑料筒淡水匀给它喝，把从祖国带来的鲜美的鱼肉分给它吃，天长日久，小鸟和水手的感情日趋笃厚⑤。清晨，当第一束阳光射进舷窗⑥时，它便敞开美丽的歌喉，唱啊⑦唱，嘤嘤有韵，婉如春水淙淙⑧。人类给它以生命，它毫不悭吝⑨地把自己的艺术青春奉献给了哺育它的人。可能都是这样？艺术家们的青春只会献给尊敬⑩他们的人。

小鸟给远航生活蒙上一层浪漫色调，返航时，人们爱不释手，恋恋不舍地想把它带到异乡。可小鸟憔悴⑪了，给水，不喝！喂肉，不吃！油亮的羽毛失去了光泽。是啊⑫，我//们有自己的祖国，小鸟也有它的归宿⑬，人和动物都是一样啊⑭，哪儿也不如故乡好！

慈爱的水手们决定放开它，让它回到大海的摇篮去，回到蓝色的故乡去。离别前，这个大自然的朋友与水手们留影纪念。它站在许多人的头上，肩上，掌上，胳膊⑮上，与喂养过它的人们，一起融进那蓝色的画面……

节选自王文杰《可爱的小鸟》

语音提示：

① 乘 chéng　　　　　　② 几圈 jǐquān
③ 撵 niǎn　　　　　　　④ 小嘴 xiǎozuǐ
⑤ 笃厚 dǔhòu　　　　　⑥ 舷窗 xiánchuāng
⑦ 啊 ya　　　　　　　　⑧ 淙淙 cóngcóng
⑨ 悭吝 qiānlìn　　　　　⑩ 尊敬 zūnjìng
⑪ 憔悴 qiáocuì　　　　　⑫ 啊 ra
⑬ 归宿 guīsù　　　　　　⑭ 啊 ya

⑮ 胳膊 gēbo

朗读指导：

文章描写了水手寂寞枯燥的海洋生活，因为一只不请自来的小鸟而变得富有生气。先描写水手与小鸟之间的温情，并借小鸟对故乡的依恋来表达水手们对故土和祖国的热爱。本文基调温馨、动人，平淡中蕴涵着深情。朗读时要把握住这个基调，用平缓的速度，舒展的节奏，自然地表现出来。第一段排比句要读得缓慢、低沉，突出寂寞呆板的海洋生活。第二、三段小鸟给大家带来了惊喜和愉悦，节奏变得轻快，声调稍微提高。第四段描写小鸟为水手生活带来的改变，表现出欢乐浪漫的情绪。朗读时要建立身临其境的形象，与水手们共同去感受，描写小鸟神态动作的语句要读得活泼一些。第五段由小鸟的不吃不喝引发了作者对家园的联想，感情深沉，音量降低，语调渐趋平缓，甚至略带哀愁。最后一段水手放飞喂养过的小鸟，没有离愁别绪，却充满了回忆故乡的欢乐，语调可转向明快。

作品 20 号

纽约的冬天常有大风雪，扑面的雪花不但令人难以睁开眼睛①，甚至呼吸都会吸入冰冷的雪花。有时前一天晚上还是一片晴朗②，第二天拉开窗帘，却已经积雪盈尺③，连门都推不开了。

遇到这样的情况，公司、商店常会停止上班，学校也通过广播，宣布停课。但令人不解的是，惟④有公立小学，仍然开放。只见黄色的校车，艰难地在路边接孩子，老师则一大早就口中喷着热气，铲去车子前后的积雪，小心翼翼⑤地开车去学校。

据统计，十年来纽约的公立小学只因为超级暴风雪停过七次课。这是多么令人惊讶的事。犯得着在大人都无须上班的时候让孩子去学校吗？小学的老师也太倒霉⑥了吧？

于是，每逢大雪而小学不停课时，都有家长打电话去骂。妙的是，每个打电话的人，反应全一样——先是怒气冲冲地责问，然后满口道歉，最后笑容满面地挂上电话。原因是，学校告诉家长：

在纽约有许多百万富翁，但也有不少贫困的家庭。后者白天开不起暖气，供不起午餐⑦，孩子的营养全靠学校里免费的中饭，甚至可以多拿些回家当晚餐。学校停课一天，穷孩子就受一天冻，挨⑧一天饿，所以老师们宁愿⑨自己苦一点儿⑩，也不能停课。//

或许有家长会说：何不让富裕的孩子在家里，让贫穷的孩子去学校享受暖气和营养午餐呢？

学校的答复是：我们不愿让那些穷苦的孩子感到他们是在接受救济，因为施舍的最高原则是保护受施者的尊严。

节选自（台湾）刘墉《课不能停》

语音提示：

① 眼睛 yǎnjing　　　　　　② 晴朗 qínglǎng
③ 积雪盈尺 jīxuěyíngchǐ　　④ 惟 wéi
⑤ 小心翼翼 xiǎoxīnyìyì　　　⑥ 倒霉 dǎoméi
⑦ 午餐 wǔcān　　　　　　⑧ 挨 ái
⑨ 宁愿 nìngyuàn　　　　　⑩ 一点儿 yìdiǎnr

朗读指导：

本文讲述纽约的公立小学为救助贫困学生在大雪天坚持上课的故事。文章先描写纽约寒冬的景象，"艰难的""一大早""小心翼翼"等词要强调一下。第三段两个问句要用较高的语调、较慢的语速表现出惊讶和不解。第四段中家长为此发出责难，"先是……""然后……""最后……"这几句中的"怒气冲冲""满口道歉""笑容满面"等词的语气逐渐缓和，音量逐步降低，语速逐渐下降，通过这种层次的变化把悬念推到极致，为答案的揭晓做好铺垫。第五至七段解说学校坚持上课的原因，语气要严肃、庄重，尤其是"……施舍的最高原则是保护受施者的尊严"一句更要读得深沉而坚定。

作品 21 号

我打猎归来，沿着花园的林阴路①走着。狗跑在我前边②。

突然，狗放慢脚步，蹑足潜行③，好像④嗅到了前边有什么⑤野物。

我顺着林阴路望去，看见了一只嘴边还带黄色、头上生着柔毛的小麻雀。风猛烈地吹打着林阴路上的白桦⑥树，麻雀从巢里跌落下来，呆呆地伏在地上，孤立无援地张开两只羽毛还未丰满的小翅膀。

我的狗慢慢向它靠近。忽然，从附近一棵树上飞下一只黑胸脯的老麻雀，像一颗石子似的⑦落到狗的跟前。老麻雀全身倒竖着羽毛，惊恐万状，发出绝望、凄惨的叫声，接着向露出⑧牙齿、大张着的狗嘴扑去。

老麻雀是猛扑下来救护幼雀的。它用身体掩护着自己的幼儿……但它整个小小的身体因恐怖而战栗⑨着，它小小的声音也变得粗暴嘶哑，它在牺牲自己！

在它看来，狗该是多么庞大⑩的怪物啊⑪！然而，它还是不能站在自己高高的、安全的树枝上……一种比它的理智更强烈的力量，使它从那儿扑下身来。

我的狗站住了，向后退了退……看来，它也感到了这种力量。

我赶紧唤住惊慌失措⑫的狗，然后我怀着崇敬⑬的心情，走开了。

是啊⑭，请不要见笑。我崇敬那只小小的、英勇的鸟儿，我崇敬它那种爱的冲动和力量。

爱，我想，比//死和死的恐惧更强大。只有依靠它，依靠这种爱，生命才能维持下去，发展下去。

节选自［俄］屠格涅夫《麻雀》，巴金译

语音提示：

① 林阴路 línyīnlù　　　　② 前边 qiánbian
③ 蹑足潜行 nièzúqiánxíng　④ 好像 hǎoxiàng
⑤ 什么 shénme　　　　　 ⑥ 白桦 báihuà
⑦ 似的 shìde　　　　　　 ⑧ 露出 lòuchū
⑨ 战栗 zhànlì　　　　　　⑩ 庞大 pángdà
⑪ 啊 ua　　　　　　　　 ⑫ 惊慌失措 jīnghuāngshīcuò
⑬ 崇敬 chóngjìng　　　　 ⑭ 啊 ra

朗读指导：

《麻雀》是屠格涅夫的名作。作品写一只老麻雀面对危险，宁肯自我牺牲也要拼死救自己幼儿的故事。朗读时首先宜用平缓的语速交代故事发生的环境。第二段"突然"二字语速加快，暗示危机突显，之后便放慢速度，用屏气凝神的语气制造出紧张的气氛。第三段语速从平稳转快，"猛烈"重读，到"跌落"后转慢，充满同情地读出"呆呆""孤立无援""还未丰满"等重音词语，突显出小麻雀的可怜无助。第四段开始声音轻一些，以引起听者的关注，然后提声描述老麻雀为救幼儿拼死一战的决心，气氛紧张，节奏急促。第五段宜中速，带着崇敬的语气朗读。第六段剖析老麻雀自我牺牲的精神力量来源于对自己幼儿无私的爱，以致"我"和狗都受到这种力量的震撼。朗读第八、九段时，要表现作者对"爱"的大彻大悟，庄重地表达自己的感受。

作品 22 号

那年我 6 岁。离我家仅一箭之遥的小山坡旁，有一个早已被废弃的采石场，双亲从来不准我去那儿，其实那儿风景①十分迷人。

一个夏季的下午，我随着一群小伙伴②偷偷上那儿去了。就在我们穿越了一条孤寂③的小路后，他们却把我一个人留在原地，然后奔向④"更危险的地带"了。

等他们走后，我惊慌失措地发现，再也找不到要回家的那条孤寂的小道了。像只无头的苍蝇⑤，我到处乱钻，衣裤上挂满了芒刺。太阳已经落山，而此时此刻，家里一定开始吃晚餐了，双亲正盼着我回家……想着想着，我不由得背靠着一棵树，伤心地呜呜大哭起来……

突然，不远处传来了声声柳笛。我像找到了救星，急忙循声⑥走去。一条小道边的树桩上坐着一位吹笛人，手里还正削⑦着什么。走近细看，他不就是被大家称为"乡巴佬"的卡廷⑧吗？

"你好，小家伙⑨，"卡廷说，"看天气多美，你是出来散步的吧？"

我怯生生地点点头，答道："我要回家了。"

"请耐心等上几分钟，"卡廷说，"瞧，我正在削一支柳笛，差不多就要做好了，完工后就送给你吧！"

卡廷边削边不时把尚未成形⑩的柳笛放在嘴里试吹一下。没过多久，一支柳笛便递到我手中，我俩⑪在一阵阵清脆⑫悦耳//的笛音中，踏上了归途……

当时，我心中只充满感激，而今天，当我自己也成了祖父时，突然领悟到他用心之良苦！那天当他听到我的哭声时，便判定我一定迷了路，他并不想在孩子面前扮演"救星"的角色，于是吹响柳笛以便让我能发现他，跟着他走出困境！卡廷先生以乡下人的纯朴，保护了一个小男孩强烈的自尊。

节选自唐若水译《迷途笛音》

语音提示：

① 风景 fēngjǐng　　② 小伙伴 xiǎohuǒbànr
③ 孤寂 gūjì　　④ 奔向 bènxiàng
⑤ 苍蝇 cāngying　　⑥ 循声 xúnshēng

⑦ 削 xiāo ⑧ 卡廷 kǎtíng
⑨ 小家伙 xiǎojiāhuor ⑩ 成形 chéngxíng
⑪ 俩 liǎ ⑫ 清脆 qīngcuì

朗读指导：

作者忆述了一件童年迷路的难忘往事。朗读全文宜用中速、平实的语调叙述他迷路后情绪的变化。第三段表现作者发觉迷路后的语气要略带惊慌，声音提高，语速稍快。而想起家里的情景时语速减慢，声音低沉些，以表现他伤心难过的心情。他和卡廷的对话则要表现出区别。卡廷的语气轻松自然，且若无其事，巧妙地维护着小男孩儿的自尊；小男孩儿则语气怯怯，却强做镇定，最后两人交流十分默契，愉快地踏上了旅途。第一段的"6岁""一箭之遥""从来不准""十分"都可以读重音，用自然的中速朗读。第二段的"一个人"要读重音，因为这是整件事的起因。第四至七段，孩子的情绪慢慢镇定下来，对话要读得较为轻松。第八段要用明快的语速结束。第九段要读得感情饱满，充满感激之情。

作品 23 号

森林①涵养水源，保持水土，防止水旱灾害的作用非常大。据专家测算，一片十万亩面积的森林，相当于一个两百万立方米的水库，这正如农谚②所说的："山上多栽树，等于修水库。雨多它能吞，雨少它能吐。"

说起森林的功劳③，那还多得很。它除了为人类提供木材及许多种生产④、生活的原料之外，在维护生态环境方面也是功劳卓著⑤，它用另一种"能吞能吐"的特殊功能孕育⑥了人类。因为地球在形成之初，大气中的二氧化碳含量很高，氧气很少，气温也高，生物是难以生存的。大约在四亿年之前，陆地才产生了森林。森林慢慢将大气中的二氧化碳吸收，同时吐出新鲜氧气，调节气温。这才具备了人类生存的条件，地球上才最终⑦有了人类。

森林，是地球生态系统的主体，是大自然的总调度室⑧，是地球的绿色之肺。森林维护地球生态环境的这种"能吞能吐"的特殊功能是其他任何物体都不能取代的。然而，由于地球上的燃烧物增多，二氧化碳的排放量急剧增加，使得地球生态环境急剧恶化，主要表现为全球气候变暖，水分蒸发加快，改变了气流的循环⑨，使气候变化加剧，从而引发热浪⑩、飓风⑪、暴雨、洪涝及干旱。

为了//使地球的这个"能吞能吐"的绿色之肺恢复健壮，以改善生态环境，抑制全球变暖，减少水旱等自然灾害，我们应该大力造林、护林，使每一座荒山都绿起来。

节选自《中考语文课外阅读试题精选》中《"能吞能吐"的森林》

语音提示：

① 森林 sēnlín ② 农谚 nóngyàn
③ 功劳 gōngláo ④ 生产 shēngchǎn
⑤ 卓著 zhuózhù ⑥ 孕育 yùnyù
⑦ 最终 zuìzhōng ⑧ 调度室 diàodùshì
⑨ 循环 xúnhuán ⑩ 热浪 rèlàng
⑪ 飓风 jùfēng

朗读指导：

本文说明森林与地球、人类的关系非常密切，它"吞吐"的能力调节着人类和地球生态的生死存亡，呼吁我们必须大力种植和保护森林，以改变目前生态环境不断恶化的现状。文章以拟人和比喻的手法来说明森林的作用，重点是突出森林对水和空气的"吞吐"功能。朗读时保持中速，吐字要清晰，条理要分明，注意停顿，读出层次，令听者能准确地把握文意。本文首句开宗明义，指出森林对自然环境的重要作用，宜加重语气读出"涵养""保持""防止"等词，再字字有力地说出"作用非常大"几个字。文章用了比喻和拟人的手法，一般来说，喻体都是朗读时的重音所在。因此，第三段开头三个排比句中的"生态系统的主体""大自然的总调度室""地球的绿色之肺"要层层拔高，语气要深沉、坚定、毋庸置疑。朗读者在描述森林"能吞能吐"的功能时，要读得惟妙惟肖，具有说服力。

作品24号

朋友即将①远行。

暮春时节，又邀了几位朋友在家小聚。虽然都是极熟②的朋友，却是终年难得一见，偶尔电话里相遇，也无非是几句寻常话。一锅小米稀饭，一碟③大头菜，一盘自家酿制④的泡菜，一只巷口买回的烤鸭，简简单单，不像请客，倒像家人团聚。

其实，友情也好，爱情也好，久而久之都会转化为亲情。

说也奇怪，和新朋友会谈文学、谈哲学、谈人生道理等等，和老朋友却只话家常，柴米油盐，细细碎碎，种种琐事。很多时候，心灵的契合⑤已经不需要太多的言语来表达。

朋友新烫了个头，不敢回家见母亲，恐怕惊骇⑥了老人家⑦，却欢天喜地来见我们，老朋友颇能⑧以一种趣味性的眼光欣赏这个改变。年少的时候，我们差不多都在为别人而活，为苦口婆心的父母活，为循循善诱的师长活，为许多观念，许多传统的约束力而活。年岁逐增⑨，渐渐挣脱⑩外在的限制与束缚⑪，开始懂得为自己活，照自己的方式做一些自己喜欢的事，不在乎别人的批评意见，不在乎别人的诋毁流言，只在乎那一份⑫随心所欲的舒坦⑬自然。偶尔⑭，也能够纵容自己放浪一下，并且有一种恶作剧的窃喜。

就让生命顺其自然，水到渠成吧，犹如窗前的//乌桕⑮，自生自落之间，自有一分圆融丰满的喜悦。春雨轻轻落着，没有诗，没有酒，有的只是一份相知相属的自在自得。

夜色在笑语中渐渐沉落，朋友起身告辞，没有挽留，没有送别，甚至也没有问归期。

已经过了大喜大悲的岁月，已经过了伤感流泪的年华，知道了聚散原来是这样的自然和顺理成章，懂得这点，便懂得珍惜每一次相聚的温馨，离别便也欢喜。

节选自（台湾）杏林子《朋友和其他》

语音提示：

① 即将 jíjiāng　　　　　　　② 极熟 jíshú
③ 一碟 yìdié　　　　　　　　④ 酿制 niàngzhì
⑤ 契合 qìhé　　　　　　　　⑥ 惊骇 jīnghài
⑦ 老人家 lǎorenjia　　　　　⑧ 颇能 pōnéng
⑨ 年岁逐增 niánsuìzhúzēng　⑩ 挣脱 zhèngtuō
⑪ 束缚 shùfù　　　　　　　　⑫ 一份 yífèn

⑬ 舒坦 shūtan　　　　　　⑭ 偶尔 ǒuěr
⑮ 乌桕 wūjiù

朗读指导：
本文描述了一位朋友即将临行前，几位老朋友聚会的情景，感情真挚，描写细腻。朋友之间真情交流，平淡之中体现出他们对人生的领悟，感情看似平淡，实则浓烈。朗读时语速要稍慢，似朋友间倾心相诉，娓娓道来，通过对大家一起经历过的细节回忆，表达他们共同的领悟和互相之间的一种默契。第二段节奏舒缓，语气轻松自然。第五段节奏俏皮活跃。第六段语速中等，语气稍庄重一些，抓准重音词"挣脱外在……""为自己活""只在乎"等，读出他们在成长过程中逐渐成熟和豁达的心境。

作品 25 号

我们在田野散步：我，我的母亲，我的妻子和儿子。

母亲本不愿出来的。她老了，身体不好，走远一点儿就觉得很累。我说，正因为如此，才应该多走走。母亲信服地点点头，便去拿外套。她现在很听我的话，就像我小时候很听她的话一样。

这南方初春的田野，大块小块的新绿随意地铺着，有的浓，有的淡，树上的嫩芽也密了，田里的冬水也咕咕①地起着水泡。这一切都使人想着一样东西——生命②。

我和母亲走在前面，我的妻子和儿子走在后面。小家伙突然叫起来："前面是妈妈和儿子，后面也是妈妈和儿子。"我们都笑了。

后来发生了分歧③：母亲要走大路，大路平顺；我的儿子要走小路，小路有意思。不过，一切都取决于我。我的母亲老了，她早已习惯听从她强壮④的儿子；我的儿子还小，他还习惯听从他高大的父亲；妻子呢，在外面，她总是听我的。一霎时⑤我感到了责任⑥的重大。我想找一个两全的办法，找不出；我想拆散一家人，分成两路，各得其所，终不愿意。我决定委屈儿子，因为我伴同他的时日还长。我说："走大路。"

但是母亲摸摸孙儿的小脑瓜⑦，变了主意："还是走小路吧。"她的眼随小路望去：那里有金色的菜花，两行整齐的桑树⑧，//尽头一口水波粼粼⑨的鱼塘。"我走不过去的地方，你就背着我。"母亲对我说。

这样，我们在阳光下，向着那菜花、桑树和鱼塘走去。到了一处，我蹲下来⑩，背起了母亲；妻子也蹲下来，背起了儿子。我和妻子都是慢慢地，稳稳地，走得很仔细，好像我背上的同她背上的加起来，就是整个世界。

节选自莫怀戚《散步》

语音提示：

① 咕咕 gūgū　　　　　　② 生命 shēngmìng
③ 分歧 fēnqí　　　　　　④ 强壮 qiángzhuàng
⑤ 一霎时 yīshàshí　　　　⑥ 责任 zérèn
⑦ 小脑瓜 xiǎonǎoguā　　 ⑧ 桑树 sāngshù
⑨ 水波粼粼 shuǐbōlínlín　　⑩ 蹲下来 dūnxiàlai

朗读指导：

这是一篇充满浓浓亲情的文章，描述一家三代外出散步的情景。作者是主线，牵动着上下两代的感情，当祖孙俩对选择走大路还是走小路的问题发生了意见分歧时，他虽左右为难，却还是全家的主心骨。读这段时，要分清他对母亲、对儿子、对妻子的不同感情。"强壮""高大""决断"是作者分别在三人心目中不同的形象，朗读时要尽量用不同的语气表现出这种层次。"我想找一个两全的办法，找不出"，"我想拆散一家人……终不愿意"，要读得犹犹豫豫却又满含深情。最终决定委屈儿子，迁就母亲，走大路时语气要肯定一些，但这时母亲又改变了主意，要把声音放轻，念得委婉、温和一些，表现出母亲对晚辈的体谅和关切。最后一段要读得欢快一些，读出儿子背母亲，妻子背儿子的情趣来。

作品 26 号

地球上是否真的存在"无底洞"？按说地球是圆的，由地壳①、地幔②和地核三层组成，真正的"无底洞"是不应存在的，我们所看到的各种山洞、裂口、裂缝，甚至火山口也都只是地壳浅部的一种现象。然而中国一些古籍却多次提到海外有个深奥莫测的无底洞。事实上地球上确实有这样一个"无底洞"。

它位于希腊亚各斯古城的海滨。由于濒临③大海，大涨潮④时，汹涌⑤的海水便会排山倒海⑥般地涌入洞中，形成一股湍湍⑦的急流。据测，每天流入洞内的海水量达三万多吨。奇怪的是，如此大量的海水灌入洞中，却从来没有把洞灌满。曾有人怀疑，这个"无底洞"，会不会就像石灰岩地区的漏斗⑧、竖井、落水洞一类的地形。然而从二十世纪三十年代以来，人们就做了多种努力企图寻找它的出口，却都是枉费心机⑨。

为了揭开这个秘密，一九五八年美国地理学会派出一支考察队，他们把一种经久不变的带色染料⑩溶解在海水中，观察染料是如何随着海水一起沉下去。接着又察看了附近海面以及岛上的各条河、湖，满怀希望地寻找这种带颜色的水，结果令人失望。难道是海水量太大把有色水稀释⑪得太淡，以致无法发现？//

至今谁也不知道为什么这里的海水会没完没了地"漏"下去，这个"无底洞"的出口又在哪里，每天大量的海水究竟都流到哪里去了。

节选自罗伯特·罗威尔《神秘的"无底洞"》

语音提示：

① 地壳 dìqiào　　　　　　② 地幔 dìmàn
③ 濒临 bīnlín　　　　　　④ 涨潮 zhǎngcháo
⑤ 汹涌 xiōngyǒng　　　　⑥ 排山倒海 páishāndǎohǎi
⑦ 湍湍 tuāntuān　　　　　⑧ 漏斗 lòudǒu
⑨ 枉费心机 wǎngfèixīnjī　⑩ 染料 rǎnliào
⑪ 稀释 xīshì

朗读指导：

本文介绍了地球上至今未能解谜的"无底洞"现象，说明自然界还有许多未被人类认识的事物。正因如此，才更引起人们对"无底洞"探索的兴趣。文中首领的一个设问句，要用高扬语调朗读，以激发大家探究的兴趣。描述"无底洞"现象，要用中速、自然的语调，明

179

白无误地传达出人们对这一现象的观察、思考和探索。文章末段一连提出三个问题,语气既是自问,也是他问;既表达作者对"无底洞"现象的迷惑,也想借此引起人们的兴趣。要注意,前两句用的是逗号而非问号,可用渐次升高的语调朗读。

作品 27 号

　　我国的建筑,从古代的宫殿到近代的一般住房,绝大部分①是对称②的,左边怎么样,右边怎么样。苏州园林可绝不讲究③对称,好像故意避免似的。东边有了一个亭子或者一道回廊,西边决不会来一个同样的亭子或者一道同样的回廊。这是为什么?我想,用图画来比方④,对称的建筑是图案画,不是美术画,而园林是美术画,美术画要求自然之趣,是不讲究对称的。

　　苏州园林里都有假山和池沼⑤。

　　假山的堆叠,可以说是一项艺术而不仅是技术。或者是重峦叠嶂⑥,或者是几座小山配合着竹子花木,全在乎设计者和匠师们生平多阅历,胸中有丘壑⑦,才能使游览者攀登的时候忘却苏州城市,只觉得身在山间。

　　至于池沼,大多引用活水。有些园林池沼宽敞⑧,就把池沼作为全园的中心,其他景物配合着布置。水面假如成河道模样⑨,往往安排桥梁。假如安排两座以上的桥梁,那就一座一个样,决不雷同。

　　池沼或河道的边沿很少砌⑩齐整的石岸,总是高低屈曲任其自然。还在那儿布置几块玲珑⑪的石头⑫,或者种些花草。这也是为了取得从各个角度看都成一幅画的效果。池沼里养着金鱼或各色鲤鱼⑬,夏秋季节荷花或睡莲开//放,游览者看"鱼戏莲叶间",又是入画的一景。

节选自叶圣陶《苏州园林》

语音提示:

① 部分 bùfen　　　　　　　② 对称 duìchèn
③ 讲究 jiǎngjiū　　　　　　④ 比方 bǐfang
⑤ 池沼 chízhǎo　　　　　　⑥ 重峦叠嶂 chóngluándiézhàng
⑦ 丘壑 qiūhè　　　　　　　⑧ 宽敞 kuānchǎng
⑨ 模样 múyàng　　　　　　⑩ 砌 qì
⑪ 玲珑 línglóng　　　　　　⑫ 石头 shítou
⑬ 鲤鱼 lǐyú

朗读指导:

　　本文主要介绍苏州园林中假山和池沼的特色,表达作者对自然之趣的欣赏和喜爱,赞扬了设计者和匠师们独特的构思和高超的技艺。文章旨在突出园林的建筑特色是一项艺术而非技术。朗读时要善于抓住中心词:"图案画"的核心是"对称";"美术画"的特质是"自然"。要着意于"艺术"与"技术"的区别,抓住"绝不讲究""故意避免""绝不会"等重音词来表现"图案画"和"美术画"的本质区别,表现美术画的艺术特质。第三、四两段讲述设计者和匠师们构建假山、池沼的艺术构思和技法,充满了欣赏和敬佩之情,朗读时要深情一些。比如赞美他们"生平多阅历,胸中有丘壑",建桥梁"一座一个样,绝不雷同"等,要充满敬仰之情加以重读。

作品 28 号

一位访美中国女作家,在纽约遇到一位卖花的老太太。老太太穿着①破旧,身体虚弱,但脸上的神情却是那样祥和②兴奋③。女作家挑了一朵花说:"看起来,你很高兴。"老太太面带微笑地说:"是的,一切都这么美好,我为什么不高兴呢?""对烦恼,你倒真能看得开。"女作家又说了一句。没料到,老太太的回答更令女作家大吃一惊:"耶稣④在星期五被钉上十字架时,是全世界最糟糕的一天,可三天后就是复活节。所以,当我遇到不幸时,就会等待三天,这样一切就恢复正常了。"

"等待三天",多么⑤富于哲理的话语,多么乐观的生活方式。它把烦恼和痛苦抛下,全力去收获快乐。

沈从文在"文革"期间,陷入了非人的境地。可他毫不在意,他在咸宁时给他的表侄、画家黄永玉写信说:"这里的荷花真好,你若来……"身陷苦难却仍为荷花的盛开欣喜赞叹不已⑥,这是一种趋于⑦澄明⑧的境界,一种旷达洒脱⑨的胸襟⑩,一种面临磨难坦荡从容⑪的气度,一种对生活童子般的热爱和对美好事物无限向往的生命情感。

由此可见,影响一个人快乐的,有时并不是困境⑫及磨难,而是一个人的心态。如果把自己浸泡在积极、乐观、向上的心态中,快乐必然会//占据你的每一天。

节选自《态度创造快乐》

语音提示:

① 穿着 chuānzhuó　　　　② 祥和 xiánghé
③ 兴奋 xīngfèn　　　　　 ④ 耶稣 yēsū
⑤ 多么 duōme　　　　　 ⑥ 赞叹不已 zàntànbùyǐ
⑦ 趋于 qūyú　　　　　　 ⑧ 澄明 chéngmíng
⑨ 旷达洒脱 kuàngdásǎtuō　⑩ 胸襟 xiōngjīn
⑪ 坦荡从容 tǎndàngcóngróng ⑫ 困境 kùnjìng

阅读指导:

本文通过卖花老太太和沈从文对待逆境态度的描写说明了一个生活哲理:只要抱有积极、乐观、豁达、向上的心态,生活中任何磨难和困境都会被克服,人照样可以拥有快乐。首段中国女作家和老太太的对话要读出不同角色的特点,女作家的话读得平淡一些,用中速;老太太乐观、开朗、积极的人生态度,要用比较明快的语调朗读。第三段表现沈从文面对磨难仍能抱着平和心态去欣赏自然美景,语气中要充满敬佩之情,四个"一种……"的排比句要饱含赞美之意,用稍快的节奏,层层上扬的语气一气呵成,以突出他不同凡响的"境界""胸襟""气度"和"生命情感"。第二、四段是对积极正确的人生态度的褒扬和评说,要用明亮的声音、肯定的语气,读得字字饱满有力,方能突出题旨。

作品 29 号

泰山极顶看日出,历来被描绘成十分壮观的奇景①。有人说:登泰山而看不到日出,就像一出大戏没有戏眼,味儿②终究有点寡淡。

我去爬山那天,正赶上个难得的好天,万里长空,云彩丝儿③都不见。素常,烟雾腾腾的山头④,显得眉目分明。同伴们都欣喜地说:"明天早晨⑤准可以看见日出了。"我也是抱着这种想头⑥,爬上山去。

一路从山脚往上爬,细看山景,我觉得挂在眼前的不是五岳独尊的泰山,却像一幅规模惊人的青绿山水画,从下面倒展开来。在画卷中最先露出⑦的是山根底那座明朝建筑岱宗坊⑧,慢慢地便现出王母池、斗母宫⑨、经石峪⑩。山是一层比一层深,一叠比一叠奇,层层叠叠,不知还会有多深多奇。万山丛中,时而点染着极其工细的人物。王母池旁的吕祖殿里有不少尊明塑,塑着吕洞宾等一些人,姿态神情是那样有生气,你看了,不禁会脱口赞叹说:"活啦。"

画卷⑪继续展开,绿阴森森的柏洞⑫露面⑬不太久,便来到对松山。两面奇峰对峙⑭着,满山峰都是奇形怪状的老松,年纪怕都有上千岁了,颜色竟那么浓,浓得好像要流下来似的。来到这儿,你不妨权当一次画里的写意人物,坐在路旁的对松亭里,看看山色,听听流//水和松涛。

一时间,我又觉得自己不仅是在看画卷,却又像是在零零乱乱地翻着一卷历史稿本。

节选自杨朔《泰山极顶》

语音提示:

① 奇景 qíjǐng　　　　　② 味儿 wèir
③ 云彩丝儿 yúncaisir　　④ 山头 shāntóu
⑤ 早晨 zǎo·chén　　　　⑥ 想头 xiǎngtou
⑦ 露出 lòuchū　　　　　⑧ 岱宗坊 dàizōngfāng
⑨ 斗母宫 dǒumǔgōng　　⑩ 峪 yù
⑪ 画卷 huàjuàn　　　　　⑫ 柏洞 bǎidòng
⑬ 露面 lòumiàn　　　　　⑭ 对峙 duìzhì

朗读指导:

这是一篇描写泰山美景的抒情散文。文中先描写天气:这是一个"难得"的好天气,"云彩丝儿"都不见,平日"烟雾腾腾",现在却"眉目分明",作者的喜悦正是由好天气而起,并且一贯到底,始终充满着欢喜。朗读时要充分想象这一幅山水画卷是如何赏心悦目的。为了表现作者的愉快心情,宜用轻快的节奏和明朗的语调朗读。第三段读到一些著名景点时应稍稍放慢语速,用适当的停顿交代景点方位的转换。"山……不知还会有多深多奇"是重点句,要处理好其中的停顿和重音,表现出作者无比欣喜的感情,而读到"活啦"二字时更要充满激情。

作品30号

育才小学校长陶行知①在校园看到学生②王友用泥块砸③自己班上的同学,陶行知当即喝止了他,并令他放学后到校长室去。无疑,陶行知是要好好教育这个"顽皮"的学生。那么他是如何教育的呢?

放学后,陶行知来到校长室,王友已经等在门口准备挨训④了。可一见面,陶行知却掏出一块糖果⑤送给王友,并说:"这是奖给你的,因为你按时⑥来到这里,而我却迟到了。"

王友惊疑⑦地接过糖果。

随后,陶行知又掏出一块糖果放到他手里,说:"这第二块糖果也是奖给你的,因为当我不让你再打人时,你立即就住手了,这说明你很尊重⑧我,我应该奖你。"王友更惊疑了,他眼睛⑨睁得大大的。

陶行知又掏出第三块糖果塞⑩到王友手里,说:"我调查过了,你用泥块砸那些男生,是因为他们不守游戏规则,欺负女生;你砸他们,说明你很正直⑪善良,且有批评不良行为的勇气,应该奖励你啊⑫!"王友感动极了,他流着眼泪后悔地喊道:"陶……陶校长,你打我两下吧!我砸的不是坏人,而是自己的同学啊⑬……"

陶行知满意地笑了,他随即⑭掏出第四块糖果递给王友,说:"为你正确地认识⑮错误,我再奖给你一块糖果,只可惜我只有这一块糖果了。我的糖果//没有了,我看我们的谈话也该结束了吧!"说完,就走出了校长室。

节选自《教师博览·百期精华》中《陶行知的"四块糖果"》

语音提示:

① 行知 xíngzhī　　　　　② 学生 xuésheng
③ 砸 zá　　　　　　　　④ 挨训 áixùn
⑤ 糖果 tángguǒ　　　　　⑥ 按时 ànshí
⑦ 惊疑 jīngyí　　　　　　⑧ 尊重 zūnzhòng
⑨ 眼睛 yǎnjing　　　　　⑩ 塞 sāi
⑪ 正直 zhèngzhí　　　　　⑫⑬ 啊 ia
⑭ 随即 suíjí　　　　　　⑮ 认识 rènshi

朗读指导:

本文记述了著名教育家陶行知先生教育学生的故事。情节简单但出人意料,故事生动,感人至深,充分表现出陶先生热爱学生、鼓励学生、循循善诱的教育艺术。朗读时宜用平实的语调、中等速度娓娓道来。要读出四颗糖不同的用意和层次。第一颗是奖励孩子"按时",第二颗是奖励他"尊重"老师,第三颗是因为他的"正直善良"和"勇气",第四颗则是奖励他能"正确地认识错误"。要理解陶校长循循善诱的言语动机,准确把握这些重点词,用尽量平和、亲切、温柔的语调朗读,才能消除学生的紧张心情。学生收到糖果的反应也要恰当地表现出来,收到第一颗,他觉得"惊疑";得到第二颗,他更"惊疑"且"眼睛睁得大大的";得到第三颗,"感动极了","流着泪"并后悔地"喊"了出来。这些重音词抓准了就能表现出学生心理变化的层次,也反证了陶校长教育的效果。

作品31号

记得我13岁时,和母亲住在法国东南部的耐斯城。母亲没有丈夫,也没有亲戚①,够清苦②的,但她经常③能拿出令人吃惊④的东西,摆在我面前。她从来不吃肉,一再说自己是素食者⑤。然而有一天,我发现母亲正仔细地用一小块碎面包擦那给我煎牛排用的油锅。我明白了她称自己为素食者的真正原因。

我16岁时,母亲成了耐斯市美蒙旅馆的女经理。这时,她更忙碌⑥了。一天,她瘫在椅子上,脸色苍白,嘴唇发灰。我马上找来医生,做出诊断:她摄取⑦了过多的胰岛素。直到这时我才知道母亲多年一直对我隐瞒⑧的疾病——糖尿病。

她的头歪向枕头一边,痛苦地用手抓挠⑨胸口。床架上方,则挂着一枚我1932年赢得⑩耐斯市少年乒乓球冠军的银质奖章。

啊,是对我的美好前途的憧憬⑪支撑着她活下去,为了给她那荒唐的梦至少加一点真实⑫的色彩,我只能继续努力,与时间竞争⑬,直到1938年我被征入空军。巴黎很快失陷⑭,我辗转调到英国皇家空军。刚到英国就接到了母亲的来信。这些信是由在瑞士的一个朋友秘密地转到伦敦,送到我手中的。

现在我要回家了,胸前佩带着醒目⑮的绿黑两色的解放十字绶带,上面挂着五六//枚我终身难忘的勋章,肩上还佩带着军官肩章。到达旅馆时,没有一个人跟我打招呼⑯。原来,我母亲在3年半以前就已经离开人间了。

在她死前的几天中,她写了近250封信,把这些信交给她在瑞士的朋友,请这个朋友定时寄给我。就这样,在母亲死后的3年半的时间里,我一直从她身上吸取着力量和勇气——这使我能够继续战斗到胜利那一天。

节选自[法]罗曼·加里《我的母亲独一无二》

语音提示:

① 亲戚 qīnqi　　　　　　② 清苦 qīngkǔ
③ 经常 jīngcháng　　　　④ 吃惊 chījīng
⑤ 素食者 sùshízhě　　　　⑥ 忙碌 mánglù
⑦ 摄取 shèqǔ　　　　　　⑧ 隐瞒 yǐnmán
⑨ 抓挠 zhuā'náo　　　　　⑩ 赢得 yíngdé
⑪ 憧憬 chōngjǐng　　　　　⑫ 真实 zhēnshí
⑬ 竞争 jìngzhēng　　　　　⑭ 失陷 shīxiàn
⑮ 醒目 xǐngmù　　　　　　⑯ 招呼 zhāohu

朗读指导:

本文塑造了一位伟大母亲的形象,为了儿子的前途,她忍受了生活的痛苦和疾病的折磨,对儿子隐瞒了一切,甚至死亡。儿子凭着对母亲的热爱和敬佩之情写下了这个感人而又心酸的故事。文章情真意切、真挚感人。朗读时要调动自己的想象力,用真挚的情感,怀着无比崇敬的心情歌颂这位甘于牺牲的不凡母亲,节奏和缓,语气温和。首段交代母亲生活的背景,"没有……也没有……够清苦""从来不吃……再说……素食者""用一小块碎面包擦……油锅""我明白了……真正原因",读这些重音词时,要用沉缓、有力度的语气,表现儿子发现母亲秘密后,内心所受到的震撼。第五段朗读语速要加快,声调提高,表现儿子带着荣誉想见母亲的急切心情,"打招呼"后面一句是情绪的大转折,停顿要长一些,衬托作者情绪由满怀期望的亢奋突转为失望的低谷。末端揭秘,要用沉稳、庄重的语气表现儿子对母亲的崇敬之情。

作品 32 号

生活对于任何人都非易事,我们必须有坚韧不拔的精神。最要紧的,还是我们自已要有信心。我们必须相信,我们对每一件事情都具有天赋的才能,并且,无论付出任何代价,都要把这件事完成。当事情结束的时候,你要能问心无愧地说:"我已经尽我所能了。"

有一年的春天,我因病被迫在家里休息数周。我注视着我的女儿们所养的蚕正在结茧①,这使我很感兴趣。望着这些蚕执著②地、勤奋地工作,我感到我和它们非常相似③。像它们一样,我总是耐心地把自己的努力集中在一个目标上。我之所以如此,或许是因为有某种力量在鞭策着我——正如蚕被鞭策④着去结茧一般。

近五十年来,我致力于科学研究,而研究,就是对真理的探讨。我有许多美好快乐的记忆。少女时期我在巴黎大学,孤独地过着求学的岁月;在后来献身科学的整个时期,我丈夫和我专心致志⑤,像在梦幻中一般,坐在简陋⑥的书房里艰辛地研究,后来我们就在那里发现了镭⑦。

我永远追求安静的工作和简单的家庭生活。为了实现这个理想,我竭力保持宁静的环境,以免受人事的干扰和盛名的拖累。

我深信,在科学方面我们有对事业而不是//对财富的兴趣。我的惟一⑧奢望⑨是在一个自由国家中,以一个自由学者的身份从事研究工作。

我一直沉醉⑩于世界的优美之中,我所热爱的科学也不断增加它崭新⑪的远景。我认定科学本身就具有伟大的美。

节选自［波兰］玛丽·居里《我的信念》,剑捷译

语音提示:

① 结茧 jiéjiǎn　　　　　　② 执著 zhízhuó
③ 相似 xiāngsì　　　　　　④ 鞭策 biāncè
⑤ 专心致志 zhuānxīnzhìzhì　⑥ 简陋 jiǎnlòu
⑦ 镭 léi　　　　　　　　　⑧ 惟一 wéiyī
⑨ 奢望 shēwàng　　　　　　⑩ 沉醉 chénzuì
⑪ 崭新 zhǎnxīn

朗读指导:

本文阐述伟大的科学家居里夫人对生活的感受和态度,表现她热爱生活,执著于科研工作的精神。居里夫人以自己生活和科研工作的经历表达了自己对人生意义的看法。全篇充满了哲理,文字朴实无华,语意清晰明白。朗读时宜用平实的语调、中等的速度、肯定的语气。首段开宗明义,表明了居里夫人的"尽所能"是她做人的原则,自信则是她做事的重要前提,这都需要强调,而两个"必须"和"最要紧的"等词要读得铿锵有力。第二、三两段从生活的细节反映居里夫人的求知过程,可读得轻松一些,以表达见微知著的效果。后三段表现居里夫人淡泊名利、醉心研究的品格,尽量读得平静、自然一些,同时要注意呼应性、对比性等重音词的处理。例如"我深信,在科学方面我们有对事业而不是对财富的兴趣"一句中需要突出对比的重音词。

作品 33 号

高兴,这是一种具体的被看得到摸得着①的事物所唤起的情绪②。它是心理的,更是生理的。它容易来也容易去,谁也不应该对它视而不见失之交臂,谁也不应该总是做那些使自己不高兴也使旁人不高兴的事。让我们说一件最容易做也最令人高兴的事吧,尊

重③你自己,也尊重别人,这是每一个人的权利,我还要说这是每一个人的义务。

快乐,它是一种富有概括性的生存状态④、工作状态。它几乎是先验的,它来自生命本身的活力,来自宇宙、地球和人间的吸引,它是世界的丰富、绚丽⑤、阔大、悠久的体现。快乐还是一种力量,是埋在地下的根脉⑥。消灭一个人的快乐比挖掘掉一棵大树的根要难得多。

欢欣,这是一种青春的、诗意的情感。它来自面向着未来伸开双臂奔跑的冲力,它来自一种轻松而又神秘、朦胧而又隐秘的激动,它是激情即将到来的预兆⑦,它又是大雨过后的比下雨还要美妙得多也久远得多的回味……

喜悦,它是一种带有形而上色彩的修养和境界。与其⑧说它是一种情绪,不如说它是一种智慧、一种超拔、一种悲天悯人⑨的宽容和理解,一种饱经沧桑的充实和自信,一种光明的理性,一种坚定//的成熟,一种战胜了烦恼和庸俗⑩的清明澄澈⑪。它是一潭清水,它是一抹朝霞,它是无边的平原,它是沉默的地平线。多一点儿、再多一点儿喜悦吧,它是翅膀,也是归巢⑫。它是一杯美酒,也是一朵永远开不败的莲花。

节选自王蒙《喜悦》

语音提示:

① 摸得着 mōdezháo　　② 情绪 qíngxù
③ 尊重 zūnzhòng　　　④ 状态 zhuàngtài
⑤ 绚丽 xuànlì　　　　⑥ 根脉 gēnmài
⑦ 预兆 yùzhào　　　　⑧ 与其 yǔqí
⑨ 悲天悯人 bēitiānmǐnrén　⑩ 庸俗 yōngsú
⑪ 澄澈 chéngchè　　　⑫ 归巢 guīcháo

朗读指导:

文章以乐观积极、热情愉悦的基调,赞颂了人世间美好的情感。"高兴""快乐""欢欣""喜悦"是我们生活中不可缺少的。有了它,我们的生活灿烂如阳光;失去它,我们的生活黯然失色。朗读时应保持真挚浓烈的情感,语速稍快,语气肯定、热情,声音高亢,充分表现出作者热爱生活、积极向上的人生观。文章大量运用修辞手法,朗读时对比喻句的重音要把握准;排比句的气势要逐步加强,层层推进;句读之间的停顿也要处理到位。比如第二段中"它是世界的丰富、绚丽、阔大、悠久的体现"及第四段中说"不如说它是一种智慧、一种超拔、一种悲天悯人的宽容和理解",可用气息延续的手法处理顿号,以保持语意的连贯性。

作品 34 号

在湾仔,香港最热闹①的地方,有一棵榕树,它是最贵的一棵树,不光在香港,在全世界,都是最贵的。

树,活的树,又不卖何言其贵?只因它老,它粗,是香港百年沧桑②的活见证,香港人不忍看着它被砍伐,或者被移走,便跟要占用这片山坡的建筑者谈条件:可以在这儿建大楼盖商厦,但一不准砍树,二不准挪树,必须把它原地精心养起来,成为香港闹市中的一景。太古大厦的建设者最后签了合同,占用这个大山坡建豪华商厦③的先决条件是同意保护这棵老树。

树长在半山坡上,计划将树下面的成千上万吨山石全部掏空取走,腾出地方来盖楼,把树架在大楼上面,仿佛它原本是长在楼顶上似的④。建设者就地造了一个直径十八米、深十米的大花盆,先固定好这棵老树,再在大花盆底下盖楼。光这一项就花了两千三百八十九万港币,堪称⑤最昂贵的保护措施了。

太古大厦落成之后,人们可以乘滚动扶梯一次到位,来到太古大厦的顶层,出后门,那儿⑥是一片自然景色。一棵大树出现在人们面前,树干⑦有一米半粗,树冠⑧直径足有二十多米,独木成林,非常壮观⑨,形成一座以它为中心的小公园,取名叫"榕圃⑩"。树前面插//着铜牌,说明原由。此情此景,如不看铜碑的说明,绝对想不到巨树根底下还有一座宏伟的现代大楼。

节选自舒乙《香港:最贵的一棵树》

语音提示:

① 热闹 rè'nao　　　② 沧桑 cāngsāng
③ 商厦 shāngshà　　④ 似的 shìde
⑤ 堪称 kānchēng　　⑥ 那儿 nàr
⑦ 树干 shùgàn　　　⑧ 树冠 shùguān
⑨ 壮观 zhuàngguān　⑩ 榕圃 róngpǔ

朗读指导:

这是一个令人欣慰的有关环保的故事,讲述香港人不惜花费重金,保护了一棵长于闹市区的老榕树,令这棵榕树成了世界上最贵的树。文章不仅赞扬了香港人重视生态保护,更传达了一个观点:环保与人类的生存密切相关。文章语言朴实流畅,叙事清楚有条理。朗读时要平缓沉稳,语调不高不低,要随内容有所变化。首段语调高扬一些,以引起听众的好奇;第二段问句语调要上扬,句后可设置悬念,让听者进行思考,然后用平实的语气解释,读到与发展商谈条件时语气要坚定。"一不准……""二不准……""必须……"都是需要强调的词。第三段中的数目字前要设置停顿并加强语气,突出香港人为此所付出的代价。第四段描述保护下来的大树已成了香港闹市区中的一景,要用欣赏的语气朗读。

作品 35 号

我们的船渐渐地逼近①榕树了。我有机会看清它的真面目:是一棵大树,有数不清②的丫枝③,枝上又生根,有许多根一直垂到地上,伸进泥土里。一部分树枝垂到水面,从远处看,就像一棵大树斜躺在水面上一样。

现在正是枝繁叶茂的时节,这棵榕树好像在把它的全部生命力④展示给我们看。那么多的绿叶,一簇⑤堆在另一簇的上面,不留一点儿缝隙⑥。翠绿的颜色明亮地在我们的眼前闪耀,似乎每一片树叶上都有一个新的生命在颤动⑦,这美丽的南国的树!

船在树下泊⑧了片刻,岸上很湿,我们没有上去。朋友说这里是"鸟的天堂",有许多鸟在这棵树上做窝,农民不许人去捉⑨它们。我仿佛听见几只鸟扑翅的声音,但是等到我的眼睛⑩注意地看那里时,我却看不见一只鸟的影子。只有无数的树根立在地上,像许多根木桩。地是湿的,大概涨潮时河水常常冲上岸去。"鸟的天堂"里没有一只鸟,我这样想到。船开了,一个朋友拨着船,缓缓地流到河中间去。

第二天,我们划着船到一个朋友的家乡去,就是那个有山有塔的地方⑪。从学校出发,我们又经过那"鸟的天堂"。

这一次是在早晨,阳光照在水面上,也照在树梢上。一切都//显得非常光明。我们的船也在树下泊了片刻。

起初四周围非常清静。后来忽然起了一声鸟叫。我们把手一拍,便看见一只大鸟飞了起来,接着又看见第二只,第三只。我们继续拍掌,很快地这个树林就变很热闹了。到处都是鸟声,到处都是鸟影⑫。大的,小的,花的,黑的,有的站在枝上叫,有的飞起来,在扑翅膀。

节选自巴金《小鸟的天堂》

语音提示:

① 逼近 bījìn
② 数不清 shǔbuqīng
③ 丫枝 yāzhī
④ 生命力 shēngmìnglì
⑤ 簇 cù
⑥ 缝隙 fèngxì
⑦ 颤动 chàndòng
⑧ 泊 bó
⑨ 捉 zhuō
⑩ 眼睛 yǎnjing
⑪ 地方 dìfang
⑫ 鸟影 niǎoyǐng

朗读指导:

这篇文章描写作者划船参观"鸟的天堂"的情形,视角由远到近,由整体到局部,观察细致入微,言辞细腻生动。朗读时应随作者的视线而动,描述榕树的形态要为它的勃勃生机所感动,用赞叹的语调形容它的树叶"多"和"密","那么多""不留一点儿"要加重语气,"明亮地……闪耀""每一片……都有……新的生命"也要突出,才能体现出榕树旺盛的生命力,最后可用气息由衷地感叹:这美丽的南国的树! 随后观察"鸟的天堂"时仿佛只听到扑翅的声音,却不见一只鸟。读这一段要用轻柔的声音,营造出神秘的氛围,引起听者探究的兴趣,也为第二天路过此地看到鸟的热闹景象作铺垫。最后一段鸟声喧闹,鸟影翻飞,十分热闹,朗读节奏要明快,语气要活泼,才能表达出作者兴奋的心情。

作品 36 号

有个塌鼻子①的小男孩儿,因为两岁时得过脑炎,智力受损,学习起来很吃力。打个比方②,别人写作文能写二三百字,他却只能写三五行。但即便这样的作文,他同样能写得很动人。

那是一次作文课,题目是《愿望③》。他极其认真地想了半天,然后极认真地写,那作文极短。只有三句话:我有两个愿望,第一个是,妈妈天天笑眯眯地看着我说:"你真聪明④。"第二个是,老师天天笑眯眯地看着我说,"你一点儿⑤也不笨。"

于是,就是这篇作文,深深地打动了他的老师,那位妈妈式的老师不仅给了他最高分,在班上带感情地朗读了这篇作文,还一笔一画地批道:你很聪明,你的作文写得非常感人,请放心,妈妈肯定会格外喜欢⑥你的,老师肯定会格外喜欢你的,大家肯定会格外喜欢你的。

捧着作文本,他笑了,蹦蹦跳跳⑦地回家了,像⑧只喜鹊。但他并没有把作文本拿给妈妈看,他是在等待,等待着一个美好的时刻。

那个时刻终于到了,是妈妈的生日——一个阳光灿烂的星期天:那天,他起得特别早,把作文本装在一个亲手做的美丽的大信封里,等着妈妈醒来。妈妈刚刚睁眼醒来,他就笑眯眯地走到妈妈跟前说:"妈妈,今天是您的生日,我要//送给您一件礼物。"

果然,看着这篇作文,妈妈甜甜地涌出⑨了两行热泪,一把搂住小男孩儿,搂得很紧很紧。

是的,智力可以受损⑩,但爱永远不会。

节选自张玉庭《一个美丽的故事》

语音提示:

① 塌鼻子 tābízi　　　　　　② 比方 bǐfang
③ 愿望 yuànwàng　　　　　　④ 聪明 cōngming
⑤ 一点儿 yìdiǎnr　　　　　　⑥ 喜欢 xǐhuan
⑦ 蹦蹦跳跳 bèngbèngtiàotiào　⑧ 像 xiàng
⑨ 涌出 yǒngchū　　　　　　⑩ 受损 shòusǔn

朗读指导:

这是一个表达爱心的故事。一位智力受损的小男孩儿,用他美丽的心愿和纯真的话语深深打动了他的老师和妈妈,这个故事最能激起所有善良心灵的共鸣。朗读应着力表现孩子的纯真和大人们的善良和爱心,把自己完全带到作品当中去,真正做到以情带声。老师的话语要非常亲切、温柔、和缓,"妈妈肯定会""老师肯定会""大家肯定会",前句要强调"肯定",中句强调"老师",后句强调"大家",这几句的语气也要层层推高。孩子的两段话语也要读出区别,描述愿望的三句话平静而缓慢,读得轻柔一些,中间设置较长的停顿:"我有两个愿望,第一个是,妈妈天天……第二个是,……"第五段对妈妈说的那句话,声音要提高,节奏要加快,俏皮一些,显示出孩子对母亲的挚爱。

作品 37 号

小学的时候,有一次我们去海边远足,妈妈没有做便饭,给了我十块钱买午餐。好像走了很久、很久,终于到海边了,大家坐下来便吃饭,荒凉的海边没有商店,我一个人跑到防风林外面去,级任老师要大家把吃剩的饭菜分给我一点儿。有两三个男生留下一点儿给我,还有一个女生,她的米饭拌了酱油,很香,我吃完的时候,她笑眯眯地看着我,短头发,脸圆圆的。

她的名字①叫翁②香玉。

每天放学的时候,她走的是经过我们家的一条小路,带着一位比她小的男孩,可能是弟弟。小路边是一条清澈③见底的小溪,两旁竹阴④覆盖⑤,我总是远远地跟在她后面。夏日的午后特别炎热,走到半路她会停下来,拿手帕在溪水⑥里浸湿⑦,为小男孩儿擦脸。我也在后面停下来,把肮脏⑧的手帕⑨弄湿⑩了擦脸,再一路远远跟着她回家。后来我们家搬到镇上去了,过几年我也上了中学。有一天放学回家,在火车上,看见斜对面一位短头发、圆圆脸的女孩,一身素净⑪的白衣黑裙。我想她一定不认识⑫我了。火车很快到站了,我随着人群挤向门口,她也走近了,叫我的名字。这是她第一次和我说话。

她笑眯眯的,和我一起走过月台。以后就没有再见过//她了。

这篇文章收在我出版的《少年心事》这本书里。书出版后半年,有一天我忽然收到出版社转来的一封信,信封上是陌生⑬的字迹,但清楚地写着我本名。信里面说她看到了这篇文章心里非常激动,没想到离开家乡,漂泊⑭异地这么久之后,会看见自己仍然⑮在一个人的记忆里,她自己也深深记得这其中的每一幕,只是没想到越过遥远的时空,竟然⑯另一个人也深深记得。

节选自苦伶《永远的记忆》

语音提示：

① 名字 míngzi　　　② 翁 wēng
③ 清澈 qīngchè　　　④ 竹阴 zhúyīn
⑤ 覆盖 fùgài　　　⑥ 溪水 xīshuǐ
⑦ 浸湿 jìnshī　　　⑧ 肮脏 āngzāng
⑨ 手帕 shǒupà　　　⑩ 弄湿 nòngshī
⑪ 素净 sùjing　　　⑫ 认识 rènshi
⑬ 陌生 mòshēng　　　⑭ 飘泊 piāobó
⑮ 仍然 réngrán　　　⑯ 竟然 jìngrán

朗读指导：

本文像一杯淡淡的绿茶,散发出阵阵清香,牵动着我们久远的记忆。作者通过描述几个简单的场景,回忆他与小女孩交往的经历,字里行间充满着朴素的情感和深深的怀念。尤其令人感动的是,作者记录这几件小事的小书发表后,收到了小女孩儿的来信,为作者对她的记忆而深受感动。朗读时宜娓娓道来,语调温柔舒缓,情感起伏不必太大,始终保持平稳舒畅。但朗读那几件小事时,要表现出童心,尤其第三段描写他放学时远远跟在女孩儿身后回家的场景,更要把他对女孩儿的好感和纯真的情感用轻柔的语气娓娓地表达出来。

作品 38 号

在繁华的巴黎大街的路旁,站着一个衣衫褴褛①、头发斑白②、双目失明的老人。他不像其他乞丐③那样伸手④向过路行人乞讨,而是在身旁立一块木牌,上面写着:"我什么也看不见!"街上过往的行人很多,看了木牌上的字都无动于衷⑤,有的还淡淡一笑,便姗姗⑥而去了。

这天中午,法国著名诗人让·彼浩勒⑦也经过这里。他看看木牌上的字,问盲老人:"老人家,今天上午有人给你钱吗?"

盲老人叹息着回答:"我,我什么⑧也没有得到。"说着,脸上的神情⑨非常悲伤。

让·彼浩勒听了,拿起笔悄悄地在那行字的前面添上了"春天到了,可是"几个字,就匆匆地离开了。

晚上,让·彼浩勒又经过这里,问那个盲老人下午的情况。盲老人笑着回答说:"先生,不知为什么,下午给我钱的人多极了!"让·彼浩勒听了,摸着胡子满意地笑了。

"春天到了,可是我什么也看不见!"这富有诗意的语言,产生这么大的作用,就在于它有非常浓厚的感情色彩。是的,春天是美好的,那蓝天白云,那绿树红花,那莺歌燕舞⑩,那流水人家,怎么不叫人陶醉呢?但这良辰美景⑪,对于一个双目失明的人来说,只是一片漆黑。当人们想到这个盲老人,一生中竟连万紫千红的春天//都不曾看到,怎能不对他产生同情之心呢?

节选自小学《语文》第六册中《语言的魅力》

语音提示:

① 褴褛 lánlǚ　　　　　　　② 斑白 bānbái
③ 乞丐 qǐgài　　　　　　　④ 伸手 shēnshǒu
⑤ 无动于衷 wúdòngyúzhōng　⑥ 姗姗 shānshān
⑦ 让·彼浩勒 ràngbǐhàolè　⑧ 什么 shénme
⑨ 神情 shénqíng　　　　　　⑩ 莺歌燕舞 yīnggēyànwǔ
⑪ 良辰美景 liángchénměijǐng

朗读指导:

本文讲述了一个生动有趣的故事:一个诗人在盲老人的木牌上巧妙地加上几个字,就让盲老人的乞讨结果发生了逆转。首段铺陈环境,"不像……那样"语气重一些,表现其非同一般的乞讨方式,"无动于衷""淡淡一笑""姗姗而去"要读得轻描淡写,表示这位乞丐没有引起任何人的注意,这方能突出文字所产生的特殊魅力。诗人和盲老人的对话要读出对比的意味。比如重读老人第一次对话中的"什么也没有得到"和第二次对话中的"不知道为什么"。诗人的问话语气关切友善,表现出对盲老人的同情,"老人家,今天上午有人给你钱吗"一句中,"有人"二字可加重,但同时诗人对结果早有预测,这是明知故问,所以语气要相对轻松一些。盲老人的两次回答语气应截然不同,第一次悲伤、失望,声音低沉,节奏缓慢;第二次欣喜、意外,声音明亮,节奏轻快。末段朗读时语气要肯定舒缓,感情饱满而真挚。

作品39号

人活着,最要紧的是寻觅到那片代表着生命绿色和人类希望的丛林,然后选一高高的枝头①站在那里观览②人生,消化痛苦,孕育③歌声,愉悦世界!

这可真是一种潇洒④的人生态度,这可真是一种心境爽朗的情感风貌。

站在历史的枝头微笑,可以减免许多烦恼。在那里,你可以从众生相所包含的甜酸苦辣、百味人生中寻找你自己;你境遇中的那点儿⑤苦痛,也许相比之下,再也难以占据一席之地;你会较容易地获得从不悦中解脱灵魂⑥的力量,使之不致变得灰色。

人站得高些,不但能有幸早些领略到希望的曙光⑦,还能有幸发现生命的立体的诗篇。每一个人的人生,都是这诗篇⑧中的一个词、一个句子或者一个标点。你可能没有成为一个美丽的词,一个引人注目的句子,一个惊叹号,但你依然是这生命的立体诗篇中的一个音节、一个停顿、一个必不可少的组成部分。这足以使你放弃前嫌⑨,萌生⑩为人类孕育新的歌声的兴致,为世界带来更多的诗意。

最可怕的人生见解,是把多维的生存图景看成平面。因为那平面上刻下的大多是凝固⑪了的历史——过去的遗迹;但活着的人们,活得却是充满着新生智慧的,由//不断逝去的"现在"组成的未来。人生不能像某些鱼类躺着游,人生也不能像某些兽类爬着走,而应该站着向前行,这才是人类应有的生存姿态。

节选自[美]本杰明·拉什《站在历史的枝头微笑》

语音提示：

① 枝头 zhītóu　　　　② 观览 guānlán
③ 孕育 yùnyù　　　　④ 潇洒 xiāosǎ
⑤ 那点儿 nàdiǎnr　　⑥ 灵魂 línghún
⑦ 曙光 shǔguāng　　⑧ 诗篇 shīpiān
⑨ 前嫌 qiánxián　　　⑩ 萌生 méngshēng
⑪ 凝固 nínggù

朗读指导：

这是一篇富有哲理的散文。文章开宗明义,以"站在历史的枝头微笑"为比喻,启发人们如果站在新的高度上观察人生,将会积极乐观地面对生活,将会有开朗豁达的人生态度。文章的基调明快,朗读时宜用明亮的声音、中等的语速、活泼明快的节奏。首段强调"最要紧的",而"观览人生,消化痛苦,孕育歌声,愉悦世界"四个词组,要用层递式语调逐步上扬。第二段中两个"真是"要高调领起,转入第三段可放低声音,徐徐道来,三个分段的层次用抑扬相间的语调表现出来。第四段中有一个长的转折句,转折之前宜低沉缓慢一些,"一个……一个……一个……"的排比词组可用逐次下降的语势朗读,但读至转折处可提高音量,语势上升,读出"一个音节""一个停顿"等词语来。

作品40号

在一次名人访问中,被问及上个世纪最重要的发明是什么时,有人说是电脑,有人说是汽车,等等。但新加坡的一位知名人士却说是冷气机。他解释,如果没有冷气,热带地区如东南亚国家,就不可能有很高的生产力,就不可能达到今天的生活水准①。他的回答实事求是②,有理有据。

看了上述报道,我突发奇想:为什么没有记者问"二十世纪最糟糕③的发明是什么?"其实二〇〇二年十月中旬,英国的一家报纸就评出了"人类最糟糕的发明"。获此"殊荣④"的,就是人们每天大量使用的塑料袋。

诞生⑤于上个世纪三十年代的塑料袋,其家族包括用塑料制成的快餐饭盒、包装纸、餐用杯盘、饮料瓶、酸奶杯、雪糕杯等等。这些废弃物形成的垃圾,数量多,体积大,重量轻,不降解⑥,给治理工作带来很多技术难题和社会问题。

比如,散落⑦在田间、路边及草丛中的塑料餐盒,一旦被牲畜⑧吞食,就会危及健康甚至导致死亡。填埋废弃塑料袋、塑料餐盒的土地,不能生长庄稼⑨和树木,造成土地板结,而焚烧⑩处理这些塑料垃圾,则会释放出多种化学有毒气体,其中一种称为二噁英⑪的化合物,毒性极大。

此外,在生产塑料袋、塑料餐盒的//过程中使用的氟利昂⑫,对人体免疫系统和生态环境造成的破坏也极为严重。

节选自林光如《最糟糕的发明》

语音提示：

① 水准 shuǐzhǔn　　② 实事求是 shíshìqiúshì
③ 糟糕 zāogāo　　④ 殊荣 shūróng
⑤ 诞生 dànshēng　　⑥ 降解 jiàngjiě
⑦ 散落 sànluò　　⑧ 牲畜 shēngchù
⑨ 庄稼 zhuāngjia　　⑩ 焚烧 fénshāo
⑪ 二噁英 èr'èyīng　　⑫ 氟利昂 fúlì'áng

朗读指导：

本文由上个世纪最重要的发明引出，提出最糟糕的发明是塑料袋的论点，进而指出它的种种危害，旨在引发人们对环境污染的重视，进而增强环保意识，自觉地维护我们共同的家园。文章理据充分，科学性强，具有很强的说服力。朗读时要做到语调客观、平实，语气严肃认真。第三、四、五段列举塑料袋的种种危害，体现出很强的知识性和科学性，语速中等、平缓，语气严肃肯定，做到句读分明，语意清晰，以增加文章的说服力。

普通话泛读作品 20 篇

作品 1 号

两个同龄的年轻人同时受雇于一家店铺，并且拿同样的薪水。可是一段时间后，叫阿诺德的那个小伙子青云直上，而那个叫布鲁诺的小伙子却仍在原地踏步。布鲁诺很不满意老板的不公正待遇。终于有一天他到老板那儿发牢骚了。老板一边耐心地听着他的抱怨，一边在心里盘算着怎样向他解释清楚他和阿诺德之间的差别。

"布鲁诺先生，"老板开口说话了，"您现在到集市上去一下，看看今天早上有什么卖的。"

布鲁诺从集市上回来向老板汇报说，今早集市上只有一个农民拉了一车土豆在卖。

"有多少？"老板问。

布鲁诺赶快戴上帽子又跑到集上，然后回来告诉老板一共四十袋土豆。

"价格是多少？"

布鲁诺又第三次跑到集上问来了价格。

"好吧，"老板对他说，"现在请您坐到这把椅子上一句话也不要说，看看阿诺德怎么说。"

阿诺德很快就从集市上回来了。向老板汇报说到现在为止只有一个农民在卖土豆，一共四十口袋，价格是多少多少；土豆质量很不错，他带回来一个让老板看看。这个农民一个钟头以后还会弄来几箱西红柿，据他看价格非常公道。昨天他们铺子的西红柿卖得很快，库存已经不//多了。他想这么便宜的西红柿，老板肯定会要进一些的，所以他不仅带回了一个西红柿做样品，而且把那个农民也带来了，他现在正在外面等回话呢。

此时老板转向了布鲁诺，说："现在您肯定知道为什么阿诺德的薪水比您高了吧！"

节选自张健鹏、胡足青主编《故事时代》中《差别》

Zuòpǐn 1 Hào

Liǎnggè tónglíng de niánqīngrén tóngshí shòugù yú yī jiā diànpù, bìngqiě ná

193

tóngyàng de xīn‧shuǐ. Kěshì yī duàn shíjiān hòu, jiào Ā'nuòdé de nàge xiǎohuǒzi qīngyún zhíshàng, ér nàgè jiào Bùlǔnuò de xiǎohuǒzi què réng zài yuándì tàbù. Bùlǔnuò hěn bù mǎnyì lǎobǎn de bù gōngzhèng dàiyù. Zhōng yú yǒu yī tiān tā dào lǎobǎn nàr fā láo‧sāo le. Lǎobǎn yībiān nàixīn de tīngzhe tā de bào‧yuàn, yībiān zài xīn‧lǐ pánsuanzhe zěnyàng xiàng tā jiěshì qīngchu tā hé Ā'nuòdé zhījiān de chābié.

"Bùlǔnuò xiānsheng," Lǎo bǎn kāikǒu shuōhuà le, "Nín xiànzài dào jíshì‧shàng qù yīxià, kànkan jīntiān zǎoshang yǒu shénme mài de."

Bùlǔnuò cóng jí shì‧shàng huí‧lái xiàng lǎobǎn huìbào shuō, jīnzǎo jíshì‧shàng zhǐyǒu yī gè nóngmín lālè yī chē tǔdòu zài mài.

"Yǒu duō‧shǎo?" Lǎo bǎn wèn.

Bùlǔnuò gǎnkuài dài‧shàng màozi yòu pǎodào jí‧shàng, rán hòu huí‧lái gàosu lǎobǎn yīgòng sìshí dài tǔdòu.

"Jià gé shì duō‧shǎo?"

Bùlǔnuò yòu dì-sān cì pǎodào jí‧shàng wènláile jiàgé.

"Hǎo ba," Lǎo bǎn duì tā shuō, "Xiànzài qǐng nín zuòdàozhè bǎ yǐzi‧shàng yī jù huà yě bùyào shuō, kànkan Ā'nuòdé zěnme shuō."

Ā'nuòdé hěn kuài jiù cóng jí shì‧shàng huí‧lái le. Xiàng lǎobǎn huìbào shuō dào xiànzài wéizhǐ zhǐyǒu yī gè nóngmín zài mài tǔdòu, yīgòng sìshí kǒudai, jià gé shì duō‧shǎo duō‧shǎo; tǔdòu zhìliàng hěn bùcuò, tā dài huí‧lái yī gè ràng lǎobǎn kànkan. Zhège nóngmín yī gè zhōngtóu yǐhòu hái huì nònglái jǐ xiāng xīhóngshì, jù tā kàn jiàgé fēi cháng gōngdào. Zuótiān tāmen pùzi de xīhóngshì mài de hěn kuài, kù cún yǐ‧jīng bù//duō le. Tā xiǎng zhème piányi de xīhóngshì lǎobǎn kěndìng huì yào jìn yīxiē de, suǒyǐ tā bùjǐn dàihuíle yī gè xīhóngshì zuò yàngpǐn, érqiě bǎ nàgè nóng mín yě dài‧lái le, tā xiànzài zhèngzài wài‧miàn děng huí huà ne.

Cǐshí lǎobǎn zhuǎnxiàngle Bùlǔnuò, shuō："Xiànzài nín kěndìng zhī‧dào wèishénme Ā'nuòdé de xīn‧shuǐ bǐ nín gāo le ba?"

Jié xuǎn zì Zhāng Jiànpéng、Hú Zúqīng zhǔ biān《gùshì Shídài》zhōng《Chābié》

作品 2 号

假日到河滩上转转，看见许多孩子在放风筝。一根根长长的引线，一头系在天上，一头系在地上，孩子同风筝都在天与地之间悠荡，连心也被悠荡得恍恍惚惚了，好像又回到了童年。

儿时放的风筝，大多是自己的长辈或家人编扎的，几根削得很薄的篾，用细纱线扎成各种鸟兽的造型，糊上雪白的纸片，再用彩笔勾勒出面孔与翅膀的图案。通常扎得最多的是"老雕""美人儿""花蝴蝶"等。

我们家前院就有位叔叔,擅扎风筝,远近闻名。他扎的风筝不只体型好看,色彩艳丽,放飞得高远,还在风筝上绷一叶用蒲苇削成的膜片,经风一吹,发出"嗡嗡"的声响,仿佛是风筝的歌唱,在蓝天下播扬,给开阔的天地增添了无尽的韵味,给驰荡的童心带来几分疯狂。

我们那条胡同的左邻右舍的孩子们放的风筝几乎都是叔叔编扎的。他的风筝不卖钱,谁上门去要,就给谁,他乐意自己贴钱买材料。

后来,这位叔叔去了海外,放风筝也渐与孩子们远离了。不过年年叔叔给家乡写信,总不忘提起儿时的放风筝。香港回归之后,他在家信中说到,他这只被故乡放飞到海外的风筝,尽管飘荡游弋,经沐风雨,可那线头儿一直在故乡和//亲人手中牵着,如今飘得太累了,也该要回归到家乡和亲人身边来了。

是的。我想,不光是叔叔,我们每个人都是风筝,在妈妈手中牵着,从小放到大,再从家乡放到祖国最需要的地方去啊!

节选自李恒瑞《风筝畅想曲》

Zuòpǐn 2 Hào

Jiàrì dào hétān·shàng zhuànzhuan, kàn·jiàn xǔduō háizi zài fàng fēngzheng. Yīgēngēnchángcháng de yǐnxiàn, yìtóur jì zài tiān·shàng, yì tóur jì zài dì·shàng, háizi tóng fēngzhengdōu zài tiān yǔ dì zhījiān yōudàng, lián xīn yě bèi yōudàng de huǎnghuǎng—hūhū le, hǎoxiàngyòu huídàole tóngnián.

Érshí fàng de fēngzheng, dàduō shì zìjǐ de zhǎngbèi huò jiārén biānzā de, jǐ gēn xiāo de hěnbáo de miè, yòng xì shāxiàn zāchénggè zhǒng niǎo shòu de zàoxíng, hú·shàng xuěbái de zhǐpiàn, zài yòng cǎibǐ gōulè chū miànkǒng yǔ chìbǎng de tú'àn. Tōngcháng zā de zuì duō de shì "lǎodiāo" "měirénr" "huā húdié" děng.

Wǒmen jiā qiányuán jiù yǒu wèi shūshu, shàn zā fēngzheng, yuǎn-jìn wénmíng. Tā zā defēngzheng bùzhǐ tǐxíng hǎokàn, sècǎi yànlì, fàngfēi de gāo yuǎn, hái zài fēngzheng·shàng bēngyī yè yòng púwěi xiāochéng de mópiàn, jīng fēng yī chuī, fāchū "wēngwēng"de shēngxiǎng, fǎngfúshì fēngzheng de gēchàng, zài lántiān·xià bō yáng, gěi kāikuò de tiāndì zēngtiānle wújìn deyùnwèi, gěi chídàng de tóngxīn dàilái jǐ fēn fēngkuáng.

Wǒmen nà tiáo hútòngr de zuǒlín-yòushè de háizimen fàng de fēngzheng jīhū dōu shì shūshubiānzā de. Tā de fēngzheng bù mài qián, shéi shàngmén qù yào, jiù gěi sheí, tā lèyì zìjǐ tiēqián mǎi cáiliào.

Hòulái, zhèwèi shūshu qùle hǎiwài, fàng fēngzheng yě jiàn yǔ háizi men yuǎnlí le. Bùguòniánnián shūshu gěi jiāxiāng xiěxìn, zǒng bù wàng tíqǐ érshí de fàng fēngzheng. Xiānggǎnghuíguī zhīhòu, tā zài jiāxìn zhōng shuōdào, tā zhè zhī bèi gùxiāng fàngfēi dào hǎiwài defēngzheng, jǐnguǎn piāodàng yóuyì, jīng mù fēngyǔ, kě nà xiàntóur yīzhí zài gùxiāng hé//qīnrénshǒu zhōng qiānzhe, rújīn piāo de tài lèi le, yě gāi yào huíguī dào jiāxiāng hé qīnrén shēnbiānlái le.

Shìde. Wǒ xiǎng, bùguāng shì shūshu, wǒmen měi gè rén dōu shì fēngzheng, zài māma shǒuzhōng qiānzhe,cóngxiǎo fàngdào dà,zài cóng jiāxiāng fàngdào zǔguó zuì xūyào de dìfang qù a!

Jiéxuǎn zì Lǐ Héngruì《Fēngzheng Chàngxiǎngqǔ》

作品3号

很久以前，在一个漆黑的秋天的夜晚，我泛舟在西伯利亚一条阴森森的河上。船到一个转弯处，只见前面黑黢黢的山峰下面一星火光蓦地一闪。

火光又明又亮，好像就在眼前……

"好啦，谢天谢地！"我高兴地说，"马上就到过夜的地方啦！"

船夫扭头朝身后的火光望了一眼，又不以为然地划起桨来。

"远着呢！"

我不相信他的话，因为火光冲破朦胧的夜色，明明在那儿闪烁。不过船夫是对的，事实上，火光的确还远着呢。

这些黑夜的火光的特点是：驱散黑暗，闪闪发亮，近在眼前，令人神往。乍一看，再划几下就到了……其实却还远着呢！……

我们在漆黑如墨的河上又划了很久。一个个峡谷和悬崖，迎面驶来，又向后移去，仿佛消失在茫茫的远方，而火光却依然停在前头，闪闪发亮，令人神往——依然是这么近，又依然是那么远……

现在，无论是这条被悬崖峭壁的阴影笼罩的漆黑的河流，还是那一星明亮的火光，都经常浮现在我的脑际，在这以前和在这以后，曾有许多火光，似乎近在咫尺，不止使我一人心驰神往。可是生活之河却仍然在那阴森森的两岸之间流着，而火光也依旧非常遥远。因此，必须加劲划桨……

然而，火光啊……毕竟……毕竟就 // 在前头！……

节选自〔俄〕柯罗连科《火光》，张铁夫译

Zuòpǐn 3 Hào

Hěn jiǔ yǐqián, zài yī gè qīhēi de qiūtiān de yèwǎn, wǒ fànzhōu zài Xībólìyà yī tiáo yīnsēnsēn de hé·shàng. Chuán dào yīgè zhuǎnwān chù, zhǐ jiàn qián·miàn hēiqūqū de shānfēng xià·miàn, yī xīng huǒguāng mòdì yī shǎn.

Huǒguāng yòu míng yòu liàng, hǎoxiàng jiù zài yǎnqián……

"Hǎo la, xiètiān - xièdì!" Wǒ gāoxìng de shuō, "Mǎshàng jiù dào guòyè de dìfang la!"

Chuánfū niǔtóu cháo shēnhòu de huǒguāng wàng le yī yǎn, yòu bùyǐwéirán de huá·qǐ jiǎng·lái.

"Yuǎnzhe ne!"

Wǒ bù xiāngxìn tā de huà, yīn·wèi huǒguāng chōngpò ménglóng de yèsè, míngmíng zài nàr shǎnshuò. Bùguò chuánfū shì duì de, shìshí·shàng, huǒguāng díquè hái yuǎnzhe ne.

Zhèxiē hēiyè de huǒguāng de tèdiǎn shì: Qū sàn hēi'àn, shǎnshǎn fāliàng, jìn zài yǎnqián, lìngrén shénwǎng. Zhà yī kàn, zài huá jǐ xià jiù dào le……Qíshí què hái yuǎnzhe ne! ……

　　Wǒmen zài qīhēi rú mò de hé·shàng yóu huále hěn jiǔ. Yīgègè xiágǔ hé xuányá, yíngmiàn shǐ·lái, yòu xiàng hòu yí·qù, fǎng fú xiāoshī zài mángmáng de yuǎnfāng, ér huǒguāng què yīrán tíng zài qiántou, shǎnshǎn fāliàng, lìngrénshénwǎng——yīrán shì zhème jìn, yòu yīrán shì nàme yuǎn……

　　Xiànzài, wúlùn shì zhè tiáo bèi xuányá qiàobì de yīnyǐng lǒngzhào de qīhēi de héliú, háishì nà yī xīng míngliàng de huǒguāng, dōu jīngcháng fúxiàn zài wǒ de nǎojì, zài zhè yǐqián hé zài zhè yǐhòu, céng yǒu xǔduō huǒguāng, sìhū jìn zài zhǐchǐ, bùzhǐ shǐ wǒ yī rén xīnchí-shénwǎng. Kěshì shēnghuó zhī hé què réngrán zài nà yīnsēnsēn de liǎng'àn zhījiān liúzhe, ér huǒguāng yě yījiù fēicháng yáoyuǎn. Yīncǐ, bìxū jiājìn huá jiǎng……

　　Rán'ér, huǒguānga…… bìjìng…… bìjìng jiù//zài qiántou! ……

Jiéxuǎn zì [E] Kēluóliánkē《Huǒguāng》, Zhāng Tiěfū yì

作品 4 号

　　十年,在历史上不过是一瞬间。只要稍加注意,人们就会发现:在这一瞬间里,各种事物都悄悄经历了自己的千变万化。

　　这次重新访日,我处处感到亲切和熟悉,也在许多方面发觉了日本的变化。就拿奈良的一个角落来说吧,我重游了为之感受很深的唐招提寺,在寺内各处匆匆走了一遍,庭院依旧,但意想不到还看到了一些新的东西。其中之一,就是近几年从中国移植来的"友谊之莲"。

　　在存放鉴真遗像的那个院子里,几株中国莲昂然挺立,翠绿的宽大荷叶正迎风而舞,显得十分愉快。开花的季节已过,荷花朵朵已变为莲蓬累累。莲子的颜色正在由青转紫,看来已经成熟了。

　　我禁不住想:"因"已转化为"果"。

　　中国的莲花开在日本,日本的樱花开在中国,这不是偶然。我希望这样一种盛况延续不衰。可能有人不欣赏花,但决不会有人欣赏落在自己面前的炮弹。

　　在这些日子里,我看到了不少多年不见的老朋友,又结识了一些新朋友。大家喜欢涉及的话题之一,就是古长安和古奈良。那还用得着问吗?朋友们缅怀过去,正是瞩望未来。瞩目于未来的人们必将获得未来。

　　我不例外,也希望一个美好的未来。

　　为//了中日人民之间的友谊,我将不浪费今后生命的每一瞬间。

节选自严文井《莲花和樱花》

Zuòpǐn 4 Hào

　　Shí nián, zài lìshǐ·shàng bùguò shì yī shùnjiān. Zhǐyào shāo jiā zhùyì, rénmen jiù huì fāxiàn: Zài zhè yī shùnjiān·lǐ, gè zhǒng shìwù dōu qiāoqiāo jīnglìle zìjǐ de qiānbiànwànhuà.

　　Zhè cì chóngxīn fǎng Rì, wǒ chùchù gǎndào qīnqiè hé shú·xī, yě zài xǔduō fāngmiàn fājuéle Rìběn de biànhuà. Jiù ná Nàiliáng de yī gè jiǎoluò lái shuō ba, wǒ chóngyóule wèi zhī gǎnshòu hěn shēn de Táng Zhāotísì, zài sìnèi gè chù cōngcōng zǒule yī biàn, tíngyuàn yījiù, dàn yìxiǎngbùdào hái kàndàole yīxiē xīn de dōngxi. Qízhōng zhīyī, jiùshì jìn jǐ nián cóng Zhōngguó yìzhí lái de "yǒuyì zhī lián".

Zài cúnfàng Jiànzhēn yíxiàng de nàge yuànzi • lǐ, jǐ zhū Zhōngguó lián ángrán tǐnglì, cuìlǜ de kuāndà héyè zhèng yíngfēng ér wǔ, xiǎn • dé shífēn yúkuài. Kāihuā de jìjié yǐ guò, héhuā duǒduǒ yǐ biànwéi liánpéng léiléi. Liánzǐ de yánsè zhèngzài yóu qīng zhuǎn zǐ, kàn • lái yǐ • jīng chéngshú le.

Wǒ jīn • bùzhù xiǎng: "Yīn" yǐ zhuǎnhuà wéi "guǒ".

Zhōngguó de liánhuā kāi zài Rìběn, Rìběn de yīnghuā kāi zài Zhōngguó, zhè bù shì ǒurán. Wǒ xīwàng zhèyàng yī zhǒng shèngkuàng yánxù bù shuāi. Kěnéng yǒu rén bù xīnshǎng huā, dàn jué bùhuì yǒu rén xīnshǎng luò zài zìjǐ miànqián de pàodàn.

Zài zhèxiē rìzi • lǐ, wǒ kàndàole bùshǎo duō nián bù jiàn de lǎopéngyou, yòu jiéshíle yīxiē xīnpéngyou. Dàjiā xǐhuān shèjí de huàtí zhīyī, jiùshì gǔ Cháng'ān hé gǔ Nàiliáng. Nà hái yòngdezháo wèn ma? péngyoumen miǎnhuái guòqù, zhèngshì zhǔwàng wèilái. Zhǔmù yú wèilái de rénmen bìjiāng huòdé wèilái.

Wǒ bù lìwài, yě xīwàng yī gè měihǎo de wèilái.

Wèi//le Zhōng Rì - rénmín zhījiān de yǒuyì, wǒ jiāng bù làngfèi jīnhòu shēngmìng de měi yī shùnjiān.

Jiéxuǎn zì Yán Wénjǐng《Liánhuā hé Yīnghuā》

作品 5 号

梅雨潭闪闪的绿色招引着我们,我们开始追捉她那离合的神光了。揪着草,攀着乱石,小心探身下去,又鞠躬过了一个石穹门,便到了汪汪一碧的潭边了。

瀑布在襟袖之间,但是我的心中已没有瀑布了。我的心随潭水的绿而摇荡。那醉人的绿呀!仿佛一张极大极大的荷叶铺着,满是奇异的绿呀。我想张开两臂抱住她,但这是怎样一个妄想啊。

站在水边,望到那面,居然觉着有些远呢!这平铺着、厚积着的绿,着实可爱。她松松地皱缬着,像少妇拖着的裙幅;她滑滑的明亮着,像涂了"明油"一般,有鸡蛋清那样软,那样嫩;她又不杂些尘滓,宛然一块温润的碧玉,只清清的一色——但你却看不透她!

我曾见过北京什刹海拂地的绿杨,脱不了鹅黄的底子,似乎太淡了。我又曾见过杭州虎跑寺近旁高峻而深密的"绿壁",丛叠着无穷的碧草与绿叶的,那又似乎太浓了。其余呢,西湖的波太明了,秦淮河的也太暗了。可爱的,我将什么来比拟你呢?我怎么比拟得出呢?大约潭是很深的,故能蕴蓄着这样奇异的绿;仿佛蔚蓝的天融了一块在里面似的,这才这般的鲜润啊。

那醉人的绿呀!我若能裁你以为带,我将赠给那轻盈的 // 舞女,她必能临风飘举了。我若能把你以为眼,我将赠给那善歌的盲妹,她必明眸善睐了。我舍不得你,我怎舍得你呢?我用手拍着你,抚摩着你,如同一个十二三岁的小姑娘。我又掬你入口,便是吻着她了。我送你一个名字,我从此叫你"女儿绿",好吗?

第二次到仙岩的时候,我不禁惊诧于梅雨潭的绿了。

节选自朱自清《绿》

Zuòpǐn 5 Hào

Méiyǔtán shǎnshǎn de lǜsè zhāoyǐnzhe wǒmen, wǒmen kāishǐ zhuīzhuō tā nà líhé de shénguāng le. Jiūzhe cǎo, pānzhe luànshí, xiǎo•xīn tànshēn xià•qù, yòu jūgōng guòle yīgè shíqióngmén, biàn dàole wāngwāng yī bì de tánbiān le.

Pùbù zài jǐnxiù zhījiān, dànshì wǒ de xīnzhōng yǐ méi•yǒu pùbù le. Wǒ de xīn suí tánshuǐ de lǜ ér yáodàng. Nà zuìrén de lǜ ya! Fǎngfú yī zhāng jí dà jí dà de héyè pūzhe, mǎnshì qíyì de lǜ ya. Wǒ xiǎng zhāngkāi liǎngbì bàozhù tā, dàn zhè shì zěnyàng yī gè wàngxiǎng a.

Zhàn zài shuǐbiān, wàngdào nà•miàn, jūrán juézhe yǒu xiē yuǎn ne! Zhè píngpūzhe、hòujīzhe de lǜ, zhuóshí kě'ài. Tā sōngsōng de zhòuxiézhe, xiàng shàofù tuōzhe de qúnfú; tā huáhuá de míngliàngzhe, xiàng túle "míngyóu" yībān, yǒu jīdànqīng nàyàng ruǎn, nàyàng nèn; tā yòu bù zá xiē chénzǐ, wǎnrán yī kuài wēnrùn de bìyù, zhǐ qīngqīng de yī sè——dàn nǐ què kàn•bùtòu tā!

Wǒ céng jiànguo Běijīng Shíchàhǎi fúdì de lǜyáng, tuō•bùliǎo éhuáng de dǐzi, sìhū tài dàn le. Wǒ yòu céng jiànguo Hángzhōu Hǔpáosì jìnpáng gāojùn ér shēnmì de "lǜbì", cóngdiézhe wúqióng de bìcǎo yǔ lǜyè de, nà yòu sìhū tài nóng le. Qíyú ne, Xīhú de bō tài míng le, Qínhuái Hé de yě tài àn le. Kě'ài de, wǒ jiāng shénme lái bǐnǐ ne? Wǒ zěnme bǐnǐ de chū ne? Dàyuē tán shì hěn shēn de, gù néng yùnxùzhe zhèyàng qíyì de lǜ; fǎngfú wèilán de tiān róngle yī kuài zài lǐ•miàn shìde, zhè cái zhèbān de xiānrùn a.

Nà zuìrén de lǜ ya! Wǒ ruò néng cái nǐ yǐwéi dài, wǒ jiāng zènggěi nà qīngyíng de// wǔnǚ, tā bìnéng línfēng piāojǔ le. Wǒ ruò néng yì nǐ yǐwéi yǎn, wǒ jiāng zènggěi nà shàn gē de mángmèi, tā bì míngmóushànlài le. Wǒ shě•bù•dé nǐ; wǒ zěn shě•dé nǐ ne? Wǒ yòng shǒu pāizhe nǐ, fǔmózhe nǐ, rútóng yī gè shí'èr—sān suì de xiǎogūniang. Wǒ yòu jū nǐ rùkǒu, biànshì wěnzhe tā le. Wǒ sòng nǐ yī gè míngzi, wǒ cóngcǐ jiào nǐ "nǚ'érlǜ", hǎo ma?

Dì'èr cì dào Xiānyán de shíhou, wǒ bùjīn jīngchà yú Méiyǔtán de lǜ le.

Jiéxuǎn zì Zhū Zìqīng《Lǜ》

作品 6 号

我们家的后园有半亩空地,母亲说:"让它荒着怪可惜的,你们那么爱吃花生,就开辟出来种花生吧。"我们姐弟几个都很高兴,买种,翻地,播种,浇水,没过几个月,居然收获了。

母亲说:"今晚我们过一个收获节,请你们父亲也来尝尝我们的新花生,好不好?"我们都说好。母亲把花生做成了好几样食品,还吩咐就在后园的茅亭里过这个节。

晚上天色不太好,可是父亲也来了,实在很难得。

父亲说:"你们爱吃花生吗?"

我们争着答应:"爱!"

"谁能把花生的好处说出来?"

姐姐说:"花生的味美。"

哥哥说:"花生可以榨油。"

我说:"花生的价钱便宜,谁都可以买来吃,都喜欢吃。这就是它的好处。"

父亲说:"花生的好处很多,有一样最可贵:它的果实埋在地里,不像桃子、石榴、苹果那样,把鲜红嫩绿的果实高高地挂在枝头上,使人一见就生爱慕之心。你们看它矮矮地长在地上,等到成熟了,也不能立刻分辨出来它有没有果实,必须挖出来才知道。"

我们都说是,母亲也点点头。

父亲接下去说:"所以你们要像花生,它虽然不好看,可是很有用,不是外表好看而没有实用的东西。"

我说:"那么,人要做有用的人,不要做只讲体面,而对别人没有好处的人了。"//

父亲说:"对。这是我对你们的希望。"

我们谈到夜深才散。花生做的食品都吃完了,父亲的话却深深地印在我的心上。

节选自许地山《落花生》

Zuòpǐn 6 Hào

Wǒmen jiā de hòuyuán yǒu bàn mǔ kòngdì, mǔ·qīn shuō:"Ràng tā huāngzhe guài kěxī de, nǐmen nàme ài chī huāshēng, jiù kāipì chū·lái zhòng huāshēng ba." Wǒmen jiědì jǐgè dōu hěn gāoxìng, mǎizhǒng, fāndì, bōzhǒng, jiāoshuǐ, méi guò jǐ gè yuè, jūrán shōuhuò le.

Mǔ·qīn shuō:"Jīnwǎn wǒmen guò yī gè shōuhuòjié, qǐng nǐmen fù·qīn yě lái chángchang wǒmen de xīn huāshēng, hǎo·bù hǎo?"Wǒmen dōu shuō hǎo. Mǔ·qīn bǎ huāshēng zuòchéngle hǎo jǐ yàng shípǐn, hái fēnfù jiù zài hòuyuán de máotíng·lǐ guò zhège jié.

Wǎnshang tiānsè bù tài hǎo, kěshì fù·qīn yě lái le, shízài hěn nándé.

Fù·qīn shuō:"Nǐmen ài chī huāshēng ma?"

Wǒmen zhēngzhe dāyìng:"ài!"

"Shéi néng bǎ huāshēng de hǎo·chù shuō chū·lái?"

Jiějie shuō:"Huāshēng de wèir měi."

gēge shuō:"Huāshēng kěyǐ zhàyóu."

Wǒ shuō:"Huāshēng de jià·qián piányi, shéi dōu kěyǐ mǎi·lái chī, dōu xǐhuan chī. Zhè jiùshì tā de hǎo·chù."

Fù·qīn shuō:"Huāshēng de hǎo·chù hěn duō, yǒu yī yàng zuì kěguì, Tā de guǒshí mái zài dì·lǐ, bù xiàng táozi、shíliu、píngguǒ nàyàng, bǎ xiānhóng nènlǜ de guǒshí gāogāo de guà zài zhītóu·shàng, shǐ rén yī jiàn jiù shēng àimù zhī xīn. Nǐmen kàn tā ǎi'ǎi de zhǎng zài dì·shàng, děngdào chéngshú le, yě bùnéng lìkè fēnbiàn chū·lái tā yǒu méi·yǒu guǒshí, bìxū wā chū·lái cái zhī·dào."

Wǒmen dōu shuō shì,mǔ·qīn yě diǎndiǎn tóu.

Fù·qīn jiē xià·qù shuō:"Suǒyǐ nǐmen yào xiàng huāshēng, tā suīrán bù hǎokàn,kěshì hěn yǒuyòng,bù shì wàibiǎo hǎokàn ér méi·yǒu shíyòng de dōngxi."

Wǒ shuō:"Nàme, rén yào zuò yǒuyòng de rén,bùyào zuò zhǐ jiǎng tǐ·miàn,ér duì bié·rén méi·yǒu hǎo·chù de rén le."//

Fù·qīn shuō:"Duì.Zhè shì wǒ duì nǐmen de xīwàng."

Wǒmen tándào yè shēn cái sàn.Huāshēng zuò de shípǐn dōu chīwán le,fù·qīn de huà què shēnshēn de yìn zài wǒ de xīn·shàng.

Jiéxuǎn zì Xǔ Dìshān《Luòhuāshēng》

作品7号

在浩瀚无垠的沙漠里,有一片美丽的绿洲,绿洲里藏着一颗闪光的珍珠。这颗珍珠就是敦煌莫高窟。它坐落在我国甘肃省敦煌市三危山和鸣沙山的怀抱中。

鸣沙山东麓是平均高度为十七米的崖壁。在一千六百多米长的崖壁上,凿有大小洞窟七百余个,形成了规模宏伟的石窟群。其中四百九十二个洞窟中,共有彩色塑像两千一百余尊,各种壁画共四万五千多平方米。莫高窟是我国古代无数艺术匠师留给人类的珍贵文化遗产。

莫高窟的彩塑,每一尊都是一件精美的艺术品。最大的有九层楼那么高,最小的还不如一个手掌大。这些彩塑个性鲜明,神态各异。有慈眉善目的菩萨,有威风凛凛的天王,还有强壮勇猛的力士……

莫高窟壁画的内容丰富多彩,有的是描绘古代劳动人民打猎、捕鱼、耕田、收割的情景,有的是描绘人们奏乐、舞蹈、演杂技的场面,还有的是描绘大自然的美丽风光。其中最引人注目的是飞天。壁画上的飞天,有的臂挎花篮,采摘鲜花;有的反弹琵琶,轻拨银弦;有的倒悬身子,自天而降;有的彩带飘拂,漫天遨游;有的舒展着双臂,翩翩起舞。看着这些精美动人的壁画,就像走进了//灿烂辉煌的艺术殿堂。

莫高窟里还有一个面积不大的洞窟——藏经洞。洞里曾藏有我国古代的各种经卷、文书、帛画、刺绣、铜像等共六万多件。由于清朝政府腐败无能,大量珍贵的文物被外国强盗掠走。仅存的部分经卷,现在陈列于北京故宫等处。

莫高窟是举世闻名的艺术宝库。这里的每一尊彩塑、每一幅壁画、每一件文物,都是中国古代人民智慧的结晶。

节选自小学《语文》第六册中《莫高窟》

Zuòpǐn 7 Hào

Zài hàohàn wúyín de shāmò·lǐ,yǒu yí piàn měilì de lǜzhōu,lǜzhōu·lǐ cángzhe yì kē shǎnguāng de zhēnzhū.Zhè kē zhēnzhū jiùshì Dūnhuáng Mògāokū.Tā zuòluò zài wǒguó gānsù Shěng Dūnhuáng Shì Sānwēi Shān hé Míngshā Shān de huáibào zhōng.

Míngshā Shān dōnglù shì píngjūn gāodù wéi shíqī mǐ de yábì.Zài yìqiān liùbǎi duō mǐ cháng de yábì·shàng, záo yǒu dàxiǎo dòngkū qībǎi yú gè, xíngchéngle guīmó hóngwěi de shíkūqún.Qízhōng sìbǎi jiǔshí'èr gè dòngkū zhōng, gòng yǒu cǎisè sùxiàng liǎngqiān yìbǎi yú zūn, gè zhǒng bìhuà gòng sìwàn wǔqiān duō píngfāngmǐ. Mògāokū shì wǒguó gǔdài wúshù yíshù jiàngshī liúgěi rénlèi de zhēnguì wénhuà yíchǎn.

　　Mògāokū de cǎisù, měi yì zūn dōu shì yí jiàn jīngměi de yìshùpǐn. Zuì dà de yǒu jiǔ céng lóu nàme gāo, zuì xiǎo de hái bùrú yí gè shǒuzhǎng dà. Zhèxiē cǎisù gèxìng xiānmíng, shéntàigèyì. Yǒu címéi - shànmù de pú·sà, yǒu wēifēng - lǐnlǐn de tiānwáng, háiyǒu qiángzhuàng yǒngměng de lìshì……

　　Mògāokū bìhuà de nèiróng fēngfùduōcǎi, yǒude shì miáohuì gǔdài láodòng rénmín dǎliè、bǔyú、gēngtián、shōugē de qíngjǐng, yǒude shì miáohuì rénmen zòuyuè、wǔdǎo、yǎn zájì de chǎngmiàn, háiyǒude shì miáohuì dàzìrán de měilì fēngguāng. Qízhōng zuì yǐnrénzhùmù de shì fēitiān. Bìhuà·shàng de fēitiān, yǒude bì kuà huālán, cǎizhāi xiānhuā; yǒude fǎn tán pí·pá, qīng bō yínxián; yǒude dào xuán shēnzi, zì tiān ér jiàng; yǒude cǎidài piāofú, màntiān áo yóu; yǒude shūzhǎnzhe shuāngbì, piānpiān - qǐwǔ. Kànzhe zhèxiē jīngměi dòngrén de bìhuà, jiù xiàng zǒujìnle//cànlàn huīhuáng de yìshù diàntáng.

　　Mògāokū·lǐ háiyǒu yí gè miànjī bù dà de dòngkū——cángjīngdòng. Dòng·lǐ céng cángyǒu wǒguó gǔdài de gè zhǒng jīngjuàn、wénshū、bóhuà、cìxiù、tóngxiàng děnggòng liùwàn duō jiàn. Yóuyú Qīngcháo zhèngfǔ fǔbài wúnéng, dàliàng zhēnguì de wénwù bèi wàiguó qiángdào lüèzǒu. Jǐncún de bùfen jīngjuàn, xiànzài chénliè yú Běijīnggùgōng děng chù.

　　Mògāokū shì jǔshìwénmíng de yìshù bǎokù. Zhè·lǐ de měi yì zūn cǎisù、měi yì fú bìhuà、měi yí jiàn wénwù, dōu shì Zhōngguó gǔdài rénmín zhìhuì de jiéjīng.

　　　　　　　　Jiéxuǎn zì Xiǎoxué《Yǔwén》dì - liù cè zhōng《Mògāokū》

作品 8 号

　　其实你在很久以前并不喜欢牡丹，因为它总被人作为富贵膜拜。后来你目睹了一次牡丹的落花，你相信所有的人都会为之感动：一阵清风徐来，娇艳鲜嫩的盛期牡丹忽然整朵整朵地坠落，铺撒一地绚丽的花瓣。那花瓣落地时依然鲜艳夺目，如同一只奉上祭坛的大鸟脱落的羽毛，低吟着壮烈的悲歌离去。

　　牡丹没有花谢花败之时，要么烁于枝头，要么归于泥土，它跨越萎顿和衰老，由青春而死亡，由美丽而消遁。它虽美却不吝惜生命，即使告别也要展示给人最后一次的惊心动魄。

　　所以在这阴冷的四月里，奇迹不会发生。任凭游人扫兴和诅咒，牡丹依然安之若素。它不苟且、不俯就、不妥协、不媚俗，甘愿自己冷落自己。它遵循自己的花期自己的规律，它有权利为自己选择每年一度的盛大节日。它为什么不拒绝寒冷？

　　天南海北的看花人，依然络绎不绝地涌入洛阳城。人们不会因牡丹的拒绝而拒绝它的美。如果它再被贬谪十次，也许它就会繁衍出十个洛阳牡丹城。

　　于是你在无言的遗憾中感悟到，富贵与高贵只是一字之差。同人一样，花儿也是有灵性的,更有品位之高低。品位这东西为气为魂为 // 筋骨为神韵,只可意会。你叹服牡丹卓而不群之姿,方知品位是多么容易被世人忽略或是漠视的美。

节选自张抗抗《牡丹的拒绝》

Zuòpǐn 8 Hào

　　Qíshí nǐ zài hěn jiǔ yǐqián bìng bù xǐhuan mǔ‧dān.Yīn‧wèi tā zǒng bèi rén zuòwéi fùguì móbài.Hòulái nǐ mùdǔle yí cì mǔ‧dān de luòhuā,nǐ xiāngxìn suǒyǒu de rén dōu huì wèi zhī gǎndòng:Yí zhèn qīngfēng xúlái,jiāoyàn xiānnèn de shèngqī mǔ‧dān hūrán zhěng duǒ zhěng duǒ de zhuìluò,pūsǎ yīdì xuànlì de huābàn.Nà huābàn luòdì shí yīrán xiānyàn duómù,rútóng yì zhī fèng‧shàng jìtán de dàniǎo tuōluò de yǔmáo,dīyínzhe zhuànglìe de bēigē lǐqǔ.

　　Mǔ‧dān méi‧yǒu huāxièhuābài zhī shí,yàome shuòyú zhītóu,yàome guīyú nítǔ,tā kuàyuè wěidùn hé shuāilǎo,yóu qīngchūn ér sǐwáng,yóu měilì ér xiāodùn.Tā suī měi què bù lìnxī shēngmìng,jíshǐ gàobié yě yào zhǎnshì gěi rén zuìhòu yí cì de jīngxīndòngpò.

　　Suǒyǐ zài zhè yīnlěng de sìyuè‧lǐ,qíjì bù huì fāshēng.Rènpíng yóurén sǎoxìng hé zǔzhòu,mǔ‧dān yīrán ānzhīruòsù.Tā bù gǒuqiě、bù fǔjiù、bù tuǒxié、bù mèisú,gānyuàn zìjǐ lěngluò zìjǐ.Tā zūnxún zìjǐ de huāqī zìjǐ de guīlǜ,tā yǒu quánlì wèi zìjǐ xuǎnzé měinián yí dù de shèngdà jiérì.Tā wèishénme bù jùjué hánlěng?

　　Tiānnánhǎiběi de kàn huā rén,yīrán luòyìbùjué de yǒngrù Luòyáng Chéng.Rénmen bù huì yīn mǔ‧dān de jùjué ér jùjué tā de měi.Rúguǒ tā zài bèi biǎnzhé shí cì,yěxǔ tā jiùhuì fányǎn chū shí gè Luòyáng mǔ‧dān chéng.

　　Yúshì nǐ zài wúyán de yíhàn zhōng gǎnwù dào,fùguì yǔ gāoguì zhǐshì yí zì zhī chā.Tóng rén yíyàng,huā'ér yě shì yǒu língxìng de,gèng yǒu pǐnwèi zhī gāodī.Pǐnwèi zhè dōngxi wéi qì wéi hún wéi//jīngǔ wéi shényùn,zhǐ kě yìhuì.Nǐ tànfú mǔ‧dān zhuó'ěrbùqún zhī zī,fāngzhī pǐnwèi shì duōme róng‧yì bèi shìrén hūlüè huò shì mòshì de měi.

Jiéxuǎn zì Zhāng Kàngkàng《Mǔ‧dān de Jùjué》

作品9号

　　我在俄国见到的景物再没有比托尔斯泰墓更宏伟、更感人的。

　　完全按照托尔斯泰的愿望,他的坟墓成了世间最美的、给人印象最深刻的坟墓。它只是树林中的一个小小的长方形土丘,上面开满鲜花——没有十字架,没有墓碑,没有墓志铭,连托尔斯泰这个名字也没有。

　　这位比谁都感到受自己的声名所累的伟人,却像偶尔被发现的流浪汉,不为人知的士兵不留名姓地被人埋葬了。谁都可以踏进他最后的安息地,围在四周稀疏的木栅栏是不关闭的——保护列夫‧托尔斯泰得以安息的没有任何别的东西,惟有人们的敬意;而通常,人们却总是怀着好奇,去破坏伟人墓地的宁静。

　　这里,逼人的朴素禁锢住任何一种观赏的闲情,并且不容许你大声说话。风儿俯临,在这座无名者之墓的树木之间飒飒响着,和暖的阳光在坟头嬉戏;冬天,白雪温柔地覆盖这片幽暗的土地。无论你在夏天或冬天经过这儿,你都想象不到,这个小小的、隆起的长方体里安放着一位当代最伟大的人物。

然而,恰恰是这座不留姓名的坟墓,比所有挖空心思用大理石和奢华装饰建造的坟墓更扣人心弦。在今天这个特殊的日子//里,到他的安息地来的成百上千人中间,没有一个有勇气,哪怕仅仅从这幽暗的土丘上摘下一朵花留作纪念。人们重新感到,世界上再没有比托尔斯泰最后留下的、这座纪念碑式的朴素坟墓,更打动人心的了。

节选自[奥]茨威格《世间最美的坟墓》,张厚仁译

Zuòpǐn 9 Hào

Wǒ zài Éguó jiàndào de jǐngwù zài méi·yǒu bǐ Tuō'ěrsītài mù gèng hóngwěi、gènggǎnrén de.

Wánquán ànzhào Tuō'ěrsītài de yuànwàng, tā de fénmù chéngle shìjiān zuì měi de、gěi rén yìnxiàng zuì shēnkè de fénmù. Tā zhǐshì shùlín zhōng de yí ge xiǎoxiǎo de chángfāngxíng tǔqiū, shàng·miàn kāimǎn xiānhuā——méi·yǒu shízìjià, méi·yǒu mùbēi, méi·yǒu mùzhìmíng, lián Tuō'ěrsītài zhège míngzi yě méi·yǒu.

Zhè wèi bǐ shéi dōu gǎndào shòu zìjǐ de shēngmíng suǒ lèi de wěirén, què xiàng ǒu'ěr bèi fāxiàn de liúlànghàn, bù wéi rén zhī de shìbīng bù liú míngxìng de bèi rén máizàng le. Shéi dōu kěyǐ tàjìn tā zuìhòu de ānxīdì, wéi zài sìzhōu xīshū de mù zhàlan shì bù guānbì de——bǎohù Lièfū Tuō'ěrsītài déyǐ ānxī de méi·yǒu rènhé biéde dōngxi, wéiyǒu rénmen de jìngyì; ér tōngcháng, rénmen què zǒngshì huáizhe hàoqí, qù pòhuài wěirén mùdì de níngjìng.

Zhè·lǐ, bīrén de pǔsù jìngù zhù rènhé yìzhǒng guānshǎng de xiánqíng, bìngqiě bù róngxǔ nǐ dàshēng shuōhuà. Fēng'ér fǔ lín zài zhè zuò wúmíngzhě zhī mù de shùmù zhījiān sàsà xiǎngzhe, hénuǎn de yángguāng zài féntóur xīxì; dōngtiān, báixuě wēnróu de fùgài zhè piàn yōu'àn de tǔdì. Wúlùn nǐ zài xiàtiān huò dōngtiān jīngguò zhèr, nǐ dōu xiǎngxiàng bù dào, zhège xiǎoxiǎo de、lóngqǐ de chángfāngtǐ·lǐ ānfàngzhe yí wèi dāngdài zuì wěidà de rénwù.

Rán'ér, qiàqià shì zhè zuò bù liú xìngmíng de fénmù, bǐ suǒyǒu wākōng xīnsi yòng dàlǐshí hé shēhuá zhuāngshì jiànzào de fénmù gèng kòurénxīnxián. Zài jīntiān zhège tèshū de rìzi//·lǐ, dào tā de ānxīdì lái de chéng bǎi shàng qiān rén zhōngjiān, méi·yǒu yí ge yǒu yǒngqì, nǎpà jǐnjǐn cóng zhè yōu'àn de tǔqiū·shàng zhāixià yì duǒ huā liúzuò jìniàn. Rénmen chóngxīn gǎndào, shìjiè·shàng zài méi·yǒu bǐ Tuō'ěrsītài zuìhòu liúxià de、zhè zuò jìniànbēi shì de pǔsù fénmù, gèng dǎdòng rénxīn de le.

Jiéxuǎn zì[ào]Cíwēigé《Shìjiān Zuì Měi de Fénmù》, Zhāng Hòurén yì

作品 10 号

享受幸福是需要学习的,当它即将来临的时刻需要提醒。人可以自然而然地学会感

官的享乐，却无法天生地掌握幸福的韵律。灵魂的快意同器官的舒适像一对孪生兄弟，时而相傍相依，时而南辕北辙。

幸福是一种心灵的震颤。它像会倾听音乐的耳朵一样，需要不断地训练。

简而言之，幸福就是没有痛苦的时刻。它出现的频率并不像我们想象的那样少。人们常常只是在幸福的金马车已经驶过去很远时，才拣起地上的金鬃毛说，原来我见过它。

人们喜爱回味幸福的标本，却忽略它披着露水散发清香的时刻。那时候我们往往步履匆匆，瞻前顾后不知在忙着什么。

世上有预报台风的，有预报蝗灾的，有预报瘟疫的，有预报地震的。没有人预报幸福。

其实幸福和世界万物一样，有它的征兆。

幸福常常是朦胧的，很有节制地向我们喷洒甘霖。你不要总希望轰轰烈烈的幸福，它多半只是悄悄地扑面而来。你也不要企图把水龙头拧得更大，那样它会很快地流失。你需要静静地以平和之心，体验它的真谛。

幸福绝大多数是朴素的。它不会像信号弹似的，在很高的天际闪烁红色的光芒。它披着本色的外衣，亲 // 切温暖地包裹起我们。

幸福不喜欢喧嚣浮华，它常常在暗淡中降临。贫困中相濡以沫的一块糕饼，患难中心心相印的一个眼神，父亲一次粗糙的抚摸，女友一张温馨的字条……这都是千金难买的幸福啊。像一粒粒缀在旧绸子上的红宝石，在凄凉中愈发熠熠夺目。

节选自毕淑敏《提醒幸福》

Zuòpǐn 10 Hào

Xiǎngshòu xìngfú shì xūyào xuéxí de, dāng tā jíjiāng láilín de shíkè xūyào tíxǐng. Rén kěyǐ zìrán'érrán de xuéhuì gǎnguān de xiǎnglè, què wúfǎ tiānshēng de zhǎngwò xìngfú de yùnlǜ. Línghún de kuàiyì tóng qìguān de shūshì xiàng yí duì luánshēng xiōngdì, shí'ér xiāngbàngxiāngyī, shí'ér nányuánběizhé.

Xìngfú shì yì zhǒng xīnlíng de zhènchàn. Tā xiàng huì qīngtīng yīnyuè de ěrduo yíyàng, xūyào bùduàn de xùnliàn.

Jiǎn'éryánzhī, xìngfú jiùshì méi·yǒu tòngkǔ de shíkè. Tā chūxiàn de pínlǜ bìng bù xiàng wǒmen xiǎngxiàng de nàyàng shǎo. Rénmen chángcháng zhǐshì zài xìngfú de jīn mǎchē yǐ·jīng shǐ guò·qù hěn yuǎn shí, cái jiǎnqǐ dì·shàng de jīn zōngmáo shuō, yuánlái wǒ jiànguò tā.

Rénmen xǐ'ài huíwèi xìngfú de biāoběn, què hūluè tā pīzhe lù·shuǐ sànfā qīngxiāng de shíkè. Nà shíhou wǒmen wǎngwǎng bùlǚ cōngcōng, zhānqiángùhòu bù zhī zài mángzhe shénme.

Shì·shàng yǒu yùbào táifēng de, yǒu yùbào huángzāi de, yǒu yùbào wēnyì de, yǒu yùbào dìzhèn de. Méi·yǒu rén yùbào xìngfú.

Qíshí xìngfú hé shìjiè wànwù yíyàng, yǒu tā de zhēngzhào.

Xìngfú chángcháng shì ménglóng de, hěn yǒu jiézhì de xiàng wǒmen pēnsǎ gānlín. Nǐ bùyào zǒng xīwàng hōnghōnglièliè de xìngfú, tā duōbàn zhǐshì qiāoqiāo de pūmiàn ér lái. Nǐ yě bùyào qìtú bǎ shuǐlóngtóu nǐng de gèngdà, nàyàng tā huì hěn kuài de liúshī. Nǐ xūyào jìngjìng de yǐ pínghé zhī xīn, tǐyàn tā de zhēndì.

　　Xìngfú jué dà duōshù shì pǔsù de. Tā bù huì xiàng xìnhàodàn shìde, zài hěn gāo de tiānjì shǎnshuò hóngsè de guāngmáng. Tā pīzhe běnsè de wàiyī, qīn//qiè wēnnuǎn de bāoguǒqǐ wǒmen.

　　Xìng fú bù xǐhuan xuānxiāo fúhuá, tā chángcháng zài àndàn zhōng jiànglín. Pínkùn zhōng xiāngrúyǐmò de yí kuài gāobǐng, huànnàn zhōng xīnxīnxiāngyìn de yí gè yǎnshén, fù·qīn yí cì cūcāo de fǔmō, nǚyǒu yì zhāng wēnxīn de zìtiáo……Zhè dōu shì qiānjīn nán mǎi de xìngfú a. Xiàng yí lìlì zhuì zài jiù chóuzǐ·shàng de hóngbǎoshí, zài qīliáng zhōng yùfā yìyì duómù.

　　　　　　　　　　　　　　Jiéxuǎn zì Bì Shūmǐn《Tíxǐng Xìngfú》

作品 11 号

　　在里约热内卢的一个贫民窟里，有一个男孩子，他非常喜欢足球，可是又买不起，于是就踢塑料盒，踢汽水瓶，踢从垃圾箱里拣来的椰子壳。他在胡同里踢，在能找到的任何一片空地上踢。

　　有一天，当他在一处干涸的水塘里猛踢一个猪膀胱时，被一位足球教练看见了。他发现这个男孩儿踢得很像是那么回事，就主动提出要送给他一个足球。小男孩儿得到足球后踢得更卖劲了。不久，他就能准确地把球踢进远处随意摆放的一个水桶里。

　　圣诞节到了，孩子的妈妈说："我们没有钱买圣诞礼物送给我们的恩人，就让我们为他祈祷吧。"

　　小男孩儿跟随妈妈祈祷完毕，向妈妈要了一把铲子便跑了出去。他来到一座别墅前的花园里，开始挖坑。

　　就在他快要挖好坑的时候，从别墅里走出一个人来，问小孩儿在干什么，孩子抬起满是汗珠的脸蛋儿，说："教练，圣诞节到了，我没有礼物送给您，我愿给您的圣诞树挖一个树坑。"

　　教练把小男孩儿从树坑里拉上来，说，我今天得到了世界上最好的礼物。明天你就到我的训练场去吧。

　　三年后，这位十七岁的男孩儿在第六届足球锦标赛上独进二十一球，为巴西第一次捧回了金杯。一个原来不//为世人所知的名字——贝利，随之传遍世界。

　　　　　　　　　　　　　　节选自刘燕敏《天才的造就》

Zuòpǐn 11 Hào

　　Zài Lǐyuērè'nèilú de yí gè pínmínkū·lǐ, yǒu yí gè nánháizi, tā fēicháng xǐhuan zúqiú, kěshì yòu mǎi·bùqǐ, yúshì jiù tī sùliàohér, tī qìshuǐpíng, tī cóng lājixiāng·lǐ jiǎnlái de yēzikér. Tā zài hútòngr·lǐ tī, zài néng zhǎodào de rènhé yí piàn kòngdì·shàng tī.

　　Yǒu yì tiān, dāng tā zài yí chù gānhé de shuǐtáng·lǐ měng tī yí gè zhū pángguāng shí, bèi yí wèi zúqiú jiàoliàn kàn·jiàn le. Tā fāxiàn zhège nánháir tī de hěn xiàng shì nàme huí shì, jiù zhǔdòng tíchū yào sònggěi tā yí gè zúqiú. Xiǎonánháir dédào zúqiú hòu tī de gèng màijìnr le. Bùjiǔ, tā jiù néng zhǔnquè de bǎ qiú tījìn yuǎnchù suíyì bǎifàng de yí gè shuǐtǒng•lǐ.

Shèngdànjié dào le, háizi de māma shuō: "Wǒmen méi•yǒu qián mǎi shèngdàn lǐwù sònggěi wǒmen de ēnrén, jiù ràng wǒmen wèi tā qídǎo ba."

Xiǎonánháir gēnsuí māma qídǎo wánbì, xiàng māma yàole yì bǎ chǎnzi biàn pǎole chū•qù. Tā láidào yí zuò biéshù qián de huāyuán•lǐ, kāishǐ wā kēng.

Jiù zài tā kuài yào wāhǎo de shíhou, cóng biéshù•lǐ zǒuchū yí gè rén•lái, wèn xiǎoháir zài gàn shénme, háizi táiqǐ mǎn shì hànzhū de liǎndànr, shuō: "Jiàoliàn, Shèngdànjié dào le, wǒ méi•yǒu lǐwù sònggěi nín, wǒ yuàn gěi nín de shèngdànshù wā yí gè shùkēng.

Jiàoliàn bǎ xiǎonánháir cóng shùkēng•lǐ lā shàng•lái, shuō, wǒ jīntiān dédàole shìjiè•shàng zuìhǎo de lǐwù. Míngtiān nǐ jiù dào wǒ de xùnliànchǎng qù ba.

Sān nián hòu, zhè wèi shíqī suì de nánháir zài dìliùjiè zúqiú jǐnbiāosài•shàng dú jìn èrshíyī qiú, wèi Bāxī dìyīcì pěnghuí jīnbēi. Yí gè yuánlái bù//wéi shìrén suǒ zhī de míngzi——Bèilì, suí zhī chuánbiàn shìjiè.

Jiéxuǎn zì Liú Yànmǐn《Tiāncái de Zàojiù》

作品 12 号

我为什么非要教书不可？是因为我喜欢当教师的时间安排表和生活节奏。七、八、九三个月给我提供了进行回顾、研究、写作的良机，并将三者有机融合，而善于回顾、研究和总结正是优秀教师素质中不可缺少的成分。

干这行给了我多种多样的"甘泉"去品尝，找优秀的书籍去研读，到"象牙塔"和实际世界里去发现。教学工作给我提供了继续学习的时间保证，以及多种途径、机遇和挑战。

然而，我爱这一行的真正原因，是爱我的学生。学生们在我的眼前成长、变化。当教师意味着亲历"创造"过程的发生——恰似亲手赋予一团泥土以生命，没有什么比目睹它开始呼吸更激动人心的了。

权利我也有了：我有权利去启发诱导，去激发智慧的火花，去问费心思考的问题，去赞扬回答的尝试，去推荐书籍，去指点迷津。还有什么别的权利能与之相比呢？

而且，教书还给我金钱和权利之外的东西，那就是爱心。不仅有对学生的爱，对书籍的爱，对知识的爱，还有教师才能感受到的对"特别"学生的爱。这些学生，有如冥顽不灵的泥块，由于接受了老师的炽爱才勃发了生机。

所以，我爱教书，还因为，在那些勃发生机的"特//别"学生身上，我有时发现自己和他们呼吸相通，忧乐与共。

节选自[美]彼得·基·贝得勒《我为什么当教师》

Zuòpǐn 12 Hào

Wǒ wèishénme fēi yào jiāoshū bùkě? Shì yīn•wèi wǒ xǐhuan dāng jiàoshī de shíjiān ānpáibiǎo hé shēnghuó jiézòu. Qī、bā、jiǔ sān gè yuè gěi wǒ tígōngle jìnxíng huígù、yánjiū、xiězuò de liángjī, bìng jiāng sānzhě yǒujī rónghé, ér shànyú huígù、yánjiū hé zǒngjié zhèngshì yōuxiù jiàoshī sùzhì zhōng bùkě quēshǎo de chéng•fèn.

Gàn zhèháng gěile wǒ duōzhǒngduōyàng de "gānquán" qù pǐncháng, zhǎo yōuxiù de shūjí qù yándú, dào "xiàngyátǎ" hé shíjì shìjiè • lǐ qù fāxiàn. Jiàoxué gōngzuò gěi wǒ tígōngle jìxù xuéxí de shíjiān bǎozhèng, yǐjí duōzhǒng tújìng, jīyù hé tiǎozhàn.

Rán'ér, wǒ ài zhè yī háng de zhēnzhèng yuányīn, shì ài wǒ de xuésheng. Xuéshengmen zài wǒ de yǎnqián chéngzhǎng, biànhuà. Dāng jiàoshī yìwèizhe qīnlì "chuàngzào" guòchéng de fāshēng——qiàsì qīnshǒu fùyǔ yī tuán nítǔ yǐ shēngmìng, méi • yǒu shénme bǐ mùdǔ tā kāishǐ hūxī gèng jīdòng rénxīn de le.

Quánlì wǒ yě yǒu le: Wǒ yǒu quánlì qù qǐfā yòudǎo, qù jīfā zhìhuì de huǒhuā, qù wèn fèixīn sīkǎo de wèntí, qù zànyáng huídá de chángshì, qù tuījiàn shūjí, qù zhǐdiǎn míjīn. Háiyǒu shénme biéde quánlì néng yǔ zhī xiāng bǐ ne?

Erqiě, jiāoshū hái gěi wǒ jīnqián hé quánlì zhīwài de dōngxi, nà jiùshì àixīn. Bùjǐn yǒu duì xuésheng de ài, duì shūjí de ài, duì zhīshi de ài, háiyǒu jiàoshī cáinéng gǎnshòudào de duì "tèbié" xuésheng de ài. Zhèxiē xuésheng, yǒurú míngwánbùlíng de níkuài, yóu yú jiēshòule lǎoshī de chì'ài cái bófāle shēngjī.

Suǒyǐ, wǒ ài jiāoshū, hái yīn • wèi, zài nàxiē bófā shēngjī de "tè//bié" xuésheng shēn • shàng, wǒ yǒushí fāxiàn zìjǐ hé tāmen hūxī xiāngtōng, yōulè yǔ gòng.

Jiéxuǎn zì [Měi] Bǐdé Jī Bèidélè《Wǒ Wèishénme Dāng Jiàoshī》

作品13号

中国西部我们通常是指黄河与秦岭相连一线以西,包括西北和西南的十二个省、市、自治区。这块广袤的土地面积为五百四十六万平方公里,占国土总面积的百分之五十七;人口二点八亿,占全国总人口的百分之二十三。

西部是华夏文明的源头。华夏祖先的脚步是顺着水边走的:长江上游出土过元谋人牙齿化石,距今约一百七十万年;黄河中游出土过蓝田人头盖骨,距今约七十万年。这两处古人类都比距今约五十万年的北京猿人资格更老。

西部地区是华夏文明的重要发源地,秦皇汉武以后,东西方文化在这里交汇融合,从而有了丝绸之路的驼铃声声,佛院深寺的暮鼓晨钟。敦煌莫高窟是世界文化史上的一个奇迹,它在继承汉晋艺术传统的基础上,形成了自己兼收并蓄的恢宏气度,展现出精美绝伦的艺术形式和博大精深的文化内涵。秦始皇兵马俑、西夏王陵、楼兰古国、布达拉宫、三星堆、大足石刻等历史文化遗产,同样为世界所瞩目,成为中华文化重要的象征。

西部地区又是少数民族及其文化的集萃地,几乎包括了我国所有的少数民族。在一些偏远的少数民族地区,仍保留//了一些久远时代的艺术品种,成为珍贵的"活化石",如纳西古乐、戏曲、剪纸、刺绣、岩画等民间艺术和宗教艺术。特色鲜明、丰富多彩,犹如一个巨大的民族民间文化艺术宝库。

我们要充分重视和利用这些得天独厚的资源优势,建立良好的民族民间文化生态环境,为西部大开发做出贡献。

节选自《中考语文课外阅读试题精选》中《西部文化和西部开发》

Zuòpǐn 13 Hào

　　Zhōngguó xībù wǒmen tōngcháng shì zhǐ Huáng Hé yǔ Qín Lǐng xiānglián yí xiàn yǐxī, bāokuò xīběi hé xīnán de shí'èr gè shěng、shì、zìzhìqū. Zhè kuài guǎngmào de tǔdì miànjī wéi wǔbǎi sìshíliù wàn píngfānggōnglǐ, zhàn guótǔ zǒng miànjī de bǎi fēn zhī wǔshíqī; rénkǒu èr diǎn bā yì, zhàn quánguó zǒng rénkǒu de bǎi fēn zhī èrshísān.

　　Xībù shì Huáxià wénmíng de yuántóu. Huáxià zǔxiān de jiǎobù shì shùnzhe shuǐbiān zǒu de; Cháng Jiāng shàngyóu chūtǔguo Yuánmóurén yáchǐ huàshí, jù jīn yuē yìbǎi qīshí wàn nián; Huáng Hé zhōngyóu chūtǔguo Lántiánrén tóugàigǔ, jù jīn yuē qīshí wàn nián. Zhè liǎng chù gǔ rénlèi dōu bǐ jù jīn yuē wǔshí wàn nián de Běijīng yuánrén zī•gé gèng lǎo.

　　Xībù dìqū shì HuáXià wénmíng de zhòngyào fāyuándì. Qínhuáng Hànwǔ yǐhòu, dōngxīfāng wénhuà zài zhè•lǐ jiāohuì rónghé, cóng'ér yǒule sīchóu zhī lù de tuólíng shēngshēng, fó yuàn shēn sì de mùgǔchénzhōng. Dūnhuáng Mògāokū shì shìjiè wénhuàshǐ•shàng de yí gè qíjì, tā zài jìchéng Hàn Jìn yìshù chuántǒng de jīchǔ•shàng, xíngchéngle zìjǐ jiānshōubìngxù de huīhóng qìdù, zhǎnxiànchū jīngměijuélún de yìshù xíngshì hé bódàjīngshēn de wénhuà nèihán. Qínshǐhuáng Bīngmǎyǒng、Xīxià wánglíng、Lóulán gǔguó、Bùdálāgōng、Sānxīngduī、Dàzú shíkè děng lìshǐ wénhuà yíchǎn, tóngyàng wéi shìjiè suǒ zhǔmù, chéngwéi zhōnghuá wénhuà zhòngyào de xiàngzhēng.

　　Xībù dìqū yòu shì shǎoshù mínzú jíqí wénhuà de jícuìdì, jīhū bāokuòle wǒguó suǒyǒu de shǎoshù mínzú. Zài yìxiē piānyuǎn de shǎoshù mínzú dìqū, réng bǎoliú//le yìxiē jiǔyuǎn shídài de yìshù pǐnzhǒng, chéngwéi zhēnguì de "huó huàshí", rú Nàxī gǔyuè、xìqǔ、jiǎnzhǐ、cìxiù、yánhuà děng mínjiān yìshù hé zōngjiào yìshù. Tèsè xiānmíng, fēngfùduōcǎi, yóurú yí gè jùdà de mínzú mínjiān wénhuà yìshù bǎokù.

　　Wǒmen yào chōngfèn zhòngshì hé lìyòng zhèxiē détiāndúhòu de zīyuán yōushì, jiànlì liánghǎo de mínzú mínjiān wénhuà shēngtài huánjìng, wèi xībù dà kāifā zuòchū gòngxiàn.

　　Jiéxuǎn zì《Zhōngkǎo Yǔwén Kèwài Yuèdú Shìtí Jīngxuǎn》zhōng《Xībù Wénhuà hé Xībù Kāifā》

作品 14 号

　　有这样一个故事。

　　有人问：世界上什么东西的气力最大？回答纷纭得很，有的说"象"，有的说"狮"，有人开玩笑似的说：是"金刚"，金刚有多少气力，当然大家全不知道。

　　结果，这一切答案完全不对，世界上气力最大的，是植物的种子。一粒种子所可以显现出来的力，简直是超越一切。

　　人的头盖骨，结合得非常致密与坚固，生理学家和解剖学者用尽了一切的方法，要把它完整地分出来，都没有这种力气。后来忽然有人发明了一个方法，就是把一些植物的种子放在要剖析的头盖骨里,给它以温度与湿度,使它发芽。一发芽,这些种子便以可怕的力量,将一切机械力所不能分开的骨骼,完整地分开了。植物种子的力量之大,如此如此。

这,也许特殊了一点儿,常人不容易理解。那么,你看见过笋的成长吗?你看见过被压在瓦砾和石块下面的一棵小草的生长吗?它为着向往阳光,为着达成它的生之意志,不管上面的石块如何重,石与石之间如何狭,它必定要曲曲折折地,但是顽强不屈地透到地面上来。它的根往土壤钻,它的芽往地面挺,这是一种不可抗拒的力,阻止它的石块,结果也被它掀翻,一粒种子的力量之大,// 如此如此。

没有一个人将小草叫做"大力士",但是它的力量之大,的确是世界无比。这种力是一般人看不见的生命力。只要生命存在,这种力就要显现。上面的石块,丝毫不足以阻挡。因为它是一种"长期抗战"的力;有弹性,能屈能伸的力;有韧性,不达目的不止的力。

节选自夏衍《野草》

Zuòpǐn 14 Hào

Yǒu zhèyàng yí gè gùshi.

Yǒu rén wèn: Shìjiè·shàng shénme dōngxi de qìlì zuì dà? Huídá fēnyún de hěn, yǒude shuō "xiàng", yǒude shuō "shī", yǒu rén kāi wánxiào shìde shuō: shì "Jīngāng", Jīngāng yǒu duō·shǎo qìlì, dāngrán dàjiā quán bù zhī·dào.

Jiéguǒ, zhè yíqiè dá'àn wánquán bù duì, shìjiè·shàng qìlì zuì dà de, shì zhíwù de zhǒngzi. Yí lì zhǒngzi suǒ kěyǐ xiǎnxiàn chū·lái de lì, jiǎnzhí shì chāoyuè yíqiè.

Rén de tóugàigǔ, jiéhé de fēicháng zhìmì yǔ jiāngù, shēnglǐxuéjiā hé jiěpōuxuézhě yòngjìnle yíqiè de fāngfǎ, yào bǎ tā wánzhěng de fēn chū·lái, dōu méi·yǒu zhè zhǒng lìqi. Hòulái hūrán yǒu rén fāmíngle yí gè fāngfǎ, jiùshì bǎ yìxiē zhíwù de zhǒngzi fàng zài yào pōuxī de tóugàigǔ·lǐ, gěi tā yǐ wēndù yǔ shīdù, shǐ tā fāyá. Yì fāyá, zhèxiē zhǒngzi biàn yǐ kěpà de lì·liàng, jiāng yíqiè jīxièlì suǒ bùnéng fēnkāi de gǔgé, wánzhěng de fēnkāi le. Zhíwù zhǒngzi de lìliàng zhī dà, rúcǐ rúcǐ.

Zhè, yěxǔ tèshūle yìdiǎnr, chángrén bù róng·yì lǐjiě. Nàme, nǐ kàn·jiànguo sǔn de chéngzhǎng ma? Nǐ kàn·jiànguo bèi yā zài wǎlì hé shíkuài xià·miàn de yì kē xiǎocǎo de shēngzhǎng ma? Tā wèizhe xiàngwǎng yángguāng, wèizhe dáchéng tā de shēng zhī yìzhì, bùguǎn shàng·miàn de shíkuài rúhé zhòng, shí yǔ shí zhījiān rúhé xiá, tā bìdìng yào qūqūzhézhé de, dànshì wánqiángbùqū de tòudào dìmiàn shàng·lái. Tā de gēn wǎng tǔrǎng zuān, tā de yá wǎng dìmiàn tǐng, zhèshì yì zhǒng bùkě kàngjù de lì, zǔzhǐ tāde shíkuài, jiéguǒ yě bèitā xiānfān, yílì zhǒngzi de lì·liàng zhī dà, //rúcǐ rúcǐ.

Méi·yǒu yí gè rén jiāng xiǎo cǎo jiàozuò "dàlìshì", dànshì tā de lì·liàng zhī dà, díquè shì shìjiè wúbǐ. Zhè zhǒng lì shì yìbān rén kàn·bùjiàn de shēngmìnglì. Zhǐyào shēngmìng cúnzài, zhè zhǒng lì jiù yào xiǎnxiàn. Shàng·miàn de shíkuài, sīháo bù zúyǐ zǔdǎng. Yīn·wèi tā shì yì zhǒng "chángqī kàngzhàn"de lì; yǒu tánxìng, néngqūnéngshēn de lì; yǒu rènxìng, bù dá mùdì bù zhǐ de lì.

Jiéxuǎn zì Xià Yǎn《Yěcǎo》

作品 15 号

著名教育家班杰明曾经接到一个青年人的求救电话,并与那个向往成功、渴望指点的青年人约好了见面的时间和地点。

待那个青年如约而至时,班杰明的房门敞开着,眼前的景象却令青年人颇感意外——班杰明的房间里乱七八糟、狼藉一片。

没等青年人开口,班杰明就招呼道:"你看我这房间,太不整洁了,请你在门外等候一分钟,我收拾一下,你再进来吧。"一边说着,班杰明就轻轻地关上了房门。

不到一分钟的时间,班杰明就又打开了房门并热情地把青年人让进客厅。这时,青年人的眼前展现出另一番景象——房间内的一切已变得井然有序,而且有两杯刚刚倒好的红酒,在淡淡的香水气息里还漾着微波。

可是,没等青年人把满腹的有关人生和事业的疑难问题向班杰明讲出来,班杰明就非常客气地说道:"干杯。你可以走了。"

青年人手持酒杯一下子愣住了,既尴尬又非常遗憾地说:"可是,我……我还没向您请教呢……"

"这些……难道还不够吗?"班杰明一边微笑着,一边扫视着自己的房间,轻言细语地说,"你进来又有一分钟了。"

"一分钟……一分钟……"青年人若有所思地说:"我懂了,您让我明白了一分钟的时间可以做许//多事情,可以改变许多事情的深刻道理。"

班杰明舒心地笑了。青年人把杯里的红酒一饮而尽,向班杰明连连道谢后,开心地走了。

其实,只要把握好生命的每一分钟,也就把握了理想的人生。

节选自纪广洋《一分钟》

Zuòpǐn 15 Hào

Zhùmíng jiàoyùjiā Bānjiémíng céngjīng jiēdào yí gè qīngniánrén de qiújiù diànhuà, bìng yǔ nàge xiàngwǎng chénggōng、kěwàng zhǐdiǎn de qīngniánrén yuēhǎole jiànmiàn de shíjiān hé dìdiǎn.

Dài nàge qīngniánrén rúyuē'érzhì shí, Bānjiémíng de fángmén chǎngkāizhe, yǎnqián de jǐngxiàng lìng qīngniánrén pō gǎn yìwài——Bānjiémíng de fángjiān·lǐ luànqībāzāo、lángjí yí piàn.

Méi děng qīngniánrén kāikǒu, Bānjiémíng jiù zhāohu dào:"Nǐ kàn wǒ zhè fángjiān, tài bù zhěngjié le, qǐng nǐ zài ménwài děnghòu yì fēnzhōng, wǒ shōushi yíxià, nǐ zài jìn·lái ba." Yìbiān shuōzhe, Bānjiémíng jiù qīngqīng de guān·shàngle fángmén.

Bù dào yì fēnzhōng de shíjiān, Bānjiémíng jiù yòu dǎkāile fángmén bìng rèqíng de bǎ qīngniánrén ràngjìn kètīng. Zhèshí, qīngniánrén de yǎnqián zhǎnxiàn chū lìng yì fān jǐngxiàng——fángjiān nèi de yíqiè yǐ biàn·dé jǐngrányǒuxù, érqiě yǒu liǎng bēi gānggāng dàohǎo de hóngjiǔ, zài dàndàn de xiāngshuǐ qìxī·lǐ hái yàngzhe wēibō.

Kěshì,méi děng qīngniánrén bǎ mǎnfù de yǒuguān rénshēng hé shìyè de yínán wèntí xiàng Bānjiémíng jiǎng chū·lái,Bānjiémíng jiù fēicháng kèqi dì shuōdào:"gānbēi.Nǐ kěyǐ zǒu le."

   Qīngniánrén shǒu chí jiǔbēi yíxiàzi lèngzhù le,jì gān'gà yòu fēicháng yíhàn de shuō:"Kěshì,wǒ……wǒ hái méi xiàng nín qǐngjiào ne……"

   "Zhèxiē…… nándào hái bùgòu ma?" Bānjiémíng yìbiān wēixiàozhe yìbiān sǎoshìzhe zìjǐ de fángjiān,qīngyánxìyǔ de shuō,"Nǐ jìn·lái yòu yǒu yī fēnzhōng le."

   "Yì fēnzhōng……yì fēnzhōng……"Qīngniánrén ruòyǒusuǒsī de shuō,"wǒ dǒng le,nín ràng wǒ míngbaile yì fēnzhōng de shíjiān kěyǐ zuò xǔ//duō shìqing,kěyǐ gǎibiàn xǔduō shìqing de shēnkè dào·lǐ."

   Bānjiémíng shūxīn de xiào le.Qīngniánrén bǎ bēi·lǐ de hóngjiǔ yìyǐn'érjìn,xiàng Bānjiémíng liánlián dàoxiè hòu,kāixīn de zǒu le.

   Qíshí,zhǐyào bǎwò hǎo shēngmìng de měi yì fēnzhōng,yě jiù bǎwòle lǐxiǎng de rénshēng.

Jiéxuǎn zì Jǐguǎngyáng《Yī Fēnzhōng》

作品 16 号

   有一次,苏东坡的朋友张鹗拿着一张宣纸来求他写一幅字,而且希望他写一点儿关于养生方面的内容。苏东坡思索了一会儿,点点头说:"我得到了一个养生长寿古方,药只有四味,今天就赠给你吧。"于是,东坡的狼毫在纸上挥洒起来,上面写着:"一曰无事以当贵,二曰早寝以当富,三曰安步以当车,四曰晚食以当肉。"

   这哪里有药?张鹗一脸茫然地问。苏东坡笑着解释说,养生长寿的要诀,全在这四句里面。

   所谓"无事以当贵",是指人不要把功名利禄、荣辱过失考虑得太多,如能在情志上潇洒大度,随遇而安,无事以求,这比富贵更能使人终其天年。

   "早寝以当富",指吃好穿好、财货充足,并非就能使你长寿。对老年人来说,养成良好的起居习惯,尤其是早睡早起,比获得任何财富更加宝贵。

   "安步以当车",指人不要过于讲求安逸、肢体不劳,而应多以步行来替代骑马乘车,多运动才可以强健体魄,通畅气血。

   "晚食以当肉",意思是人应该用已饥方食、未饱先止代替对美味佳肴的贪吃无厌。他进一步解释,饿了以后才进食,虽然是粗茶淡饭,但其香甜可口会胜过山珍;如果饱了还要勉强吃,即使美味佳肴摆在眼前也难以//下咽。

   苏东坡的四味"长寿药",实际上是强调了情志、睡眠、运动、饮食四个方面对养生长寿的重要性,这种养生观点即使在今天仍然值得借鉴。

节选自蒲昭和《赠你四味长寿药》

Zuòpǐn 16 Hào

   Yǒu yí cì,Sū Dōngpō de péngyou ZhāngÈ názhe yì zhāng xuānzhǐ lái qiú tā xiě yì fú zì,érqiě xīwàng tā xiě yìdiǎnr guānyú yǎngshēng fāngmiàn de nèiróng.Sū Dōngpō sīsuǒle yíhuìr, diǎndiǎn tóu shuō:"Wǒ dédàole yí gè yǎngshēng chángshòu gǔfāng, yào zhǐyǒu sì wèi, jīntiān jiù zènggěi nǐ ba."Yúshì, Dōngpō de lángháo zài zhǐ·shàng huīsǎ qǐ·lái, shàng·miàn xiězhe:"Yí yuē wú shì yǐ dàngguì, èr yuē zǎo qǐn yǐ dàng fù, sān yuē ān bù yǐ dàng chē, sì yuē wǎn shí yǐ dàng ròu."

Zhè nǎ·lǐ yǒu yào? ZhāngÈ yīliǎn mángrán de wèn. Sū Dōngpō xiàozhe jiěshì shuō, yǎngshēng chángshòu de yàojué, quán zài zhè sì jù lǐ·miàn.

Suǒwèi "wú shì yǐ dàngguì", shì zhǐ rén búyào bǎ gōngmíng lìlù, róngrǔ guòshī kǎolù de tài duō, rú néng zài qíngzhì·shàng xiāosǎ dàdù, suíyù'érān, wú shì yǐ qiú, zhè bǐ fùguì gèng néng shǐ rén zhōng qí tiānnián.

"Zǎo qǐn yǐ dàng fù", zhǐ chīhǎo chuānhǎo、cáihuò chōngzú、bìngfēi jiù néng shǐ nǐ chángshòu. Duì lǎoniánrén lái shuō, yǎngchéng liánghǎo de qǐjū xíguàn, yóuqí shì zǎo shuì zǎo qǐ, bǐ huòdé rènhé cáifù gèngjiā bǎoguì.

"Ān bù yǐ dàng chē", zhǐ rén búyào guòyú jiǎngqiú ānyì, zhītǐ bù láo, ér yīng duō yǐ bùxíng lái tìdài qímǎ chéngchē, duō yùndòng cái kěyǐ qiángjiàn tǐpò, tōngchàng qìxuè.

"Wǎn shí yǐ dàng ròu", yìsi shì rén yīnggāi yòng yǐ jī fāng shí、wèi bǎo xiān zhǐ dàitì duì měiwèi jiāyáo de tānchī wú yàn. Tā jìnyíbù jiěshì, èle yǐhòu cái jìnshí, suīrán shì cūchádànfàn, dàn qí xiāngtián kěkǒu huì shèngguò shānzhēn; rúguǒ bǎole háiyào miǎnqiǎng chī, jíshǐ měiwèi jiāyáo bǎi zài yǎnqián yě nányǐ//xiàyàn.

Sū Dōngpō de sì wèi "chángshòuyào", shíjì·shàng shì qiángdiàole qíngzhì、shuìmián、yùndòng、yǐnshí sì gè fāngmiàn duì yǎngshēng chángshòu de zhòngyàoxìng, zhè zhǒng yǎngshēngguāndiǎn jíshǐ zài jīntiān réngrán zhí·dé jièjiàn.

Jiéxuǎn zì Pú Zhāohé《Zèng Nǐ Sì Wèi Chángshòuyào》

作品17号

中国的第一大岛、台湾省的主岛台湾，位于中国大陆架的东南方，地处东海和南海之间，隔着台湾海峡和大陆相望。天气晴朗的时候，站在福建沿海较高的地方，就可以隐隐约约地望见岛上的高山和云朵。

台湾岛形状狭长，从东到西，最宽处只有一百四十多公里；由南至北，最长的地方约有三百九十多公里。地形像一个纺织用的梭子。

台湾岛上的山脉纵贯南北，中间的中央山脉犹如全岛的脊梁。西部为海拔近四千米的玉山山脉，是中国东部的最高峰。全岛约有三分之一的地方是平地，其余为山地。岛内有缎带般的瀑布，蓝宝石似的湖泊，四季常青的森林和果园，自然景色十分优美。西南部的阿里山和日月潭，台北市郊的大屯山风景区，都是闻名世界的游览胜地。

台湾岛地处热带和温带之间，四面环海，雨水充足，气温受到海洋的调剂，冬暖夏凉，四季如春，这给水稻和果木生长提供了优越的条件。水稻、甘蔗、樟脑是台湾的"三宝"。岛上还盛产鲜果和鱼虾。

台湾岛还是一个闻名世界的"蝴蝶王国"。岛上的蝴蝶共有四百多个品种，其中有不少是世界稀有的珍贵品种。岛上还有不少鸟语花香的蝴//蝶谷,岛上居民利用蝴蝶制作的标本和艺术品,远销许多国家。

节选自《中国的宝岛——台湾》

Zuòpǐn 17 Hào

Zhōngguó de dì-yī dàdǎo、Táiwān shěng de zhǔdǎo Táiwān, wèiyú Zhōngguó dàlùjià de dōngnánfāng, dìchǔ Dōng Hǎi hé Nán Hǎi zhījiān, gézhe Táiwān Hǎixiá hé Dàlù xiāngwàng. Tiānqì qínglǎng de shíhou, zhàn zài Fújiàn yánhǎi jiào gāo de dìfang, jiù kěyǐ yǐnyǐnyuēyuē de wàng·jiàn dǎo·shàng de gāoshān hé yúnduǒ.

Táiwān Dǎo xíngzhuàng xiácháng, cóng dōng dào xī, zuì kuān chù zhǐyǒu yìbǎi sìshí duō gōnglǐ; yóu nán zhì běi, zuì cháng de dìfang yuē yǒu sānbǎi jiǔshí duō gōnglǐ. Dìxíng xiàng yí gè fǎngzhī yòng de suōzi.

Táiwān Dǎo·shàng de shānmài zòngguàn nánběi, zhōngjiān de zhōngyāng shānmài yóurú quándǎo de jǐliang. Xībù wéi hǎibá jìn sìqiān mǐ de Yù Shān shānmài, shì Zhōngguó dōngbù de zuì gāo fēng. Quándǎo yuē yǒu sān fēn zhī yī de dìfang shì píngdì, qíyú wéi shāndì. Dǎonèi yǒu duàndài bān de pùbù, lánbǎoshí shìde húpō, sìjì chángqīng de sēnlín hé guǒyuán, zìrán jǐngsè shífēn yōuměi. Xī'nánbù de Ālǐ Shān hé Rìyuè Tán, Táiběi shìjiāo de Dàtúnshān fēngjǐngqū, dōu shì wénmíng shìjiè de yóulǎn shèngdì.

Táiwān Dǎo dìchǔ rèdài hé wēndài zhījiān, sìmiàn huán hǎi, yǔshuǐ chōngzú, qìwēn shòudào hǎiyáng de tiáojì, dōng nuǎn xià liáng, sìjì rú chūn, zhè gěi shuǐdào hé guǒmù shēngzhǎng tígōngle yōuyuè de tiáojiàn. Shuǐdào、gānzhe、zhāngnǎo shì Táiwān de "sān bǎo". Dǎo·shàng hái shèngchǎn xiāngguǒ hé yúxiā.

Táiwān Dǎo háishì yí gè wénmíng shìjiè de "húdié wángguó". Dǎo·shàng de húdié gòng yǒu sìbǎi duō gè pǐnzhǒng, qízhōng yǒu bùshǎo shì shìjiè xīyǒu de zhēnguì pǐnzhǒng. Dǎo·shàng háiyǒu bùshǎo niǎoyǔhuāxiāng de hú//dié gǔ, dǎo·shàng jūmín lìyòng húdié zhìzuò de biāoběn hé yìshùpǐn, yuǎnxiāo xǔduō guójiā.

Jiéxuǎn zì《Zhōngguó de Bǎodǎo——Táiwān》

作品 18 号

对于中国的牛,我有着一种特别尊敬的感情。

留给我印象最深的,要算在田垄上的一次"相遇"。

一群朋友郊游,我领头在狭窄的阡陌上走,怎料迎面来了几头耕牛,狭道容不下人和牛,终有一方要让路。它们还没有走近,我们已经预计斗不过畜牲,恐怕难免踩到田地泥水里,弄得鞋袜又泥又湿了。正踟蹰的时候,带头的一头牛,在离我们不远的地方停下来,抬起头看看,稍迟疑一下,就自动走下田去。一队耕牛,全跟着它离开阡陌,从我们身边经过。

我们都呆了,回过头来,看着深褐色的牛队,在路的尽头消失,忽然觉得自己受了很大的恩惠。

中国的牛,永远沉默地为人做着沉重的工作。在大地上,在晨光或烈日下,它拖着沉重的犁,低头一步又一步,拖出了身后一列又一列松土,好让人们下种。等到满地金黄或农闲时候,它可能还得担当搬运负重的工作;或终日绕着石磨,朝同一方向,走不计程的路。

在它沉默的劳动中,人便得到应得的收成。

那时候,也许,它可以松一肩重担,站在树下,吃几口嫩草。偶尔摇摇尾巴,摆摆耳朵,赶走飞附身上的苍蝇,已经算是它最闲适的生活了。

中国的牛,没有成群奔跑的习 // 惯,永远沉沉实实的,默默地工作,平心静气。这就是中国的牛!

节选自小思《中国的牛》

Zuòpǐn 18 Hào

Duìyú Zhōngguó de niú, wǒ yǒu zhe yì zhǒng tèbié zūnjìng de gǎnqíng.

Liúgěi wǒ yìnxiàng zuì shēn de, yào suàn zài tián lǒng‧shàng de yí cì "xiāngyù".

Yì qún péngyou jiāoyóu, wǒ lǐngtóu zài xiázhǎi de qiānmò‧shàng zǒu, zěnliào yíngmiàn láile jǐ tóu gēngniú, xiádào róng‧buxià rén hé niú, zhōng yǒu yìfāng yào rànglù. Tāmen hái méi‧yǒu zǒujìn, wǒmen yǐ‧jīng yùjì dòu‧bú‧guò chùsheng, kǒngpà nánmiǎn cǎidào tiándì níshuǐ‧lǐ, nòng de xiéwà yòu ní yòu shīle. Zhèng chíchú de shíhou, dàitóu de yì tóu niú, zài lí wǒmen bùyuǎn de dìfang tíng xià‧lái, táiqǐ tóu kànkan, shāo chíyí yíxià, jiù zìdòng zǒu‧xià tián qù. Yí duì gēngniú, quán gēnzhe tā líkāi qiānmò, cóng wǒmen shēnbiān jīngguò.

Wǒmen dōu dāi le, huíguo tóu‧lái, kànzhe shēnhèsè de niúduì, zài lù de jìntóu xiāoshī, hūrán jué‧dé zìjǐ shòule hěn dà de ēnhuì.

Zhōngguó de niú, yǒngyuǎn chénmò de wèi rén zuòzhe chénzhòng de gōngzuò. Zài dàdì‧shàng, zài chénguāng huò lièrì‧xià, tā tuōzhe chénzhòng de lí, dītóu yí bù yòu yí bù, tuōchūle shēnhòu yí liè yòu yí liè sōngtǔ, hǎo ràng rénmen xià zhǒng. Děngdào mǎndì jīnhuáng huò nóngxián shíhou, tā kěnéng háiděi dāndāng bānyùn fùzhòng de gōngzuò; huò zhōngrì ràozhe shímò, cháo tóng yì fāngxiàng, zǒu bù jìchéng de lù.

Zài tā chénmò de láodòng zhōng, rén biàn dédào yīng dé de shōucheng.

Nà shíhou, yěxǔ, tā kěyǐ sōng yì jiān zhòngdàn, zhàn zài shù‧xià, chī jǐ kǒu nèn cǎo. Ǒu'ěr yáoyao wěiba, bǎibai ěrduo, gǎnzǒu fēifù shēn‧shàng de cāngying, yǐ‧jīng suàn shì tā zuì xiánshì de shēnghuó le.

Zhōngguó de niú, méi‧yǒu chéngqún bēnpǎo de xí//guàn, yǒngyuǎn chénchén shíshí de, mòmò de gōng zuò, píngxīnjìngqì. Zhè jiùshì Zhōngguó de niú!

Jiéxuǎn zì Xiǎo Sī《Zhōngguó de Niú》

作品 19 号

不管我的梦想能否成为事实,说出来总是好玩儿的:

春天，我将要住在杭州。二十年前，旧历的二月初，在西湖我看见了嫩柳与菜花，碧浪与翠竹。由我看到的那点儿春光，已经可以断定，杭州的春天必定会教人整天生活在诗与图画之中。所以，春天我的家应当是在杭州。

夏天，我想青城山应当算作最理想的地方。在那里，我虽然只住过十天，可是它的幽静已拴住了我的心灵。在我所看见过的山水中，只有这里没有使我失望。到处都是绿，目之所及，那片淡而光润的绿色都在轻轻地颤动，仿佛要流入空中与心中似的。这个绿色会像音乐，涤清了心中的万虑。

秋天一定要住北平。天堂是什么样子，我不知道，但是从我的生活经验去判断，北平之秋便是天堂。论天气，不冷不热。论吃的，苹果、梨、柿子、枣儿、葡萄，每样都有若干种。论花草，菊花种类之多，花式之奇，可以甲天下。西山有红叶可见，北海可以划船——虽然荷花已残，荷叶可还有一片清香。衣食住行，在北平的秋天，是没有一项不使人满意的。

冬天，我还没有打好主意，成都或者相当的合适，虽然并不怎样和暖，可是为了水仙，素心腊梅，各色的茶花，仿佛就受一点儿寒 // 冷，也颇值得去了。昆明的花也多，而且天气比成都好，可是旧书铺与精美而便宜的小吃远不及成都那么多。好吧，就暂这么规定：冬天不住成都便住昆明吧。

在抗战中，我没能发国难财。我想，抗战胜利以后，我必能阔起来。那时候，假若飞机减价，一二百元就能买一架的话，我就自备一架，择黄道吉日慢慢地飞行。

节选自老舍《住的梦》

Zuòpǐn 19 Hào

Bùguǎn wǒ de mèngxiǎng néngfǒu chéngwéi shìshí, shuō chū·lái zǒngshì hǎowánr de：

Chūntiān, wǒ jiāng yào zhù zài Hángzhōu. Èrshí nián qián, jiùlì de èryuè chū, zài Xīhú wǒ kàn·jiànle nènliǔ yǔ càihuā, bìlàng yǔ cuìzhú. Yóu wǒkàndào de nà diǎnr chūnguāng, yǐ·jīng kěyǐ duàndìng, Hángzhōu de chūntiān bìdìng huì jiào rén zhěngtiān shēnghuó zài shī yǔ túhuà zhīzhōng. Suǒyǐ, chūntiān wǒ de jiā yīngdāng shì zài Hángzhōu.

Xiàtiān, wǒ xiǎng Qīngchéng Shān yīngdāng suànzuò zuì lǐxiǎng de dìfang. Zài nà·lǐ, wǒ suīrán zhǐ zhùguo shí tiān, kěshì tā de yōujìng yǐ shuānzhùle wǒ de xīnlíng. Zài wǒ suǒ kàn·jiànguo de shānshuǐ zhōng, zhǐyǒu zhè·lǐ méi·yǒu shǐ wǒ shīwàng. Dàochù dōu shì lǜ, mù zhī suǒ jí, nàpiàn dàn ér guāngrùn de lǜsè dōu zài qīngqīng de chàndòng, fǎngfú yào liúrù kōngzhōng yǔ xīnzhōng shìde. Zhège lǜsè huì xiàngyīnyuè, díqīngle xīnzhōng de wànlǜ.

Qiūtiān yīdìng yào zhù Běipíng. Tiāntáng shì shénme yàngzi, wǒ bù zhī·dào, dànshì cóng wǒ de shēnghuó jīngyàn qù pànduàn, Běipíng zhī qiū biàn shì tiāntáng. Lùn tiānqì, bù lěng bù rè. Lùn chīde, píngguǒ、lí、shìzi、zǎor、pú·táo, měi yàng dōu yǒu ruògān zhǒng. Lùn huācǎo, júhuā zhǒnglèi zhīduō, huā shì zhī qí, kěyǐ jiǎ tiānxià. Xīshān yǒu hóngyè kě jiàn, Běihǎi kěyǐ huáchuán——suīrán héhuā yǐ cán, héyè kě háiyǒu yī piàn qīngxiāng. Yīshízhùxíng, zài Běipíng de qiūtiān, shì méi·yǒu yī xiàng bù shǐ rén mǎnyì de.

Dōngtiān, wǒ hái méi • yǒu dǎhǎo zhǔyi, Chéngdū huòzhě xiāngdāng de héshì, suīrán bìngbù zěnyàng hénuǎn, kěshì wèile shuǐxiān, sù xīn làméi, gèsè de cháhuā, fǎngfú jiùshòu yīdiǎnr hán//lěng, yě pō zhí • dé qù le. Kūnmíng de huā yě duō, érqiě tiānqì bǐ Chéngdū hǎo, kěshì jiùshūpù yǔ jīngměi ér piányi de xiǎochī yuǎn • bùjí Chéngdū nàme duō. Hǎo ba, jiù zàn zhème guīdìng: Dōngtiān bù zhù Chéngdū biàn zhù Kūnmíng ba.

Zài kàngzhàn zhōng, wǒ méinéngfā guónàn cái. Wǒ xiǎng, kàngzhàn shènglì yǐhòu, wǒ bì néng kuò qǐ • lái. Nà shíhou, jiǎruò fēijī jiǎnjià, yī-èr bǎi yuán jiù néng mǎi yī jià de huà, wǒ jiù zìbèi yī jià, zé huángdàojírì mànmàn de fēixíng.

Jiéxuǎn zì Lǎo Shě《Zhù de Mèng》

作品 20 号

我不由得停住了脚步。

从未见过开得这样盛的藤萝,只见一片辉煌的淡紫色,像一条瀑布,从空中垂下,不见其发端,也不见其终极,只是深深浅浅的紫,仿佛在流动,在欢笑,在不停地生长。紫色的大条幅上,泛着点点银光,就像迸溅的水花。仔细看时,才知那是每一朵紫花中的最浅淡的部分,在和阳光互相挑逗。

这里除了光彩,还有淡淡的芳香。香气似乎也是浅紫色的,梦幻一般轻轻地笼罩着我。忽然记起十多年前,家门外也曾有过一大株紫藤萝,它依傍一株枯槐爬得很高,但花朵从来都稀落,东一穗西一串伶仃地挂在树梢,好像在察颜观色,试探什么。后来索性连那稀零的花串也没有了。园中别的紫藤花架也都拆掉,改种了果树。那时的说法是,花和生活腐化有什么必然关系。我曾遗憾地想:这里再看不见藤萝花了。

过了这么多年,藤萝又开花了,而且开得这样盛,这样密,紫色的瀑布遮住了粗壮的盘虬卧龙般的枝干,不断地流着,流着,流向人的心底。

花和人都会遇到各种各样的不幸,但是生命的长河是无止境的。我抚摸了一下那小小的紫色的花舱,那里装满了生命的酒酿,它张满了帆,在这//闪光的花的河流上航行。它是万花中的一朵,也正是由每一个一朵,组成了万花灿烂的流动的瀑布。

在这浅紫色的光辉和浅紫色的芳香中,我不觉加快了脚步。

节选自宗璞《紫藤萝瀑布》

Zuòpǐn 20 Hào

Wǒ bùyóude tíngzhùle jiǎobù.

Cóngwèi jiànguo kāide zhèyàng shèng de téngluó, zhǐ jiàn yí piàn huīhuáng de dàn zǐsè, xiàng yì tiáo pùbù, cóng kōngzhōng chuíxià, bù jiàn qí fāduān, yě bù jiàn qí zhōngjí, zhǐshì shēnshēnqiǎnqiǎn de zǐ, fǎngfú zài liúdòng, zài huānxiào, zài bùtíng de shēngzhǎng. Zǐsè de dà tiáofú • shàng, fànzhe diǎndiǎn yínguāng, jiù xiàng bèngjiàn de shuǐhuā. Zǐxì kàn shí, cái zhī nà shì měi yì duǒ zǐhuā zhōng de zuì qiǎndàn de bùfen, zài hé yángguāng hùxiāng tiǎodòu.

Zhè·lǐ chúle guāngcǎi, háiyǒu dàndàn de fāngxiāng, xiāngqì sìhū yě shì qiǎn zǐsè de, mènghuàn yìbān qīngqīng de lǒngzhàozhe wǒ. Hūrán jìqǐ shí duō nián qián, jiā mén wài yě céng yǒuguo yí dà zhū zǐténgluó, tā yìbàng yì zhū kū huái pá de hěn gāo, dàn huāduǒ cónglái dōu xīluò, dōng yí suì xī yí chuàn língdīng de guà zài shùshāo, hǎoxiàng zài cháyán guānsè, shìtàn shénme. Hòulái suǒxìng lián nà xīlíng de huāchuàn yě méi·yǒu le. Yuán zhōng biéde zǐténg huājià yě dōu chāidiào, gǎizhòngle guǒshù. Nàshí de shuōfǎ shì, huā hé shēnghuó fǔhuà yǒu shénme bìrán guānxi. Wǒ céng yíhàn de xiǎng: Zhè·lǐ zài kàn·bùjiàn téngluóhuā le.

　　Guòle zhème duō nián, téngluó yòu kāihuā le, érqiě kāi de zhèyàng shèng, zhèyàng mì, zǐsè de pùbù zhēzhùle cūzhuàng de pánqiú wòlóng bān de zhīgàn, búduàn de liúzhe, liúzhe, liúxiàng rén de xīndǐ.

　　Huā hé rén dōu huì yùdào gèzhǒnggèyàng de bùxìng, dànshì shēngmìng de chánghé shì wú zhǐjìng de. Wǒ fǔmōle yíxià nà xiǎoxiǎo de zǐsè de huācāng, nà·lǐ zhuāng mǎn le shēngmìng de jiǔniàng, tā zhāngmǎnle fān, zài zhè//shǎnguāng de huā de héliú·shàng hángxíng. Tā shì wàn huā zhōng de yì duǒ, yě zhèngshì yóu měi yī gè yī duǒ, zǔchéngle wàn huā cànlàn de liúdòng de pùbù.

　　Zài zhè qiǎn zǐsè de guānghuī hé qiǎn zǐsè de fāngxiāng zhōng, wǒ bùjué jiākuàile jiǎobù.

　　　　　　　　　　　　Jiéxuǎn zì Zōng Pú《Zǐténgluó Pùbù》

第四单元　普通话命题说话应试指导

第一节　测试项简介

命题说话测试内容由应试人在所列的30个说话题目中抽签选定1个话题,说3分钟,计40分,以单向说话为主。

此项测试目的在于测查应试人在没有文字凭借的情况下,说普通话时的语音标准程度,说成段、成篇话语时的自然流畅度,所使用的词汇、语法是否规范,能否围绕主题组织语言的能力和所达到的规范程度。

一、评分标准

1. 语音标准程度,共25分,分6个档次记分:

一档:语音标准,或极少有失误。扣0分、0.5分、1分、1.5分、2分。

二档:语音错误在10次以下,有方音但不明显。扣3分、4分。

三档:语音错误在10次以下,但方音比较明显;或语音错误在10—15次之间,有方音但不明显。扣5分、6分。

四档:语音错误在10—15次之间,方音比较明显。扣7分、8分。

五档:语音错误超过15次(16—45次),方音明显。扣9分、10分、11分。

六档:语音错误多(45次以上),方音重。扣12分、13分、14分。

2. 词汇、语法规范程度占10分,分3个档次计分:

一档:词汇、语法规范。扣0分。

二档:词汇、语法偶有(1—3次)不规范的情况。扣1分、2分。

三档:词汇、语法屡有(4次及以上)不规范的情况。扣3分、4分。

3. 自然流畅程度,占5分,分3个档次计分:

一档:语言自然流畅。扣0分。

二档:语言基本流畅,口语化较差,有背稿子的表现。扣0.5分、1分。

三档:语言不连贯,语调生硬。扣2分、3分。

说话不足3分钟,酌情扣分:

缺时0—1分钟(含1分钟),扣1分、2分、3分;

缺时1分01秒至2分29秒,扣4分、5分、6分;

说话不满30秒(含30秒),扣40分。

说话明显离题,酌情扣3—5分。

二、评分标准阐释

1. 衡量应试人语音标准程度,主要依据应试人说话时字音错误的量来划分语音档次。
2. 命题说话评分项中的"方音"主要指应试人说话时反映出来的语音错误和语音缺陷,尤其是成系统的。
3. 词汇不规范主要指使用方言词、生造词的情况;语法不规范一般指带方言性质的句子与普通话的语法不一致的现象进入到说话内容中。
4. "口语化较差"一般指表达比较生硬,有类似背稿的表现,书面语气过重等情况。
5. 要围绕主题组织说话语言,抽到话题后,要注意审题立意,避免因离题或出现无效话语而扣分。

第二节　命题说话应试指导

命题说话最能体现应试人普通话的真实水平,应试人要围绕一个中心,自然流畅地说3分钟的一段话。要求内容集中,表述条理清晰,自然流畅,语音标准。它和平时说话的不同之处是没有双方的交流,主要由应试人一个人自言自语。与日常口语不同之处在于要围绕一个中心去说,不能随心所欲,脚踩西瓜皮走到哪说到哪;用语用词也应该是规范化的口语,不能使用方言词和方言句式;同时还要克服日常口语中的一些不良的习惯,如太多的口头禅、啰嗦的重复、过多的语气词等。要想在"说话"测试项上取得较好成绩,应该努力做到以下几点。

一、语句自然流畅

语句自然流畅对于说话内容的表述至关重要,一个人语音标准,语调自然,语流通畅,听起来非常容易理解,而且这样的说话可以吸引人;反之说话磕磕绊绊,断断续续,不但语义不易理解,而且听者容易疲劳或者烦燥,表达的效果就差了。按照日常口语当中的语音、语调去说话,不带有朗读、朗诵或是背诵的腔调,同时注意语流当中的音变。说话时语速勿过快或过慢,语速快,容易产生滑音和吞字现象;太慢则会出现拖音现象,并拖带出方言语调。"说话"自然、规范、流畅,这是体现普通话口语表达能力的基本标准。但在测试中,我们发现有的应试人把说话变成背稿,造成书面化、程式化,从而影响测试成绩。

二、不使用方言词语和句式

任何一个方言区的人,对于母语方言词的认同都是自然的,根深蒂固的。有时候人们不大注意方言词汇和普通话词汇的区别,尤其是一些口语中常用的词,往往在说普通话时,语音是普通话的,词形和词义仍然是方言的,比如把"自行车"说成"脚踏车","胡同"说成"弄堂","窗户"说成"窗门","下车"说成"落车"等。语法句式也是如此,比如:"这部电影多少好看。"(这部电影很好看。)"我打他不过。"(我打不过他。)"我好不好进来?"(我能不能进来?)"你有吃过这个东东吗?"(你吃过这个东西吗?)这些在测试"说话"项时都是应该避免的。使用规范的普通话词语,尽量使用口语词,少用文言词、公文用语和专业术语,不用粗俗语。

三、不滥用新词新语

随着社会的发展,语言的变化,新词新语不断涌现。它不仅活跃在一定层次、一定范围的人群中,而且还有很强的渗透力。在普通话测试的"说话"项中,我们发现在青年学生中,使用新词新语比较普遍。如果放任自流显然不可取,但一味禁止使用,也是行不通的。我们提倡使用已经被广大群众普遍接受了的新词新语,如"卡拉OK""料理""家私""写字间""非典""激光""打的""跳槽""洗手间""做秀""炒鱿鱼""AA制"等,尽量不使用范围较窄的或旧词新义的词语,如"考级""暴""三八""天才""可爱""偶像""歌星""白骨精""蛋白质""老板""正点""落水""大话""青蛙""恐龙"等。

四、句子宜短不宜长

在口语中,听话人主要关注说话人表述的意思,所以短小的句子易于被人记住,短句也便于说话人修改,如果句子过长,给人的印象就不深刻,听了后句忘记前句,对句意的表述也有影响。句子太长,容易出现语法的失误和逻辑混乱,所以口语当中应以简洁的短句为主,尽量做到口语化表达。

五、词语宜白不宜文

说话是口语交际,不是书面语言,不要过于文雅。所使用的词语应该简洁明了,使人一听就理解。应试人当中,有相当一部分人在准备说话题目时,都有写稿子的习惯,殊不知,一旦形成文字,说话就会不知不觉地带有书面色彩,把文绉绉的修饰语放在话语当中,这样说话不是太过文雅,就是冗余繁杂,影响说话成绩。

六、避免过多的口头禅

每一个人说话,都有自己的语言习惯。有的人习惯不自觉地重复,有的人习惯语句重音的加强,有的人则是习惯口头禅。如"然后""嗯""这个""所以说""的话""就是说""呢"等等。口头禅的过多介入,使得说话的流畅程度受到影响,而且容易造成语句中断不流畅,产生破句现象。

第三节　命题说话的应试技巧

普通话水平测试中的谈话是单向说话,考查的是应试人自然状态下的语音面貌,它对于应试人的语音要求是全方位的,所以在进行说话项的考试中,应试人应有好的心理准备,良好的心理状态是完成此项测试的根本。使用的语言应该是交谈式的口语,语气语调应力求平稳、自然和亲切。不要把谈话理解为即兴演讲,那样表述,反而显得拿腔拿调地不自然。从语言的组织和表达这个角度来说,语气语调起伏太大,有可能影响思维和表述的连贯性。有的人一激动就说不出话来,也就是这个道理。因此,在进行说话项测试时,要掌握以下几个技巧。

一、调节情绪，克服心理障碍

对于平时缺乏即兴说话锻炼的人来说，难免会由于心理紧张而产生心慌意乱、手足无措、心跳加快、呼吸急促等症状，这是"怯场"的不良心理所致，将会给测试带来一定的负面影响，不仅会影响测试成绩，而且还会因为没有考出理想的成绩而产生一系列不良的情绪。因此拥有良好的考试心态至关重要，如何克服"怯场"的不良心理呢？根据我们的应试体会，可采用以下两种方法。

1. 心理调节法

一是考前熟悉考场环境，掌握考试程序，缓解紧张情绪；二是用生理运动来镇定情绪，如深呼吸、扩胸、散步等；三是把测试看做久别重逢的故友，在心理上对测试产生认同感，以消除陌生感，减轻心理压力。

2. 自我暗示

考前消除心里顾忌，进行积极的自我暗示和鼓励，如"我一定能行""别人能考出来，我也肯定能通过"等，这样才能保持坦然的神情，如面带微笑，面部神经松弛，以利说好难点音，手势自然，增强自信感。

二、内容熟悉，准备充分

说话不仅要有良好的心态，而且还要作话题内容的充分准备。

1. 注意说话内容的完整性。在3分钟的时间里，做到内容的相对完整不难，难的是有的应试人没有很好地准备。内容的完整要求应试人针对每一个话题真正做到有话可说，在审题方面下点功夫，注意话题所揭示的中心和范围；话题所暗示的表达类型；话题所涉及的人称；注意话题中时间、动作、物态的提示等。

2. 注意说话内容的详略得当。说话内容的详略得当可以更好地凸现主题，所以在说话中，材料要紧扣主题，无关紧要的话不要，毫无意义的话不说。

3. 注意说话层次的清晰。说话的层次，是一个人思路的体现，先说什么，后说什么，在头脑中应该有一个安排。紧张的大脑，不可能有清晰的思路，太过于注重说话内容的安排，也不易有清晰的思路。

遵循熟悉原则，选择说话内容。内容熟悉，才能把注意力放在语音表达上。谈得轻松，说得自然。

三、备稿但不背稿

将准备好的谈话稿，用口语化的形式加以表达，不要背稿。背稿难免使语气、语调显得生硬不自然，而且背稿过程容易出现遗忘而产生手足无措，甚至于情急之中冒出方言词语或方言语法来，这是应试者之大忌，也是测试员从重扣分的凭据。语音面貌是一个人说一种语言时语音系统的总体情况。平时说话基本上只有一个思维：下面该说什么了？而测试时有两个思维：一是说话的内容，二是咬准字音。对于方言区的应试者来说，应该在烂熟于说话内容的情况下，更重视自己的语音面貌。学习普通话最好的境界就是用普通话思维，在情急之下，脱口而出的仍然是语音标准、词汇语法都合乎标准的普通话。因此我们要将文字稿充分口语化,并熟记于心,只有这样才能不背稿地脱口而出。

四、控制好说话的语速

说话的节奏也很重要,总的说来不宜过快但也不宜过慢。语速过快,会出现口不择言的现象,还会导致发音时口腔打不开、复元音韵母动程不够和归音不准等情况。过慢,则导致话语迟钝,语流不畅,不够连贯,拖腔拿调等。这都不是说话的最佳状态。由于应试人年龄、性格、职业等的差异,"命题说话"规定的 3 分钟时间内所表达的音节量会有一定差异。按照一般的语速,3 分钟的口语表达应该在 600 字左右的音节量。音节量不足,会影响对普通话水平等级的评判。

第四节　话题分析和编写提纲

普通话水平测试用 30 个话题涉及多方面的内容,一般需通过记叙、说明、议论三个主要文体来表述。由于此测试项对布局谋篇、主题开掘、内容新颖真实、遣词造句等作文能力没有很高的要求。所以对于我们南方方言区的人来说,运用较准确的语音来表达是关键。在准备话题时应避免出现偏重说话内容、注重遣词造句、缺乏普通话思维习惯、忽视口语化表达等误区。应该淡化文体,并注意到一些话题的文体和内容是可以互相转换的,如"谈谈科技发展与社会生活"既可以作为说明文来说写,又可以作为议论文来说写。又如话题"我尊敬的人"就可以替换"我的朋友""我喜欢的明星(或其他知名人士)"等不同的话题。话题的文体和内容的转换一般是由难转易,变抽象的议论为具体的叙述,这样既缩小了准备话题的范围,又降低了话题的难度。下列话题的顺序排列可以为应试者转换提供方便。

一、30 个命题说话题目

1. 我的学习生活
2. 我的业余生活
3. 我的假日生活
4. 我的朋友
5. 我尊敬的人
6. 我的成长之路
7. 我的愿望(或理想)
8. 我的家乡(或熟悉的地方)
9. 我喜爱的动物(或植物)
10. 我喜爱的职业
11. 我喜爱的文学(或其他)艺术形式
12. 我喜爱的季节(或天气)
13. 我喜欢的节日
14. 我喜欢的明星(或其他知名人士)

15. 我喜欢的书刊
16. 我知道的风俗
17. 我所在的集体（学校、机关、公司等）
18. 我向往的地方
19. 我和体育
20. 谈谈服饰
21. 谈谈科技发展与社会生活
22. 谈谈美食
23. 谈谈社会公德（或职业道德）
24. 谈谈个人修养
25. 谈谈对环境保护的认识
26. 谈谈卫生与健康
27. 童年的记忆
28. 难忘的旅行
29. 学习普通话的体会
30. 购物（消费）的感受

二、话题编写提纲

为方便广大参加普通话水平测试者练习"命题说话"，本教程给每一个说话测试题目提供了编写提纲，仅供参考。

（一）我的学习生活

本话题可以着重说说自己学习生活中的某一个重要阶段，也可以说说自己目前的学习生活，或者是说说自己学习生活中的经验和收获，或是自己在不同学习阶段中难忘的事情。

1. 简单概述一下我的学习生活。比如"有趣""紧张""有序""充实""艰辛"等。
2. 我平时是如何安排自己的学习生活的。可以说说一天的学习时间安排；可以围绕自己的专业特色来说；可以说说自己的爱好和特长；可以说说自己的学习地点、学习伙伴、学习质量；可以说说自己的学习收获和感受；还可以从书本以外、课堂以外的其他角度来说。
3. 我有什么样的学习观点，目的如何，态度怎样，什么好的方法。
4. 学习在我的生活当中有什么样的地位，它对于我的生活有什么样的影响。比如，丰富了我的头脑，增长了我的见识，开阔了我的视野，充实了我的生活等等。

（二）我的业余生活

本话题弹性空间大，可讲述的内容丰富，不论是陶冶情操的，还是富有乐趣的生活小事，都可以入题叙说。

1. 总的介绍一下我的业余生活的情况。
2. 我的业余生活丰富多彩。体育锻炼方面，如打羽毛球、网球、乒乓球、跑步、游泳、下围棋、下象棋等,可以使我强身健体。娱乐方面,如看电影、看电视,欣赏音乐、唱卡拉OK、跳交际舞等。有时还上网和朋友聊天、玩游戏,有时还参加一些公益活动,有时我还喜欢自己烧菜做饭,有自己的拿手绝活等。

3. 我的业余生活使我的人生充实而有意义。

(三) 我的假日生活

本话题着重叙述假日生活,可以平铺直叙我的假日生活的方方面面,也可以选取一个有意义的假日,或是一个难忘的假日,或是一个平淡却充实的假日来说。

1. 叙述一下我的假日生活的情况。
2. 说说假日生活中的一次与朋友的聚会,一次与家人的旅游,一次给家人做的一顿丰盛的晚餐;也可以说说看过的一本有意义的书,欣赏了一次高水平的演出,或是一次激动人心的足球赛等。
3. 我的假日生活丰富而多彩,它是我紧张工作学习后的调节。

(四) 我的朋友

本话题叙说的朋友对象一般是人,也可以是一种动物,或是一个物件,这样可以说的范围和空间就大一些。

1. 介绍我的朋友是谁。
2. 我的这个朋友有什么特点,他为什么会成为我的朋友,如我和他在什么样的环境下认识,曾经发生过什么事情,是什么事情促使我们的友谊加深。
3. 我和朋友之间发生了什么有趣而有意义的事情,朋友的学习工作如何,性格如何,他对于我有哪些帮助,我对于朋友的难忘之情、尊敬之情等。

(五) 我尊敬的人

本话题可以叙述的人物不做限定,可以是自己亲近的人,如父母兄弟姐妹等,也可以是其他长辈或平辈等。

1. 首先概括介绍我最尊敬的人是谁,他和我的关系怎样,他是干什么的。
2. 我为什么尊敬他。通过具体生动的典型的事例来体现,比如他在性格方面有什么特点;他怎样处理生活当中人与人之间的关系;他做的什么事情对我产生的影响或震撼;他待人接物如何;他的责任感和聪明才智,或平易近人,或幽默风趣,或责任心强,或积极进取,或善良热情等等。
3. 总结他的性格和品德,表达我的尊敬之情。

(六) 我的成长之路

本话题可以结合自己的成长过程,说说成长道路上的一些故事,可以是难忘的,可以是平淡的,可以是有趣的,可以是辛酸的,可以是令人感动的,也可以是对自己以后的人生道路有影响的等。

1. 总的介绍一下我的成长之路是怎样的。
2. 说说在我成长过程中,对我产生过重要影响的人或事情,如小学时遇到过一位非常好的班主任老师;我看过的一本小说,很是感人,其中的一位人物使得我难以忘怀;举例说说家里父母如何教育我;我和朋友之间的关系很融洽,有很多朋友帮过我,建立起美好的友谊。

　　3. 我的成长之路,有太多人的关爱和帮助,既有自己的努力和汗水,也有成长的烦恼和收获。

(七) 我的愿望(或理想)

　　本话题可以从多个愿望说起,也可以从一个主要的愿望谈起。说说这个愿望为什么会产生,你为什么要实现它,注意多举事例,尽量避免单调的理论性的语言。

　　1. 从小到大,我有大大小小不同的愿望(或理想),简要列举几个。

　　2. 着重谈谈几个主要的愿望或理想,它们对我的生活有什么样的影响。从愿望的产生,愿望的由一般到强烈的发展变化,我为这个愿望的实现所付出的努力,实现愿望的过程中,我遇到的困难和帮助,我有什么样的信心和动力。

　　3. 我的愿望(或理想)是否实现,对于我的生活和学习有什么积极的影响:提高了我对自己的要求,充实和丰富了自己的学习生活,使平淡的生活有了色彩和动力。

(八) 我的家乡(或熟悉的地方)

　　本话题可以是自己熟悉的家乡,也可以是自己熟悉的一个地方。在介绍家乡或熟悉的地方时,尽可能地从地理位置、气候条件、独特风景、风俗习惯等方面详细叙述。

　　1. 概述我家乡所处的地理位置、气候条件等。

　　2. 说说家乡的风俗习惯,如家乡人过春节怎样,人们怎样拜年问好,节日饮食文化、人文景观、名胜古迹、自然景观等。

　　3. 说说家乡近年来的变化,如房屋建筑、经济生活、文化生活、人的精神风貌等,抒发对家乡的热爱之情,欢迎朋友去我的家乡。

(九) 我喜爱的动物(或植物)

　　本话题所涉及的动物(或植物),一般是人们日常所喜欢的种类,也可以根据自己平时的观察和其他渠道得来的知识加以叙说。

　　1.介绍我所爱的一种动物或植物。

　　2.具体说说这种动物(或植物)的来历、形状外貌、个性特点;我和它之间的关系,我是怎样照顾它的,我为什么喜欢它;它所具有的品性对我有什么启发。

　　3.说说我和动物或植物的感情以及一些有趣的事情。

(十) 我喜爱的职业

　　本话题叙述的对象可以是我现在所从事的职业,也可以是我感兴趣的职业,或是我理想中的职业。

　　1. 介绍我的职业是什么,它有什么特点。

　　2. 我对于所从事职业的理解,如它的重要性、它的价值、它的地位以及怎样发挥我的职业优势为社会多做贡献。

　　3. 我喜爱的职业在社会生活中有什么重要作用。

　　4. 我要做好自己的本职工作,还需要从哪些方面来严格要求自己,如认真学习、刻苦钻研等。

（十一）我喜爱的文学（或其他）艺术形式

本话题讲述的是艺术形式,可以讲一种,比如文学,也可以谈音乐、美术,或戏曲、舞蹈等。

1. 介绍我喜爱的艺术形式,它有什么特点和独特的表现方式。
2. 举例说明这种艺术形式的表现方式是什么,可以讲述一个故事情节,可以讲述一个人物形象,可以结合这种艺术表现方式讲述它带给人们的艺术享受。
3. 我喜欢这种艺术形式的原因,如它所蕴涵的艺术生命力,它带给我的审美体验,它能提高我的审美能力,培养我的审美情趣,给我的生活增添很大的乐趣和情趣。

（十二）我喜欢的季节（或天气）

本话题可以选取你喜欢的一个或几个季节（或天气）来叙述。

1. 我喜欢什么样的季节(或天气)。
2. 比较详细地介绍这个季节(或天气)的特点,如景物的变化,温度或湿度的情况,人心理的感受,在这样的季节或天气里,有什么样的美食,可以做什么样的事情,还可以和家人一起外出旅游或锻炼,享受温暖的亲情等。
3. 在这样的季节(或天气)里,我的心情会更好,我的工作会更顺利。

（十三）我喜欢的节日

本话题讲述节日,但要求是我喜欢的。可以从众多的节日中选出自己喜欢的一个或几个,说说它们在现实生活中的作用和意义。

1. 介绍我喜欢过什么样的节日:是火红、热烈还是富有浓郁地方色彩等。
2. 如果喜欢春节,描述一下迎接春节的气氛:传统的家庭都在忙碌着,准备年货,杀鸡宰鹅,买鱼买肉,清扫家里,贴门神,贴对联,买鞭炮,做新衣,一派喜庆忙碌的景象。
3. 过春节的日子里,人们忙着走亲访友,互致问候,娱乐消遣,尽情享受假日的悠闲和亲情。
4. 春节是中国人的传统节日,我喜欢过春节,但是随着人们观念的变化,春节的浓厚色彩也渐渐地淡化。我是如何看待这一变化的。

（十四）我喜欢的明星（或其他知名人士）

本话题叙述的对象是明星或其他知名人士,同时强调是我喜欢的。那么为什么喜欢,喜欢什么,都是可以畅说的内容。

1. 我喜欢的明星(或其他知名人士)是谁。
2. 我为什么喜欢这位明星,可以从他的人格魅力说起,可以从他所塑造的角色说起;也可以从他的人生经历说起,从他的个人修养谈起;或从他的思想和著作说起。
3. 他对于我的生活所产生的影响。

（十五）我喜爱的书刊

本话题从我所喜爱的书刊谈起,它给人所带来的益处和收获。

1. 我喜欢的书刊是什么。
2. 我为什么喜欢这本书,原因如下:它的内容有思想性,见解独到;它的印刷精美,装帧富有特色;它的文字朴实,感情真挚,从小事情中反映出生活的哲理等。

3. 我喜欢它,经常阅读,并把它推荐给朋友。

(十六) 我知道的风俗

本话题所包含的风俗应该是我知道的、了解的,可以是婚丧嫁娶,可以是重大节日活动,也可以是衣食文化等。

1. 简要介绍自己所了解的一些风俗习惯。

2. 详细介绍一些风俗习惯,比如家乡的人们如何过春节,过元宵节,过端午节,过中秋节,过腊八节等。过节都有什么样的准备,过节的过程怎样,介绍过这样的节日有什么样的寓意。

3. 随着经济的发展,社会的进步,家乡的风俗也在不断变化,它是如何发展变化的。

(十七) 我所在的集体

本话题要说的集体应是一个宽泛的概念,可以是工作单位,可以是学校班级,也可以是小团体。

1. 概括介绍一下我所在的集体是怎样的。

2. 介绍集体中的成员,每一个人的性格、爱好和兴趣等,大家在一起发生过什么有趣的事情。

3. 我所在集体的总体风貌:是一个充满欢乐、友谊的大家庭;是一个人人互帮互助、团结友爱的圈子;还是大家勤奋学习、努力工作,有共同爱好的团体等。

(十八) 我向往的地方

本话题可以从"向往"入手说起,"向往"指的是一个人因热爱羡慕某种事物或境界而希望得到或达到,"向往的地方"是一个有魅力、让人神往的地方。

1. 我向往的地方是哪里。

2. 我为什么向往它,如从别人的谈论中了解了一些有关它的内容,非常神往;从电视或电影里看到它优美的风光,希望身临其境;从神话的传说中,了解它丰厚的人文底蕴和神秘优美的故事,希望亲眼看见它等。

3. 我心目中的地方是什么样的,我企盼自己有朝一日能亲自走一趟。

(十九) 我和体育

本话题可以围绕我和体育的关系展开,可以是我热爱体育事业,可以是体育改变了我的生活,可以是我喜欢看体育比赛,也可以是因为体育我交了好朋友等。可以从不同的角度展开,不拘于一时一事。

1. 介绍我和体育之间的关系是怎样的。

2. 我对体育的看法,我参加体育锻炼的经历;可以从我被动地上体育课到主动参加体育锻炼为例,表现对体育的感情;也可以说说我喜爱的体育项目有什么特点,我是怎样喜欢它的;体育对于我生活的影响,积极的、有意义的方面等。

3. 我在参加体育锻炼的同时,不仅交了朋友,而且锻炼了意志,增强了体质。

(二十) 谈谈服饰

本话题是一个比较专业的话题,同时又是一个大众关心的话题。我们可以结合日常穿戴的情况,说说大众服饰的特点和百姓服饰的发展变化。也可以从艺术的角度叙说服饰发展对人们生活产生的影响,范围可以不拘一格。

1. 对于年轻人来说,服饰是一个常谈常新的话题。服饰的变化体现时代的变化,也体现个人的审美意趣,更是现代社会精神文明的缩影。

2. 可以从不同年龄阶段的人们的服饰特点谈它的款式、颜色;从一台服装表演谈服饰潮流的走向;从不同职业人们的服饰特点说说它的标志性特色;从中国服饰发展变化谈到世界服饰潮流的导向;从服饰搭配的艺术性谈到不同场合对服饰的要求;也可以从服饰体现性格,显现个人魅力谈到服饰色彩的取向等。可以谈一个方面,也可以谈几个方面。

3. 谈谈对于服饰的总体印象以及自己的见解。

(二十一) 谈谈科技发展与社会生活

本话题是一个比较高深的话题。你可以从议论的角度去说理,阐述科技发展与社会生活的关系;也可以从实际生活入手,说说科技发展对于老百姓生活的影响。可叙可议,切忌空谈。

1. 概述科技发展在社会生活中的地位和作用。

2. 从自己身边的事情谈起,如从手机的不断更新看通信业的发展;从家电的变化看生活现代化的发展;从电脑走入寻常百姓家,谈互联网络的快捷与便利,使世界变小,信息畅通无阻;从中国近二十年的发展看科技的神奇作用等。

3. 总结科技引领生活,科技改变生活,科技离不开知识,只有知识才使得科技更快发展。

(二十二) 谈谈美食

本话题从美食谈起,既是美食,则强调"美"字,那么鲜美、味美、口感好,会引起人们的喜爱和强烈的食欲,当然,生活中的美食也可以是自己喜欢的食物,也可以是自己喜欢做的一种食物,但不论是哪一种,一般应具有色香味几个基本环节。

1. 概括介绍自己所了解的美食种类。

2. 自己最喜欢的美食有哪些,为什么喜欢这些美食,它有哪些特色,有什么绝妙的口味;自己喜欢做哪些美食,这些美食怎样做,制作的程序如何。

3. 民以食为天,喜欢美食是一个人生活的必需,也是一个人生活品位的体现。制作美食是一种享受,更是热爱生活的一种表现。

(二十三) 谈谈社会公德(或职业道德)

本话题从社会公德的含义入手,可以谈谈人们在现实生活中的一些行为,并作出一些评价。

1. 概述社会公德(或职业道德)的内涵。

2. 不同现象的比较,如遵守社会公德,有良好的社会环境,良好的人际关系;不遵守社会公德,就可能导致混乱的环境和紧张的人际关系,可抓住一些反映公德的生活小事举例。

3. 如何遵守社会公德,有什么重要性。遵守社会公德是社会精神文明的体现,也是每一个公民行为的规范,我们应该从小事做起,从每一个人做起。

（二十四）谈谈个人修养

本话题谈个人修养,首先应该明白修养包括哪些方面,一个人的修养该如何培养,良好的修养离不开知识,离不开良好环境的熏陶,更离不开优秀的人生导师和有人格魅力的朋友。

1. 概述修养的范围,可以指一个人所养成的待人处世的态度,也可以指一个人的理论、知识、艺术、思想等方面的一定水平。

2. 个人修养是一个人待人处世的态度。举例说说怎样养成良好的待人处世的态度,从哪些方面去养成,注意什么样的生活细节。

3. 举例叙述良好的修养对一个人的成长有很大的帮助。修养差的人,不仅形不成良好的社会关系,也不会有一个良好的心态。

（二十五）谈谈对环境保护的认识

本话题谈环境保护,这是当前人们关注的一个热点问题。怎样从大家关心的角度,把环境保护的重要性说清楚,把环境保护的要求说明了,是需要有一个很好的认识的。

1. 谈环境保护的重要性,如人类生活需要有良好的环境,好的环境会带来好的心情,恶劣的环境会影响人们的健康,影响人们的学习和工作。

2. 自己所处环境的状况,通过对比——小时候(或是照片上)优美的自然环境,现在恶劣的自然环境产生的影响,说明治理环境势在必行,治理环境要付出的代价。

3. 保护环境应该从我做起,从现在做起;爱惜资源,爱护环境;希望今后有一个更加优美的环境。

（二十六）谈谈卫生与健康

本话题可以从宏观的角度谈起,也可以从生活的小节谈起,也可以从一则故事谈起,可叙可议,淡化文体。内容只要求从头到尾贯穿卫生与健康即可。

1. 说说卫生与健康的关系。

2. 生活中我们如何看待卫生与健康的关系:随着人们生活水平的提高,人们对卫生与健康的关系认识更为深切;生活中,人们越来越意识到健康的重要性,对卫生的关注程度也日益扩大,卫生成为现代人提高生活质量的一个热点:生活卫生、环境卫生、心理卫生、精神卫生等。

3. 拥有健康的体魄是现代人追求高生活质量的一个重要标准,既关注健康的人生和健全的心态,也关注卫生与健康在现在和未来的发展。

（二十七）童年的记忆

本话题叙说的核心是童年,有关童年的回忆和往事,一般以生动、有趣、富有童趣为主;如果有不愉快的、难忘的记忆,那么到现在应该成为美好的回忆了。

1. 我的童年是无忧无虑的,也是快乐无边的,留下了难忘的童年往事。

2. 童年的时候,最难忘的莫过于和小伙伴们一起玩耍,可以叙说其中有趣的往事;童年时候,受到父母的关爱也是最多的,爸爸妈妈怎样细心呵护,可以举例叙说;童年时候,有什么样的理想,有什么样的得意之事,有什么样的闯祸之事等。

3. 对于童年生活有什么样的感情。

（二十八）难忘的旅行

本话题可以围绕"难忘的"这一定语展开，不限定旅行的次数，所以给说话人有较大的回旋余地，既可以说一次旅行，也可以说几次难忘的旅行，重点突出"难忘"即可。

1. 什么时候到什么地方的旅行对我来说是难忘的旅行。

2. 叙述一次旅行的详细经过，比如：我们如何准备的，用什么样的交通工具，有什么样的心理准备；旅行当中有什么趣事发生，或是难忘的事情发生；旅行中有什么样的收获，旅行回来后有什么样的回味等。

3. 旅行让我难忘的原因。是山水或风景的美丽，还是旅行中吃到的美味佳肴？是结交了某一个新朋友，还是做了某一件意想不到的事情？是增长了见识，感悟了一份道理，还是对我产生了什么深刻的影响？

（二十九）学习普通话的体会

大凡参加普通话水平测试的人都有学习普通话的一些体会。

1. 我学习普通话的目的和经过。

2. 说说我学习普通话的收获和体会，如介绍我的普通话基础如何，意识到学习的重要性；学习过程中的体会和感受；学习的艰难和痛苦；学习的方法和乐趣；学习的收获等。

3. 学习以后我是如何巩固自己普通话水平的，如在听广播和看电视时，特别关注播音员的发音，和别人交流时尽量用较标准的口语语音等。

（三十）购物（消费）的感受

对于购物消费，每一个人都有亲身的体验和感受，你可以结合自己的实际举例叙述。

1. 购物是生活的一个方面，也是人与社会接触的一种途径。

2. 在购物方面，有什么样的遭遇。例如：做了一回上帝，或是受了一次窝囊气；买到了物超所值的东西，或是买到假冒伪劣的产品。

3. 购物的心态：比较理智，不受风潮的影响；购物不理智，受广告和别人动员的影响；购物心态平和；购物遭遇陷阱等。

4. 购物消费是生活这个大课堂中不可缺少的一课，如何学好，还需要每一个人慢慢体会。

第五节 "说话"示范点评及示例

一、"说话"示范点评

我的妈妈

放学回家，见桌上放着几只苹果，想必是妈妈为我准备的。我也确实又渴又累了，但也实在懒得亲自动手，因而用求援的目光望着妈妈。妈妈笑了笑："大丫头了，你该自己削了。"仅仅是淡淡的一句话，我就认定这次非自己动手不可了。唉，的确，随着自己一天天长大，母爱里便似乎少了几分"关爱"。

真是惭愧，不听使唤的刀一下子在我手上划了道口子，我叫了起来，妈妈慌了，急急地奔过来看伤口,看到伤口不大,这才嘘了口气,又小心地为我包好伤口。

"痛吗?"母亲拧着双眉,关切之情溢于言表。"当然痛的喽。"我心里埋怨着,"早知如此,何必当初。"

第二天是礼拜天,碰巧家里的液化气用完了,爸爸又外出了,无奈之下,妈妈只好自己拿着空瓶去换气。好一段时间后,听见母亲在楼下喊我的名字。哼,一定是让我帮忙抬煤气瓶,那么沉,我才不干呢,而且,我的手上还有伤呀。我跑到阳台上,摇了摇包扎好的手。母亲立即理解了,淡淡地说:"算了,别下来了,我自己能行。"我松了口气,回屋去了。母亲终于把煤气搬上来了,我听到了几声粗重的呻吟声。

晚上,爸爸回来了。我走过房门,不经意间听到父母的对话。爸嗓门挺大,埋怨母亲不小心闪了腰,埋怨母亲为什么不让我帮忙,而母亲的声音仍淡淡地为我解释。我站在门口泪止不住掉了下来。

一阵风吹过,阴冷的空气使我打了个寒战,唯有那包好的伤口仍是温暖如故。苦思了一番,才懂得妈妈的爱有增无减。细想千遍,才知道自己的伤主要不是在手上,而是在心上。小公主式的娇惯,养成了我的懒惰与自私,我只晓得去享受妈妈过多的爱,却对妈妈吝啬地藏起我完全有能力付出的必不可少的一臂之力①。我深深地自责着。

夜晚,我噙着泪花,在妈妈闪伤的腰间轻轻地一遍遍擦着红花油②,来回抚摸,也为自己抚平心灵上的伤口。

点评:

这篇说话材料记述了发生在"我"和"妈妈"之间的故事,流露出对妈妈的无限感激和深深的内疚之情。可以说内容上是比较感人的,但有方言词入文的现象,还存在长句子,有较多的难点音。所以要表达得好,说得准确、流畅、自然,并不容易。

1. 方言词入文现象,请看上文画线的地方:"礼拜天"应该说"星期天","几只苹果"应该说"几个苹果","煤气瓶"应该说"煤气罐","痛吗?"应该说"疼么?""晓得"应该说"知道"等等。

2. 说话材料中有两个长句子,见上标数字1、2句。第一句是否改说成:"却对妈妈不愿付出我的一臂之力";第二句是否把一句话改说成两句:"在妈妈闪伤的腰间擦着红花油,轻轻地、一遍遍地小心擦着"。

3. 注意难点音:发准平翘舌音,"似乎""松了口气""走过""自责""嗓门"等是平舌音,"伤口""使唤""闪伤""享受""扎好"等是翘舌音;区分前后鼻音,"仅仅""亲自""噙着""呻吟"等是前鼻音,"苹果""心灵""不听""仍是""名字"等是后鼻音;轻声,"妈妈""爸爸""名字""使唤""懒得""拧着""疼吗"等;儿化,"嗓门儿""帮忙儿"等。

二、话题文字稿示例

下面是笔者参加国家级普通话水平测试员资格考试时精心准备的话题材料,还有从历年参加普通话水平测试的应试人中挑选出来的比较优秀的命题说话书面文字稿,请注意它与声音文本是有区别的。仅供广大应试者编写3分钟说话内容时参考。

（一）我的业余生活
（相关话题：童年的记忆、我和体育）

我喜爱的体育运动是游泳。每到夏季，跃入清凉的水中，舒展四肢，或蛙泳，或自由泳，或仰泳，可真是一种人生享受。游泳不仅可以舒活筋骨，消除燥热，增强体质，还可以健美体形。每年坚持游泳，可使四肢匀称健康。毛泽东同志就十分喜爱游泳这项体育运动，70多岁，还畅游长江，并写下了著名诗句"到中流击水，浪遏飞舟"这一富有伟大气魄的诗句。毛泽东主席去世后，每年7月16日我们游泳爱好者都会参加纪念毛主席畅游长江的活动。他老人家那潇洒自如的侧泳，曾给我留下深刻的印象。

我的家可谓是游泳之家。光说我的娘家，我们全家五口人都会游泳。还在我七八岁时，我爸爸妈妈就带我到美丽的瓯江学游泳了。那时正值"文革"前期，我爸爸所在的学校从省城搬到一个小县城。这个小县城有一条著名的大溪叫瓯江。江水十分诱人，清澈见底。水底是清晰可数的鹅卵石，上面停着许多蟋蟀，水中还有许多小鱼儿游来游去，十分有趣。可能是这诱人的溪水吧，使我对游泳产生了极大的兴趣。在我爸爸妈妈的教导下，我很快就学会了游泳。一会儿，一个猛子扎下去，潜入水底，一手拿着妈妈的游泳帽，一手摸螺蛳；一会儿，又把头伸出水面换气呼吸，真是畅快极了。

每年夏季，我的一群喜欢游泳的小伙伴，争先恐后地奔向瓯江。这算是我童年最感兴趣的事了。在我童年的记忆中，我从未生过病，没见过盐水瓶，皮肤晒得漆黑。大人们见着我们，都说我们是小黑猴。

（二）我的愿望（或理想）
（相关话题：我的成长之路、我喜爱的职业）

我曾有过许多愿望。从前我的一个愿望是想当一名女书法教育家。我从小受家庭的影响，喜欢写字。因为我的爸爸、妈妈、爷爷、外公都写得一手好字。一上学我写的字就受到老师好评，以后就一发不可收拾，与写字结下了不解之缘。学校里出黑板报，写标语、感谢信，抄老师的鉴定什么的，总少不了我。从中学到大学，我一直担任班里的宣传委员，总是与抄写沾边儿。大学毕业后，分配到一所中专学校任教，先是教语文，后学校新增一门写字课，我成了学校唯一的书法教师。原先练字，随意性比较大，教了写字课，才开始正正经经地练写古今碑帖，入了点门儿，并且还在几次书法大赛中获奖。正当我踌躇满志地立志从事书法教育事业，想成为像周慧珺那样的女书法教育家时，命运之神却并未遂人心愿。1993年9月，母校把我从中专学校调回去改教普通话语音课。一是母校当时急需普通话语音教师，二是因为我在大学读书时，是校广播台的播音员。就这样，我半路出家，又去北京中央普通话语音培训班培训了两个多月。现在已逐渐喜爱上了这项事业。因此，如果你现在问我的一个愿望是什么时，我可以痛快地告诉你，那就是，我想尽快成为一名优秀的普通话口语教师，争取早日拿到国家级测试员证。

（三）我最尊敬的人
（相关话题：我的朋友、我的成长之路）

我的妈妈和我一样也是师范大学毕业生，但她是五十年代末师范大学毕业生，从事教师职业将近四十年。她热爱教师职业,工作勤勤恳恳,工作高于一切,可以说是事业型女性。我们几个子女可以说都是我姥姥一手带大的,家务活也都是我姥姥操持。我妈妈在生活上不太管我们子女,但在学业上、工作上、人品上对我们严格要求。她时常教导我们:生活上要简朴些,不要讲究吃穿,而要认认真真地做人、工作、学习,事业上要有所追求,品德要端正,要与人为善,牢记"宁叫天下人负我,我不负天下人"。她这样说的也是这样做的。在穿戴上她比较马虎,而在工作上却一丝不苟,深受学生们的爱戴。她时常不无骄傲地说:"至今为止,我教的学生,没有一个没出息的,也没有一个品行不端正的。大部分已成为教育领域的骨干。我妈妈对党忠心耿耿,学生时代就向党组织递交了申请。由于出身不好,没有如愿,但我妈妈仍然不放弃追求,先后向党组织递交了三次申请书,一直到1986年才实现了加入党组织的愿望。她对党的忠诚几乎到了虔诚的地步,她的追求毫无私心杂念,也不想升官发财。她把这个作为她的人生追求、人生信念,所以我的妈妈是我最值得尊敬的一个人。但作为母亲,我总觉得她缺少点什么,是个可敬但不可亲的人。此外,她也是学校推普骨干,早在五十年代被省教委评为第一批"推普积极分子",至今还保留着奖状。她时常不无骄傲地对我说:"你是九十年代的推普骨干,我是五十年代的推普积极分子。正好是我国推普四十年,我们母女俩终于走上了同一条路。"

(四)我熟悉的地方
(相关话题:我所在的集体、我向往的地方)

我的老家在温州的一个小县城里,由于政治原因,我没去过家乡。先是跟着父亲在杭州生活,后又到过丽水,最后又迁至金华。因为我一直生活在学校这个环境中,对当地的风俗习惯不甚了解。许多人对我的学校不太了解,下面我就说说我所在的这个学校吧。浙江师范大学的前身是杭州高专和之江大学分部杭州师院,后合并为浙江师范学院。1968年,响应党的号召,从杭州搬至金华。金华离杭州有四个小时的车程,是浙江省的一个市,位于浙江中部,是交通枢纽。抗战时期,曾经是国民党省政府所在地。1983年,浙江师范学院与金华师专合并,改名为浙江师范大学,是省里唯一一所重点师范大学。全校有18个系,40个专业,撇开成人教育不算,在校教职员工有一千五百多人,在校生五千五百多人。学校校址离城区8公里路,附近设有附中、附小、幼儿园、邮电所、工商银行浙师大储蓄所、光大金融浙师大储蓄所,生活区还有菜场、煤气场、商业街、车床子,形成一个生活设施齐全、配套的网络。为了方便广大教职员工进城购物,每天均有学校的班车进城。

唯一遗憾的是,学校周围没有其他大学。在学术交流上与信息传播上,都比不上省城的大学。所以许多青年骨干教师,人心浮动,纷纷想往省城调动。后来省委书记联系我校,为了稳定教师队伍,对我校各系开放了许多优惠措施,如住房上,一般的青年教师都能住上二室一厅的房子,有博士学位的免费安装电话专线等,副教授以上每月享受牛奶和报纸等待遇。

(五)我喜爱的书刊
[相关话题:我喜欢的文学(或其他)艺术形式、我喜爱的职业、我喜欢的明星]

每次看中央电视台的新闻联播,总会对那些往返各国、神采飞扬的政坛风云人物产生一种敬佩仰慕之情。在我的心目中,他们高高在上、遥远神秘,受到老天的格外垂青,否则地球上几十亿人口,为何偏偏是他们登上历史舞台?

一个偶然的机会,我有幸读了《走上权利巅峰——当代政坛首脑100位》这本书。翻看着一位位风云人物的简史,才发现他们头上耀眼的光环,是常人无力或不愿付出的代价凝聚而成的。在该书的描写中,首脑级人物的身世和业绩均成为我们不可多得的生动教材,给人们以极大的启示。

美国20世纪最后一位总统,也是21世纪第一位总统克林顿,从小缺少父母之爱,曾被戏称"阿肯色州的乡巴佬"。就是这样一个极其普通的美国人,在读高中时有幸参观白宫以后,便萌生强烈的愿望:有朝一日,我也要成为国会议员,甚至做白宫的主人。高中毕业后,填报志愿时,他拒绝了周围人的建议,填报了首都华盛顿的乔治敦大学外交学院。于是有主见敢想敢做的克林顿告诉人们:只要有坚定的信念、不懈的追求,看似梦想的目标也能成为现实。

英国历史上最年轻、读书最少、出身最寒微的首相梅杰,其经历更令人思索回味。他从父母那里未能继承到财产,却继承了吃苦耐劳和发奋图强的精神。16岁就开始品尝择业的艰难。23岁时又在车祸中摔折了左腿,失去了膝盖骨。就是这样一个遭遇坎坷的英国人,获得了事业上的巨大成功。于是梅杰告诉我们:换个角度对待生活上的挫折与磨难,因为它是一笔可贵的人生财富。

英国另一位赫赫有名的风云人物撒切尔夫人,无论世人对她评价如何,她都堪称女性的楷模。她曾用1年时间读完5年课程,在孩子刚满月时就去读法律,3个月后即取得律师资格。于是这位被称为"铁娘子"的人物告诉我们:做任何事情只要具备顽强的意志和过人的毅力,其结果必定令人惊喜。

我们如果用心阅读这本书,细心咀嚼首脑们的成功经历,都会从中汲取许多精神力量,帮助我们走向成功的目标。

(六) 学习普通话的体验

(相关话题:我的学习生活、我的假日生活)

普通话是我国的通用语言,是我们所有炎黄子孙赖以交流、沟通思想感情的工具。一口字正腔圆的标准的普通话能给人一种美感,给人一种无穷的享受。

学好普通话,说难不难,说不难还真有点儿难呢!记得在小学一年级时,天天读 a、o、e,想不到这对我们后来学好普通话竟有相当重要的意义呀。可以想象,拼音不过关,想读好说好普通话是何其之难,简直就是无本之木、无源之水!

说起学习普通话的体验,一句话,就是"太不容易了"。从蹩脚的地方普通话开始,我走上了学习普通话的道路。

我家乡的方言跟普通话有着较大的差别。讲了那么多年的方言,要想一下子改口,困难很大,那得花费相当多的精力与时间。初学普通话的时候,经常会碰到平翘舌、前后鼻韵、边音、鼻音等等分辨不清的困难,你得仔细地把自己的方言跟普通话作比较,找出主要的不同之处,然后再对照发音方法进行反复练习。开始老觉得,自己的舌头怎么都不听使唤。"别急,慢慢来,一定会成功的!"我暗暗为自己加油鼓劲。

学讲普通话,还要克服害羞心理。如果害怕别人笑话,那就会不好意思张口,不张口,怎么能学好普通话呢?要想说得一口流利的普通话,就索性放开胆量多讲多练。渐渐地,你会发现,发音错误越来越少了,普通话说得越来越顺口。敢讲了,错误也就见少了。这是不是就意味着你已经完全掌握普通话了呢?那可不一定。有的时候,你会发现,自己方言中的一些说法,在普通话中根本找不到。这里还有一个词语转换的问题,把方言词语转换成贴切的普通话词语,那可不是一日之功。你得一步一步地去领悟。

总之啊,不下一番苦功,是学不好普通话的。

(七) 谈谈社会公德(或职业道德)

(相关话题:谈谈个人修养、谈谈对环境保护的认识、谈谈科技发展与社会生活)

社会公德是人在社会生活中的行为准则,是维护社会生活正常进行的一种行为规范,表达了人们的共同愿望和要求,得到社会大众的认可,它要求社会全体成员都要遵守。

社会公德的内容和要求一般都十分明确、具体、清楚,执行起来也不复杂。所有社会成员都可以很容易识别公共场合不随地吐痰、不吸烟等,这些行为规范都能够在社会生活中逐步转化为社会绝大多数成员的行为习惯,成为人们的自觉行为。

社会公德的内容不是一成不变的,它也随着社会的发展而更新内容,创造新形式,在新时期的社会生活中起着举足轻重的作用:

1. 改善道德风尚、维护社会秩序。随着人们交往日益频繁,人们的举手投足无不关系到社会秩序和社会其他成员的利益和生活,大力提倡遵守社会公德,能大大促进社会风尚的净化和改善。

2. 调整社会关系,指导人们行为。在社会生活中,人们的交往往往会发生这样或那样的矛盾、摩擦。只有以社会公德要求自己,讲究文明礼貌、互尊互谅,才有利于形成团结、和谐、稳定的社会氛围。

社会公德需要社会的每个成员共同遵守,我们作为一个新时代的人民教师,更应该自觉遵守公共秩序、讲究文明礼貌,做自觉遵守社会公德的表率。

(八) 我喜爱动物(或植物)

[相关话题:我喜欢的节日、我喜欢的季节(或天气)]

我喜爱动物,猫是我最喜欢的动物之一。喜爱猫的原因不单只是它长得可爱,常逗人喜欢,给生活带来乐趣,而且它还是一名出色的捕鼠能手。

猫和虎同属一科,它们的长相相同。尽管大小悬殊,但猫具有虎的种种优点。强健的四肢使它有极快的奔跑速度。脚上的爪子使它不但能在平地上疾走如飞,而且能沿着墙壁爬上房顶,爬树跳跃,追捕老鼠。脚底下的肉垫,使它走起路来悄然无声,能偷偷地接近老鼠,轻而易举地把它抓住。猫还具有一些虎所不能相比的优点:猫的眼睛可神了,即使在伸手不见五指的黑夜里,也能看清楚东西,再狡猾的老鼠也逃不过它的眼睛。它的耳朵非常灵活,能够随意转向声音的来处,只要有声音,哪怕是极小的,它也能及时分辨。猫的胡须很长,感觉十分灵敏,能够测量各种洞口的大小。这样一来,老鼠一旦遇见了猫,便注定是难逃的了。

在夜晚，猫显得特别精神，这是它捕鼠的最好时机。白天，它会找个暖和的地方睡大觉，无忧无虑，什么事也不过问。有时它很贪玩，出去一天一夜也不回家，可是，当它听到老鼠的一点响动，它又多么尽职，屏息凝视，一等就是几个钟头，非把老鼠等出来不可！

我家有了猫之后。晚上再也听不到老鼠偷食的"吱吱"声，再也不怕老鼠会咬坏或打坏家中的物品。人们每晚都可以睡上一个安稳的觉。

猫有时特好玩，你在桌上静静地看书或写作业时，它会悄悄地来到你的脚边钻来钻去，也喵喵地不停叫几下，有时还会爬到书桌的另一面，蹲在那里眯着双眼，静静地陪着你阅读书本，让你情不自禁地伸出手来，抚摸它一下。

猫很可爱也懂得人性，我多么喜欢可爱的小猫啊！

附录1　浙江省普通话水平测试试卷样卷

试卷之一

一、读单音节字词100个　10%

阔	你	亏	次	高	亡	于	攀	量	散	怒	后	宫	怀	抠	喂	日	凭
更	扫	换	浪	盯	管	掉	闻	匀	瞧	假	上	荒	料	捌	耐	想	则
求	觉	缩	脆	磷	货	倍	顿	锈	增	些	泉	看	汤	记	铝	播	讹
暖	谈	睁	入	拉	鸟	迈	剪	财	罚	填	性	皱	书	扎	便	紧	抄
每	防	免	特	组	霜	转	唉	肯	摸	沉	推	粪	亿	信	渠	跑	冲
话	左	迟	风	挖	用	绒	十	切	拧

二、读多音节词语50个(100个音节)20%

充足　好久　专门　排球　时代　大伙儿　消灭　并且　国王　影子　柔软
互相　睡眠　马路　孙女　老头儿　沙漠　走私　展览　玩弄　池塘　人家
被迫　前年　包干儿　航空　抚育　兜儿　开采　放心　有机　纽扣　先锋
洗涤　稳妥　领导　起来　贯彻　作品　接着　哈哈　夜里　正常　请客
粉碎　生存　状况　种种　外宾　一个劲儿

三、朗读短文(抽签2选1)30%

作品2《丑石》
作品38《语言的魅力》

四、命题说话(抽签2选1)40%

我最尊敬的人
谈谈卫生与健康

试卷之二

一、读单音节字词100个 10%

军 胸 远 决 渠 钟 顿 慌 春 软 锅 滑 船 呼 兵 碎 崩
雾 镶 催 醒 庙 金 扭 届 扶 捧 摘 流 猫 织 蓝 猜 腻
天 而 紫 射 盒 甩 破 滚 涌 卷 讯 侣 翁 绒 框 搓 挠
品 耍 瞥 颊 嵌 猛 糠 掐 震 竿 砌 揍 贼 驶 搜 雌 榻
饶 纺 贰 肆 拨 废 踹 镖 夺 蔫 傣 屉 蛹 诈 砣 弩 郑
荫 薛 闰 掖 萧 舜 褪 索 纫 姜 瞟 藕 嗑 褟 裆

二、读多音节词语(100个音节)20%

钟头 手稿 搜查 档案 随便 克制 允许 迸裂 背后 婆家 勤劳 下班
封存 烟卷儿 分担 羡慕 逆子 尚且 类型 菠菜 跑腿儿 条款 纯粹
果断 儿女 嘴巴 军队 衰弱 矿工 快乐 想念 刚毅 沉思 拥护 抓紧
灭决 雄壮 任何 原则 小孩儿 起码 燃烧 照片儿 点心 确实 朋友
滑冰 抚摩 碧玉 抢修

三、朗读(抽签2选1) 30%

作品6《二十美金的价值》
作品33《喜悦》

四、说话(抽签2选1) 40%

我的朋友
谈谈个人修养

附录2 计算机辅助普通话水平测试操作规程(试行)

计算机辅助普通话水平测试操作规程(试行)

根据《普通话水平测试管理规定》(教育部令第16号),结合计算机辅助普通话水平测试的特点和要求,制定本操作规程。

一、考点

1. 考点设置的总体要求是:考场相对封闭、布局合理、设施完善、整洁肃静、标志清晰,应在适当位置张贴《计算机辅助普通话水平测试考场规则》《计算机辅助普通话水平测试应试指南》。

2. 考点应设置考务办公室、候测室、备测室、测试室,具备宽带上网条件。测试用服务器、测试用电脑应预装国家普通水平测试信息管理系统(以下简称"管理系统")软件。

3. 考务办公室负责相应的考务工作,须设在考点醒目位置。

4. 候测室供参加测试的人员(以下称"应试人")等候测试用。候测室能容纳半天测试的 1/3 应试人数。

5. 备测室供应试人取得试卷、准备测试用。备测室须临近测试室,室内座位数应不少于测试用机位数,并为每位应试人备《普通话水平测试实施纲要》1 本。

6. 测试室供应试人测试用。专用测试室应有独立测试机位若干,测试机位应为 2 平方米以上独立空间,隔音效果良好,内置测试设备 1 套。利用常规教室或语音室作为测试室的,其室内各机位的间隔不得少于 3 米。

7. 考点应配备考点负责人、系统管理员和其他考务人员。考务人员须佩戴工作证进入考点执行测试,无证人员不得进入。

二、报名

8. 普通话水平测试报名地点和时间应提前向社会公告。

9. 办理报名时须查验报名者有效身份证件,进行电子采像(或提交报名者近期照片),登记相关信息并配发《普通话水平测试准考证》。

对代他人办理报名手续者,除查验报名者有效身份证件外,还需查验代办者的有效身份证件并记录相关信息。

三、组织流程

10. 测试站负责人应至少提前 10 个工作日向省级测试机构提交测试申请。申请内容应包括测试时间、地点、人数、机位数及应试人信息,按照省级测试机构批复的计划组织考试。

11. 测试结束后,系统管理员应按要求填写测试情况记录,并向省级测试机构报送测试信息和数据。

四、测试流程

12. 在应试人报到时应核对应试人身份,引导应试人进入候测室,并提示应试人了解应试过程操作和遵守《考场规则》。

13. 按照编组顺序引导应试人进入备测室,随机分配(或由应试人抽取)试卷后开始测试准备,备测时间为 15 分钟。

14. 安排应试人在相应的机位顺序测试,每个测试机位只允许 1 人应试。

15. 测试结束,检查应试现场确认无问题后允许应试人离开测试室。

五、试卷

16. 测试试卷由《国家普通话水平测试题库》提供。

17. 试卷由专人负责,做好保密工作。测试使用的纸质试卷,使用后应及时销毁,不得泄露、外传。计算机内试卷应按照国家《计算机信息系统国际互联网保密管理规定》的要求进行管理。

六、成绩评定

18. 评定测试成绩，应严格按照《普通话水平测试大纲》和省级测试实施机构制定，并经国家测试机构审订的《普通话水平测试评分细则》执行。

19. 试卷的"读单音节字词""读多音节词语"和"朗读短文"测试项，由计算机辅助普通话水平测试评分系统（以下简称"辅评系统"）评定。

20. 试卷的"选择判断"和"说话"测试项，由省级测试机构通过管理系统分配至2名测试员审听评分。

21. 测试各项得分通过辅评系统合成，合成后的分数为应试人测试初始成绩。在一级乙等以下（含一级乙等）范围的初始成绩，经省级测试机构审核通过后，确认为最终成绩。在一级甲等范围内的初始成绩，须经省级测试机构上报，由国家测试机构组织复审确认。

七、证书

22. 《普通话水平测试等级证书》（以下简称"《证书》"）由国家语言文字工作部门统一印制。

23. 省级语言文字工作机构为应试人（包括未入级者）颁发《证书》。一级甲等成绩的《证书》，由国家测试机构加盖复审印章后，交省级语言文字工作机构颁发。

24. 省级测试机构应按规定为因《证书》遗失、损毁而提出申请者补办证书。

八、档案管理

25. 测试档案由省级测试机构负责管理。

测试档案包括文书档案和电子档案。文书档案包括报名表、第三项"选择判断"和第五项"说话"评分记录表、复审记录表、应试人成绩单、证书签收单等。电子档案包括完整的应试人个人信息、测试录音和试卷。文书档案保存期不少于两年；电子档案在线保存不少于6个月，并通过备份永久保留。

九、附则

26. 本规程自颁发之日执行。

教育部语用司

二〇〇八年六月十八日

主要参考文献

1. 国家语委普通话测试中心.普通话水平测试实施纲要.商务印书馆,2004.
2. 宋欣桥.普通话语音训练教程.吉林人民出版社,1993.
3. 宋欣桥.普通话水平测试员实用手册.商务印书馆,2000.
4. 赵则玲.普通话学习与测试教程.黑龙江人民出版社,2002.
5. 傅国通,殷作炎.普通话导学.浙江教育出版社,1998.
6. 张慧.绕口令.中国广播电视出版社,1996.
7. 徐世荣.普通话语音常识.语文出版社,1993.
8. 颜逸明.普通话水平测试指要.华东师范大学出版社,1995.
9. 吴洁敏.新编普通话教程.浙江大学出版社,1994.
10. 全玉莉,王仙瀛.普通话水平测试应试手册.香港城市大学出版社,2008.
11. 胡灵荪等.普通话教程.华东师范大学出版社,1991.
12. 徐世荣.普通话语音常识.语文出版社,1999.
13. 张颂.朗读学.北京广播学院出版社,1999.
14. 罗常培,王均.普通语音学纲要.商务印书馆,1981.
15. 吕叔湘.现代汉语八百词.商务印书馆,1980.
16. 黄伯荣,廖序东.现代汉语.高等教育出版社,1997.
17. 赵元任.语言问题.北京商务印书馆,1999.
18. 赵则玲.论高师普通话的教与学.高等师范教育研究,2000.
19. 赵则玲.论方言与普通话教学.浙江师范大学学报:社科版,1998.
20. 赵则玲.普通话水平测试中的"轻声"问题.浙江师范大学学报:社科版,2000.
21. 赵则玲.普通话水平测试中的"说话"问题.广西师范大学学报:社科版,2000.
22. 赵则玲.普通话水平测试中的"方言语调"问题.浙江师范大学学报:社科版,2001.
23. 赵则玲.略论朗读在语文教育中的作用.浙江师范大学学报:社会科学版,1997(05).
24. 赵则玲.普通话口语日常训练教程.浙江师范大学语委内部发行.
25. 浙江省语委.浙江省普通话水平测试教程.浙江大学出版社,2012.
26. 姚喜双.《普通话水平测试大纲》修订和《普通话水平测试实施纲要》研究的几点思考(续),中国语文现代化学会通讯.

后记

  编撰这本教程从最初的辅助教材到现在的再次修订出版,经历了二十余年。1995年,时任普通话专职教师的我,乘着国家语委开始推行普通话水平测试这股东风,编写了《普通话口语日常训练手册》,学校内部发行,作为全校普通话教学的辅助教材,这是本教程雏形。之后笔者分别赴北京中央普通话培训班学习以及国测考试、上海复旦大学进修方言学、攻读中文教育硕士,经过多方面的充电,大大提升了本人的理论水平,2000年开始编写本教材,将所学的普通语音学、方言学、语感等理论以及自身参加省级、国家级普通话水平测试员考试的经历和体会融入到编写之中。2002年7月,由黑龙江人民出版社出版,经过几所高校的使用,取得良好效果。2004年6月被评为宁波大学优秀教材。2004年11月,笔者组织宁波大学从事普通话教学与测试的王苹、张浦荣、沈玲蓉、徐珠君四位教师,根据国家语委2004年新版《普通话水平测试纲要》的精神以及浙江省语委关于新大纲实施条例,对本教材进行了修订,并于2005年2月由黑龙江人民出版社二版发行。经过十余年的使用,笔者积累了丰富的教学和测试经验,并思考者如何改编修订适应学校实际和学生需要的校本教材,2015年11月申报入选浙江外国语学院规划教材并得到了中文学院领导的支持和关心。在征求一线教师意见的基础上作了再次修订,遵循"教学"与"测试"并重的原则,以"学生"为本,重新梳理编排内容。修订过程中得到中文学院吕佳慧、徐佳艳等同学的协助,为本教程按时交稿出了力。为了保证2017年春季开学能赶上使用,南京大学出版社刁晓静编辑悉心尽责编制校本,施伟伟、邱畅两位普通话专任教师校对书稿认真细致。

  在本教程即将出版之际,心存感恩,我要衷心感谢学校领导的支持和关爱,感谢为本教程付出辛劳的各位教师、学生、朋友。

赵则玲
2016年12月记于杭州寓所

扫描关注"南大悦学"
可获得更多教学资源